중국의 코로나19 대응과 신新지식

이 저서는 2019년 대한민국 교육부와 한국연구재단의 지원을 받아 수행된 연구임
(NRF—2019S1A6A3A02102737).

국민대학교
중국인문사회연구소
총서 · 12

중국의 코로나19
대응과 신新지식

김주아 · 김진호 · 러우야투 · 멍후이푸 · 박철현
서상민 · 선옌칭 · 왕웨이 · 윤경우 · 윤종석 · 이광수
공저

學古房

서 문

    2019년 연말 중국에서 최초로 확인된 코로나19는 전세계로 확산되어 인류의 삶에 커다란 영향력을 끼치고 있다. 국내 중국연구의 거점 중 하나를 자부하는 국민대학교 중국인문사회연구소는 2020년 4월 국내학술회의와 9월 국제학술회의를 각각 개최, 공동개최하면서 중국 관련 코로나19 연구를 선도하였다. 본 연구소는 코로나19 관련 연구성과를 시민들과 공유할 필요가 있다고 판단하여 본 총서를 내놓게 되었다. 본 총서는 '코로나19와 중국'의 다양한 측면에 관한 단행본으로, 기존 학술회의 발표문을 선별하여 수정하여 연구논문의 형태로 실었고, 기존 학술회의에서 미처 다루지 못한 중국, 대만, 홍콩의 양안삼지(兩岸三地)의 코로나19 관련 국제정치에 관한 연구논문도 추가하였다. 뿐만 아니라, 코로나19 관련하여 저널리즘 문제, 긴급대응관리, 중소기업 화상(華商)의 문제를 다룬 중국과 말레이시아 연구자들의 연구논문도 추가하여, 코로나19와 관련된 가능한 다양한 시각을 보여주려고 노력하였다.

    윤경우는 최근 중국은 완비된 제조업 체계와 가치사슬을 토대로 감염병 사태의 충격을 최소화하며 세계에서 가장 빠른 경제활동 회복력을 보여주고 있다는 점에 주목하여, 코로나19의 펜데믹(pandemic)으로 인해 국경을 넘어 생산·소비 주체 간 분업과 협력을 전 세계의 생산·소비체계를 하나로 묶어 놓았던 글로벌 가치사슬의 한계와 약점이 드러났다는 점을 보여주고, 중국이 완전히 배제 또는 최소화하지 않은 상태에서 글로벌 가치사슬이 어떻게 재조정될 것인지를 분석한다. 구체적으로 중국과 탈동조화 및 대체 생산기지 구축, 수요에 근접한 역내 지역 가치사슬 형성, 공급망 단위의 분산화 등의 가능성을 정보통신기술(ICT) 산업 분야를 중심으로 검토·분석한다.

　박철현은 코로나19 사태와 관련하여 기존 중국의 도시 사회관리체제인 스마트시티가 활용되는 양상을 '격자망화 관리(網格化管理)', '방역관리 플랫폼(防疫管理平臺)', '건강정보코드(健康信息碼)' 등의 사례를 통해서 분석한다. '격자망화 관리'는 코로나19 사태 이전에도 존재했으며, 이러한 '격자망화 관리'를 기초로 해서 '시정부(市政府) - 구정부(區政府) - 가도판사처(街道辦事處)'로 이어지는 수직적 행정권력 층위에 건설되는 것이 '방역관리 플랫폼'이다. 개인의 스마트폰에 설치되는 애플리케이션(application)인 '건강정보코드'는 이러한 감염정보를 '방역관리 플랫폼'에 실시간으로 자동 제공해준다.

　서상민은 위기국면에서 중국공산당이 통치의 안정성을 유지하기 위해 취한 정치적, 외교적 조치들이 갖는 정치적 목적과 효과를 '코로나19' 대응과정에서의 중국 최고위 정치지도자들의 정치행위와 중국 외교부 및 관련 부처의 대외적 활동을 중심으로 분석하여, 시진핑 집권 이후 형성된 중국공산당 내 지도체제의 특징을 파악하는 실마리를 찾고자 했다. 특히 중국공산당 지도부가 '코로나19'와 같은 대규모의 국가적 위기관리 국면 보여준 대응정책과 방역메카니즘, 그리고 대응인력의 배치 등과 관련한 특징을 파악하고, 대외선전활동과 관련해 중국외교부 대변인들의 외신기사회견장에서 행한 발언을 분석하였다.

　윤종석은 중국의 당-국가 주도적인 코로나 대응의 사회적 토대를 검토한다. 권위주의적 도식이 "초기 대응 실패, 결과적 통제 성공"을 강조하는 반면, 이 글은 사회안전망과 노동/취업의 문제에 초점을 맞추어 코로나19가 중국 사회에 가한 충격과 회복탄력성의 부분에 대해 비판적으로 고찰한다. 비가시화된 가족의 역할에 대한 고찰과 더불어, 과연 중국 사회가 이번 코로나 위기를 통해 새로운 정상으로 향하는 계기를 얻었는지에 대해 면밀히 검토한다.

김주아는 코로나19는 특정 국가의 사례에 국한되지 않고 전 세계를 강타하여, 세계 여러 나라에서 새로운 어휘 및 표현(신조어)이 대량으로 생산·유통되고 있으며, 코로나19로 세계 여러 나라에서 새로운 어휘 및 표현(신조어)이 대량으로 생산·유통되어, 코로나19라는 질병을 지칭하고 설명하기 위한 의학용어뿐만 아니라, 이로 인한 사회 구조적인 변화와 삶의 영역 및 심리적인 부분에까지 그 영역을 확대하여 광범위하게 진행되고 있는 점에 주목하여, 코로나19를 발견한 시점에서 지금까지 중국 사회에 일어난 언어변화를 통해, 코로나19를 마주한 중국인들이 겪은 사회변화와 그 양상을 살펴본다.

왕웨이·멍후이푸는 코로나19로 주류 미디어 발전은 여러 가지 도전에 직면했지만 동시에 이는 새로운 기회를 가져왔다는 점에 주목하여, 코로나19 기간 중국 주류 미디어가 직면한 보도 생태의 변화와 상하이 주류 미디어의 코로나19 보도 특징을 살펴보고 이러한 보도 경험이 주류 미디어의 전환과 발전에 어떠한 시사점을 가지는지 분석한다.

이광수는 양안관계에 있어서 코로나 팬데믹이 경제분야만이 아니라 양안의 전통적 관계와 교류 양식에 있어서도 특별한 영향을 미쳤다는 점을 대만의 시각과 중국의 시각으로 나눠서 분석하였다. 대만의 시각에서 보면, 대만인의 반중 정서를 고조시키고 대만 자체에 대한 긍정적인 평가를 고양하면서 대만독립 경향이 상승하는 추세가 나타났다. 중국의 시각에서 보면, 대만의 신속한 교류 중단과 마스크 수출 금지는 대만에 대한 중국인의 분노 정서를 고조시키고, 대만의 외교군사적 시도는 대만의 독립 시도로 간주하면서 외교적 압박과 군사적 수단을 통한 강력한 압박이 두드러지는 경향이 나타났다.

김진호는 2020년 말에서 중국 우한에서 발견된 '코로나19' 발생 이후 양안삼지(중국, 대만, 홍콩)에 어떠한 방역 행정이 펼쳐지며, 그 과정에서 양안의 관계는 어떻게 변화하였는지를 분석한다. 양안삼지를 비교하면서 각 지역의 방역조치를 알아보고 이 과정에 중국과 대만의 관계인 양안관계에 '코로나19'가 어떠한 영향을 미치는지는 알아보고 양안삼지 사회의 방역과 행정 그리고 교류 관계에는 어떠한 차이점이 있는지를 파악한다. 연구자가 직접 경험하고 저술하여 발표한 논문과 발표문을 종합정리하는 방법으로 양안삼지(중국, 대만, 홍콩)의 '코로나19'관련 방역과 그 상관관계를 지역학과 국제정치학적으로 분석한다.

선옌칭은 중국의 해외 긴급대응관리체계가 아직 미흡하여 해외긴급구호 효과는 기대에 미치지 못하고 있는 점을 전제하고, 코로나19 기간 '해외 화교·화인 화조센터(海外華僑華人互助中心)'는 중국 방역물자 지원, 해외 고립 중국 국민에 대한 귀국 지원, 교민사회 및 현지 방역 지원, 코로나19 오명 반대 등 해외 화인사회 긴급대응관리에 있어 중요한 역할을 했다고 주장한다.

러우야투는 거시적으로 말레이시아의 전체적인 경제 상황과 정부의 대응 정책을 살펴본 후, 미시적으로 가장 대표적인 경제 주체인 중소기업 화상(華商)을 사례로 삼아 연구하였다. 이 연구는 정량적 기법과 정성적 기법을 결합하여 포스트 코로나 시대 말레이시아의 핵심산업인 관광업, 농업, 광업, 제조업, 건축업, 서비스업의 변화를 분석하여, 중소기업은 내부적으로는 자체적인 위기대응능력을 제고하는 동시에 말레이시아 정부와 중앙은행의 지원책을 잘 활용하고, 외부적으로는 비교적 일찍 경제 회복 궤도에 들어선 중국의 '일대일로' 정책을 활용하는 2가지 방식을 병행하여 발전의 기회를 찾을 수 있다고 주장한다.

코로나19는 중국에서 최초 확인되었지만 전세계적인 범위에서 엄청난 영향력을 행사하는 팬데믹(pandemic)으로 진화하였고 여러 지역에서 생성된 변이 바이러스까지 등장하였다. 광범위한 확산성과 끈질긴 생존력으로 인해서 코로나19의 퇴치가 쉽지 않은 상황에서 최근에는 코로나19의 완전히 퇴치는 불가능하고 인류는 마치 독감처럼 코로나19와 장기간 공존하게 될 것이라는 예측이 나오기도 한다. 이렇게 보면 코로나19는 장래에도 인류의 모든 영역에 큰 영향력을 행사할 것이고, 중국 및 중국과 관련된 모든 부문에 있어서도 코로나19는 중대한 요소로서 작동할 것이다. 본 연구소는 이후에도 좀 더 다양하고 심도 있는 주제를 가지고 코로나19에 관한 연구를 지속할 것이며, 관련 연구성과를 시민들과 공유하고자 한다.

2021년 5월
저자들을 대표하여 박철현 씀

목 차

코로나19와 글로벌 가치사슬에서의 중국의 위치

● 윤경우 ●

Ⅰ. 미·중 글로벌 공급망 거점 각축전

최근 코로나19의 전 세계적 범유행(pandemic) 사태로 인해 국경을 넘어 생산과 소비 주체 간 분업 및 협력을 통해 전 세계의 생산·소비체계를 하나로 묶어 놓았던 글로벌 가치사슬(Global Value Chain, 이하 GVC)의 한계가 여실히 드러났다. 코로나19의 확산 저지를 위한 각국의 국경 폐쇄와 이동 제한에 따라 GVC가 얼마나 취약한 고리인지 확인됐고, 글로벌 현상에 역행하는 '탈글로벌화(deglobalization)' 흐름이 확산할 조짐을 보였다.

코로나19 위기로 인한 생산 차질과 핵심 물자 공급 중단 및 부족을 계기로 글로벌 공급망(Global Supply Chain)의 취약성이 드러나고 자국 산업이 위기에 처하자 각국은 자국 우선주의 입장으로 돌아서면서 보호무역주의를 강화했다. 특히 미국, 유럽 등 주요 경제 대국들이 앞장서 무역

* 이 글은 「코로나19로 촉진된 글로벌 대변혁과 중국의 디지털 전환 가속화」, 『중국지식네트워크』, 특집호, 2020을 발전시키고, 「중국의 글로벌 가치사슬 역할 변화」, 『문화와 융합』, 43권 6호, 2021을 수정·보완한 것이다.
** 국민대학교 중국학부 중국정경전공 교수.

장벽을 강화하고 자국으로 '리쇼어링' 또는 자국 근접 지역 중심의 '니어쇼어링'을 장려하며 글로벌 공급망을 재편하는 방향으로 대응했다.[1] 그들은 공급망의 다변화(diversification)를 위험 분산(hedging)을 위해 필수적인 것으로 인식했다. 비용 절감과 효율성보다는 안정성과 복원력을 중시하며 비용이 증가하더라도 유사시 생산에 차질을 빚지 않는 방향으로 GVC 점검을 시작했다. 특히 코로나19 발원지인 '세계의 공장' 중국에 너무 의존하고 있는 상황을 개선하기 위해 중국과의 '탈동조화'를 심각하게 고려하는 분위기가 감지됐다.[2] GVC가 중국으로 집중된 상황에서 코로나19가 중국 내에서만 확산할 때는 교통, 유통, 생산 등의 일시적 또는 국지적 혼란에도 글로벌 공급망 전체가 취약해졌기 때문에 과도한 대중국 의존도가 국제적 이슈로 대두되는 것이 당연했다.

하지만 초기 예상과 달리 코로나19로 인해 중국에서 해외 기업이 대규모로 이탈하는 현상은 아직 발생하지 않고 있다. 코로나19가 중국을 강타했을 때 중국 이외의 지역이 중국을 대신해 글로벌 공급망 안정화에 공헌하지 못했다. 코로나19가 전 세계로 확산하자 중국 이외의 지역은 중국보다 더 많은 혼란을 겪게 되었고, 반면에 중국은 회복되기 시작했다. 전세계 각국에 산재한 생산망이 제대로 기능하지 못하게 된 상황에서 제일 먼저 사태가 진정되기 시작한 중국이 산업 가치사슬과 생산 공급망을 빠르게 회복함으로써 현재는 오히려 글로벌 공급망의 안정화에 기여하고 있다. 중국의 제조업 생산망이 규모만 세계에서 가장 큰 것이 아니라, 수

---

1) '리쇼어링(reshoring)'은 해외에 진출한 자국 제조기업을 다시 본국으로 돌아오도록 하는 정책이다. 선진국 기업들이 더 높은 생산성과 더 낮은 비용의 국가로 이전하는 '오프쇼어링(offshoring)'과 반대말이다. '니어쇼어링(nearshoring)'은 최종소비국과 근접한 곳으로 생산기지를 이전하는 '아웃소싱(outsourcing)'을 의미한다.
2) '동조화(coupling)'는 한 국가의 경제가 관련 있는 국가나 세계 경제와 비슷한 경향으로 함께 움직이거나 흘러가는 현상을 말하며, 특정 국가에 수출입을 많이 의존할수록 발생 가능성이 커진다. '탈동조화(decoupling)'는 동조화와 반대되는 개념이다.

평적으로나 수직적으로 가장 다양하고 다층적으로 생산시설이 완비된 제조업 체계를 갖추고 있기에 가능한 일이다. 코로나19 사태가 발생한 지 1년 반이 지난 현 상황에서 중국은 완비된 제조업 체계와 가치사슬을 토대로 감염병 사태의 충격을 최소화하며 세계에서 가장 빠른 경제활동 회복력을 보여주고 있다. 이렇게 반전된 상황에서도 여전히 전면적인 탈중국화 또는 중국을 완전히 배제한 글로벌 공급망 재편을 전망하는 것은 현실적이지 않다.

미국과 중국이 글로벌 가치사슬 주도권을 확보하기 위해 글로벌 공급망 거점을 두고 치열하게 각축전을 벌이고 있는 가운데, 코로나19 사태로 일시적으로나 부분적으로 GVC의 공간적 위치 조정과 일부 특정 분야의 선택적 탈동조화가 발생할 수 있다. 하지만, 그 과정에서 코로나19가 종식된 이후에라도 GVC 자체의 필요성이 사라지는 것은 아니다. 특히 수출이 절대적인 비중을 차지하고 있는 한국으로선 전면적으로 리쇼어링을 시도하고 중국을 배제하는 것은 현실적으로 바람직하지 않다. 제조원가가 싸고 시장과 근접한 공간에서 대량 생산하는 데는 현지와 전 세계에 공급하는 가치사슬이 여전히 필수적이다. 코로나19 사태가 발발한 이후 지난 1년 반 동안 탄탄한 내수시장과 정치·경제·군사적 우위를 갖추고 있는 미국에서마저도 제대로 된 리쇼어링은 이뤄지지 않고 있다.

따라서 전 세계적인 코로나19 위기 속 글로벌 공급망 안정화 과정에서 보여준 중국의 역할로 인해 향후 전개될 GVC의 재편은 반드시 중국을 배제하거나 주변화하는 방식으로 귀결되지 않을 수 있다. 글로벌 생산망의 붕괴나 중국의 배제 또는 주변화를 통한 글로벌 및 지역 생산망 구축은 불가능하고, 설사 탈글로벌화가 부분적으로 현실화하더라도 글로벌화와 온전하게 배타적일 수 없다. 이러한 문제의식에서 출발하여 중국을 완전히 배제 또는 최소화하지 않은 상태에서 GVC가 어떻게 재조정될 것인지를 분석하고자 한다. 구체적으로 중국과 탈동조화 및 대체 생산기지 구축,

수요에 근접한 역내 지역 가치사슬 형성, 공급망 단위의 분산화 등의 가능성과 한계를 다각적으로 검토·분석한다.

II. 글로벌 가치사슬의 변화

1. 중국 중심 글로벌 공급망 재편

생산과 소비의 공간은 인적·물적 자원의 이동이 현실적으로 가능한 범위 내에 존재할 수밖에 없다. 국가 간 교역이 활성화되지 않았던 시대에 생산은 소비가 존재하거나 소비 공간과 인접한 곳에서 이뤄졌다.[3] 하지만 교통운송수단과 정보통신기술(ICT)의 눈부신 발전으로 생산과 소비 공간에 혁명적인 변화가 발생했다. 국가 간에 존재하던 인위적인 장벽이 제거됨에 따라 생산과 공간이 한 공간 또는 근접한 공간으로 '묶이는(bundling) 것'이 아니라 생산과 소비의 공간적 '분리(unbundling)'가 이뤄진 것이다.[4] 선진국의 전문지식과 개발도상국의 저렴한 노동력이 결합해 창출한 전문화와 분업화를 통한 협력을 특징으로 하는 글로벌 생산망이 형성됨에 따라 'GVC'란 개념이 중요해졌다. 그 결과, 국가 간 상호 의존성이 증대되고 전 세계가 거대한 단일시장으로 통합되는 경제의 글로벌화(globalization) 추세가 강화됐다.

이러한 글로벌화의 첨병은 세계무역기구(WTO)다. WTO는 상품, 서비스, 자본, 노동 등이 협정에 따라 국경을 자유롭게 넘나들며 지구촌 전체가 하나의 거대한 시장으로 통합되어 가는 현상인 글로벌화를 강제한다.

---

3) 윤경우, "코로나19로 촉진된 글로벌 대변혁과 중국의 디지털 전환 가속화", 중국지식네트워크, 특집호, 2020, 17쪽.

4) Richard Baldwin, *The Greater Convergence: Information Technology and the New Globalization*, Cambridge: Belknap Press of Harvard University Press, 2016, pp.117-220.

하지만 중국과 같은 거대 국가의 참여가 없는 WTO를 중심으로 한 세계 무역 시스템은 불완전할 수밖에 없었다. 2001년 중국의 WTO 가입을 미국이 지원한 저변에는 중국이 시장경제와 민주주의의 길을 걸을 것이라는 기대가 깔려 있었다.5) WTO 가입 초기 중국은 글로벌 무역체제에 순응하면서 국제교역 조건에 적응해나갔다. 중국은 경제체제를 개혁하고 산업 및 투자환경을 개선하면서 저렴한 인건비, 각종 세제 혜택, 세계 최대 인구의 잠재 소비시장 등을 앞세워 외국인 투자를 적극적으로 유치했다. 그 결과 해외 각지의 수많은 기업이 비용 절감과 시장 개척을 위해 생산설비를 앞다퉈 중국으로 이동하는 현상이 나타나면서 중국은 세계의 공장이 됐고, 글로벌 생산 분업 체계의 중심에 위치하게 됐다.

'전통 교역망(traditional trade network)'은 자국 내 소비를 목적으로 국경을 넘어 다른 국가에서 생산된 최종재 상품, 즉 완성품을 수입하는 경우를 말한다. '글로벌 가치사슬 교역망(GVC trade networks)'은 원자재 생산, 부품과 중간재 조달, 최종재 완성에 이르는 일련의 과정이 한 국가에서만 이뤄지는 것이 아니라 여러 국가에 분산되어 분업화가 이뤄지는 경우를 말한다. 생산을 위한 중간재 교역이 활발하며, 국경을 한 번 넘느냐 두 번 이상 넘느냐에 따라 '단순 글로벌 가치사슬 교역망(simple GVC trade networks)'과 '복합 글로벌 가치사슬 교역망(complex GVC trade networks)'으로 구분한다. 전통 교역망이 최종재 소비를 위한 국가 간 수출입 관계라면, 글로벌 교역망은 국가 간 중간재 교역을 통해 생산단계가 여러 나라로 분산되어 분업화된 글로벌 생산공유체계다.

〈그림 1〉에 나타난 바와 같이 2000년에는 미국(USA), 독일(DEU), 일본(JPN)이 모든 상품과 서비스의 글로벌 교역에서 글로벌 가치사슬의 공급

---

5) 당시 미국의 클린턴 행정부는 중국이 WTO에 가입해 글로벌 시장경제 시스템에 편입되면 미국과 세계 경제에 유리하고 중국이 민주주의 국가로 변모할 것이라고 기대했다.

중심이었다. 하지만 2017년에는 중국(CHN)이 일본을 대체하면서 세계 3
대 중심축의 하나로 부상했다. 이 과정에서 중국은 일본, 한국(KOR), 대만
(TAP) 등 아시아 국가와 러시아(RUS), 브라질(BRA), 인도(IND) 등 다른
신흥국가들과 밀접한 연계성을 획득했다.6)

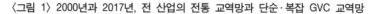

〈그림 1〉 2000년과 2017년, 전 산업의 전통 교역망과 단순 · 복잡 GVC 교역망

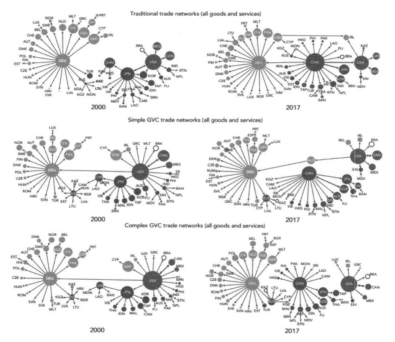

자료 : WTO, the World Bank Group, OECE, the Institute of Developing Economies(IDE_JETRO), the Research
Economics(UIBE), and China Development Research Foundation

---

6) Xin Li, Bo Meng, Zhi Wang, "Recent Patterns of Global Production and GVC
Participation," WTO, the World Bank Group, OECD, the Institute of Developing
Economies(IDE-JETRO), the Research Economics(UIBE), and China Development
Research Foundation, *Global Value Chain Development Report*, Geneva: WTO, 2019,
pp.9-43.

중국은 미국이 주도한 글로벌화에 편승한 후 글로벌 자유무역 체제의 막대한 혜택을 누리며 고도의 압축성장을 통해 경제 규모를 세계 2위까지 견인했다. 하지만 갈수록 전 세계 모든 상품과 서비스의 글로벌 교역에서 자국이 차지하는 비중이 커짐에 따라 태도 변화를 보였다. 그 시작은 2008년 글로벌 금융위기를 극복하면서부터다. GVC에서 차지하는 비중, 경이로운 경제성장을 통해 축적한 자신감, 세계 최대규모의 내수시장 등이 바탕이 됐다. 특히 2013년 시진핑 주석이 집권한 후 중국은 세계 최첨단 산업 장악을 시도하면서 미국의 경제적 지도력에 도전하며 글로벌 질서를 통제하려는 행보까지 보이기 시작했다.7)

〈그림 2〉는 2000년과 2017년 사이 정보통신기술(ICT) 산업 내 GVC 교역망 또는 글로벌 공급망의 변화를 보여준다. 그 사이 중국은 한국, 일본, 대만 등으로부터 중간재 부품을 조달하여 조립·가공한 후 ICT 산업 분야의 고부가가치 상품 최종재를 만들어 미국에 수출하는 GVC 구조에서 중심에 위치하게 됐다. 〈그림 2〉 가운데 세 번째는 중국이 제3국 수출을 목적으로 한국, 일본, 대만으로부터 반도체, 디스플레이 등 중간재를 조달하는 '복합 GVC 교역' 모습을 보여주며, 첫 번째 그림에서 완성된 최종재를 미국에 수출하는 전통적인 교역의 모습이다. 정보통신기술이 발전하면서 선진국 간, 즉 미국과 서유럽 간 GVC를 형성하지 않고 선진국과 개발도상국 간, 그 가운데서도 동아시아 역내 국가 간 GVC가 발전하게 된 것이다. 선진국이 설계, 연구개발, 마케팅, 판매 등을 맡고, 개발도상국은 중간재 부품 조달, 제품 가공·조립·제조 등을 담당하는 역할 분담을 통해 글로벌 생산 분업체계가 구축됐다.8)

---

7) 22015년 시작된 '중국제조 2025(中國制造, Made in China)'는 제조업을 더욱 발전시키기 위한 국가전략계획으로 낮은 수준의 기술로 저부가가치 상품을 생산하는 '세계의 공장'에서 벗어나 중국이 첨단산업의 세계 선두주자가 되겠다는 목표를 가지고 있다.

〈그림 2〉 2000년과 2017년, ICT 고부가가치 산업의 GVC 교역망

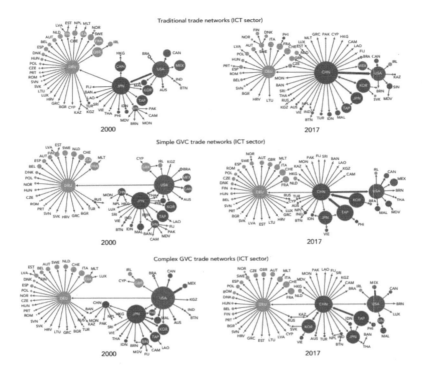

자료 : WTO, the World Bank Group, OECE, the Institute of Developing Economies(IDE_JETRO), the Research
Economics(UIBE), and China Development Research Foundation

　　하지만 중국은 이러한 수직적 역할분담에 만족하지 않았다. 중국은 '중
국제조 2025'와 '인터넷 플러스'라는 정책을 통해 4차 산업혁명을 실현하
여 세계 최첨단 산업의 장악을 시도하고, 세계 경제의 패권을 장악하기
위해 미국의 글로벌 지도력에 도전하기 시작했다.9) 중화민족의 위대한

----

8) Xin Li, Bo Meng, Zhi Wang, *op. cit.*
9) 2015년 시작한 '인터넷 플러스(互聯網+, Internet Plus)'는 인터넷 플랫폼과 정보통신
　기술(ICT)과 경제·사회 각 부분의 융합 발전을 통해 새로운 성장동력을 창출하겠다는

부흥을 뜻하는 '중국몽', 글로벌 인프라 프로젝트인 '일대일로', 세계 1위 군사대국을 목표로 한 '강군건설(强軍建設)'을 내세우며 새로운 글로벌 질서 구축에 나섰다. 더 나아가 가치와 체제의 우월성 경쟁을 통해서도 미국의 패권에 도전했다. 미국식 신자유주의 모델인 '워싱턴 컨센서스'를 대체할 사회주의 정치체제 아래 자본주의 시장경제 요소를 가입한 정부 주도의 시장경제 발전모델인 '베이징 컨센서스' 또는 '중국모델'을 내세우며 미국과의 패권 경쟁을 이념과 가치의 우월성 경쟁으로 몰아갔고, 미국의 강력한 견제에 직면하게 됐다. 특히 중국의 미래기술 분야에 대한 대규모 공격적 투자와 군사력 증강을 통한 안보적 위협은 미국의 경제·군사 안보적 긴장이라는 역풍을 초래했다.

2. 미국의 중국 견제 및 탈동조화 vs 중국의 회복 탄력성

부시 행정부 시기부터 미국은 중국이 아시아·태평양 지역의 안정에 잠재적인 위협이 될 수 있다고 인식하고, 경계를 시작했다. 2006년 라이스(Condoleezza Rice) 국무장관은 공산주의 독재국가인 중국의 급속한 군사력 증강이 아시아에서 힘의 균형을 무너뜨리고 있다며 공식적으로 경고하기도 했다.[10] 하지만 2002년 9·11테러 사건 발생 이후 미국은 자국의 안보와 반테러 정책을 최우선시했고, 2008년 금융위기로 인한 경제 대침체가 오면서 중국에 신경 쓸 여력이 없었기 때문에 중국에 대한 견제를 본격화하지 못했다.

전략이다. 역시 같은 해 시작한 제조업 경쟁력 강화를 위한 '중국제조 2025'와 함께 중국의 산업고도화를 촉진하는 역할을 담당하고 있다.

10) John Taylor, "US Raises Concerns over China's Human Rights", *ABC*, March 12, 2006; Condoleezza Rice, *Democracy: Stories from the Long Road to Freedom*, New York City, Grand Central Publishing, 2017.

미국의 중국에 대한 본격적인 견제는 오바마 행정부가 '아시아 회귀 (Pivot to Asia)' 전략과 '전략적 재균형(Strategic Rebalancing)' 정책을 채택하면서 시작됐다. 미국의 중국에 대한 견제와 포위 전략 채택은 중국의 도전을 절대 좌시하지 않고 패권을 유지하겠다는 의지의 표현이었다.[11] 하지만 당시까지도 미국은 경제적 상호의존을 심화하고 평화적 관여를 지속하면 중국이 민주주의 체제로 평화적인 이행을 할 것이라는 기대를 포기하지 않았다. 그 결과 '봉쇄(containment)'와 '포용(engagement)'을 상황과 필요에 따라 취사선택하거나 절충하는 이중적 대중국 정책 기조를 유지했다.[12] 물론 중국은 미국의 아시아·태평양 지역에서 관여 확대와 역할 강화를 통한 중국 견제 정책에 대해 비판적이었지만, 대체로 절제된 반응을 보였다. 전반적으로 평가하면, 이 기간 양국은 갈등과 분쟁이 아니라 협력과 경쟁의 관계를 유지했다고 볼 수 있다.

오바마 행정부는 아시아태평양 지역 내 중국의 영향력을 견제하기 위해 새로운 통상협력 프레임인 환태평양경제동반자협정(Trans-Pacific Partnership, 이하 TPP)을 출범시켜 중국을 봉쇄하는 배타적 경제권 구

---

11) 2008년 9월 미국발 글로벌 금융위기가 발생하면서 미국의 패권적 지위가 흔들리고 상대적으로 급부상하는 중국의 경제적 행보가 주목받기 시작했다. 그해 말 대선에서 정권은 민주당에 넘어갔고, 다음 해 초 출범한 오바마 정부는 미국이 아시아에서 책임과 역할을 다하겠다는 의미의 '아시아로의 회귀(Pivot to Asia)'를 선언했다. 미국의 궁극적인 목표는 자신을 위협할 정도로 강국 반열에 오른 중국을 강력하게 견제하겠다는 것이었고, 중국도 자국을 겨냥한 봉쇄정책이라고 반발했다. 중국은 2008년 일본을 제치고 미국 국채 최대보유국이 됐다. 경제 규모에서 2010년 일본을 추월해 세계 제2의 경제 대국이 됐고, 머지않아 미국까지 뛰어넘을 것으로 예측됐다. 아시아·태평양 '전략적 재균형(Strategic Rebalancing)'은 2012년 중동 문제에 밀려 아시아 회귀/중시 전략의 존재감이 실종되고 심지어 아시아를 홀대한다는 비난까지 대두되자 이를 진화하는 차원에서 기획된 전략지침이다.

12) 미국에서는 'containment'와 'engagement'를 합하여 'congagement' 정책이라고 한다. 봉쇄와 포용을 취사선택 또는 절충, 혼합한 이중적 정책이라는 의미다.

축을 시도하기도 했지만, 중국의 팽창을 막기에는 역부족이었다. 중국은 경이로운 경제발전을 이룩하며 팽창을 거듭하면서도 미국이 바라던 민주 사회로 나아가지 않고, 오히려 강성 권위주의 국가로 거듭나며 미국의 패권을 위협하는 경쟁국이 됐다. 그에 따라 팽창하는 중국에 대한 압박을 더 이상 늦출 수 없다는 인식이 미국 사회 전반에 걸쳐 갈수록 더 팽배해졌다.

2017년 트럼프 행정부가 출범한 후 '미국 우선(America First)'과 '위대한 미국의 재건(Make America Great Again)' 정책 표방과 함께 미국이 보호무역주의로 돌아서면서 미·중 양국은 갈등 관계로 급변하기 시작했다. 집권 초기부터 'GVC의 탈중국화'를 내세우며 중국을 압박하기 시작한 트럼프 행정부는 자국의 고용 창출과 경제 회생의 대안으로 '탈(脫)중국 리쇼어링', 즉 미국기업의 제조업 생산공장 국내 복귀를 강력하게 촉구했다. 사실 트럼프 행정부가 출범하기 이전부터 이미 중국은 생산기지로서의 매력을 잃어가고 있었다. 가장 큰 원인은 지속적인 임금상승으로 인한 중국 내 생산비용의 증가였고, 중국기업마저도 생산기지를 중국보다 임금과 임금상승률이 낮은 국가로 이전할 정도였다.[13] 미국이 리쇼어링 정책을 본격적으로 시행한 것은 오바마 정부 때부터다. '미국 다시 만들기(Remaking America)'를 표방하며 리쇼어링을 위해 감세와 보조금 지원, 규제 완화 등 다양한 유인책을 내세웠다. 법인세를 38%에서 28%로 낮췄고, 공장 이전에 드는 비용의 20%도 정부가 지원했다. 트럼프 행정부는 한 발 더 나가 법인세율을 최고 21%까지 인하했고, 해외 생산 제품을 미국으로 수입할 때는 35%의 관세를 부과했다.

13) *Ibid.*, p.21.

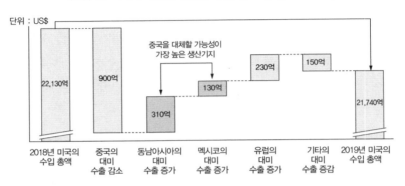

〈그림 3〉 미국의 제조업 공산품 수입 규모 변화(2018-2019)

자료 : United States International Trade Commission, United States Department of Commerce Bureau of Economic Analysis, Kearney's Seventh Annual Reshoring Index; *Trade War Spurs Sharp Reversal in 2019 Reshoring Index, Foreshdowing COVID-19 Test of Supply of Chain Resilence*, London, Kearney, 2020, p.7에서 재인용.

2018년 7월부터 미국과 중국은 관세와 보복관세를 주고받으면서 1차 무역전쟁에 돌입했다. 미·중 무역전쟁이 가열되면서 보복관세를 피해 중국을 떠나는 미국기업이 생겨나기 시작했다. 중국을 떠난 미국기업은 대부분 자국으로 회귀하는 대신에 베트남을 비롯한 저임금의 동남아시아 국가와 미국에 인접하고 있으며 임금이 저렴한 멕시코 등으로 생산기지를 이전했다. 그 결과, 〈그림 3〉에 나타난 바와 같이 2019년 미국의 중국으로부터 제조업 분야 수입이 전년 대비 12%($900억)나 감소했다. 반면에 같은 기간 동남아시아 국가들로부터 수입은 $310억 감소했는데, 46%가 베트남에 흡수된 결과이며 그 가운데 중국 본토에서 베트남으로 이전한 중국 제조업체에 흡수된 비중이 매우 높다. 2019년 베트남은 $140억의 공산품을 미국에 추가로 수출했다. 2018년 북미자유무역협정(NAFTA)을 대체하는 '미국·멕시코·캐나다협정(USMCA)'을 맺은 멕시코도 대미 수출액이 $130억 증가했다.14) 중국은 미국에 대한 제조업 생산품 수출에서 여전히 선두를 차지했지만, 코로나19 범유행으로 중국의 비중은 상당히 감소했다. 2013년에

아시아지역 생산 제조업 공산품의 67%를 차지하던 중국은 2019년 4분기에는 56%로 점유율이 급감했다. 중국을 대체할 가능성이 최고로 높은 제조업 생산기지로 동남아시아 지역과 멕시코가 주목을 받았다.

〈그림 4〉 미국의 제조업 공산품 수입 비중 변화(2018-2020) (단위: %)

	2018	2019	2020
중국	24.3	20.5	20.8
아시아 저임금 국가 (14개국)	12.6	14.3	16.2
유럽	22.8	24.3	24.8
캐나다	9.8	9.9	9.2
멕시코	13.8	14.7	14.0
기타	16.7	16.3	15.2

자료 : United States International Trade Commission, Kearney's Seventh Annual Reshoring Index; *Global Pandemic Reshoring Index, Shifting Focus from Reshoring to Rightshoring*, London, Kearney, 2021, p.4에서 재인용.

이러한 예상은 오래 지나지 않아 부분적으로 빗나갔다. 〈그림 4〉에 나타난 바와 같이 2018년 24.3%에서 2019년 20.5%로 감소했던 미국의 제조업 공산품 수입에서 중국이 차지하는 비중은 2020년 20.8%로 증가했다. 2020년 3월 미국과 그 인근 국가들에서 코로나19 범유행 현상이 나타나고, 중국은 봉쇄조치를 해제하며 제조업 가동을 재개했기 때문이다. 또한 미국에 인접해 '니어쇼어링' 현상이 나타날 것으로 예상됐던 멕시코의 비중은 2018년 13.8%에서 2019년 14.7%로 일시적으로 증가했지만, 2020년

14) 북미자유무역협정(North American Free Trade Agreement, 이하 'NAFTA')은 유럽연합(EU)이 출범하자 북미지역에서도 단일 경제권 블록(bloc)을 형성해야 한다는 위기감으로 1992년 캐나다 - 미국 - 멕시코 사이에 체결한 FTA다. 2018년 체결된 미국·캐나다·멕시코협정(United States-Mexico-Canada Agreement, 이하 'USMCA')는 미국 주도로 북미 3국 간 기존 NAFTA를 개정해 새롭게 합의한 다자무역협정이다.

14.0%로 감소하는 현상이 나타났다. 반면에 앞에서 언급한 예상이 동남아시아의 경우 실현됐다. 미국기업들이 베트남, 태국, 인도 등 동남아시아의 저임금 국가들로부터의 수입 비중을 확대했기 때문이다. 2018년 12.6%이던 비중은 2019년 14.3%, 2020년 16.2%로 꾸준히 증가했다.

〈그림 5〉 중국과 베트남의 미국으로 수출 가치 변화(2013-2020)

자료 : United States International Trade Commission, Kearney's Seventh Annual Reshoring Index; *Global Pandemic Reshoring Index, Shifting Focus from Reshoring to Rightshoring*, London, Kearney, 2021, p.6에서 재인용.

〈그림 5〉는 지난 몇 년 동안 베트남이 미·중 무역전쟁의 혜택을 받아 미국으로의 공산품 수출을 급속하게 증가시킨 분명한 증거를 제공한다. 2018년은 미·중 무역전쟁이 본격적으로 시작되고 엄격한 중국 관세가 제정됨에 따라 베트남 성장을 위한 전환점이 됐다. 2020년 베트남으로부터 미국의 연간 수입 가치는 2013년 가치의 거의 3.5배까지 증가했다. 2021년 현재도 계속되고 있는 이러한 추세에 따라 저가 제조업 공산품 생산기지인 베트남은 중국의 대안으로서의 입지를 강화하고 있다. 그 결과 미국기업들은 베트남을 중국의 대안으로 아웃소싱(outsourcing)할 수 있는 가장 유망한 지역으로 간주하고 있다. 이는 2008년 글로벌 금융위기 이후 경제

성장이 둔화하면서 중국의 최저임금이 가파르게 인상됐기 때문이다. 현재
베트남의 평균임금은 중국보다 50% 이상 저렴하다. 이러한 비용 우위를
활용하여 베트남은 중국 내 생산시설을 다른 지역으로 이전을 계획하고
있는 제조사들 유치에 성공하고 있다.

〈그림 6〉 멕시코 vs 아시아산産 제품 미국 수입에 코로나19 영향(2019-2020)

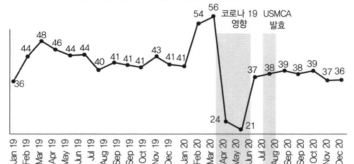

월간 NTFR 지수 : 2019-2020년 기준 포인트의 전년 대비 변화

* 'NTFR'는 'near-to-far trade ratio'의 준말로, 미국과 거리가 가까운 멕시코와
　거리가 먼 동남아시아 저임금 국가들의 무역 비율을 나타냄

자료 : United States International Trade Commission, Kearney's Seventh Annual Reshoring Index; *Global Pandemic
Reshoring Index, Shifting Focus from Reshoring to Rightshoring*, London, Kearney, 2021, p.6에서 재인용.

〈그림 6〉은 미국과 거리가 가까운 멕시코와 거리가 먼 동남아시아의
저임금 국가들에서 제조된 제품의 미국 수입에 대한 코로나19의 영향을
나타낸다.[15] 앞의 〈그림 4〉에서 미국 전체 수입품 가운데 멕시코에서 제

---

15) NTFR 지표는 멕시코에서 제조된 제품의 미국 수입 총량을 동남아시아 14개 저임금
　　국가에서 제조된 제품의 미국 수입 총량으로 나눈 값이다. NTFR의 감소는 미국이
　　동남아시아 국가들보다 멕시코에서 제조된 제품을 상대적으로 더 적게 수입한다는
　　것을 의미한다.

조한 제품의 비중은 2018~2019년에 일시적으로 증가했지만, 2020년 감소하는 현상이 나타났음을 확인했다. 위의 〈그림 6〉에 나타난 바와 같이 코로나19가 미주 지역에 확산한 시기인 2020년 4~5월에 멕시코로부터 미국의 수입은 대폭 축소됐다.

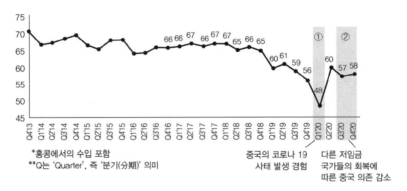

〈그림 7〉 미국의 중국으로부터 수입 가치 비중 변화(단위: %)

*홍콩에서의 수입 포함
**Q는 'Quarter', 즉 '분기(分期)' 의미

① 중국의 코로나 19 사태 발생 경험
② 다른 저임금 국가들의 회복에 따른 중국 의존 감소

자료: United States International Trade Commission(2021), Kearney's Seventh Annual Reshoring Index; *Global Pandemic Reshoring Index, Shifting Focus from Reshoring to Rightshoring*, London, Kearney, p.5에서 재인용.

반면에 중국에서 코로나19 확산세가 조기에 진정됨에 따라 역전 현상이 나타났다. 〈그림 7〉에 나타난 바와 같이 미국이 중국산 수입품에 대해 관세를 높이자 2018년 3/4분기 이후 미국의 중국으로부터 수입은 지속 급감하게 됐고, 2020년 1/4분기 중국에서 코로나19 범유행 사태가 발생함에 따라 최저점을 기록했다. 2/4분기 미국의 중국으로부터 수입은 2019년 1/4분기 수입과 같은 비중으로까지 회복됐다. 이후 3/4, 4/4분기에는 다른 저임금 국가의 조업 재개로 중국으로부터 수입이 약간 감소했지만, 코로나19 사태 발생 이전의 수준을 유지하고 있다. 코로나19가 중국 이외의 지역으로 확산하여 그들 지역의 경제가 셧다운 또는 침체를 겪게 됐지만, 경제활동이 정상화 또는 경제가 회복된 중국에 공급망을 둔 것은 오히려

기업들에게 유리하게 작용했다.[16)

코로나19의 확산은 지난 20~30년 동안 세계무역을 견인해 온 GVC뿐 아니라 RVC도 붕괴시켰지만, 글로벌 제조업 생산기지로서 중국의 중요성이 사라진 것은 아니다. 전 세계가 여전히 코로나19 대유행과 사투를 벌이는 가운데 적극적인 방역과 생산활동의 조기 재개 등으로 2020년 다른 주요국 대비 높은 경제성장률(2.0%)을 보이며 경제 반등에 성공함으로써 〈그림 4〉에 나타난 바와 같이 중국에 대한 세계의 무역의존도는 오히려 높아졌다. 2020년 중국의 외국인직접투자(Foreign Direct Investment, 이하 FDI) 유입액은 9,999.8억 위안으로 전년 동기 대비 6.2% 증가하여 역대 최고치를 기록했다.[17) 이는 중국 경제가 빠른 속도로 본격적인 회복 궤도에 올라선 데다 첨단산업 분야에 대한 적극적인 외국인 투자 유치 정책이 상호작용을 일으키며 대중 FDI를 견인했기 때문이다.

코로나19 사태와 미국의 탈동조화 압박에도 불구하고 이처럼 중국으로 유입되는 FDI가 오히려 증가한 것은 특별한 의미가 있다. 중국이 초기 늑장 대응으로 위기를 자초했던 것과 도시봉쇄 등 강력한 정책으로 코로나19를 조기에 효과적으로 잠재울 수 있었던 것은 모두 극단적인 권위주

---

16) 최근 코로나19 사태 이후 공급망 운영 차질과 재개 기간을 조사해 비교 분석한 결과에 따르면, 중국 탈출 또는 관계 단절이 세계 각국 기업의 위험(risk) 감소에 도움이 되지 않을 수 있다. 우선 중국 공급망 협력사를 둔 기업들의 신용 위험(credit risk)이 올라가고 있는 상황에서 COVID-19가 중국을 강타했을 때, 중국 이외의 지역에 공급망을 갖춘 것이 신용 위험을 완화해주지 못했기 때문이다. 또한 신용 위험이 경제 셧다운으로 인한 공급망 운영 차질로 증가하다가 경제 재가동으로 공급망 운영이 재개되면 다시 감소하기 때문이다. Senay Agca, John R. Birge, Zi'ang Wang, Jing Wu, "The Impact of COVID-19 on Supply Chain Credit Risk," *Journal of Operations Management*, https://papers.ssrn.com/sol3/papers.cfm?abstract_id=3639735 (검색일: 2021.06.13)

17) 은행·증권·보험 분야를 제외한 값임. 中國商務部: 2020年中國利用外資增長6.2% 規模創歷史新高, http://www.mofcom.gov.cn/article/i/jyjl/j/202101/20210103032941.shtml (검색일: 2021.05.03)

의 체제의 특성이 반영된 것이다. 중국 정부는 강력한 통제력을 행사하며 코로나19 확산을 제어하고 신속하게 공장 조업을 재개하는 데 성공했다. 그 결과, 중국은 코로나19가 범세계적으로 광범위하게 확산하고 있으며 각국의 피해가 폭발적으로 증가하는 상황에서도 경제의 회복 탄력성을 견인하며 세계 주요국 가운데 처음으로 경기 반등을 이뤄냈다. 특히 대중 FDI 증가는 중국과 다른 국가들 사이의 강력한 경제적 연결성을 나타내는 동시에 글로벌 가치사슬에서 중국의 중심적 역할이 계속될 것임을 여실히 보여준다.

코로나19 사태는 중요한 분기점이었다. 공급망이 중국에 의존하도록 방치하는 위험성은 그 이전부터 명백했지만, 코로나19 사태 초기 중국의 공장이 조업을 중단하여 중간재 공급 차질이 발생하면서 글로벌 공급망의 취약성이 드러남에 따라 극적으로 부각했다. 하지만 초기의 예상과 달리 코로나19 사태로 인해 미국기업의 대규모 탈중국 현상이 나타나지 않았다. 미국기업 대부분은 자국 또는 인근의 저임금 국가로 이전하기에는 소요 시간과 비용 측면에서 실익이 없다는 판단과 중국 시장의 수요 잠재력에 대한 고려로 중국을 떠나지 않고 여전히 남아있다. 2008년 외환위기 이후 중국의 임금이 지속 상승함에 따라 떠날 수밖에 없는 미국기업은 코로나19 사태가 발생하기 이전에 이미 중국을 떠났다. 하지만 미국으로 돌아간 기업은 극소수에 불과했다. 비용 절감, 시장 확대 등을 목적으로 해외로 나간 기업들이 미국으로 귀환하기에는 충분한 동기부여가 되지 못했다. 그들은 대안적으로 베트남을 비롯한 동남아시아로의 이전을 선호했다.

과거에는 제조원가가 저렴한 곳에서 대량생산해 전 세계에 공급하는 GVC가 필수적이라는 인식이 지배적이었다. 리쇼어링이 자국의 고용 창출과 핵심 산업 보호 측면에서 거론되긴 했지만, 결국 '비용 절감'이란 기업의 논리가 우세하여 활성화하지 못했다. 코로나19 사태만큼 공급망의 해외 의존 문제점을 부각한 전례는 없다. 글로벌 공급망의 최대 생산기지인 중국의 공장들이 코로나19 사태로 조업을 전면 중단하면서 세계 각국이 핵심부품 확보에 어려움을 겪었던 것이 발단이었다. 이후 '공급의 안정성'이 무엇보다 가장 중요하다는 인식이 전 세계적으로 급속하게 확산하고 있다.

코로나19 사태는 미국이 자국 중심의 경제블록인 '경제번영 네트워크(Economic Prosperity Network, 이하 EPN)' 구상으로 탈중국 전략을 가속하는 계기가 되기도 했다. EPN의 표면적인 핵심은 비용이 증가하더라도 중국을 중심으로 형성된 글로벌 공급망을 미국이 믿을 만한 우방 국가들과 연대해 반중(反中)전선을 강화하면서 미국 중심으로 재편하겠다는 것이었다. 글로벌 공급망의 중국 의존도 약화를 넘어 아예 중국을 고립시키려는 차원에서 진행하는 듯이 보이기까지 했다.

하지만 정치적 수사가 아니라 현실을 직시해야 한다. 코로나 사태가 발생하기 전인 2018년 8월 29일부터 9월 5일까지 주중미국상공회의소와 PwC가 공동으로 중국에 진출한 430개 미국기업을 대상으로 진행한 설문조사에 따르면, 약 1/3이 중국에 있는 제조시설을 다른 국가로 이전했거나 계획하고 있다고 밝혔다. 지역적으로는 동남아시아로 이전을 이미 완료했거나 현재 계획 중인 기업이 18.5%로 가장 많았다. 미국으로 이전을 완료했거나 계획하고 있는 기업은 6%에 불과했다.[18)

코로나19 사태를 계기로 트럼프 행정부는 GVC의 탈중국화를 더욱 부추겼다. 2020년 3월 6일부터 13일까지 베이징과 상하이 주재 미국상공회의소와 PwC가 공동으로 중국 현지에서 진행한 설문조사 결과에 따르면 71%의 미국기업이 미·중 무역관계가 악화하고 있음에도 불구하고 공급망이나 조달 거점을 중국에서 다른 지역으로 옮길 계획이 없다고 응답했

18) Dong Strub, Ruoping Chen, Ian Driscoll, *2018 China Business Report*, Shanghai, The American Chambers of Commerce in Shanghai and PwC, 2020.

다. 미국기업이 생산거점의 본국 복귀를 회피하는 사유는 이전 비용과 보조금만으로 생산 운영에 필요한 비용을 상쇄하기에는 불충분하고, 최적의 생산지를 선택하려면 시장 접근성, 인프라의 체계성, 노동력의 질적 수준, 산업집적(産業集積) 정도 등 다양한 요소를 고려해야 하기 때문이라고 밝혔다. 당시는 미국 정부의 탈중국 공세가 갈수록 심화하고 있던 시기였지만, 동시에 중국에서 코로나19 사태가 진정되면서 지역별로 조업이 단계적으로 재개되며 정상화 조짐이 나타나기 시작한 때이기도 했기 때문에 특별히 의미가 있다.[19]

유럽연합의 경우도 마찬가지다. 2020년 4~5월 주중유럽연합상공회의소(European Union Chamber of Commerce in China)가 현지에서 진행한 설문조사 결과에 따르면, 코로나19 사태에도 불구하고 유럽기업의 11%만이 "중국에서 다른 곳으로 투자 이전을 고려하고 있다"고 응답했는데, 이는 1년 전보다 15%나 감소한 것이다. 약 40%는 "중국의 R&D 환경이 세계 평균보다 좋다"고 응답하기도 했다.[20] 한국의 경우 미국이나 유럽연합보다 더 코로나19 사태가 리쇼어링의 동인이 되지 못하고 있다. 2020년 6월 한국의 산업통상자원부와 대한무역투자진흥공사(KOTRA)가 실시한 '해외 진출 기업 비공개 실태조사'에 따르면, 한국기업의 93.6%가 국내 복귀 계획이 없다는 의사를 표현했다. 한국기업이 국내로 돌아오지 않는 가장 큰 이유(중복 응답)는 한국의 생산비용 상승(66.7%), 노동환경 악화(58.3%), 각종 규제(33.3%), 구인난(25.0%) 등 때문이었다.[21]

미·중 무역분쟁과 코로나19에 따른 미·중 관계의 악화로 양국의 탈동

19) Ruoping Chen, Kate Magill, Ian Driscoll, *2020 China Business Report*, Shanghai, The American Chambers of Commerce in Shanghai and PwC, 2020.

20) European Union Chamber of Commerce in China, *European Business in China 'Business Confidence Survey 2020': Navigaing in the Dark*, Beijing, Roland Berger, 2020.

21) 연선옥, "해외진출 기업 10곳 중 9곳 '국내 복귀 계획 無," 조선일보, 2020.6.19.

조화 가능성이 전문가들 사이에서 제기되고 있지만, 현실적으로 완전한 탈동조화는 불가능하다. 트럼프 행정부도 이러한 상황을 파악하지 못했을 리는 없다. 미국 정부가 중국과 벌인 무역전쟁의 내심 의도는 중국과 탈동조화를 통한 완전한 결별이 아니었다. 미국의 중국 소비재 및 서비스 시장 진출 가속을 위한 높은 수준의 시장개방 유도와 중국 시장에 대한 지배력 확대·강화가 궁극적인 목표였다. 더 나아가 미국이 그동안 견고하게 우위를 유지해왔던 첨단 미래기술 부문에서 중국의 추월을 막으며 도전을 제어하고, 미국 중심의 기존 글로벌 질서에 중국이 계속 순응하도록 압박하는 것이 본질이었다. 다시 말해 미국이 중국과 무역전쟁을 벌인 목적은 결별이 아니라 '문턱 낮추기'와 '길들이기'이며, 무역분쟁은 그러한 목적을 달성하기 위한 압박 전술이었다.

미국의 바이든 정부도 2008년 글로벌 금융위기 이후 확대된 보호무역주의를 당분간 이어갈 가능성이 크다. 트럼프 행정부와 정도의 차이는 있지만 바이든 행정부는 첨단산업 위주로 공급사슬의 국내화를 핵심 정책으로 추진하며 보호무역주의 성향을 보이기 시작했고, 미국 의회에서도 반중 정서가 여전히 초당적 합의로 수렴되고 있다. 하지만 중국을 완전히 배제하거나 철저히 주변화하는 온전한 탈동조화는 불가능하다. 중국은 코로나19 사태로 인해 글로벌 공급망의 안정성에 대한 경종을 울렸지만, 얼마 지나지 않아 가장 빠른 회복력을 보이며 GVC의 안정 수호에 기여하고 있다. 그리고 배후에 세계 최대규모의 소비시장도 갖추고 있다. 세계는 경제적으로 중국과 복잡하게 얽혀있고, 중국은 상대적으로 저렴한 노동력과 풍부한 고급 기술인력을 보유하고 있으며 글로벌 가치사슬에서 여전히 중요한 위치를 점하고 있다. 수평적·수직적으로 다양한 범위와 다층적 수준의 기술력과 저비용·고효율의 생산성을 기반으로 세계 최대규모의 제조업 생산기지로서 인프라 체계를 구축한 중국을 다른 국가 또는 지역이 단기간에 대체하기란 실현 불가능한 소망에 불과하다.

하지만 여전히 미·중 갈등의 지속과 코로나19 사태의 발생으로 생산시설의 탈중국 현상이 가속화될 것이란 전망이 국제사회에서 수그러들지 않고 있으며, 글로벌 공급망의 중국 의존도를 축소하기 위해 미국을 비롯한 주요국이 GVC의 재편을 시도하고 있다. 특히 미국은 첨단산업과 전략산업 분야의 국내 공급망을 확보하기 위해 리쇼어링을 핵심 전략으로 내세우고 있다. 하지만 미국의 자국 내 자급자족할 수 있는 공급망 구축은 설사 가능하다고 하더라도 비용증가로 실익이 크지 않다. 원자재 대부분이 아시아산(産)이라는 점은 미국 내 제조의 생산성을 떨어지게 하는 요인이다. 미국이나 북미지역 현지에서 생산된 재료와 부품으로 북미지역 노동자가 경쟁력 있는 완제품을 만들 수 있는 요건을 갖추어야만 미국 리쇼어링과 북미 니어쇼어링을 촉진할 수 있다. 설사 미국 정부가 아무리 파격적인 혜택을 제공하며 기업들을 불러들여 자국 내 생산망 구축에 성공했다고 가정한다고 해도 완전 자동화를 통해 고용의 최소화를 실현하여 생산비용을 대폭 절감시키지 못한다면, 비용의 증가로 저비용·고효율을 자랑하는 기존 생산기지들을 상대로 상품 경쟁력을 갖출 수 없다. 또한 원료부터 최종 제품까지 전 과정에 필요한 것들을 자국 내에서 완전히 자급자족할 수 있는 온전히 배타적인 자국 완결형 가치사슬을 구축하지 않는 한 코로나19와 같은 사태가 다시 발생하면 공급망이 혼란에 빠지기는 마찬가지다.

최근 미국은 니어쇼어링의 일환으로 USMCA를 통해 북미지역 가치사슬 구축을 통해 지역 공급망을 강화하는 정책을 추진하고 있지만, 이 또한 단기간에 성공하기 어렵다. 멕시코가 그동안의 중국 역할을 대체할 수 있느냐가 관건이다. 2020년 기준 멕시코의 시간당 제조업 평균임금이 $4.82로 중국의 $6.5보다 경쟁력이 있다. 미국 및 캐나다와 체결한 통상 협정 USMCA가 2020년 발효됨에 따라 북·미 공급망의 효율적 통합이 중요해졌기 때문에 북미지역 블록화가 탄력을 받을 가능성이 있다. 멕시코는 유럽연합, 일본 등을 포함해 세계 주요 국가들과 FTA 이미 체결한 상태로 자유로운 무역을 하고 있어 상대적으로 관세장벽이 낮다는 점도 장점이다. 하지만 멕시코는 인프라 수준, 노동력의 질, 산업집적 정도 등의 측면에서 중국에 못 미치고, 내수시장 규모 및 경제 규모 역시 비교가 되지 않으며, 기술력도 한참 뒤떨어진다. 원자재부터 부품 조달까지 풍부한 산업 생태계를 갖춘 중국을 단기간에 대체하긴 어렵다.

또한 제조업의 본국으로 회귀를 뜻하는 리쇼어링이 세계적 흐름처럼 보이지만, 생산 패러다임의 전환으로 이어질지도 미지수다. 세계 주요 국가들은 이미 노력하고 있지만, 별다른 효과를 거두지 못하고 있다. 리쇼어링은 어쩌면 탄탄한 내수와 정치·경제·군사적 우위를 갖추고 있는 미국이나 가능한 일이다. 탄탄한 내수와 정치·경제·군사적 우위를 갖추고 있는 미국이나 할 수 있는 일이다. 스마트 팩토리(smart factory)를 구축하여 생산 자동화를 이뤄 인건비를 낮추고 생산성을 높이는 일은 뛰어난 과학·기술 수준을 자랑하는 미국이나 가능할지 모른다. 하지만 그러한 미국으로의 리쇼어링도 단기간에는 불가능하고, 긴 시간을 두고 진행될 수밖에 없는 것이 현실이다.

공급망의 다변화를 위해 중국을 대체할 생산기지가 어디냐는 점은 가장 중요한 문제다. 현재까지 나타난 현상을 바탕으로 보면, 가장 유망한 후보는 베트남이며, 다음은 인근의 다른 동남아시아 저임금 국가들이다.[22] 베트남은 시간당 제조업 평균임금이 $2.99로 중국보다 경쟁력이 있다. 하지만 베트남을 비롯한 동남아시아 국가들 역시 중국을 따라가려면 여전히 많은 시간이 필요하다. 노동력 수준, 사회적 인프라, 경제발전 정

---

22) 실제로 최근 중국으로부터 생산기지를 이전한 글로벌 기업들의 사례를 보면 압도적으로 베트남이 많고, 다음으로 태국과 인도가 많다. 참조: 이주미, 『최근 통상환경 변화와 GVC 재편 동향: 글로벌 기업들의 사례』, 서울: KOTRA, 2020.

도, 과학·기술 수준, 내수시장 성숙도 등을 고려할 때 단기간에 세계 제조
업 생산기지 중국 대체는 요원한 일이다. 베트남 인구는 1억에 가깝지만
14억의 중국과 비교가 되지 않으며, 벌써 노동력 부족 현상마저 겪고 있
다. 베트남 정부가 노력을 많이 기울여왔음에도 불구하고 여전히 사회 인
프라는 양적으로나 질적으로 매우 열악하다. 최근 갑자기 다국적기업들이
대거 몰려들면서 많은 도로, 철도, 항만, 공항 등이 벌써 포화상태에 달해,
곳곳에서 심각한 병목현상이 발생하고 있다. 중국은 모든 산업이 집결·
집중해 있어 모든 생산 과정이 매우 효율적이며 비용도 절감할 수 있지
만, 동남아시아는 여러 국가로 나누어져 있어 비용이 상승할 수밖에 없다
는 점도 한계다.

　인도도 아시아의 공급망 요지로 거론되는 곳이다. 인도는 2014년부터
'메이드 인 인디아(Made in India)', '클린 인디아(Clean India)', '디지털
인디아(Digital India)' 등 다양한 제조업 강화정책추진을 통해 첨단 제품
글로벌 공급망에서 핵심 허브가 되려고 노력하고 있다. 하지만 '메이드
인 인디아(Made in India)' 계획은 GDP에서 제조업이 차지하는 비중을
2014년 15%에서 2025년 25%까지 확대한다는 목표를 세웠음에도 불구하
고, 제조업의 점유율은 2020년까지 15% 수준에 머물러 있다. 인도는 중국
에 버금가는 엄청난 규모의 인구를 보유하고 있지만, 노동자의 교육 수준
이 낮아 숙련도가 매우 낮으며, 정부의 규제도 심한 편이다. 무엇보다 코
로나19 범유행의 세계 최대피해국일 정도로 사회체계와 위기관리 능력이
크게 떨어진다. 여전히 전국적인 봉쇄에 따라 엄청난 규모의 일자리 감소
로 경제가 어렵고, 중국과의 군사적 충돌 및 갈등으로 중국으로부터의 원
자재 공급도 원활하지 않다. 코로나19 혼란 속에서 인도는 공급망의 회복
탄력성을 회복할 수 있는 능력을 보여주지 못하고 있다.

　미·중 탈동조화는 단순히 양국 기업뿐만 아니라 전 세계 여러 산업과
기업에도 큰 영향을 미치는 사안이다. 무역전쟁과 코로나19에 따른 미·

중 관계 악화로 양국의 탈동조화 가능성이 각계에서 제기되고 있으나, 현실적으로 전면적인 탈중국화를 기대하기는 어렵다. 일부 산업에서는 가능할지 모르나 현재 양국은 상호 의존하는 분야가 많아 완전한 탈동조화는 불가능할 것이다. 앞에서 검토했듯이, '넥스트 차이나(Next China)'를 꿈꾸는 후보지가 많지만, 단기간에 중국을 대체할 공급망을 찾기는 쉽지 않다. 중국의 거대한 내수시장을 노리는 외국기업은 중국을 떠나지 않을 것이기 때문이다. 원자재부터 부품 조달을 거쳐 완제품 가공까지 수평적으로나 수직적으로 완비된 풍부한 생태계도 탈중국을 어렵게 하는 요인이다. 코로나19 사태가 전 세계 경제를 강타한 2020년 중국으로 유입된 FDI는 $1,630억으로 세계 최대다. 2020년 거의 모든 국가의 성장지표가 하락했지만, 예외적으로 주요국 중 유일하게 '플러스 성장'(2%)을 한 국가도 중국이다.

궁극적으로 글로벌 공급망 재편은 GVC에서 중국의 위치가 여전히 중시되는 가운데, 생산기지를 더 추가하는 '중국+(China Plus)' 구축으로 귀결될 가능성이 크다.[23] 즉, 대부분의 글로벌 기업은 중국 내 기존 공급망을 계속 유지하면서 추가로 다른 지역(들)에 부분적인 생산기지를 설립하여 보완적으로 활용하는 전략을 선호한다. 중국 중심의 기존 GVC를 유지하지만, 중국 하나에만 과도하게 집중하지 않고 1개 또는 그 이상의 국가 또는/그리고 RVC를 추가로 구축하여 복합적으로 공존하는 방법이다. '중국+베트남', '중국+베트남+기타 동남아시아 국가' 등과 같이 복수 국가들이 가치사슬로 연결된 조합을 예로 들 수 있다. 장기적으로 GVC는 RVC 및 '국내 가치사슬(Domestic Value Chain, 이하 DVC)'과 함께 다양한 방식으로 조합될 것이고, 그에 따라 글로벌 공급체계는 이전보다 훨씬 더 복잡해지고 다변화될 것이다.

---

23) 편의상 중국을 제외한 여타 국가가 추진하는 '중국+'는 '중국+(China Plus)', 중국발 '중국+'는 '중국+(中國+)'로 구분한다.

3. 중국의 산업고도화와 국내 핵심 생산능력 강화

1979년 미국과 국교 정상화한 중국은 외국의 자본을 받아들이는 개방을 시작했고, 값싼 양질의 노동력이 강한 매력 요소로 작용하면서 막대한 외국자본의 투자를 유치하며 놀라운 경제성장을 이룩했다. 특히 2001년 WTO 가입에 따라 관세를 낮추고 무역 장벽을 완화하자 중국산 제품들이 전 세계로 빠르게 퍼져나가면서 중국의 경제성장은 가속도가 붙었다. 후진타오 집권 2기가 시작하는 2007년 중국의 경제성장률은 14.2%로 정점을 찍었고, 2008년 미국발 글로벌 금융위기를 기점으로 갈수록 둔화했다. 글로벌 금융위기로 인한 전 세계적 수요 감소는 중국 경제의 수출 의존도 약화를 초래했다.

〈그림 8〉 중국 경제성장률 추이 (2000-2020)[24]

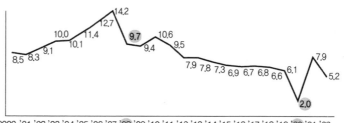

자료: World Bank

2008년 미국발 금융위기를 계기로 글로벌 경제에 대한 의존도가 너무 높은 중국 경제의 위험성을 파악하게 된 중국 정부는 수출에 기댄 외부 의존형 경제성장이 계속되기 어렵다고 판단했다. 미래의 외부충격에 선제적으로 대응하고, 새로운 성장동력을 창출하며, 경제 기초체력을 탄탄히

---

24) 2021년과 2022년의 지표는 예상치.

다져 경제성장 둔화를 막고 지속 가능한 성장을 이루기 위해 수출·투자 중심의 외향적 경제를 내수·소비가 더 큰 역할을 하는 내향적 경제로 전환을 도모했다. 새로운 경제성장모델은 임금상승을 추동하는 결정적인 배경이 됐다. 중국 정부는 14억 인구의 내수시장에 기댄 자립경제 모델의 성공이 민간소비의 확대 정도에 달렸다고 판단했다. 경제구조 전환을 위해 필요한 구조조정 및 산업구조 고도화를 원활히 수행하기 위해서도 적정 수준의 임금과 사회안정망 구축은 선결과제였다. 이러한 것들이 임금 상승으로 이어졌다.

중국 정부는 가계소득 증가를 통한 민간소비 장려를 위해 '소비 확대의 장기적 메커니즘' 구축 정책을 추진했는데, 대규모의 경기부양책 실시와 함께 내수 비중의 확대를 위해 최저임금을 획기적으로 인상하기 시작했다.25) 이에 더하여 경제의 고성장, 물가의 급등, 고품질·고효율 제품을 선호하는 국제시장 기류, 숙련공 인력난, 엄청난 규모의 무역수지 흑자로 인한 외환보유고의 증가 등 대내외 요인이 복합적으로 작용하면서 임금이 전국적으로 가파르게 인상됐다. 이러한 인건비 급등과 더불어 외국기업에 대한 각종 혜택까지 축소되어 생산비용이 증가하자 외국기업들은 노동집약형 산업의 생산기지를 중국보다 임금이 저렴한 국가로 이전하기 시작했다. 최근에는 미·중 무역전쟁이 심화하게 되자, 중국 외에 베트남, 인도 등 동남아시아와 멕시코 등에 생산기지를 추가 구축하는 '중국+(China Plus)' 전략을 추진하는 글로벌 기술기업도 증가했다. 이는 글로벌 공급망의 최종 공정을 이들 지역으로 옮겨 '원산지 세탁'을 함으로써 관세 폭탄 위험을 피하고자 함이고, 토종 중국기업들도 포함되어 있다. 하지만 이러한 상황에서도 중국 내수시장을 겨냥한 외국기업은 대부분 중국 내 기존 공급망을 대체로 유지하고 있다는 사실을 주목해야 한다.

---

25) GDP의 12%에 달하는 4조 위안($5,850억)에 규모의 경기부양책을 실시했다.

〈표 1〉 중국의 주요 지역 최저임금 기준(2020년 3월 31일 기준, 단위: 위안)

구분	지역	2008 월당	2012 월당	2012 시간당	2014 월당	2014 시간당	2016 월당	2016 시간당	2018 월당	2018 시간당	2020 월당	2020 시간당
동부	上海	960	1,280	11.0	1,820	17.0	2,190	19.0	2,420	21.0	2,480	22.0
	浙江	960	1,310	10.7	1,650	13.5	1,860	17.0	2,010	18.4	2,010	18.4
	天津	820	1,160	11.6	1,680	16.8	1,950	19.5	2,050	20.8	2,050	20.8
	北京	800	1,160	13.0	1,560	16.9	1,820	21.0	2,000	22.0	2,200	24.0
	山東	760	1,100	11.5	1,500	15.0	1,710	17.1	1,910	19.1	1,910	19.1
	廣東	860	1,300	12.5	1,550	15.0	1,895	18.3	1,895	18.1	2,100	20.3
	江蘇	850	1,140	9.2	1,630	14.5	1,770	15.5	1,890	17.0	2,020	18.5
	福建	750	1,100	11.6	1,320	14.0	1,500	16.0	1,700	18.0	1,800	18.5
	河北	750	1,050	11.0	1,480	15.0	1,650	17.0	1,650	17.0	1,900	19.0
	遼寧	700	1,100	11.0	1,300	13.0	1,530	15.0	1,620	16.0	1,810	18.3
	海南	630	830	7.2	1,120	9.9	1,430	12.6	1,430	12.6	1,670	15.3
중부	吉林	650	1,000	7.7	1,320	11.5	1,480	13.5	1,780	17.0	1,780	17.0
	湖北	700	1,100	11.0	1,300	14.0	1,550	16.0	1,750	18.0	1,750	18.0
	河南	650	1,080	10.2	1,400	13.5	1,600	15.0	1,720	16.0	1,900	19.0
	山西	720	980	10.8	1,450	16.0	1,620	17.7	1,700	18.5	1,700	18.5
	江西	580	720	6.8	1,390	13.9	1,530	15.3	1,680	16.8	1,680	16.0
	黑龍江	680	880	7.5	1,160	11.0	1,480	14.2	1,680	16.0	1,680	16.0
	湖南	665	1,020	10.0	1,265	12.5	1,390	13.6	1,580	15.0	1,700	17.0
	安徽	560	1,010	10.6	1,260	13.0	1,520	16.0	1,520	16.0	1,550	18.0
서부	新疆	800	1,160	11.6	1,520	15.2	1,670	16.7	1,820	18.2	1,820	18.2
	內蒙古	680	1,050	8.9	1,500	12.2	1,640	13.3	1,760	18.6	1,760	18.6
	貴州	650	930	10.0	1,250	13.0	1,600	17.0	1,680	18.0	1,790	18.6
	陝西	600	860	8.6	1,280	12.8	1,480	14.8	1,680	16.8	1,800	18.0
	廣西	670	820	6.0	1,200	10.5	1,400	13.5	1,680	16.0	1,810	17.5
	雲南	680	960	9.0	1,420	12.0	1,570	14.0	1,670	15.0	1,670	15.0
	寧夏	560	900	9.0	1,300	12.5	1,480	14.0	1,660	15.5	1,660	15.5
	西藏	730	950	8.5	1,200	11.0	1,400	13.0	1,650	16.0	1,650	16.0
	甘肅	620	760	7.9	1,350	12.7	1,470	15.5	1,620	17.0	1,620	17.0
	四川	650	850	8.9	1,400	14.6	1,500	15.7	1,500	15.7	1,780	18.7
	重慶	680	870	8.7	1,250	12.5	1,500	15.0	1,500	15.0	1,800	18.0
	青海	600	920	9.3	1,270	12.9	1,270	12.9	1,500	15.2	1,700	15.2

자료: 中國人力資源和社會保障部

〈표 2〉 중국의 국가별 수출입 현황(2020년 1-5월 기준, 단위: 위안)

국가 (지역)	수출입액	수출액	수입액	차액	전년 동기 비율(%)			
					수출입	수출	수입	차액
총 가치	16,486.2	8,849.9	7,636.3	1,213.6	-8.0	-7.7	-8.2	-4.5
홍콩	950.9	926.4	24.5	901.9	-13.1	-12.4	-34.4	-11.6
일본	1,209.7	565.5	644.2	-78.7	-3.4	-1.6	-5.0	-23.9
한국	1,080.2	429.5	650.7	-221.3	-7.6	-5.6	-8.9	-14.7
대만	915.6	225.3	690.3	-465.0	5.6	7.0	5.1	4.2
ASEAN	2,424.2	1,337.7	1,086.5	251.3	0.9	-0.4	2.6	-11.6
인도네시아	293.4	152.8	140.6	12.2	-2.8	-9.3	5.5	-65.4
말레이시아	459.0	185.5	273.4	-87.9	-2.2	-6.3	0.7	19.6
필리핀	193.7	128.4	65.3	63.1	-15.6	-14.8	-17.1	-12.3
싱가폴	337.0	217.1	119.9	97.2	-2.6	6.5	-15.6	57.3
태국	371.0	187.4	183.6	3.9	4.6	9.7	-0.2	-
베트남	645.2	383.8	261.4	122.4	12.8	5.5	25.5	-21.3
EU	2,295.1	1,383.0	912.1	470.9	-7.3	-4.1	-11.8	15.4
독일	684.8	315.2	369.6	-54.4	-9.4	-2.2	-14.8	-51.2
프랑스	228.4	126.7	101.7	25.1	-13.6	-2.3	-24.4	-
이탈리아	189.9	117.6	72.2	45.4	-14.4	-13.3	-16.1	-8.4
네덜란드	322.9	274.7	48.1	226.6	0.0	-0.7	4.1	-1.7
BRICS	1,228.4	556.6	671.8	-115.2	-13.3	-16.7	-10.2	45.0
브라질	411.6	117.9	293.6	-175.7	-7.6	-9.0	-7.0	-5.6
러시아	408.9	169.5	239.5	-70.0	-4.3	-7.3	-2.1	13.3
인도	283.4	219.0	64.5	154.5	-23.1	-24.8	-16.3	-27.9
남아프리카공화국	124.5	50.2	74.3	-24.0	-29.1	-22.7	-32.9	-47.4
영국	278.5	198.7	79.8	118.9	-15.8	-15.3	-16.7	-14.3
캐나다	207.1	126.0	81.1	44.9	-24.0	-12.2	-37.2	211.5
미국	1,836.2	1,376.0	460.2	915.9	-12.7	-14.3	-7.6	-17.3
오스트레일리아	651.2	185.8	465.4	-279.7	-1.5	1.6	-2.6	-5.2
뉴질랜드	74.3	20.8	53.5	-32.8	-3.7	-2.8	-4.0	-4.7

자료 : 中國商務部

중국기업들도 국내 인건비 부담의 가중과 미국의 고율 관세부과를 피하려고 저부가가치 제품의 생산기지를 인도, 베트남, 태국, 인도네시아, 말레이시아, 필리핀, 멕시코 등으로 이전하는 현상이 나타났다. 그 결과 글로벌 공급망에서 중국이 주로 담당했던 저부가가치 가공품의 생산이 동남아시아에서 이뤄지게 됐고, 〈표 2〉에 나타난 바와 같이 동남아시아 국가들의 중국에 대한 수출입이 빠르게 증가하면서 대중국 무역의존도가 높아졌다. 최근 일대일로와 연계한 동남아시아 투자와 인프라 개발이 증가하면서 중국과 '아세안 역내 RVC'를 연결하는 전략 추진도 활기를 띠고 있다.

지속적인 임금상승은 중국 내 노동집약적 산업활동의 약화를 초래했지만, 동시에 정부의 산업고도화 정책 추진과 그에 따른 신기술 혁명의 힘을 얻어 중국 내 고부가가치 산업의 첨단화를 가속하는 동인이 되기도 했다. 중국 정부는 중국 공급망의 새로운 기제인 '중국+1 전략(中國+1 戰略)' 추진을 통해 중국 내 저부가가치 가공생산 억제를 강화하고, 국내 저부가가치 생산기지를 점차 해외로 이전하면서 공급망 다변화 전략을 추진하고 있다. 노동집약형 산업의 탈중국화가 진행되고 기술의 진전이 이뤄지면서 과거 수입에 의존했던 반제품을 중국산 부품으로 빠르게 대체하며 산업자급률을 높이고 있다. 중국은 더 이상 중간재를 수입해 완제품을 수출하던 '세계의 저임금 제조업 공장'이 아니다. 범국가적 산업고도화 전략인 '중국제조 2025' 정책에 힘입어 중국의 무역구조가 노동집약형에서 기술집약형으로 변함에 따라, GVC에서 중국의 위치는 중하위 단계에서 상위단계로 발전하고 있다. 글로벌 무역 시장의 경쟁 구도도 새롭게 재편되고 있다.

사실 미국을 강하게 자극한 것은 중국 정부가 2015년 시작한 '중국제조 2025'였다. 이 전략은 중국이 미래기술의 핵심부품과 기초소재의 국산화율을 2020년까지 40%, 2025년까지 70% 달성을 목표로 하고 있다. 트럼프 행정부는 중국 정부가 그러한 목표를 달성하기 위해 자국 기업의 미국기업으로부터 기술탈취와 지적 재산권 침해를 방관하고 있다고 판단했다. 중국 정부의 천문학적인 보조금 지급을 통한 국유기업 육성도 불공정한 경쟁이라고 인식했다. 또한 이러한 것들이 중국이 WTO에 가입할 때 했던 약속을 위반하고 있다고 보았다. 이에 따라 2017년 트럼프 행정부가 출범한 이후부터 미·중 양국은 전방위로 충돌했다. 미국은 데이터 보안, 기술 패권 등을 이유로 중국 통신장비업체 화웨이(華爲)에 대해 제재를 가하고 차이나모바일(China Mobile, 中國移動通信) 등 중국 통신기업의 미국 내 영업을 제한했다. 5G, 반도체, 양자과학, 로봇공학, 인공지능, 항공, 바이오 등 첨단기술 분야에서 중국의 약진으로 경계심이 높아진 미국은 이들 분야와 관련된 기술의 중국과 교류에 제한을 가하며 중국의 추격을 뿌리치고 한 단계 더 도약하기 위해 안간힘을 쓰기 시작했다. 이후 반도체와 같은 첨단산업의 핵심부품을 국가안보 차원에서 자급자족하려는 노력을 강화했다.

미국의 중국과 무역전쟁은 표면적으로 무역 불균형, 불공정 무역 관행, 기술이전 강제, 지식재산권 침해, 산업보조금 지급, 중국제조 2025 등과 같은 첨단산업 분야에 대한 정부 주도의 공세적 산업정책의 개선을 내세웠다. 하지만 보다 본질적으론 첨단 미래기술을 계속 선도·지배하고 세계 경제 패권 장악을 지속하기 위해 중국과 전방위적으로 힘겨루기를 하기 시작한 것이다. 미국 트럼프 행정부가 보인 공격적 일방주의와 배타주의 경향은 중국이 부상하고 있는 가운데 미국의 지위가 상대적으로 하락함에 따라 발생하는 반작용이었다고 할 수 있다.

미·중 무역분쟁이 제대로 제어되지 않고 심화하는 데는 중국의 정치적 요인도 크게 작용하고 있다. 2008년 금융위기를 계기로 경제성장이 둔화하기 시작한 경제성장률은 2015년 6.9%로 25년 만에 처음으로 7.0%를 밑돌며 고도의 경제성장을 통해 확보해온 공산당 일당 지배체제의 정당성이 크게 위협받게 됐다. 외부적으로는 미국과 패권 경쟁이 장기화할 가능성에 대비해야 하는 상황에 직면하게 됐다. 이러한 체제 내부의 위기를 돌파하고 외부의 도전에 효과적으로 대응하기 위해 국가 최고지도자를 중심으로 한 강력한 리더십 구축이 필요하다는 공감대가 중국 사회에 형성됐고, 시진핑으로 권력 집중으로 귀결됐다. 이에 호응하여 시진핑 주석은 2050년까지 미국을 능가하는 세계 최강대국이 되겠다는 '중화민족의 위대한 부흥'이란 기치를 내세운 '중국몽(中國夢)'을 제시하며 공세적 형태의 대외정책을 취했다.

이후 중국은 일대일로 추진, '아시아인프라투자은행(AIIB)' 설립, '역내 포괄적경제동반자협정(RCEP)' 체결 등을 통해 미국과 글로벌 경제 제도, 질서, 규범 등의 주도권을 놓고 본격적인 경쟁에 돌입했다.[26] 이러한 중국의 움직임을 미국은 자국 주도의 글로벌 경제 질서에 대한 정면 도전으로 받아들였다. 특히 2017년 자국 우선주의와 보호무역주의를 내세운 트럼프 행정부의 등장으로 중국은 미국과 전방위로 충돌하게 됐다. 미국과 통상 마찰이 갈수록 심해지자 수입 중간재 비율을 낮추는 자주적 산업망 구축이 절실해진 중국은 부품·소재 자급부터 완제품 생산까지 모두 자국 내에서 해결하는 DVC 구축을 이전보다 훨씬 더 적극적으로 추진하기 시작했다.

최근 코로나19 사태를 계기로 중국은 2013년부터 산업고도화를 명분으로 핵심기술의 독자개발과 부품·소재의 국산화 비중 확대를 위해 시작한 '홍색공급망(紅色供應鏈, Red Supply Chain)' 구축 전략에 속도를 내고 있다. 홍색공급망은 중국을 상징하는 '홍색'을 사용하여 부품·소재 조달

---

26) '아시아인프라투자은행(亞洲基礎施設投資銀行, Asian Infrastructure Investment Bank)'은 아시아·태평양 지역의 인프라 구축 지원을 목적으로 중국 정부가 설립한 다자개발은행이다. 2021년 기준 가입회원국은 중국, 인도, 러시아, 한국 등 103개국이다. 주로 일대일로 정책 추진에 필요한 기반시설 건설 재원으로 활용하며, 국제금융시장에서 영향력을 확대하고 있다. '역내포괄적경제동반자협정(區域全面經濟伙伴關係協定, Regional Comprehensive Economic Partnership)'은 동남아시아 국가연합 회원국 10개국과 자유무역협정을 체결한 한국, 중국, 일본, 호주, 뉴질랜드를 포함한 총 15개국이 참여하는 자유무역협정(FTA)이다.

부터 완제품 생산까지 모두 자국 내에서 자국 제품으로 완료하는, 즉 자급
자족이 가능한 중국 내 자체적 공급망을 비유적으로 표현한 용어로 중국
제조 2025 계획에 잘 드러나 있다. 중국제조 2025의 요점은 중국 제조업의
경쟁력 강화를 위한 국가전략계획으로 핵심부품 및 원자재의 자급률을
2025년까지 70%로 끌어올리겠다는 것이다. 중국은 지금까지 저렴한 노동
임금과 낮은 수준의 기술에 의존하여 주로 수입 원재료 및 중간재를 단순
가공하여 수출하는 세계의 공장 역할을 해왔지만, 이제는 세계 제조업 분
업구조에서 저부가가치 영역만을 전담하는 생산기지 역할을 더 지속하길
원하지 않는다. 기술 향상과 산업고도화로 원자재 및 중간재의 수입대체
효과를 거두며 GVC 내에서 영역을 고부가가치 분야로 확대하면서 한국,
대만 등 '동북아시아 역내 RVC'에 대한 의존도를 갈수록 축소해가고 있
다. 중국의 홍색공급망 구축은 중국 경제의 구조적 변혁 과정으로 시기적
·순환적 현상이 아니다. '중국제조 2025' 정책과 더불어 '일대일로' 구상
역시 독자적으로 자급자족할 수 있는 공급망인 홍색공급망 구축의 일환이
며 중국이 GVC 내 영향력 향상을 위한 전략이다.

　중국의 첨단산업 홍색공급망 구축 노력은 반도체 산업 분야에서 집약
적으로 나타나고 있다. 2004년부터 중국은 첨단기술 제품의 핵심부품으로
미래산업의 중추를 담당하고 있는 반도체 기술 자립을 위해 국가 차원에
서 총력을 기울이고 있다. 2014년 중국 정부는 〈국가 반도체 산업 발전
추진 요강〉을 발표하고 2030년까지 단계적으로 세계 최고 수준의 반도체
기술 산업 생태계를 조성하여 첨단산업에서 세계 선두주자로 부상하겠다
는 목표를 설정하고, 정책지원 확대와 자원 총동원을 통해 반도체 굴기에
본격적으로 박차를 가하기 시작했다.[27] 2015년에 발표한 '중국제조 2025'

---

27) 〈國家集成電路産業發展推進綱要〉의 직역은 〈국가 전기회로 집성 발전 추진 요강〉
　　이지만, 독자의 이해를 위해 〈국가 반도체 산업 발전 추진 요강〉으로 번역한다. '전로

는 첨단산업 분야의 핵심부품과 기초소재의 자급률(self-sufficiency rate), 즉 국산화율 목표를 제시했다. 그 가운데 반도체 자급률 달성 목표는 2020년 40%, 2025년 70%로 정했다. 그리고 이런 일련의 계획을 종합해 '반도체 굴기(半導體崛起)'를 하겠다고 선언했다. 중국 정부가 글로벌 ICT 기기 업체들의 주요 생산기지이자 거대한 내수시장인 자국에서 소비되는 반도체 대부분을 수입에 의존하고 있는 현실에 대해 자각한 것이 반도체 굴기를 추진하게 된 직접적인 배경으로 작용했다. 또한 4차 산업혁명으로 대표되는 디지털 전환으로 다양한 수요처가 나타나면서 반도체 시장의 규모가 더욱 확대할 것이라는 전망도 중국 정부가 반도체 굴기를 시작한 주요한 배경이 됐다. 반도체는 4차 산업혁명 또는 디지털 전환 시대를 견인하는 첨단기술의 결집체다. 미래산업의 핵심 토대가 되는 반도체를 내재화하지 못하고 홍색공급망 구축에 실패한다면 중국은 미래기술산업 GVC에서 위치의 상향 이동을 기대하기 어렵다. 중국의 '반도체 굴기'는 여전히 미국이 주도하고 있는 세계 반도체 산업에 대한 공세적 도전이며, 미·중 기술 패권 경쟁의 맥락에서 이해할 수 있다. 미래 경제패권을 장악하려면 반도체는 전제조건이다.

중국은 반도체 기술의 국가적인 자립도를 높이기 위해 2014년 이후 1조 위안(약 170조 원) 규모의 기금을 쏟아부었지만, 실적은 초라하다. 중국은 2019년 기준으로 미국과 함께 글로벌 반도체 소비시장을 25%씩 분점하고 있고, 전 세계 반도체 칩 판매의 약 35%가 이뤄지는 곳으로 세계 최대의 반도체 칩 구매국이다.[28] IC Insights의 통계에 따르면, 2020년 중국에 판

(電路)'는 '전자회로(electronic circuit)'를 의미하고, '직접회로(integrated circuit, IC)'는 반도체에 만든 전자회로의 집합을 뜻한다. 국무원 요강의 내용은 반도체에 관한 것이기 때문에 여기서는 '반도체'로 번역한다. 國務院(2014), 〈國家集成電路産業發展推進綱要〉, 中央政府門戶站, 06.24, http://www.gov.cn/xinwen/2014-06/24/content_2707281.htm(검색일: 2021.04.21)

〈그림 9〉 글로벌 반도체 매출(sales) 발생 지역적 분포 (2019, 단위: %)

	제조사 본사 위치	제조 및 가공 장소	최종 소비자 위치
미국	33%	19%	25%
중국	26%	35%	24%
대만	9%	15%	1%
한국	11%	12%	2%
일본	30%	9%	6%
유럽	33%	10%	20%
기타			22%

자료 : SIA, WSTS, GARtner, IDC의 자료를 Boston Consulting Group이 분석

매된 반도체 총량은 전년 대비 9% 증가했다. 중국에서 거래된 전체 반도체의 15.9%가 중국 내에서 제조되었지만, 대부분은 외자기업이 생산된 것이다. 단지 전체 5.9%만이 중국 토종 기업이 제조한 것이다. 중국에서 거래된 반도체의 약 60%가 나중에 해외로 수출될 제품에 사용됐다.[29] 사실상 중국 반도체의 대부분은 외국에서 조달하는 것이다. IC Insights는 2025년까지 중국산 반도체의 자급률을 19.4%로 예상한다. 이는 중국 정부가 설정한 목표인 70%에 턱없이 못 미치는 수준이다.

중국 반도체 판매량이 획기적으로 증가한다 해도 2025년 현지 기업 반도체 생산은 세계 시장의 약 10%만을 차지할 가능성이 크다고 분석했다.[30] 중국이 '반도체 자립'에 성공하기 위해서는 무엇보다 기술 부족 보

---

28) 많은 반도체 칩은 중국이 최종 소비자가 아니고 중국산 완성품(made in China)의 부품으로 사용되어 다른 국가로 수출되기 때문에 이러한 차이가 발생한다. Antong Waras, Raj Varadarajan, Jimmy Goodrich, Falan Yikung, *Strengthening the Global Semiconductor Supply Chian in an Uncertain Era*, Boston, Boston Consulting Group, 2021.

29) Ding Yi, "China Still Far From Semiconductor Self-Sufficiency, Report Says," *CX Tech*, February 23, 2021, https://www.caixinglobal.com/2021-02-23/china-still-far-from-semiconductor-self-sufficiency-report-says-101665965.html(검색일: 2021.05.01)

30) Efe Udin, "China's Chip Self-Sufficiency Rate Will Reach 70% by 2025? How Possible?",

완과 기술개발이 시급한 상황이다. 중국기업은 반도체 범용기술의 상용화에서는 상당히 빠른 속도로 추격하고 있지만, 새로운 기술이나 높은 수준의 기술을 개발하는 능력이 글로벌 선두 기업에 비해 현저하게 뒤떨어져 있다. 중국은 엄청난 규모의 자금을 투자했음에도 불구하고 적어도 아직까진 첨단기술의 결집체인 반도체 산업의 기술 장벽을 뛰어넘지 못하고 있다.

게다가 미국의 제재가 중국의 발목을 잡고 있다. 미국의 적극적 견제로 인해 중국의 파격적인 조건을 내건 기술력을 가진 해외 인재 영입과 해외 기술 보유 기업과 인수·합병(M&A)을 통한 기술 확보는 물론 미국산 제품과 관련된 장비의 수입도 제한받고 있다. 2019년부터 미국은 중국 반도체 관련 기업 제재를 한층 강화해 미국 기술과 부품을 이용한 제품을 화웨이나 SMIC 등 중국기업에 수출할 경우, 미국 상무부 승인을 받도록 했다. 전 세계반도체 칩(chip) 설계, 생산용 소프트웨어, 핵심 장비, 고난도 기술의 거의 모두를 사실상 미국이 통제하고 있다고 해도 과언이 아니다. 특히 반도체 생산 장비의 경우 주요 글로벌 업체 가운데 네덜란드와 일본 기업 몇 개를 제외하곤 거의 모두 미국회사다. 미국 장비업체의 공급 없이 반도체 생산라인을 완성하는 것은 불가능하다. EUV 등 노광장비는 네덜란드 기업인 ASML이 독점하고 있는데, 10나노 이하 공정에 필수품인 EUV 장비를 들여놓기 위해선 미국 승인이 필요하다. 2019년 이래 계속되고 있는 화웨이 제재 사태를 통해 목격해왔듯이 미국이 마음만 먹으면 언제든지 제동을 걸 수 있다. 현재 중국은 미국 제재가 발목을 잡음에 따라 반도체

Gizchina, January 9, 2021, https://www.gizchina.com/2021/01/09/chinas-chip-self-sufficiency-rate-will-reach-70-by-2025-how-possible/(검색일: 2021.05.01); Wei Sheng, "Where China is Investing in Semiconductors, in Charts," *Technode*, March 4, 2021, https://www.brookings.edu/techstream/lagging-but-motivated-the-state-of-chinas-semiconductor-industry/(검색일: 2021.05.01)

자립이 얼마나 어려운지를 실감하고 있다. 사실상 반도체는 중국과 기술 패권 전쟁에서 미국의 가장 효과적인 수단인 셈이다. 이대로 가면 중국 정부가 설정한 '2025년 반도체 자급률 70%' 목표를 달성하기 힘들다.

그렇지만 장기적으로 큰 타격이 되지 않을 수도 있다. 반도체 산업은 깊게 상호 연결된 글로벌 가치 생태계를 형성하고 있기 때문이다.[31] 글로벌 생산망 체계의 현재 모습은 꾸준히 더 나은 제품 역량, 기능, 신뢰성 등에 대한 수요가 존재했기 때문에 형성된 것이다. 반도체 산업 생태계를 이루는 수많은 글로벌 기업의 대중국 매출 의존도는 해마다 증가하는 추세를 보인다. 매년 중국은 $3,000억 이상의 반도체를 수입하고, 미국 제품의 25% 이상을 중국에 수출한다. 중국 정보통신기술(ICT)기업의 반도체 수요는 전 세계 수요의 34%를 차지하고 있으며, 그 가운데 절반을 미국 반도체 업체가 공급한다. 미국이 계속 중국으로의 반도체 공급을 저지한다면 많은 중국의 ICT기업이 생존의 위협을 받겠지만, 중국 업체에 의존하는 미국기업에도 큰 타격을 줄 수밖에 없다. 국가 간 상호의존도가 매우 높은 반도체 산업 분야에서 중국을 배제하기란 쉽지 않다.

반도체 산업뿐 아니라 기타 대부분의 산업 분야도 산업 공급망을 통해 밀접하게 상호 연결돼 있다. 공급의 측면에서 볼 때, 지난 수십 년 동안의 무역과 투자는 많은 산업 부분에서 특정 완제품만 아니라 주요 중간재 및 원자재에서도 미·중 간 높은 상호 의존성을 촉진했다. 세계에서 가장 큰 무역관계인 미·중 관계가 끊어진다면, 미국기업은 매출과 중요 공급처 접근 측면에서 중국기업보다 손실이 더 클 것이다. 미·중 관계 훼손으로 인해 미국기업이 중국 시장에서 판매할 수 없거나 보이콧 당한다면 중국 기업이 미국 시장에서 같은 위험에 처할 경우보다 손실이 훨씬 더 크다.

---

31) 반도체 기업의 생태계에 대한 설명 참조. 윤경우, 「코로나19로 촉진된 글로벌 대변혁과 중국의 디지털 전환 가속화」, 『중국지식네트워크』, 2020, 58~59쪽.

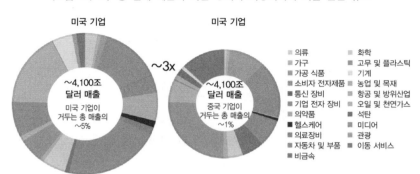

〈그림 10〉 미·중 관계 훼손에 따른 상대국 시장에서의 매출 손실 규모

자료 : BCG Global Advantage Trade Atlas, Oxford Economics, Euromonitor, USTR, Capital IQ 자료들의 Boston Consulting Group의 분석

미국기업이 중국에서 직접 판매를 통해 2019년 기준 $4,100의 매출을 올렸는데, 이는 중국기업이 미국에서 올린 매출의 약 3배에 달한다.[32] 더 나아가 양국 간 무역 긴장은 어느 한 기업이 중국이나 미국에서 판매할 수 있느냐 여부만 아니라, 어느 한 국가에서 전 세계 모든 나라로 수출할 수 있는지 여부에도 영향을 미친다.

　미·중 관계의 악화와 코로나19 사태가 겹치면서 GVC의 산업 생태계가 분열할 조짐을 보인다. 코로나19로 인해 글로벌 공급망의 취약성 문제가 대두되자 공급망 구축의 기준이 변화했고, 공급망의 다변화와 자국 또는 인근 지역으로의 리쇼어링 및 니어쇼어링 움직임이 확산하고 있다. 그리고 미국은 정권교체가 이루어졌음에도 불구하고 탈동조화 압박을 멈추지 않고 있다. 이러한 미국의 공세는 역설적으로 중국이 반도체 굴기에 더욱 매진하도록 동기를 강화하는 촉매제가 되고 있다.[33] 2021년 3월 중

32) Boston Consulting Group, "What's at Stake If the US and China Really Decouple," November 1, 2021, https://www.bcg.com/publications/2020/high-stakes-of-decoupling-us-and-china(검색일: 2021.04.21)

국의 최고의사결정기구인 전국인민대표대회(全國人民代表大會, 이하
'전국인대')는 '제14차 5개년 경제발전계획(2021~2025) 및 2035년 중장기
목표'(이하 '계획 및 목표')와 '2021년 거시경제 운용 방향'(이하 '방향')을
확정하면서 반도체 기술자립을 위한 반도체 산업의 '쌍순환(雙循環) 전
략'을 포함한 계획을 발표하고, 결코 반도체 굴기를 포기하지 않겠다는
의지를 천명했다. 중국은 세계 최대의 반도체 소비시장을 보유한 강점을
활용하여, 사실상 반도체 산업의 자력갱생과 기술자립을 위한 장기전에
돌입한 것이다.

〈표 3〉 '8대 신산업 육성 분야'와 '7대 첨단 과학기술 연구 분야'

'14차 5개년 계획' 8대 산업 육성	'2035년 장기 계획' 7대 첨단 과학기술 연구
희토류 등 첨단신소재	인공지능(AI)
고속철 등 중대 기술 장비	양자 정보
스마트 제조 및 로봇 기술	집적회로
항공기 엔진 및 가스터빈	뇌과학
베이더우 위성위치확인 시스템 응용	유전자 및 바이오 기술
신에너지 차량 및 스마트카	임상의학 및 헬스케어
첨단 의료 장비 및 신약	우주·심해·극지 탐사
농업 기계 장비	

자료: 〈全國人民代表大會關于國民經濟和社會發展第十四個五年和2035年遠景目標綱要的決議〉

현재 미국은 중국을 글로벌 공급망에서 배제하거나 주변화하도록 우호
국가 및 동맹에 압박을 가하고 있다. 그러한 상황에서 전국인대가 확정한
'계획 및 목표'와 '방향'은 〈표 3〉에 열거한 미래 핵심 산업 분야에서 중국
이 획기적인 기술발전을 통해 미국의 시도를 무위로 돌리고, 한 걸음 더
나아가 중국의 영향력 확대를 도모하겠다는 내용을 포함하고 있다. '쌍순

33) Christopher A. Thomas, "Lagging but Motivated: The State of China's Semiconductor Industry," *TechStream*, January 7, 2021, https://www.brookings.edu/techstream/lagging-but-motivated-the-state-of-chinas-semiconductor-industry/(검색일: 2021.05.01)

환 전략'은 우리 표현으로 하면 '이중순환'이라고 할 수 있으며 국내 순환
과 국제 순환, 즉 내수와 수출을 통칭하는 말로 '14차 5개년 계획'의 키워
드다. 쌍순환 전략은 생산, 분배, 유통, 소비로 이어지는 생태계 전반에
걸쳐 자국 시장 의존도를 높이고 국내와 국외를 연결하는 새로운 형태의
가치사슬을 형성해 성장 모델을 전환하는 것이 지향점이며, 그 핵심은 내
수 확대. 더 이상 GVC의 하단인 가공제조에 머물러 있지 않고 내수를
키워 국내 가치사슬을 재편하고, 국제경제와 연결해 연구개발과 설계에서
도 고부가가치화하겠다는 전략적 인식이 반영된 구상이다. '제14차 5개년
계획'은 주로 미국이 '불공정한 산업 보조금 정책'이라며 집중 공격을 했
던 2015년 발표한 산업고도화 전략인 '중국제조 2025'을 새로운 버전으로
부활시킨 것이다. '2035년 장기 계획'은 2035년까지 패권국가 도약을 위해
장기 경제 계획 차원에서 역량을 기울일 주요 과학기술 연구사업의 청사
진이다.[34] 두 계획은 결국 과학기술이 미·중 패권 전쟁의 승패를 좌우할
것이라는 중국 국가지도부의 인식을 보여주고 있으며, 미국의 압박에 기
술자립을 통해 첨단기술 경쟁에서 반드시 승리하겠다는 의지를 과시한
것이다.

　중국이 이러한 태도를 당분간 보이다 결국 미국이 내심 기대하고 있는
것처럼 모든 국가적 비전을 잠시 유보하고 굴욕을 감수하고라도 미국이
주도하는 글로벌 산업 질서에 편입되어 선진 국가들의 저부가가치 제조업
생산기지 역할 정도에 만족하며 연착륙을 시도하게 될 것이라고 예단하기
는 아직 이르다. 만약 현재의 공식적인 선언처럼 배수의 진을 친 중국이
반격을 계속한다고 해도 – 역시 정확히 어떤 결과를 가져올지는 더 지켜봐

34) 第十三屆全國人民代表大會財政經濟委員會, 〈第十三屆全國人民代表大會財
　　政經濟委員會關于國民經濟和社會發展第十四個五年規劃和2035年遠景目標
　　草案的審查結果報告〉, 2021.03.09. http://www.gov.cn/xinwen/2021-03/09/content_55
　　91857.htm(검색일: 2021.03.10)

야 알겠지만 – 역설적인 결과를 초래할 수도 있다. 미국의 지나친 압박은 자칫 중국의 자생력만 키워주게 될 수 있다. 미국이 집중적으로 견제를 강화하면 할수록 중국은 내수 중심의 경제구조 재편을 가속화하고, 특히 4차 산업혁명 첨단기술 분야의 혁신을 통해 자력갱생을 위한 홍색공급망 구축에 속도를 단축하게 하는 역설적인 결과가 나타날 수 있다.

2008년 글로벌 금융위기 이후 중국은 산업고도화 전략을 통해 주력산업의 부품 및 소재의 조달부터 완제품의 생산까지 모두 자국 내에서 자급자족하는 홍색공급망 구축에 박차를 가하고 있다. 특히 ICT를 기반으로 한 4차 산업혁명의 모든 분야에서 홍색공급망의 확대를 추진하며, 많은 영역에서 미국과 경쟁력 격차를 계속 축소해왔다. 이러한 상황에서 미국이 코로나19 사태를 계기로 중국을 주변화하거나 완전히 배제하며 GVC의 재편을 시도한다면, 미·중 무역전쟁은 향후 더욱 격화될 가능성이 크며 장기적으로 중국의 내구성을 더욱 강화하는 결과가 나타날 수 있다. 그 결과, 중국을 더 빠르고 강하게 자립하게 하여 미국에 덜 의존하게 만드는 역설적인 결과를 초래할 수 있다. 최악의 경우 4차 산업혁명 분야에서는 아예 산업 생태계 자체가 두 개로 분리될 수도 있다. 중국의 독자 체계 개발을 부추겨 디지털 세계를 중국과 비(非)중국으로 분리하여 별도의 운영체계, 제품, 생태계가 존재하는 적대적 블록화를 초래할 수 있다. 지금까지 경험하지 못한 전혀 다른 분리된 세계를 맞이할 수 있다.

III. 글로벌 가치사슬의 재조정

미·중 갈등과 코로나19 사태로 중국에 집중된 글로벌 공급망의 취약성이 여실히 드러났다. 미·중 무역분쟁은 기존의 글로벌 공급망을 더 이상 과거처럼 원활하게 작동하기 어려운 상황으로 몰고 갔다. 설상가상으로 중국발 코로나19로 인해 글로벌 공급망에 일시적·국지적 혼란이 발생해도 글로벌 공급망 전체가 흔들리는 상황을 경험하게 됐다. 이후 코로나19가 전 세계적으로 확산하면서 각국 국경이 봉쇄되고 글로벌 공급망이 완전히 마비됐다. 최근에는 반도체 부족으로 자동차, 스마트폰, 가전제품 등 전 세계 제조업이 차질을 빚고 있다.

현재 백신이 개발되고 접종이 진행 중이지만 코로나19 범유행이 진정되지 않고 있는 상황과 여전히 글로벌 가치사슬의 안정성과 회복력에 대한 불안감이 팽배한 분위기 속에서 어떤 방식으로 글로벌 공급망이 재편될지에 초미의 관심이 집중되고 있다. 이에 세계의 각국 정부와 기업이 GVC를 어떻게 지역적으로 재편할지에 대한 고민은 공급망 구축 기준의 변화, 공급망의 다변화, 리쇼어링·니어쇼어링의 확산, 공급망의 디지털 전환 등 추진으로 나타나고 있다.

〈표 4〉 글로벌 가치사슬의 중시 요건 변화

코로나19 이전	코로나19 이후	
	2019년 12월~2020년 3월	2020년 4월~
• 비용 절감, 수익성, 효율성, 노동력의 질적 수준 • 규제 범위와 강도, 개방 여건 • 소비시장 규모와 근접성 • 인프라, 노동환경, 정치·사회적 안정성	• 위험 분산 및 생산기지 다원화, 공급의 안정성, 접근성, 신뢰성, 자국 중심 공급망 구축 • 자국 이익 최우선, 자국 핵심 산업과 일자리 보호	• 상황대응력, 위험방지 능력, 위기 대응·관리 능력, 공급망 안정 수호 능력 • 유연성, 탄력적 운용 능력, 회복 탄력성 • 내수시장 성숙도, 인프라 수준, 산업집적 정도, 경제발전 정도, 과학·기술 수준

출처: 필자 작성

현재 각국 기업의 글로벌 공급망 중시 기준 요건의 변화는 기존 비용 절감과 수익성에 초점을 둔 효율성 우선주의에서 내외적 충격에 대비하고 극복하기 위해 위기관리 및 복원력에 초점을 두고 유연성, 안정성, 신뢰성을 강화하는 방향으로 진행되고 있다. 안정성과 유연성 확보를 위해 자국 및 인접국으로 이전이 주를 이루는 방향으로 재편, 즉 자급자족 공급망 구축과 지역 블록화로의 재편 움직임이 나타나고 있다. 그 결과, 중국 중심의 GVC가 흔들리면서 글로벌 교역과 기술 분야의 탈동조화가 진행될 조짐이 나타나고 있다. 그 과정에서 미국이 신뢰성을 내세워 민주주의 국가 간 협력과 동맹의 중요성을 강조하며 '가치동맹' 규합을 통해 글로벌 생산망의 중국 의존도를 낮추려고 시도함에 따라, 최악의 경우 GVC가 미국과 중국을 축으로 두 진영으로 나뉘어 재편될 수도 있다.

미·중 간 경제적 갈등은 기술 패권 경쟁 양상을 보이며 무역분쟁을 넘어 공급망 전쟁으로 이행하고 있다. 글로벌 공급망 거점을 두고 다투는 각축전의 승패는 중국보다 더 회복력 있는 새로운 공급망을 구축해낼 수 있을지, 없을지에 따라 결정될 것이다. 미국은 리쇼어링과 니어쇼어링을 동시에 추진하며 USMCA를 통해 인접한 캐나다와 멕시코에 공급망 구축을 시도하고 있다. 하지만 앞에서 검토한 바와 같이, 기존의 중국을 중심으로 한 GVC가 갖는 장점인 저비용과 고효율성 때문에 변화에 한계가 있을 수밖에 없다. 우수한 공급자들로 구성된 방대한 제조업 체계의 생태계를 형성하고 있으며 배후에 세계 최대의 소비시장을 갖추고 있는 중국을 온전히 배제한 글로벌 공급망 재편은 불가능하며 현실적으로 바람직하지도 않다.

글로벌 공급망 거점으로서 중국을 대체할 곳이 아직은 마땅치 않으며, 유망한 후보가 존재하더라도 중국을 대체하기엔 많은 시간이 걸린다. 미국이 GVC의 주도권을 회복하는 형태로 재편된다고 하더라도 기존과 온전히 배타적인 자국 완결형 가치사슬을 구축하긴 불가능하다. 중국이 궁극적으로 의도하는 홍색공급망은 중국이 자급자족의 생태계를 형성하여 외부와 완전히 단절된 별도의 가치사슬을 의미하지 않는다. 첨단산업 분야의 핵심부품과 기초소재의 자급률, 즉 국산화율을 높여 기술경쟁력을 강화하는 것이다. 어떠한 경우든 적어도 GVC의 핵심 공급망은 계속 중국에 머물 가능성이 크다. 미국기업은 중국기업보다 다양한 산업 분야에서 훨씬 더 많은 공급망 위험에 노출되어 있다. 소비자 가전 부문은 특히 미국에서 판매되는 기기의 70% 이상을 중국 공장에 의존하고 있다. 수입 대체의 어려움은 거의 전 산업 분야에서 매우 높다. 유럽연합, 한국, 일본 및 기타 국가가 이러한 산업의 요구 가운데 일부를 대체할 수 있지만, 중국을 완전히 대체할 역량은 부족하다. 그리고 공급이 중단되면 비용이 증가하고 최악의 경우 제조 중단이 발생할 수 있다.[35] 미국 경제가 중국으로부터 또는/그리고 중국 경제가 미국으로부터 탈동조화되는 것은 양국 경제뿐 아니라 글로벌 경제에도 재앙이 될 수 있다. 따라서 단기간에 기존 GVC 구조에 엄청난 변화를 기대할 수 없다.

하지만, 어느 정도 변화는 불가피하다. 새롭게 재편될 글로벌 공급망은 중국 내 공급망을 지속 유지하는 기존 구조의 틀에 다른 지역(들)에 일부 공급망을 신설하여 부분적으로 추가하는 방식, 즉 '중국+' 방식이 될 가능성이 가장 크다. 따라서 새로운 글로벌 공급체계는 이전보다 훨씬 더 복잡하고 복합적일 것이다.

새로운 GVC 체계가 형성되는 과정에서 과도기적으로나 지역적인 차원에서 갈등을 수반할 수도 있다. 바이든 미국 행정부는 인권·민주주의·법치 존중의 가치를 공유하지 않는 국가로 중국을 지목했다. 중국이 신장·홍콩에서 인권 유린과 대만에 대한 위협을 종식하지 않는다면, 미국의 중국에 대한 공세적 태도 또한 멈추지 않을 가능성이 크다. 미국과 유럽의 다국적기업은 인권 등의 가치를 중시하는 자국의 소비자와 중국의 거대 시장 사이에서 고민이 커질 수밖에 없다. 한국도 안보와 경제의 이익 사이에서 양자택일 또는 전략적 모호성 유지를 놓고 고민이 깊다.

GVC의 재편과정에서 한국도 위치를 제대로 설정할 필요가 있다. 미국과 중국에 낀 한국은 운명적으로 지정학·지경학적 사고를 통해 새로운

---

35) Boston Consulting Group, op. cit.

변화가 초래할 잠재적인 문제들을 해결할 수 있는 창조적인 정책적 대응
방안을 구상할 필요가 있다. 미·중 기술 패권을 놓고 치열하게 다투고
있는 상황에서 한국은 미국과 중국 양쪽에서 모두 손실을 볼 수도 있지만,
양쪽 모두로부터 기회를 얻을 수도 있다. 현실에 바탕을 둔 엄격한 분석을
통해 현명하게 대처해 손실을 최소화하고 기회를 최대화해야 한다.

　한국은 새롭게 조정되고 있는 환경을 적극적으로 활용할 필요가 있다.
코로나19 사태와 같은 위기가 재발할 수 있다는 점을 고려하여 공급망을
특정 국가에만 의존하는 방식을 지양하고, 주요 생산거점을 자국 내 또는
인근 국가 및 지역으로 대폭 이전하는 것을 골자로 한 안정성 확보를 위한
공급망 재편을 추진할 것이다. 이처럼 코로나19가 불러온 전 세계적 위기
에 따른 각국의 정책 변화 시도는 한국에 새로운 기회 요인으로 작용할
수 있다. 한국은 봉쇄 없는 방역으로 조업 중단을 최소화하고 최단기간
에 생산활동을 재개하며 코로나19 사태에 성공적으로 대응함으로써 글
로벌 생산기지로서 매력을 전 세계에 확실하게 각인시켰기 때문이다.
한국은 새롭게 조정되고 있는 환경을 적극적으로 활용할 필요가 있다. 코
로나19가 불러온 전 세계적 위기는 한국에 새로운 기회 요인으로 작용할
수 있다.

　전통적인 ICT 강국으로서 한국은 기술 수준으로나 지정학적 위치로나
첨단산업의 생산거점이 될 수 있는 조건을 갖추고 있다. 향후 새롭게 재편
될 글로벌 가치 사슬은 기술과 서비스의 수준과 범위 측면에서 수직과
수평으로 분업이 공존하는 복합적인 형태로 변화될 것이다. 미래의 가치
사슬은 4차 산업혁명의 핵심기술인 로봇, 3D 프린팅, 인공지능, 사물인터
넷 등 새로운 원천기술이 접목되면서 구조가 수직적으로나 수평적으로
한층 복잡해질 것이기 때문에, 다양한 수준과 범위에서 글로벌 가치사슬
의 연결과 매개의 중심에 위치를 설정할 필요가 있다. 해외 첨단기업들이
글로벌 공급망 재편과정에서 한국을 생산거점으로 선택 할 수 있도록 디

지털 전환 가속화를 전제로 국내 제조 생태계 강화가 필요하다.

동아시아 가치사슬을 유지하려면, 한국은 중국과의 경제 관계를 잘 관리해야만 한다. 중국도 역내에서 자국보다 기술우위에 있는 한국에 적극적으로 기술 협력을 구애할 것이다. 이는 중국보다 기술우위 영역에 있는 분야와 해당 분야의 한국 기업에 기회가 된다. 동시에 민주주의 국가 간 협력과 동맹의 중요성을 강조하며 '가치동맹' 규합을 통해 중국을 견제하며 글로벌 공급망의 중국 의존 약화를 주도하는 미국 바이든 정부의 정책으로 한국은 난처한 선택을 강요당할 수도 있다. 미·중 간 미래를 향한 첨단기술 경쟁이 지속되면 최악의 경우―가능성은 희박하지만―첨단기술 분야에서 미국과 중국을 중심으로 서로 다른 형태의 블록화가 이뤄지고, 두 개의 가치사슬이 각각 따로 발전할 수도 있다. 적어도 일부 산업 분야와 일부 핵심기술 분야에서 완전히 독립되지 않지만 느슨한 형태로 구분된 두 개의 가치사슬이 서로 병존하면서 장기적인 협력과 갈등 관계를 유지할 가능성은 작지 않다. 이 경우를 대비하여 양자택일의 압박에 굴하지 않고 전략적 모호성을 유지하면서 두 가치사슬을 모두 활용할 수 있는 창조적인 방안을 도출할 필요가 있다.

| 참고문헌 |

윤경우, 「중국의 글로벌 가치사슬 역할 변화」, 『문화와 융합』, 43권 6호, 2021.
_____, 「코로나19로 촉진된 글로벌 대변혁과 중국의 디지털 전환 가속화」, 『중국지식네트워크』, 특집호, 2020.
이주미, 『최근 통상환경 변화와 GVC 재편 동향: 글로벌 기업들의 사례』, 서울, KOTRA, 2020.
연선옥, "해외진출 기업 10곳 중 9곳 '국내 복귀 계획 無'" 조선일보, 2020.06.19.

第十三屆全國人民代表大會財政經濟委員會,〈第十三屆全國人民代表大會財政經濟委員會關于國民經濟和社會發展第十四個五年規劃和2035年遠景目標草案的審查結果報告〉, 2021年3月9日, http://www.gov.cn/xinwen/2021-03/09/content_5591857.htm (검색일: 2021.03.10)

中國商務部: 2020年中國利用外資增長6.2%規模創歷史新高, http://www. mofcom. gov.cn/article/i/jyjl/j/202101/20210103032941.shtml, 2021.01.03.

國務院,〈國家集成電路産業發展推進綱要〉, 中央政府門戶站, 2014.06.24. http://www.gov.cn/xinwen/2014-06/24/content_2707281.htm (검색일: 2021. 04.21)

Richard Baldwin, *The Greater Convergence: Information Technology and the New Globalization*, Cambridge, Belknap Press of Harvard University Press, 2016.

Boston Consulting Group, "What's at Stake If the US and China Really Decouple," November 1, 2021, https://www.bcg.com/publications/2020/high-stakes-of-decoupling-us-and-china (검색일: 2021.04.21)

Ruoping Chen, Kate Magill, Ian Driscoll, *2020 China Business Report*, Shanghai, The American Chambers of Commerce in Shanghai and PwC, 2020.

European Union Chamber of Commerce in *China, European Business in China 'Business Confidence Survey 2020': Navigaing in the Dark*, Beijing, Roland Berger, 2020.

Kearney, *Global Pandemic Roils 2020 Reshoring Index, Shifting Focus from Reshoring to Right-shoring*, London, Kearney, 2021.

＿＿＿＿, *Trade War Spurs Sharp Reversal in 2019 Reshoring Index, Foreshadowing COVID-19 Test of Supply Chain Resilence*, London, Kearney, 2020.

Xin Li, Bo Meng, Zhi Wang, "Recent Patterns of Global Production and GVC Participation," WTO, the World Bank Group, OECD, the Institute of Developing Economies (IDE-JETRO), the Research Economics(UIBE), and China Development Research Foundation, *Global Value Chain Development Report*, Geneva, WTO, 2019.

Condoleezza Rice, *Democracy: Stories from the Long Road to Freedom*, New York City, Grand Central Publishing, 2017.

Wei Sheng, "Where China is Investing in Semiconductors, in Charts," *Technode*, March 4, 2021, https://www.brookings.edu/techstream/lagging-but- motivated-the-state-of-chinas-semiconductor-industry/ (검색일: 2021.05.01)

Dong Strub, Ruoping Chen, Ian Driscoll, *2018 China Business Report*, Shanghai, The American Chambers of Commerce in Shanghai and PwC, 2020.

Christopher A. Thomas, "Lagging but Motivated: The State of China's Semiconductor Industry," *TechStream*, January 7, 2021, https://www. brookings. edu/techstream/lagging-but-motivated-the-state-of-chinas-semi-conductor-industry/ (검색일: 2021.05.01)

Efe Udin, "China's Chip Self-Sufficiency Rate Will Reach 70% by 2025? How Possible?", *Gizchina*, January 9, 2021, https://www.gizchina.com/2021/01/09/chinas-chip-self-sufficiency-rate-will-reach-70-by-2025-how-possible/ (검색일: 2021.05.01.)

Helen H. Wang, "America's Smart Congagement in Asia Pacific," *Forbes*, April 29, 2016.

Antong Waras, Raj Varadarajan, Jimmy Goodrich, Falan Yikung, *Strengthening the Global Semiconductor Supply Chain in an Uncertain Era*, Boston, Boston Consulting Group, 2021.

Ding Yi, "China Still Far From Semiconductor Self-Sufficiency, Report Says," *CX Tech*, February 23, 2021, https://www.caixinglobal.com/2021-02-23/china-still-far-from-semiconductor-self-sufficiency-report-says-101665965.html (검색일: 2021.05.01.)

중국의 스마트시티와 코로나19 대응

● 박철현 ●

Ⅰ. 서론

　최근 정보통신기술(ICT: Information Communication Technology)의 급속한 발달을 배경으로, 도시의 운영과 관리에 첨단 정보통신기술을 적용하는 '스마트시티(Smart City)'가 확산되고 있다. 중국에서도 스마트시티는 산업발전, 공공서비스, 주민편의 제공 측면은 물론 도시사회의 관리를 위한 유력한 기제로서 주목받고 있다.

　이 글은 2019년 연말 중국에서 감염사례가 최초로 보고된 코로나19 사태가 중국의 스마트시티 건설과 어떠한 관련성을 가지고 있는지 분석하고자 한다. 코로나19는 단기간에 전 세계로 확산되어 많은 감염자와 사망자를 낳았으며, 2020년 5월 현재까지도 확산추세이다. 2020년 1, 2월 무렵 춘제(春節) 대규모 귀향 인구의 이동에 의한 코로나19의 급속한 확산과 감염자 폭증을 우려한 중국 정부의 조치로 우한(武漢)은 2020년 1월 23일 전격적인 '도시봉쇄(封城)'를 실시하여 우한으로의 인구이동을 막는 것은 물론 우한 내부에서의 인구이동도 최소화시켰다. 우한이 속한 후베이성

---

　* 이 글은 박철현, 「코로나19와 중국 스마트시티: 격자망화 관리, 방역관리 플랫폼, 건강정보코드와 사회관리체제」, 『중국지식네트워크』, 특집호, 2020을 수정·보완한 것이다.

** 국민대학교 중국인문사회연구소 HK연구교수.

(湖北省) 도시인 어저우(鄂州) 황강(黃岡) 샤오간(孝感) 등도 곧이어 도시봉쇄를 실시했고, 전국적으로 베이징(北京), 상하이(上海), 광저우(廣州), 항저우(杭州), 창춘(長春) 등 주요 도시들은 외부인의 도시유입은 물론 도시 내부에서도 인구이동을 억제하는 조치를 취했다.

중국의 국가는 코로나19 감염확산 차단 과정에서 도시사회를 관리하는 '사회관리체제(社會管理體制)'인 사구(社區)를 최대한 활용하고 있다. 주로 '아파트 단지(小區)' 몇 개를 합친, 도시주민의 생활지역이라고 할 수 있는 사구는 최근 주목받는 '스마트시티(智慧城市)' 건설의 주요 공간이다. 중국에서 국가가 사회를 관리하는 '사회관리'와 관련해서 스마트시티는 스마트정부(智慧政府)와 스마트사구(智慧社區)로 구성되는데, 기존 도시정부에 각종 스마트 기술을 접목한 스마트정부는 사회관리의 주체이며 스마트사구는 이러한 스마트정부가 시행하는 사회관리의 대상이 된다. 주목할 점은 코로나19 사태가 단순한 '질병 – 위생'의 문제가 아니라 기존 체제에 타격을 가할 수 있는 '사회정치적 경제적 위기'로 인식되면서, 국가는 스마트시티 기술에 의해 구축된 사회관리체제를 활용하여 이러한 위기에 적극 대응하고 있다는 사실이다.

본 연구는 코로나19 사태와 관련하여 기존 중국의 도시 사회관리체제인 스마트시티가 활용되는 양상을 '격자망화 관리(網格化管理)', '방역관리 플랫폼(防疫管理平臺)', '건강정보코드(健康信息碼)' 등의 사례를 통해서 분석하는 것을 그 목적으로 한다. '격자망화 관리'는 코로나19 사태 이전에도 존재했으며 특히 스마트사구의 핵심적인 구성요소이다. 이러한 '격자망화 관리'를 기초로 해서 '시정부(市政府) – 구정부(區政府) – 가도판사처(街道辦事處)'로 이어지는 수직적 행정권력 층위에 건설되는 것이 '방역관리 플랫폼'이다. '방역관리 플랫폼'을 통한 감염확산 차단을 실현하기 위해서는 인구의 감염정보 파악이 필수적인데, 주민 개인의 스마트폰에 설치되는 애플리케이션(application)인 '건강정보코드'는 이러한 감염정보를 '방역관리 플랫폼'에 실시간으로 자동 제공해준다.

기존 중국에서 스마트시티를 통한 사회관리는 주로 개혁기 도시사회에 유입된 거대한 규모의 유동인구(流動人口)를 중심으로 하는 사회정치적 불안정성 및 휘발성에 대한 대응이 그 핵심내용이다.[1] 개혁기 중국은 도시로 이주한 농민공의 저임금 노동력에 기초한 경제적 발전을 달성했으나, 도농격차, 지역격차, 계층격차 등 각종 격차와 불평등이 심화되고 이로 인한 사회정치적 저항(청원, 파업, 시위, 분신 등)이 분출되어 국가의 통치 정당성에 일정한 타격을 가할 정도가 되었다.[2] 따라서 스마트시티를 통한 사회관리의 핵심적인 내용은 주로 사회정치적 불안정성 및 휘발성의 급증에 대한 대응이었으며, '질병 – 위생'의 문제는 사회관리의 핵심적인 내용은 아니었다. 하지만, 최근 코로나19 사태를 통해서, 기존 사회정치적 저항만이 아니라 '질병 – 위생'의 문제도 중국 사회관리의 핵심내용 중 하나가 되었다. 이러한 '질병 – 위생'의 위상변화는 중국 사회관리체제가 스마트기술을 이용한 새로운 '생명관리정치(biopolitics)'로 전환될 가능성을 예고하고 있다.[3]

---

1) 일반적으로 중국 스마트시티 건설의 목적은 관련 인프라 건설을 제외하면, 주민에 대한 공공 및 생활서비스 제공, 관련 산업발전을 통한 경제적 가치의 창출, '사회관리의 정밀화'로 평가된다. 다음을 참고: 中共中央 國務院, 「國家新型城鎭化規劃 (2014-2020年)」, 2014.

2) 중국 국가통계국 조사에 따르면, 2018년 전국 농민공 숫자는 2억8836만 명이었다. 다음을 참고: http://www.stats.gov.cn/tjsj/zxfb/201904/t20190429_1662268.html (검색일: 2020.05.06)

3) '생명관리정치'는 미셸 푸코(Michel Foucault)가 일련의 저작을 통해서 제시한 개념으로, 그는 근대 정치의 본질이 기존 연구가 주장하는 법률, 경제, 군대 등만이 아니라 '생명관리'에도 있다는 점을 주장한다. 즉 근대 국가는 국민이 되는 인구의 출생, 질병, 사망, 영양, 위생, 성(性), 건강 등에 대한 관리를 통해서 국민에 대한 통치를 전개한다는 것이다. 본 연구에서는 스마트시티가 사회관리체제의 기술로서 격자망화 관리를 기초로 사구와 결합하고, 코로나19 사태를 계기로 '방역관리 플랫폼'과 '건강정보코드'

본 연구의 구성은 다음과 같다. 서론에 이어서 2장에서는 개혁기 중국에서 스마트시티 건설의 배경이 되는 사회관리체제의 변화를 사구 건설의 문제를 중심으로 살펴본다. 3장에서는 코로나19 사태를 계기로 기존 스마트시티 '격자망화 관리'가 '방역관리 플랫폼' 및 '건강정보코드'와 결합하는 양상을 항저우(杭州), 허위안(河源) 등 지역의 사례를 통해서 분석한다. 결론에서는 본 연구의 발견을 정리한 후, 코로나19 사태를 계기로 '질병 – 위생'이 스마트시티 기술을 활용한 사회관리체제의 핵심내용 중 하나로 급부상하고 국가와 자본이 '질병 – 위생'을 통해서 기존 스마트시티 사회관리체제를 재구성할 가능성을 짚어본다.

Ⅱ. 사회관리체제 구축과 스마트시티

사회관리체제는 중국 국가가 사회를 관리하는 각종 정치적, 사회적, 경제적 기제로 구성된 체제를 말하는데, 개혁기 도시사회에서는 '사구(社區)'의 형태로 나타난다. 사회주의 시기 국가는 도시사회에서 '단위(單位)'를 통해서 단위 소속 주민에게 사회경제적 보장을 제공하면서 동시에 단위 내부에 설치된 공산당 조직을 통해서 주민에 대한 정치적 조직과 동원을 실현했다. 도시주민은 단위를 통해서만 임금은 물론 식량, 의료, 교육, 주택 등 사회경제적 보장을 제공 받을 수 있었기 때문에 주민의 삶에 있어서 단위는 절대적인 존재였다. 물론 도시의 모든 단위가 풍부하고 전면적인 사회경제적 보장을 제공한 것은 아니고, 기업의 경우 대도시

가 스마트시티의 주요한 구성요소로 자리잡는 양상을 분석하는 것이 목적이다. 따라서 본 연구는 중국 스마트시티를 통해 중국 사회관리체제에서 '생명관리정치'가 부상할 가능성을 언급하는 정도로 그치고, 스마트시티와 '생명관리정치'에 대한 직접적인 분석은 향후 심화된 연구를 통해서 제시하고자 한다.

중공업 부문 중대형 기업일수록 소속 주민에게 제공하는 사회경제적 보장은 그렇지 못한 기업과 비교해서 훨씬 풍부하고 전면적이었다고 할 수 있다. 1978년 이후 중국이 개혁기에 들어서고 특히 1990년대 들어서 시장이 계획을 대체해서 모든 사회적 경제적 삶을 운용하는 핵심적인 기제가 되자, 단위는 사회경제적 보장의 제공자로서의 절대적 지위를 상실하고 일반적인 의미의 '직장'으로 변화되었으며, 시장이 단위를 대체하여 화폐를 매개로 주민에게 사회경제적 필요를 제공하게 되었다.

이러한 단위의 약화 및 해체는 곧 기존 단위 내부의 공산당 조직을 통해서 실현되었던 국가의 주민에 대한 정치적 조직과 동원이 이제는 불가능해졌다는 것을 의미하고, 국가는 도시에서 단위를 대체하여 주민을 관리할 수 있는 사회관리체제를 건설하게 되는데, 이것이 바로 사구이다. 사구는 영어 커뮤니티(community)의 번역어로, 일반적으로 가도판사처(街道辦事處), 주민위원회(居民委員會), 주민대표대회(居民代表大會), 부동산관리회사(物業公司), 부동산소유자위원회(業主委員會), 중개조직(中介組織) 등으로 구성된다. 사구 행위자 중 특히 가도판사처와 주민위원회는 핵심적인 역할을 한다. 가도판사처는 구정부의 파출기관으로 기층 행정권력이며 그 내부에 설치된 '공산당 공작위원회(工作委員會)'는 해당 가도판사처의 행정적 관할범위에 있는 모든 기업, 국가기관, 사업단위(事業單位), 각종 기구 등에 설치된 공산당 조직을 지도할 수 있는 권한을 가진다.4) 또한 공산당 공작위원회는 명목상의 '자치조직'인 주민위원회 내부에 설치된 '당총지부(黨總支部)' 혹은 '당지부(黨支部)'를 통해서

4) 당원 대표대회에 의해서 선출되던 가도(街道) 당위원회가, 1989년 이후 구(區) 당위원회가 직접 임명하는 당공작위원회로 재편되면서, 가도 당공작위원회의 구 당위원회에 대한 종속성이 증가하였고 가도 당공작위원회는 해당 관할 범위에서 가장 강력한 권력을 보유한 '일인자(一把手)'가 되었다. 다음을 참고: 夏建中,「從街居制到社區制: 我國城市社區30年的變遷」,『黑龍江社會科學』, 5期, 2008.

사실상 주민위원회를 지배하고 있으며, 주민위원회의 전업직인 주임(主任) 및 부주임은 당총지부의 서기(書記)가 겸임하는 경우가 많고, 주임과 부주임의 임금도 가도판사처가 지급하기 때문에 주민위원회의 '자치성'은 매우 제한적이다.

　문제는 기존 단위체제와 비교해볼 때, 새로운 도시 사회관리체제인 사구는 그 목적인 기층주민의 정치적 조직과 동원을 달성하기에는 명백한 한계가 존재했다는 점이다. 그 이유는 다음과 같은 두 가지다. 첫째 과거 단위가 사회경제적 보장의 독점적 제공에 대한 대가로 주민에 대한 정치적 조직과 동원을 실현할 수 있었던 것과는 달리, 개혁기 국유기업 개혁으로 단위는 소속 주민에게 과거와 같은 사회경제적 보장을 이제는 제공하지 않게 되었으며, 시장이 탄생하여 주민은 자신의 경제력에 따라서 사회경제적 필요를 시장에서 충족시킬 수 있게 되었기 때문에, 사구가 관할범위 내 주민에 대해 과거와 같은 정도의 전면적 정치적 조직과 동원을 실현하기에는 한계가 있었다. 둘째, 개혁기 도시는 농민공으로 대표되는 유동인구의 대규모 유입으로 사구 내부의 인구학적 이질성과 유동성이 급증했기 때문에, 과거 단위체제에서 동일 단위 내부의 주민들이 유사한 정체성과 문화를 공유하던 '숙인사회(熟人社會)'는 이제는 존재하지 않게 되고, 사구 주민들 사이에서 직업, 학력, 출신, 문화 등의 동질성을 찾기 힘들게 되었다. 이런 사구 주민의 이질성과 유동성 증가는 국가의 정치적 조직과 동원의 실현에 큰 장애가 되었다. 따라서 단위체제를 대체하는 사구가 중국 도시 기층사회를 대표하는 사회관리체제가 되었지만, 국가의 사회관리 능력은 점점 더 저하되었고 이는 체제전환이 본격화된 1990년대 중후반~2000년대 내내 각종 격차와 불평등 심화에 대한 사회적 저항의 급증으로 표출되었다.[5]

---

5) 관련 연구에 따르면, 경제적 발전과정에서 초래한 극심한 빈부격차와 불평등에 대한

스마트시티는 이렇게 저하된 국가의 사회관리 능력을 일정하게 회복시킬 수 있는 테크놀로지로서 인식되고 있다. 실제로 기존과는 다른 도시화를 목표로 내건 「국가 신형도시화 규획(國家新型城鎭化) 2014-2020」에서는 스마트시티 건설방향을 사물인터넷(物聯網), 클라우드(雲計算), 빅데이터(大數據) 등 정보통신기술을 활용한 '사회관리의 정밀화(社會治理的精細化)'로 명시하고 있다. 물론 스마트시티는 정보통신기술을 이용한 도시 주민에 대한 각종 행정 서비스 및 생활 서비스 제공과 관련 산업 발전을 통한 경제적 성장이라는 목표도 당연히 있고, 이는 다른 국가들에서도 발견할 수 있다. 그리고 중국만이 아니라 다른 국가들에서도 '감시'로서의 스마트시티는 종종 포착되고 동시에 비판의 대상이 되고 있다. 하지만 이들 국가와 달리 중국이 1978년 이후 국가가 주도하는 장기간의 '체제전환' 과정에 있으며, 사회주의 시기 사회관리체제인 단위를 대체하는 사구가 스마트시티에 의해서 재구성되고 있다는 점을 고려하면, 사회관리체제의 테크놀로지 혹은 그러한 테크놀로지를 사용한 사회관리체제로서의 스마트시티는 매우 중국적인 특징이라고 할 수 있다.

이러한 사실들을 배경으로 국가는 「제13차 5년 계획(2016-2020)」 기간 스마트시티 건설에 대규모 투자를 예고했고, 2018년 이미 6천억 위안(元)의 누적 투자를 발표했다.[6]

중공중앙(中共中央)과 국무원은 스마트시티 건설을 사회관리 능력의 제고와 관련시키는 정책을 지속적으로 발표한다. 2014년 국무원의 발전개혁위원회(發展改革委員會), 공업정보화부(工業和信息化部), 과학기술부(科學技術部), 공안부(公安部), 재정부(財政部), 국토자원부(國土資

저항이 가져온 정치적 사회적 '불안정'을 안정시키려는 '안정유지(維穩)'가 2000년대 첫 10년 동안 각급 정부의 가장 중요한 '목표'가 되었다. 다음을 참고: 장윤미, 「중국 '안정유지(維穩)'의 정치와 딜레마」, 『동아연구』, 64권, 2018.

6) http://news.sina.com.cn/o/2018-10-11/doc-ihmhafiq8073038.shtml (검색일: 2020.04.30)

源部), 주택도시농촌건설부(住房城鄉建設部), 교통운수부(交通運輸部) 등 8개 부위(部委)가 함께 발표한 「스마트시티의 건강한 발전을 촉진하는 것에 관한 지도의견(促進智慧城市健康發展的指導意見)」에도 스마트 시티 건설목표 중 하나로 '사회관리의 정밀화'가 명시되어있다.7) 또한, 2013년 '제1차 국가 스마트시티 시점 명단(第一批國家智慧城市試點名 單)' 발표를 시작으로, 2015년에는 '국가 스마트시티 시점(試點)'이 290개 로 증가했다. 아울러 2013년 11월 공산당 제18기 삼중전회(三中全會)에 서도 '국가 치리체계와 치리능력 현대화(國家治理體系和治理能力現代 化)'가 제기되었으며, 2019년 10월 공산당 제19기 사중전회(四中全會)는 「중국 특색 사회주의 제도의 견지 및 완성과 국가치리체계 및 치리능력 현대화의 약간의 중대문제에 관한 중공중앙의 결정(中共中央關於堅持 和完善中國特色社會主義制度推進國家治理體系和治理能力現代化 若干重大問題的決定)」을 통과시키는데, 여기서도 빅데이터, 클라우드, 사물인터넷 등 최신 정보통신기술을 적극 활용하여 사회관리 능력을 현대 화할 것을 요구한다.8)

　여기서 중국 스마트시티와 관련해서 주목해야 할 사실은 스마트시티는 사구를 기초로 건설되는 것인데, 기존 단위체제의 약화 및 해체를 배경으 로 형성된 사구는 해당 지역의 사회정치적 경제적 '유산'의 기초 위에 건 설되는 것이라는 점이다. 다시 말해서 사구는 해당 지역의 사회정치적 경 제적 유산에 따라서 상호 차별성을 지닌 모델을 가진다는 것이다. 이는 이미 1990년대 말~2000년대 초 중국 전역에서 사구 건설이 막 시작되었 을 때 베이징 모델(北京模式), 상하이 모델(上海模式), 칭다오 모델(靑

7) http://www.gov.cn/gongbao/content/2015/content_2806019.htm (검색일: 2020.04.30)
8) http://cpc.people.com.cn/n/2014/0218/c64094-24387048.html (검색일: 2020.04.30)
　http://www.gov.cn/zhengce/2019-11/05/content_5449023.htm (검색일: 2020.04.30)

島模式), 장한모델(江漢模式), 선전모델(深圳模式), 선양모델(瀋陽模式) 등 지역별 모델이 논의된 사실로 증명된다. 따라서 스마트시티도 해당 지역 사구모델의 특징을 반영하여 일정한 차별성을 가지고 건설된다고 봐야 한다.

Ⅲ. 코로나19와 방역체계 구축

앞서 살펴본 것과 같이, 2010년대 들어서 국가는 기존 사구를 중심으로 하는 도시 사회관리체제를 스마트시티와 결합시킴으로써 급증하는 사회 정치적 저항에 대응하는 사회관리 능력을 제고하려고 한다. 2019년 말 발생한 코로나19 사태는 이러한 스마트시티와 결합된 사회관리체제의 대응 능력을 시험하는 중대한 사건이 되고 있다. 이하에서는 코로나19 사태에 대응하는 과정에서 기존 사회관리체제가 작동하는 양상을 먼저 '격자망화 관리'를 통해서 살펴보고, '방역관리 플랫폼'과 '건강정보코드'라고 하는 스마트시티 테크놀로지의 '창신(創新)'을 통해서 사회관리체제가 '위기'에 어떻게 대응하고 있는지를 분석한다.

1. 격자망화 관리와 스마트시티

스마트시티를 이용한 사회관리체제 구축에 있어서 중요한 것은 격자망화 관리이다. 격자망화 관리는 2013년 공산당 제13기 삼중전회에서 '사회치리체제의 창신(創新社會治理體制)'의 필요성을 제기하고 격자망화 관리를 '창신'의 주요 내용으로 규정하면서 전국적인 범위에서 사회관리의 핵심적인 내용으로 자리잡기 시작했다.

본래 격자망화 관리는 2004년 베이징 동청구(東城區)에서 최초로 시작된 도시 사회관리 방식이다.[9] 이것은 동청구 전체를 10000m²를 기본단위로 하는 격자망(網格 grid)으로 획분하고 격자망마다 격자망 관리원(網格管理員), 격자망 조리원(網格助理員), 격자망 경찰관(網格警員), 격자망 감독원(網格督導員), 격자망 당지부 서기(網格黨支部書記), 격자망 사법공작자(網格司法工作者), 격자망 소방원(網格消防員) 등 7명의 관리 인원을 배치하고 이들이 격자망 내부의 치안질서 유지, 환경감독, 민원해결, 유동인구 관리, 사회조직 관리 등의 업무를 담당하게 한다. 2004년 격자망화 관리 초창기부터 격자망 관리원은 사구 주임 혹은 당지부 서기가 담당했는데, 당시 실제로 격자망 내부를 순찰하면서 대부분의 일상업무를 담당하는 '조리원'은 실업자 혹은 무직자에게 맡기는 것이 일반적이었다. 하지만 이후 조리원들도 전문적인 훈련을 받은 비교적 젊은 인원으로 대체되어, 2011년 무렵 동청구 전체에는 598개의 격자망에 1천여 명의 조리원이 배치된다. 1개의 사구는 그 크기에 따라 2~5개의 격자망으로 구성된다.[10]

동청구는 격자망화 사회관리의 목표를 '정밀한 관리, 인간적 서비스, 규범적 운용, 정보화 지원(精細化管理, 人性化服務, 規範化運行, 信息化支撐)'으로 설정하고, "하늘에는 클라우드 센터, 땅에는 사회관리 격자망, 그 중간에 인터넷(天上有雲, 地上有格, 中間有網)"이라는 신형 '사회 서비스 관리 정보화 지원체계'를 구축했다. 아울러 동청구는 이러한

---

9) 동청구는 고궁(故宮), 톈안문(天安門), 시정부, 중앙정부 기관 등이 밀집되어 '안정유지'의 필요성이 매우 높은 지역으로, 2003년부터 구장(區長)을 조장으로 하는 '디지털 도시기술을 통한 도시관리의 새로운 모델 창조(依托數字城市技術創建城市管理新模式)' 과제조를 만들어서 도시관리 혁신방안을 연구 조사해왔고, 이 과제조가 제출한 방안이 바로 격자망화 관리이다. 다음을 참고: https://www.xianjichina.com/news/details_94923.html (검색일: 2020.04.30)

10) 2004년 당시 동청구 격자망화 관리의 구체적인 내용에 관해서는 다음을 참고: 田磊, 「網格化的北京東城區」, 『南風窓』, 8期, 2011.

사회관리 '기술체계'에 부합되는 격자망화 관리 '행정체계'도 구축했는데, 이는 '3급 플랫폼, 4급 관리(三級平臺, 四級管理)'로 요약된다. 여기서 '3급 플랫폼'은 '구정부→ 가도판사처 → 사구'로 이어지는 각 행정층위에 '구정부 사회 서비스 관리 종합 지휘센터(區級社會服務管理綜合指揮中心)' → '가도 사회 서비스 관리 종합 지휘 서브 센터(分中心)' → '사구 사회 서비스 관리 종합 사무소(工作站)'를 설치하는 것이다. '4급 관리'는 '구정부→ 가도판사처 → 사구 → 격자망'로 이어지는 관리체계를 가리킨다. 동청구 격자망화 관리는 '지오코드(Geocode)', '위성항법장치(GPS) 지도', '정보 수집 및 전송 시스템' 등 정보통신기술로 구성되어, 기층의 격자망 관리원이 수집한 정보는 '격자망→ 사구→ 가도판사처 → 구정부'로 이어지는 행정체계 층위마다 설치된 '격자망화 관리 서비스 센터(網格化管理服務中心)'를 거쳐서 구정부 층위에까지 실시간으로 자동 보고되고, 구정부는 해당 사안에 대한 대응조치를 취하게 된다.[11]

본 연구 대상인 코로나19 사태에서 스마트시티 격자망화 관리는 중공 중앙에 의해서도 적극적인 지지대상이 되고 있으며, 실제로 시진핑(習近平) 국가주석은 "사구 예방과 통제의 격자망화 관리 강화(强化社區防控網格化管理)"의 필요성을 지적했다.[12] 사구 건설이 막 시작되었던 2000년대 초와 비교해 볼 때, 스마트시티 격자망화 관리 방식에 의한 사구관리는 다음과 같은 장점을 가진 것으로 평가된다.[13] 첫째, 방역(防疫)의 성공 여부는 기층사회를 어떻게 관리하느냐에 달려있는데, 스마트시티 격자망화 관리는 사구를 세분화하여 코로나19에 대한 일상적인 감시에 기초한

11) 張蒼, 「城市網格化管理的兩種代表模式及其比較分析－以北京市東城區與廣東省深圳市爲案例」, 『深圳社會科學』, 6期, 2019.
12) http://theory.people.com.cn/n1/2020/0210/c40531-31578754.html (검색일: 2020.04.30)
13) 이하 코로나19 사태에 관련 스마트시티 격자망화 관리에 대한 평가는 다음을 참고: 彭俊杰, 「强化社區網格化管理 構築疫情堅固防線」, 『河南日報』, 2020.02.10.

즉각적인 대응을 가능하게 해준다는 것이다. 둘째, 관리대상의 모호함과 불확정성을 최소화시키는 것도 방역의 성공여부를 결정하는 핵심적인 문제인데, 스마트시티 격자망화 관리는 격자망화 관리인원, 의사, 위생인원 등에게 사구 내부의 관련 정보를 제공하여 방역의 기민성과 정밀도를 제고해준다는 것이다. 셋째, 스마트시티 격자망화 관리는 방역정보를 각 행정층위에 설치된 정보전달체계를 통해서 '격자망 → 사구 → 가도판사처 → 구정부 → 시정부 → 중앙정부'에까지 전달될 수 있게 함으로써, 기층 정보보고에 기초한 국가의 거시적인 계획과 대응을 가능하게 해준다는 점이다. 이처럼 스마트시티 격자망화 관리는 국가위생건강위원회 산하 질병예방통제국(疾病預防控制局) 등 국가기관에 의해서 매우 효율적인 방역대응으로 인식되고 있다.[14] 이러한 방역에 있어서 격자망화 관리의 유효성은 〈표 1〉의 스마트시티 기술에 의해서 뒷받침되고 있다.

〈표 1〉 스마트시티 격자망화 관리 기술[15]

스마트시티 기술	내용
빅데이터	질병에 대한 실시간 조사, 시각화, 접촉인원 식별, 분석예측, 방역대책
인공지능	알고리듬에 의해서 의료자원, 사회적 자원, 도시공간의 최적 분배; 바이러스 분석, 치료제 개발, 의료이미지의 자동분석,
모바일 인터넷과 클라우드	사무, 교육, 엔터테인먼트 등의 온라인화; 원격의료
센서 네트워크와 사물인터넷	구제물자의 효율적 운송, 의료자원의 배분 추적, 감염자 감지
로봇과 자동화 시스템	비대면 무인 배송시스템, 자동화 소독, 순찰 드론

14) https://baijiahao.baidu.com/s?id=1658106539469161738&wfr=spider&for=pc (검색일: 2020. 04.30); http://www.nhc.gov.cn/jkj/s3577/202001/dd1e502534004a8d88b6a10f329a3369.sh tml (검색일: 2020.04.30)

15) 다음을 참고: 龍瀛, 「泛智慧城市技術提高城市韌性 - 應對2020新型冠狀病毒肺炎突發事件筆談會」, 『城市規劃』, 2020.02.12.

2. 방역관리 플랫폼과 건강정보코드

중국 국무원의 '코로나19 관련 대응부문'은 2020년 1월 25일, 27일 각각 「코로나19 바이러스 감염의 폐렴 상황 사구 예방 및 통제 업무의 강화에 관한 통지(關於加強新型冠狀病毒感染的肺炎疫情社區防控工作的通知)」와 「최근 코로나19 바이러스 감염의 폐렴 업무방안 인쇄발행에 관한 통지(關於引發近期防控新型冠狀病毒感染的肺炎工作方案的通知)」를 발표한다.[16] 이는 코로나19 사태와 관련해서 중앙정부 차원에서 구체적인 대응방침을 제시한 최초의 문건들로서, '빅데이터+격자망화' 등의 기술수단을 통한 방역업무를 강조한다.[17]

이후 시진핑 국가주석은 3월 30일 "방역업무가 우리의 사회치리체계와 치리능력 건설에 있어서 커다란 시험(大考)"이라고 하면서 사회치리체계와 치리능력의 현대화를 강조한다. 코로나19 사태는 기존 사회관리체제에 강력한 도전이 되었으며, 유동인구의 사회적 저항에 대한 대응을 그 주목적으로 하는 기존 스마트시티 격자망화 관리는 '질병-위생'에 맞춰진 테크놀로지를 필요로 했다. 방역관리 플랫폼과 건강정보코드가 바로 그 테크놀로지이다. '방역관리 플랫폼은' 기존 스마트시티 격자망화 관리 시스템과는 달리, 코로나19에 특화된 시스템으로 구성되어있다. 주로 기업이 플

16) 코로나19 관련 대응부문은 '코로나19 바이러스 감염의 폐렴 상황 대응 연합 예방과 통제 기제(應對新型冠狀病毒感染的肺炎疫情聯防聯控機制 Joint Prevention and Control Mechanism of the State Council)'를 가리킨다. 이것은 보통 '연합 예방과 통제 기제(聯防聯控機制)'로 약칭되는데, 코로나19 사태에 대응하기 위해서 2020년 초 중국정부 내 여러 부위(部委)들의 업무협조 플랫폼이다. 다음을 참고: https://baike.baidu.com/item/%E5%9B%BD%E5%8A%A1%E9%99%A2%E8%81%94%E9%98%B2%E8%81%94%E6%8E%A7%E6%9C%BA%E5%88%B6 (검색일: 2020.04.30)

17) http://www.nhc.gov.cn/jkj/s3577/202001/dd1e502534004a8d88b6a10f329a3369.shtml (검색일: 2020.04.30); http://www.gov.cn/xinwen/2020-01/28/content_5472795.htm (검색일: 2020.04.30)

랫폼을 개발하고 해당 지방정부의 인가를 거쳐서 사용되는 방식인데, 여기서는 쓰촨(四川) '샤오부창샹공사(小步創想公司)'의 '격자망화 방역관리 플랫폼'의 사례를 중심으로 분석한다.

자사 홈페이지에 따르면, 샤오부창샹공사는 청두(成都) 소재 스마트시티 관련 연구개발 기업으로, 빅데이터, 시각화, 사물인터넷, 인공지능 등을 활용한 도시관리 빅데이터, 도시 종합지휘센터, 격자망화 감독지휘 플랫폼, 인공지능 모니터링, 스마트 환경 위생 일체화, 스마트 법률집행 등 30여 개의 스마트시티 솔루션(solution) 상품을 보유하고 있다.[18]

이 기업의 '격자망화 방역관리 플랫폼'은 각급 정부, 각급 방역지휘센터, 위생건강위원회, 병원, 격자망화 관리원, 사구, 아파트관리회사, 일반인들이 사용할 수 있다. 〈그림 1〉에서 보이듯이 각급 정부와 지휘센터는 이 플랫폼에서, 빅데이터, 시각화 등의 기술을 이용하여 하나의 화면에 전염병 추세, 예방 및 통제 태세(防控態勢), 물자 관리, 원격 관찰 등의 데이터를 파악할 수 있고, 관할범위 내 예방 및 통제 업무에 대한 분석과 미시적 거시적 조정을 할 수 있다.

또한, 기업에 따르면, 위생건강위원회, 병원, 각급 정부, 격자망화 관리원, 사구, 아파트관리회사, 의사 등은 이 플랫폼의 애플리케이션(application)을 사용하여 사구 범위에서 전염병의 감시, 조사, 진료이력 추적, 물자 등록 등의 업무를 수행하여, 방역 업무의 효율을 제고하여, '연합 예방과 통제(聯防聯控)'를 실현할 수 있다. 아울러, 사구, 아파트관리회사, 주민 등은 플랫폼의 위챗(WeChat 微信) '공식계정(公衆號 official account)'을 사용하여 정보수집, 신고, 지식학습, 온라인 진료 등을 통해, '전민참여, 전민감독을 통한 집단방역 집단치리의 전면적 구축(全民參與, 全民監督, 全面構築群防群治)'을 달성할 수 있다는 것이다.

---

18) http://www.xbcx.com.cn/about.html#0 (검색일: 2020.04.30)

〈그림 1〉샤오부촹상공사의 '격자망화 방역관리 플랫폼'의 지휘센터[19]

　이 기업의 방역관리 솔루션은 이미 몇몇 지방정부들에 의해서 사용되고 있다. 광동성(廣東省) 허위안시(河源市) 장동신구(江東新區)가 위챗 '방역관리 공식계정'을 통해, 일반주민이 전자통행증(電子通行證), 아파트단지 조사, 자가 발열 체크, 온라인 진료, 확진자 동선 조사, 유언비어 문답, 마스크 구매, 물자 기부, 질병 관련 제보 등의 기능을 사용할 수 있게 하고 있다.[20] 주민, 노동자들은 전자통행증을 등록한 후 아파트단지, 마을, 대형마트, 공장 등의 출입구 등에 설치된 코로나19 검사소에서 스캔하여 출입정보를 입력하고, 사구와 아파트관리회사 직원은 '격자망화 방

---

19) '전염병 총체상황(疫情總體情況)', '전염병 발전추세(疫情發展趨勢)', '중점 전염병 구역 상황(重點疫區情況)', '예방 및 통제 총체상황(防控總體情況)', '예방 및 통제 부문별 순위(防控排查)', '지역별 자발신고(自主上報)' 등을 그래프와 숫자로 보여주고, 행정구역과 아파트단지 중심으로 관할 지역을 나누어 확진자, 의심자의 숫자를 보여주고 있다. 小步創想公司, 「助力抗疫推出"網格化防疫管理平臺"」, 『城鄉建設』, 5期, 2020.

20) 이하 지방정부의 방역관리 플랫폼 사용사례는 기업 홈페이지에서 인용. 다음을 참고: http://www.xbcx.com.cn/info_detail-id-669.html (검색일: 2020.04.30)

역관리' 앱을 사용하여 입주민의 출입과 방역정보 확인 등의 업무를 수행한 후 매일 사구를 통해서 가도판사처에 보고한다.

이 과정에서 수집된 방역조사 데이터, 격자망 업무처리 자료, 출입정보 데이터는 플랫폼 상의 '예방 및 통제 태세'에 자동 수집되고, 장동신구의 위챗 '방역관리 공식계정'은 실시간으로 업데이트 된다. 각급 정부, 격자망화 관리원, 사구, 아파트관리회사, 의사 등은 위챗 '방역관리 공식계정'을 통해서 코로나19 상황을 실시간으로 확인할 수 있다. 현재 허위안시는 장동신구만이 아니라 시 전역의 고속도로 톨게이트, 정류소, 기차역, 쇼핑몰, 시장 등 3백여 장소에서 '방역 위챗 등록(防疫微登記)'을 통해 이용자 정보를 수집하고 있다.21) 이외에도 청두시에 속한 현급시(縣級市) 츙라이(邛崍), 윈난성(雲南省) 추슝(楚雄) 이족자치주(彝族自治州), 충칭시(重慶市) 윈양현(雲陽縣), 쑤저우시(蘇州市) 우장(吳江) 경제기술개발구(經濟技術開發區) 등, 도시와 농촌을 가지지 않고 방역관리 플랫폼 및 이를 응용한 위챗 공식계정을 통해서 코로나19 사태에 대응하고 있다.22)

이러한 '방역관리 플랫폼'이 제대로 작동하기 위해서는 '인구에 대한 파악'이 필수적인데, 주민은 자신의 스마트폰에 '건강정보코드' 애플리케이션을 설치하고 이 플랫폼의 작동에 필수적인 빅데이터를 제공한다. 개인 스마트폰에 애플리케이션을 설치하고 코로나19 관련 조사에 응하면 심사를 거쳐서 개인 큐알(QR)코드가 생성되는데, 이 큐알코드는 곧 개인

---

21) http://t.10jqka.com.cn/pid_121511935.shtml (검색일: 2020.04.30)

22) 이렇게 스마트시티 격자망화 관리 솔루션과 이를 응용한 '방역관리 플랫폼'과 관련 애플리케이션을 개발하는 기업들은 중국 전역에 다수 존재하고 있다. '국가 인터넷정보 판공실(國家互聯網信息辦公室)'의 감독과 지지를 배경으로, 2013년 12월 17일 '신형 스마트시티 건설기업 연맹(新型智慧城市建設企業聯盟)'이 정식 성립되었는데, 이 연맹에는 바이두(百度), 알리바바(阿里巴巴), 화웨이(華爲), 베이징대학(北京大學), 칭화대학(淸華大學) 등 중국 기업과 대학은 물론 마이크로소프트, 삼성, IBS, 인텔, 액센츄어(Accenture) 등 해외 정보통신기업들도 참여하고 있다.

이 해당 지역에서 사용할 수 있는 전자통행증으로 스캔을 하면 건강정보
코드가 인식된다.

　최초의 건강정보코드는 저장성(浙江省) 항저우에서 시작되었는데,
2020년 2월 11일부터 시민과 항저우 출입인원을 대상으로, 〈그림 2〉와
같이 녹색, 홍색, 황색의 삼색 건강정보코드 관리가 시행되었다. 항저우
시민과 항저우 출입인원은 알리페이(alipay 支付寶) 등에서 신청하고 개
인건강정보와 14일 이내 확진자 접촉여부 등의 정보를 입력하면 녹색, 홍
색, 황색 중 하나의 건강정보코드가 발급된다. 녹색은 통행가능, 홍색은
14일 집중격리 혹은 자가 격리하면서 14일 연속 무증상 신고 후 녹색으로

〈그림 2〉 항저우 건강정보코드

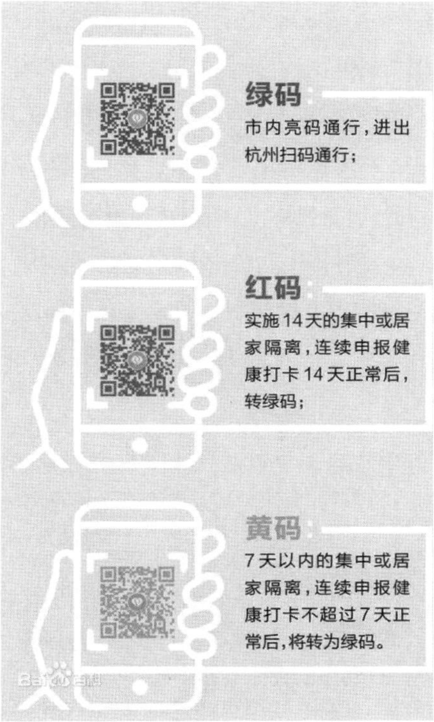

전환되고, 황색은 7일 집중격리 혹은 자가 격리하면서 7일 연속 무증상 신고 후 녹색으로 전환된다. 저장성 정부는 건강정보코드 실시 후 나흘 만인 2월 14일까지 이미 5,047만 장의 건강정보코드가 발급되었다고 발표했다. 2월 28일에는 알리페이를 통한 건강정보코드 신청이 전국 200개 도시로 확대된다. 또한, 지역별로 만들어진 건강정보코드가 다른 지역으로 가면 통용되지 않는 불편을 해소하기 위해서, 창장삼각주(長三角)와 징진지(京津冀, 베이징 톈진 허베이)는 지역 내부에서, 저장과 허난(河南), 산둥(山東)과 구이저우(貴州)는 지역 간 건강정보코드의 상호통용이 시작되었다.

지방정부에서 시작된 이러한 건강정보코드의 급속한 확산에 대응하여, 중앙정부 차원의 조치도 이뤄진다. 2월 29일 국무원은 '국가 정무서비스 플랫폼(國家政務服務平臺)'에서도 '방역건강정보코드' 애플리케이션을 다운로드 할 수 있게 하여, 단기간에 전국적인 범위에서 생겨난 지역 건강정보코드가 다른 지역에서도 통용될 수 있게 한다.[23] 또한, 4월 29일 '국가 시장감독관리 총국(國家市場監督管理總局)'은 「개인건강정보코드」 시리즈의 국가표준을 발표했는데, 이는 「개인건강정보코드 참고모형(個人健康信息碼參考模型)」, 「개인건강정보코드 데이터 격식(個人健康信息碼數據格式)」, 「개인건강정보코드 응용 인터페이스(個人健康信息碼參考模型應用接口)」으로 구성된다.[24] 이렇게 항저우에서 시작된 건강정

---

23) 건강정보코드의 시작과 확산과 관련해서는 다음을 참고: https://baike.baidu.com/item/%E5%81%A5%E5%BA%B7%E7%A0%81/24365975?fr=aladdin (2020년 4월 20일); 국가 정무서비스플랫폼의 전국통용 건강정보코드에 관해서는 다음을 참고: http://gjzwfw.www.gov.cn/col/col641/index.html (검색일: 2020.04.30)

24) 「개인건강정보코드 참고모형」은 건강정보코드의 조성과 구현 형식을 규정하고, 건강정보코드 애플리케이션 시스템의 참고모형 및 지역상호통용 기술기제를 제시했다. 「개인건강정보코드 데이터 격식」은 질병의 예방 및 통제에 필요한 개인건강정보의 데이터 구조, 데이터 요소 속성 및 데이터 관리 요구를 규정했다. 「개인건강정보코드

보코드는 전국적으로 확산되었고, 국가는 기술적 제도적 지원을 통해서 건강정보코드의 표준화, 규범화, 통용성 제고를 촉진하고 있다.

〈그림 3〉 학교, 기차역, 고속도로 톨게이트 등에서 건강정보코드를 사용한 방역활동[25]

아파트단지, 마을, 대형마트, 공장, 고속도로 톨게이트, 정류소, 기차역, 쇼핑몰, 시장 등에 설치된 코로나19 방역 검사소 관련 인원이 제시를 요구하면, 개인은 본인의 스마트폰의 큐알코드 스캔을 거쳐서 본인 건강정보코드가 녹색임이 확인되어야 자유로운 출입이 가능하다. 개인 스마트폰의

응용 인터페이스」는 개인건강정보 서비스의 인터페이스를 규정하여, 각 애플리케이션이 통일된 인터페이스를 통해서 다른 개인건강정보서비스와 연동되는 것으로, 이는 상호 다른 지역 간의 인구이동 시 발생하는 불편함을 제거하기 위한 것이다. 이와 관련해서는 다음을 참고: http://www.gov.cn/xinwen/2020-05/02/content_5508190.htm (검색일: 2020.04.30)

25) 그림의 출처는 다음과 같다: http://news.imnu.edu.cn/info/1011/7956.htm (검색일: 2020. 04.30); http://www.ctdsb.net/html/2020/0410/hubei303311.html (검색일: 2020.04.30); http://www.gov.cn:8080/xinwen/2020-03/24/content_5495120.htm#2 (검색일: 2020.04.30)

건강정보코드는 '방역관리 플랫폼'과 연동되어 실시간으로 '격자망 → 사구 → 구 → 시'로 이어지는 행정적 위계를 따라 중앙정부까지 보고 집계되고 국가는 이에 대한 대응조치를 취한다.

　문제는 이러한 스마트시티 격자망화 관리, 방역관리 플랫폼, 건강정보코드는 기존의 사회정치적 저항과 코로나19 사태와 같은 '위기'에 대한 신속하고 효율적인 대응 수단으로 인식되지만, 동시에 중국 내부에서도 비판론이 제기된다는 사실이다.[26] 이 비판론은 스마트시티 격자망화 관리가 정밀화, 저인망식 관리, 부문들 사이의 연동, 서비스 제고 등 국가의 사회관리능력 제고에 긍정적 측면이 있지만, 탑다운(自上而下) 추진방식 및 '기술통제'적 관리도구로 인해서 사회통제 강화, 사회의 활력 저하, 사회적 자본의 생성과 성장의 억제 등 '관료주의적 기술통치'의 부작용을 가져온다는 점을 지적한다. 이러한 비판론은 그 자체로 충분히 타당하지만, 이러한 스마트시티 격자망화 관리에 기초한 코로나19 관련 테크놀로지의 개발 및 광범위한 사용이 '질병 – 위생'을 계기로 하는 국가의 '생명관리정치' 문제를 제기한다는 인식은 보이지 않는다. 이하 결론에서는 본 연구의 발견을 정리하고, 코로나19 사태 대응과정에서 동원되는 스마트시티 격자망화 관리, 방역관리 플랫폼, 건강정보코드가 향후 중국의 '생명관리정치'를 구성할 가능성을 짚어보도록 한다.

Ⅳ. 결론

　개혁기 중국 도시사회의 중요한 특징 중 하나는 바로 '모빌리티(mobility)'

---

26) 대표적인 비판론은 다음을 참고: 劉安, 「網格化社會管理及其非預期後果: 以N市Q區爲例」, 『江蘇社會科學』, 3期, 2014; 渠敬東 等, 「從總體支配到技術治理: 基於中國30年改革經驗的社會學分析」, 『中國社會科學』, 6期, 2009.

의 증가이다. 1980년대 말부터 급증한 농민공이 바로 이러한 모빌리티 증가의 주요 동력이었다. 특히 2000년대 들어서 고속철도 차량의 속도증가와 노선의 급속한 확대는 농민공에 의한 모빌리티 증가를 더욱 가속화시켰다고 할 수 있다. 바로 이러한 폭발적인 모빌리티 증가를 배경으로 2003년 사스(SARS)와 비교해도 훨씬 넓은 확산범위와 빠른 확산속도를 특징으로 하는 코로나19는 중국의 국가에 단순한 국지적 일회적 '질병 – 위생'을 넘어 전국적인 범위의 사회정치적 경제적 '위기'로 인식되었고 기존의 사회관리체제도 커다란 도전을 맞이하게 되었다.

사실 도시 사회관리체제는 건국 이래 사회주의 시기의 '사회관제(社會管制)'에서, 개혁기 들어서 1980년대~1990년대 '사회관리'로, 2000년대 들어서 '사회치리'로 변화되어왔다. 이러한 사회치리로의 변화는, 1990년대 후반 도시사회는 단위체제의 약화 및 해체와 시장기제의 광범위한 확산을 배경으로 과거와 같은 정도의 국가권력의 사회침투가 불가능해진 사실을 그 배경으로 한다. 이와 함께 국가의 사회관리 능력은 점점 더 약화되고 격차와 불평등에 대한 사회적 저항은 급증하여, '국방비보다 안정유지비용이 더 많이 든다'는 분석이 나올 정도가 되었다.[27] 이렇게 볼 때 국가의 입장에서는 스마트시티는 각종 최첨단 정보통신기술을 적극적으로 활용한 사회관리체제 구축을 통해, 2000년대 들어서 저하된 국가의 사회관리 능력을 제고시켜줄 유력한 테크놀로지로 인식된다.

본 연구의 발견에서 알 수 있듯이, 스마트시티에 의한 사회관리는 기존 단위체제가 약화 해체된 이후 등장한 사구를 중심으로 구축되는데, 사구 격자망화 관리가 그 구체적인 형태이다. 코로나19의 갑작스런 발생과 급

---

27) 관련 기사는 2011년 안정유지를 위한 중국 공공안전지출예산이 6244.21억 위안으로 작년 대비 13.8% 증가하여, 국방지출예산 6011.56억 위안도 높았다. 徐凱·陳曉舒, 「公共安全賬單」, 『財經』, 11期, 2011. http://www.prcfe.com/web/meyw/2011-05/09/content_773973.htm (검색일: 2020.04.30)

속한 확산은 기존 사회관리체제에 대한 도전이지만, 동시에 이를 계기로 국가와 기업의 합작으로 '방역관리 플랫폼'과 '건강정보코드' 등 새로운 테크놀로지가 '창신'되어 기존에 상대적으로 덜 중시되던 '질병 – 위생' 분야로 스마트시티 기술과 관련 자본이 확장되는 양상이 등장한 점도 매우 중요하다. 또한, 앞서 샤오부촹샹공사의 사례처럼, 스마트시티, 도시관리, 방역관리, 도시 빅데이터 수집, 인공지능 분석, 환경위생 등 중국 사회관리체제의 핵심영역인 도시 사회관리와 관련된 소프트웨어와 하드웨어를 설계 생산 판매하는 기업들은 이미 관련 업종 '연맹'을 만들 정도의 규모로 성장했다. 아울러, 중국이 국가 차원에서 '중국제조2025(中國製造2025)', '인터넷 플러스(互聯網+)', '스마트 플러스(智能+)' '인공지능 플러스(人工智能+)' 등 일련의 산업고도화 정책을 추진하고 있는 점을 고려하면, 스마트시티는 국가의 사회관리능력을 제고시켜 줄 사회관리체제 테크놀로지일 뿐만 아니라 중국식 4차 산업혁명의 미래 중 하나로 인식되어, 국가 정책과 투자가 집중될 것으로 예측된다. 따라서, 이번 코로나19 사태는 이러한 스마트시티 사회관리체제에 '질병 – 위생'이 중요한 구성요소로 급부상되는 중대한 계기로 판단되며, 향후 심화된 연구를 통해서 '질병 – 위생'이 중국식 '생명관리정치' 구축에 어떤 작용할 것인지 추적 분석할 필요가 있다.

| 참고문헌 |

장윤미, 「중국 '안정유지(維穩)'의 정치와 딜레마」, 『동아연구』, 64권, 2013.
劉安, 「網格化社會管理及其非預期後果: 以N市Q區爲例」, 『江蘇社會科學』, 3
　　　期, 2014.
龍瀛, 「泛智慧城市技術提高城市韌性-應對2020新型冠狀病毒肺炎突發事件筆談會」, 『城市規劃』, 2020.02.12.

彭俊杰, 「强化社區網格化管理 構築疫情堅固防線」, 『河南日報』, 2020.02.10.

渠敬東 等, 「從總體支配到技術治理: 基於中國30年改革經驗的社會學分析」, 『中國社會科學』, 6期, 2009.

田磊, 「網格化的北京東城區」, 『南風窓』, 8期, 2011.

夏建中, 「從街居制到社區制: 我國城市社區30年的變遷」, 『黑龍江社會科學』, 5期, 2008.

小步創想公司, 「助力抗疫推出"網格化防疫管理平臺"」, 『城鄕建設』, 5期, 2020.

徐凱·陳曉舒, 「公共安全賬單」, 『財經』, 11期, 2011.

張蒼, 「城市網格化管理的兩種代表模式及其比較分析－以北京市東城區與廣東省深圳市爲案例」, 『深圳社會科學』, 6期, 2019.

中共中央 國務院, 「國家新型城鎭化規劃 (2014-2020年)」, 2014. https://baijiahao.baidu.com/s?id=1658106539469161738&wfr=spider&for=pc　(검색일: 2020.04.30)

疫情防控要用好社區網格化管理, https://baike.baidu.com/item/%E5%9B%BD%E5%8A%A1%E9%99%A2%E8%81%94%E9%98%B2%E8%81%94%E6%8E%A7%E6%9C%BA%E5%88%B6　(검색일: 2020.04.30)

國務院聯防聯控機制, https://baike.baidu.com/item/%E5%81%A5%E5%BA%B7%E7%A0%81/24365975?fr=aladdin　(검색일: 2020.04.20)

健康碼, http://www.stats.gov.cn/tjsj/zxfb/201904/t20190429_1662268.html　(검색일: 2020.05.06)

2018年農民工監測調査報告, http://gjzwfw.www.gov.cn/col/col641/index.html　(검색일: 2020.04.30)

防疫健康信息碼綜合服務, http://www.nhc.gov.cn/jkj/s3577/202001/dd1e502534004a8d 88b6a10f329a3369.shtml　(검색일: 2020.04.30)

關於加强新型冠狀病毒感染的肺炎疫情社區防控工作的通知, http://news.imnu.edu.cn/info/1011/7956.htm　(검색일: 2020.04.30)

開學復課, 內蒙古師範大學準備好了, http://t.10jqka.com.cn/pid_121511935.shtml
(검색일: 2020.04.30)

河源啓用"防疫微登記"平臺 以大數據手段築牢疫情防線, http://news.sina.com.
cn/o/2018-10-11/doc-ihmhafiq8073038.shtml (검색일: 2020.04.30)

智慧城市建設投資達6000億元, https://www.xianjichina.com/news/details_94923.
html (검색일: 2020.04.30)

網格化管理的由來, 北京網格化城市管理系統現狀, http://www.xbcx.com.cn/ab
out.html#0 (검색일: 2020.04.30)

小步創想公司, http://www.xbcx.com.cn/info_detail-id-669.html (검색일: 2020.04.30)

"疫"線戰報, http://www.gov.cn/gongbao/content/2015/content_2806019.htm (검
색일: 2020.04.30)

關於印發促進智慧城市健康發展的指導意見的通知, http://cpc.people.com.cn/
n/2014/0218/c64094-24387048.html (검색일: 2020.04.30)

習近平: 完善和發展中國特色的社會主義制度 推進國家治理體系和治理能力
現代化, http://www.gov.cn/zhengce/2019-11/05/content_5449023.htm
(검색일: 2020.04.30)

中共中央關於堅持和完善中國特色社會主義制度 推進國家治理體系和治理能力
現代化若干重大問題的決定, http://theory.people.com.cn/n1/2020/0210/
c40531-31578754.html (검색일: 2020.04.30)

疫情防控要用好社區網格化管理, http://www.gov.cn/xinwen/2020-01/28/conte
nt_5472795.htm (검색일: 2020.04.30)

關於印發近期防控新型冠狀病毒感染的肺炎工作方案的通知, http://www.gov.cn/
xinwen/2020-05/02/content_5508190.htm (검색일: 2020.04.30)

個人健康信息碼國家標準發布, http://www.gov.cn:8080/xinwen/2020-03/24/cont
ent_5495120.htm#2 (검색일: 2020.04.30)

武漢: 返城掃"綠碼" 安全你我他

"COVID19" 위기에 대한 시진핑 정권의 정치외교적 대응과 그 함의

● 서상민 ●

Ⅰ. 서론

2019년 말 중국 우한에서 처음으로 'COVID19'가 발견된 이후, 2021년 5월 현재까지 추산한 통계만으로 전 세계 약 1억 5,700만이 감염확진되었고, 약 327만 명이 사망한 거대한 팬데믹(pandemic)을 인류는 경험했다. 인류는 지구화 시대의 '인간안보'에 대해 근본적인 대책을 다시 고민하지 않을 수 없게 되었다.[1] 근래에 '안보'라는 개념은 점점 포괄하는 범위가 넓어지고 안보의 대상은 다양화되어 가고 있다. 'COVID19' 확산과정에서도 확인한 바 있듯 현재 우리는 개인과 국가의 안보문제는 단지 일국적 상황이 아니라는 것을 안다. 문제가 발생하는 영역은 지구적 차원인데, 이를 해결해야 하는 주체는 결국 일국(一國) 단위일 수밖에 없는 불일치가 존재한다. 안보가 포괄하는 영역이 다양화되고 커버해야 할 공간적 범

---

* 이 글은 「중국공산당의 위기관리 정치: 'COVID19' 대응의 정치적 논리」, 『중국지식네트워크』, 특집호, 2020.6을 수정·보완하였다.

** 국민대학교 HK연구교수.

1) 전웅, 「국가안보와 인간안보」, 『국제정치논총』, 44:1, 2004, 25-49쪽.

위가 넓어졌음에도 불구하고 다른 한편으로는 이를 해결하는데 필요한 법－제도적 그리고 조직적 시스템은 세계화 훨씬 이전 거의 400여년 동안 지속되어 온 '국가－주권 시스템(State-Sovereignty System)' 하에서 이루어지고 있다.2) 지난 40여 년 동안 진행되어 온 세계화에 대한 성찰과 세계화 시대 인간의 안보 문제와 관련된 지구적 대응의 한계를 지적하는 것이 본 논문의 주제는 아니다. 다만 'COVID19'를 경험하면서 향후 인류의 생존과 안전을 보장하는 데 있어 현재와 같은 국제사회, 국가 간 거버넌스는 분명 문제가 있으며 이러한 문제는 조속히 해결되어야 한다는 점을 먼저 지적해 놓고자 한다.

이 글에서는 중국공산당과 중국정치지도자들이 'COVID19' 위기 과정에서 국내외적 위기에 대한 정치외교적 대응의 내용과 그 함의를 파악하고한다. 정치적 대응이라는 측면은 시진핑 정권의 위기관리 혹은 위기대응이라는 정책적 능력에 대한 것일 수도 있고, 아울러 시진핑 정권을 지탱하고 있는 정치권력의 안정화와 관련한 리더십을 평가하는 작업일 수도 있다. 일반적으로 정권의 정치적 위기는 권력투쟁과 관련된 장기적인 잠재적 원인이 표면 위로 부상하면서 진행된다. 어느 부위에서 어떤 형식으로 정치적 위기가 발출될 것인지는 예측하기 힘들다. 치밀한 계획 하에 정확한 시점과 지점에서 발출되기도 하지만, 그보다는 정치적 갈등이 지속적으로 축적되는 상황 하에서 우연한 계기를 통해 폭발적으로 전개되는 사례도 많다.3) 'COVID19'는 물론 후자에 해당한다. 그렇다면 문제는 당

---

2) 이용욱, 「위협의 다변화와 글로벌 거버넌스: 국가－주권 시스템의 위기와 한계」, 『국제지역연구』, 제25권 3호, 2016, 169쪽. 이용욱은 지난 4세기 동안 지속되어 온 '국가－주권 시스템'이 지구공동체의 공존과 번영의 위협이 되고 있으며, 이기적 혹은 경쟁적 국가이익을 규범화하는 방식으로 전 지구공동체의 공동이익 달성을 방해하는 방해물로 간주하고 있다. 이용욱의 연구는 'COVID19' 지구적 차원의 극복이라는 당위성과 국가－주권시스템 차원에서의 이기적 국가이익 사이에 간격을 이해하는 데 유용하다.

3) 서상민, 「대약진운동 시기 중국 계획경제제도의 동학과 경제관료 :역사적 제도주의

시 시진핑 정권의 정치적 위기가 폭발할 수 있을 만큼 축적되어 있었는가? 그렇지 않으면 예상치 않게 돌발적으로 출현한 정권의 안정을 위협하는 정치적 위기를 통제하고 관리할 수 있을 정도의 정치권력의 내적 안정을 유지하고 있었는가를 가늠하는 것이다.

Ⅱ. 시진핑 정권의 정치적 상황과 안보관

1. 시진핑의 집권과 중국정치

중국정치 내의 엘리트 간 정치적 다이나믹스를 외부에서 파악하기는 불가능하다고 할 수 있다. 파벌투쟁을 중심으로 중국정치를 분석해 온 대부분의 연구들은 특정 시점에서의 파벌 간의 권력투쟁이 모두 정리되어 그 과정의 결과가 공식적으로 드러나고 승자가 확인된 이후에서야 비로소 그 과정을 '서술'할 수 있었다. 이러한 사례들이 반복적으로 관찰되고 그로 결과 중국정치 과정에서의 권력정치와 관련된 일정한 패턴을 발견할 수 있다면 그 패턴에 근거한 현재적 권력정치를 유추하고 추론하고 설명하고자 한다. 그러나 이러한 노력의 대부분은 가장 큰 한계는 그 실체적 진실을 알 수 없다는 점이다. 누가 어떤 방식으로 도전했고, 그 도전에 대해 누가 어떻게 대응했는지의 정권 내 권력정치 과정에 대해 실재 행위자들 소수만이 알 수 있을 뿐이다. 나머지 사람들은 전체의 일부분만을, 자신의 정치적 입장에 따라 해석하고 예측할 수 있을 뿐이다.

그렇다면 'COVID19'라는 사회적 위기는 현 시진핑 정권 내 정치적 위기를 분출시킬 수 있는 도화선이 될 수 있었는가? 필자는 충분히 도화선

시각을 중심으로」, 『한국동북아학회』, 제20권 1호, 2015, 25-46쪽.

이 될 수 있다. 시진핑이 집권 이후 중국의 경제성장률은 지속적으로 하락하고 있다. 과연 우연일까? 물론 신창타이(新常態)와 같은 중국경제 구조적, 내적 요인이 있을 수 있다. 그러나 미중 간의 무역갈등이나 시진핑 집권 이후 강화되고 있는 '사회주의' 이념의 강화와 같은 경제외적 요인 역시 상당한 영향을 미치고 있다고 아니할 수 없다. 한편 정치적으로 시진핑 집권 이후 지속적으로 전개되었던 반부패운동은 부패분자 처리를 통한 민심이반을 막고 통치정당성을 회복하는 본래의 취지와 함께 반대파에 대한 정치적 압박과 처분을 통해 자신의 정치권력 기반을 강화하고, 군권까지 장악하여 이름과 실재가 부합한다는 당의 핵심 지위를 확보하려는 정치적 목표를 동시에 추구하였다.4)

경제적 측면에서의 저성장 지속되고 있으며, 정치적으로는 중공산당과 관료조직 내의 반부패를 매개로 한 압박으로 인해 조직적 안정성이 위협받고 있고, 제도적 측면에서의 개혁개방 이래 추진된 권력분산과 권한 하방(下方)의 제도화가 시진핑 시기 당 중앙 내 각종 영도소조와 위원회 등 권한과 책임이 분리된 기형적 기구 설치로 인해 정책의 입안과 집행의 안정성 약화시켰다. 특히 시진핑 집권 후 사회관리와 사회안정유지[維穩]를 실현하기 위한 언론, 사상, 종교 등의 사적 영역의 물리적, 이데올로기적 국가기구(state apparatus)의 통제강화는 '동의'에 기초한 통치라기보다는 '억압'을 앞세워 개인권력집중과 종신집권을 목표로 하고있는 것이 아니냐는 일부 지식인들의 비판을 불러일으키기도 하였다.5)

---

4) 관련하여 다음을 참고. 이지용, 「시진핑의 반부패 운동과 중국의 정치권력 엘리트 권력지형도 변화 : 평가와 함의」, 『한국동북아논총』, 제24권 2호, 2019; 최지영, 「시진핑 시기 중국 반(反)부패의 특징과 함의」, 『21세기정치학회보』, 제26권 4호, 2016. 참조.

5) 許章潤, 「我們當下的恐懼與期待」, 『天則觀點』 http://unirule.cloud/index.php?c=article&id=4625 (검색일: 2020.05.07)

대외적으로 2019년 말 '중미무역전쟁' 1라운드에서 좋지 못한 성적을 받아 놓고 있었으며, 홍콩사태는 여전히 해결하지 못한 채 지속되었을 뿐만 아니라, 대만민진당의 압도적 승리로 양안관계의 전망 또한 매우 불확실한 상황으로 접어들어 가고 있었다. 2019년 말 발생하고 2020년 급속히 확산되기 시작한 'COVID19'는 인명과 관련된 사안으로써 14억 중국인민의 민심과 9,000여만 당심을 좌우할 수 있는 직접적이고 중대한 위기였다. 시진핑 정권을 집권 후 최대의 정치적 위기가 초래될 수도 있는 국면이었다.

중국의 위기대응능력은 이미 1997년 아시아 외환위기와 2008년 글로벌 금융위기 시 잘 드러났다. 특히 가장 최근인 2008년 위기에서는 미국과 유럽시장의 타격으로 인해 중국의 대외수출이 급감했음에도 불구하고 확장적 통화정책과 6.83위안 수준환율 유지함으로써 경제적 위기를 돌파하였다.[6] 그러나 시진핑 시기 'COVID19'에 대한 대응은 다르다. 외부의 충격이나 외부로부터 도래한 위기가 아닌 중국 내에서 발생한 질병이 반대로 전 세계에 확산되면서 전 세계로부터 "중국의 초기 대응실패론", "중국 정보은폐론", "중국배상론" 등과 같은 국제사회의 불만과 원망에 시달리고 있다. 물론 각국이 중국을 희생양 삼아 국민들의 분노를 외부로 분출하도록 유도하고 있을 가능성도 있지만, 'COVID19'의 확산차단에 대한 중국정부와 중국공산당의 초기대응에 대한 국제사회의 평가는 높지 못하다.[7] 정책학에서 '위기관리(Crisis Management)'는 "위기를 통제하고 조

---

6) 조종화 외, 「중국의 외환정책과 국제통화질서: 위안화의 절상과 국제화를 중심으로」, 『KIEP연구보고서』, 제10권 9호, 2010.

7) Rosenberger, Laura, "China's Coronavirus Information Offensive: Beijing Is Using New Methods to Spin the Coronavirus Pandemic to Its Advantage," *Foreign Affairs*, (April 22, 2020), https://www.foreignaffairs.com/articles/china/2020-04-22/chinas-coronavirus-information-offensive (검색일: 2020.05.07)

절하는 과정"이라고 간단하게 정리할 수 있다.[8] 그리고 위기관리는 세 단계 나눌 수 있다. 먼저 "위기를 판단하고 경고하는 '위기 전 단계' (Pre-Crisis Stage)", 둘째, "위기를 통제하고 관리하는 위기대응 단계 (Crisis Response Stage)", 셋째, "위기가 지난 간 후 정상으로 되돌리는 단계(Post-Crisis Stage)" 등이다.[9]

위기관리 세 단계에 따라 중국의 'COVID19' 대응과정을 필자 나름대로 적용하여 보았다. 먼저 제1단계 "전(前) 위기 단계"라고 한다면, 2019년 12월 10일, 최초의 감염사례가 보고되고, 27일 우한(武漢) 보건당국이 신종 코로나바이러스에 의한 감염사례를 확인한 시점부터 12월 30일 우한 중심병원 응급과 주임인 아이펀(艾芬)이 위챗(wechat)을 통해 새로운 바이러스에 대해 언급하고, 의사 李文良은 이를 신종 SARS 같다고 위챗에 올려 세상에 알려지게 된 후, 우한 보건당국은 우한 중심병원을 '원인불명 폐렴'조사 병원으로 지정하고 관련 정보를 보고하도록 요구하고 다음날인 12월 31일 27건이 사례를 확인하고 바이러스 전파와 관련된 시장을 닫고 WHO 중국사무소에 이를 통보한 시점까지를 "전 위기 단계(pre-crisis stage)"라고 할 수 있을 것이다. 이 단계에서는 위기에 대한 본격적인 대응보다는 위기를 파악하고 그 엄중함을 경고하고 알리는 단계이다.[10]

---

8) Williams, P. Maynard, *Crisis management: Confrontation and Diplomacy in the Nuclear Age*, New York: Wiley, 1976, pp.27-28. 윌리엄스의 "위기관리"에 대한 정의는 간단하나 그 말하는 위기관리는 국제적 위기 및 안보상의 위기를 의미하기 때문에, 엄밀히 전염병 확산 등과 같은 국내적 사회경제적 위기와는 같을 수 없다. 다만 위기의 종류와 성격은 다르나 비상상황이라는 점에서 위기의 '관리' 측면을 강조하고 있기에 그의 정의를 여기에 인용한다.

9) 위기대응의 단계별 내용에 대해서는 다음을 참고 Posey and Wigmore, "Crisis Management", https://whatis.techtarget.com/definition/crisis-management(검색일: 2020.05.08)

10) 초기 대응과정과 관련한 세부적 활동일정은 중국매체를 통해 확인할 수 없었다. 따라서 불가피하게 미국 매체인 *Wall Street Journal*과 *Washington Post* 등의 기사를 참고하여 초기 대응일지를 재구성한 자료를 활용하였다. 관련하여 Allen-Ebrahimian,

두 번째 단계 위기에 대한 대응단계는 첫 단계가 끝난 2020년 1월 1일부터 시작되어야 했다. 그러나 우한시 공안국(公安局)은 우한시중심병원(武漢市中心醫院) 의사 8명을 연행했고, 후베이성 보건위가 'COVID19'를 유사 SARS바이러스로 규정하고 'COVID19' 관련 모든 실험을 중단과 관련 샘플 없앨 것을 지시하였다. 이로 인해 근 1주일 동안 위기대응이 진행되지 않고 정체되었으나, 1월 7일 시진핑 주석이 대응지시 후 부터 위기관리 제2단계가 시작되었다. 9일에 'COVID19'의 게놈지도가 만들어졌다. 13일에 중국 이외 태국에서 첫 감염사례가 보고되었다. 14일에 WHO가 사람과 사람의 전파에 대한 뚜렷한 증거 없다고 한 중국당국의 의견을 발표한 후 15일에 우한에서 미국으로 들어 온 중국인의 첫 사례 발견되었다. 그리고 19일에 베이징에서 역학조사관을 우한에 파견한 후 다음날인 20일에 한국에서 첫 감염사례가 보고되었고, 같은 날 쫑난산(鍾南山)이 사람 간 감염될 수 있다고 발표한 이후인 21일 『인민일보(人民日報)』는 'COVID19'를 공식 언급하면서 시진핑 주석의 방역 지시를 보도하였다. 1월 23일 우한 및 3개 도시에 대한 봉쇄가 이루어졌으나, 1월 24~30 춘지에 연휴기간에 대규모 인구이동 진행 중이었다. 이후 폭발적인 확산과정을 거친 후 3월 10일 시진핑 주석이 후베이성을 방문하여 의료진을 위문하고 방역의 성공을 선언하면서 대응단계인 제2단계가 끝나게 된다.

마지막 단계인 제3단계는 "위기 후 단계(post-crisis stage)"인데 일터복귀와 생산재개 등 "정상적" 일생생활로의 복귀를 위한 위기관리 단계라고 할 수 있다. 중국은 3월 13일 리커창 총리의 경제사회발전 및 시장 정상화 추진을 제기하였고 20일에는 취업안정화를 위한 관련 기관과의 화상회의 개최 및 생활물자공급과 일터복귀(復工), 생산재개(復產) 등의 업무 등을

"Timeline: The early days of China's coronavirus outbreak and cover-up", *AXIOS* (검색일: 2020.05.09) 참고.

시찰하면서 본격적인 일상생활로의 복귀를 위한 준비작업에 들어갔다. 그리고 약 한 달 후인 4월 22일 시진핑이 직접 산시성(陝西省)을 방문하여 일터복귀와 생산재개 및 경제사회 회복상황 시찰하고, 4월 29일 2020년도 양회 개최 시기를 결정됨으로써 'COVID19' 발생 이후 잠정 중단되었던 공식적 정치행사 일정까지 다시 소화하게 되었다. 이로써 '위기 후 단계'가 대체로 마무리되었다고 할 수 있다. 그러나 최종 단계가 끝나는 종식선언은 여전히 상당한 시간이 필요할 것으로 보인다.

'COVID19' 발생으로 인한 공공위생(公共衛生) 상의 위기관리는 전반적으로 위와 같은 단계를 거쳐 관리되었으며, 위에서도 언급했듯 중국의 위기발생 시 경고의 제1단계에서 직접적인 대응단계인 제2단계로 넘어가는 과정에서의 몇 가지 문제가 관찰된다. 첫째, 의료기관과 의료인들의 위기에 대한 경고가 지방 보건당국에 제대로 전달되지 못했으며, 둘째, 발병지인 우한과 허베이 정부의 위기 심각성 인식과 중앙인 국무원 및 중공 중앙 위기대응기구 간의 심각성 인식 타이밍의 일치하지 않았아 전면적 대응이 늦어진 점, 그리고 셋째, 중국과 국제사회 간의 "위기소통(crisis communication)"과 정보교류가 미흡했던 점 등은 세계적 확산과정에서 국제사회가 중국에 대하여 책임을 제기할 수 있는 소지를 중국 스스로 조성했다는 것을 부정하기 힘들다.

그렇다면 이러한 초기 대응의 문제는 왜 발생하는가? 중국에 한정하여 분석해 볼 필요가 있다. 위기관리를 앞에서 "위기를 통제하고 조절하는 것"이라고 정의한 바 있다. 여기서 다시 한 번 근본적인 질문을 제기해야만 중국의 초기 대응이 원활하지 못했던 원인에 접근할 수 있을 듯하다. 'COVID19' 대응과정에서 과연 누가, 어느 단계에서 위기라고 인식하고 이에 대한 국가적 차원의 대응을 시작했는가 하는 문제이다. 물론 위기 인식은 위기의 대상과 밀접하게 관련되어 있다. 즉 이것은 "누구에게 어떤 위기가 되고 있는가"에 대한 인식은 관련 행위자마다 다를 수 있다.

지금까지도 중국인민과 지방정부, 중국공산당 등 위기의 수준과 위기의 대상을 각기 달리 생각할 수도 있다. 이 위기가 국제적 팬데믹적 위기인지? 중국 일국단위의 국가적 위기인지? 단순히 인민의 건강 상의 위기인지? 아니면 대응 미숙로 인한 사회적 불안에 따른 정치적 위기인지? 중국공산당의 통치와 관련된 민심의 위기인지? 각 행위자마다 서로 다른 위기인식과 위기수준을 공존하면서 제1단계 위기대응시기를 지나게 된다. 그리고 본격적인 위기관리의 제2단계에 들어서면 위기에 대한 인식과 위기 엄중성이 하나로 통일되고 이를 관리할 주체가 명확해진다. 'COVID19'의 대응과정을 봤을 때, 'COVID19'를 자신의 관련된 위기로 인식하고 이 위기로 인해 자신이 가장 많은 정치적 비용을 지불해야만 한다고 생각한 주체가 가장 직접적으로 나서 위기를 관리해 왔음을 파악할 수 있다.

2. 시진핑 시기 '정치안보관'

'COVID19'를 위기로 인식한 중국공산당의 위기관리를 위한 조직적 대응은 이를 통일적으로 관리할 영도소조를 중앙에 설치하는 것으로부터 시작되었다. 중국공산당의 이러한 조치는 시진핑 시기 중국의 '안보관'과 밀접하게 관련되어 있다. 이른바 "총체적 안보관(總體國家安全觀)"으로 불리는 시진핑 시기 중국의 안보관은 전통적 안보와 비전통적 안보를 포괄할 뿐만 아니라, 21세기 변화하고 있는 안보환경 하에서 커져 가는 중국의 국가이익을 지키기 위한 전면적이며 적극적 안보관이라고 할 수 있다.[11] 2014년 4월, 중앙국가안전위원회(中央國家安全會議) 제1차 회의

---

11) 중국에서는 "인간안보(human security)"라는 개념을 안보관에 포함하지 않고 있다. "인간안보"는 개인의 보편적 '인권'과 관련된 인식에 근거하기 때문에 "인민안전"이라는 용어를 사용하지만 본래의 "인간안보"를 내용적으로 수용하고 있는 것 같지는 않다.

에서 제시한 "총체적 안보관"은 안전에 대한 우려를 담고 있는 "우환의식
(憂患意識)"으로 시작하고 있다.12) 이는 "총체적 안보관"을 제시하게 된
배경에 대한 시진핑의 발언을 통해 분명하게 확인할 수 있는데, 여기에서
중국의 안보가 갖는 내포와 외연이 어느 때 보다 풍부하게 해석될 수 있
고, 시간과 공간 영역에서 넓게 포괄할 수 있으며, 안보를 둘러싼 내외적
요소들이 어느 때 보다 복잡하기에 새로운 "총체적 안보관"이 필요하다고
설명하고 있다.13)

이날 시진핑의 연설 중 "정치안보를 근본으로 삼는다(以政治安全爲根
本)"라는 대목이 있다. 이는 시진핑 '총체적 안보관'의 핵심 담론이라고
할 수 있다.14) 이 말 이전에 "'인민안보(人民安全)'를 목표로 한다"라는
선언이 있기 하지만 중국공산당의 안보관의 핵심은 역시 '정치안보'에서
찾아야 할 것이다. 이는 중국공산당이 국가안보가 곧 '정치안보'라고 인식
하고 있음을 알 수 있는 언술이기 때문이다.15) 국가안보는 당－국가체제

---

12) 習近平,「堅持總體國家安全觀走中國特色國家安全道路」,『人民網』, http://cpc.people.
    com.cn/n/2014/0415/c64094-24899781.html (검색일: 2020.05.10) 중국공산당 지도부의
    '우환의식'은 중국공산당 통치의 정당성 약화와 밀접하게 관련되어 있다. 시진핑 정권
    이 특별히 강조하는 "최악의 상황에 대비해야 한다"는 이른바 중국공산당의 "底線思
    維(bottom-line thinking)"은 집권환경의 불안정성을 반영하고 있다고 할 수 있을 것이
    다. 底線思維와 관련해서는 다음 周亞東,「底線思維: 習近平治國理政的重要方法
    之一」,『理論視野』, 2017.02, 23-26쪽 참고.

13) 원문은 다음과 같다. "當前我國國家安全內涵和外延比歷史上任何時候都要豐富,
    時空領域比歷史上任何時候都要寬廣, 內外因素比歷史上任何時候都要複雜,
    必須堅持總體國家安全觀". 'COVID19' 발생 이전 2011년 원저우 철도추돌사고,
    2015년 톈진폭발사고 후 중국은 국가적 재난관리 즉 응급관리 체계 정비 등이 필요하
    며, 이를 '총체적 국가안보관'의 안보관리체계 속에서 단일 지도체제 하 종합적으로
    다루어져야 한다는 의견들이 제시되었다고 한다. 張海波,「中國總體國家安全觀下
    的安全治理與應急管理」,『中國行政管理』, 2016.04, 126-132쪽.

14) 李大光,『國家安全』, 北京：中國言實出版社, 2016, 13-15쪽.

15) 중국에서의 '정치안보'의 이미는 정치의식, 정치활동, 정치내용 등에 미치는 내외의

를 수호하고, 중국공산당의 통치안정성을 확보하는 것일 뿐만 아니라, 당에 의한 안정적 통제력을 강화하는 것이다. 사회불안성의 해소가 '사회안보'라고 한다면 중국공산당의 통치력과 체제 약화에 영향을 미치는 내외적 불안요소로부터 중국공산당[政治主體]의 안전을 확보하는 것을 '정치안보'인 것이다.

시진핑 시기 '총체적 안보관'의 출현은 안보환경의 국내외적 변화를 인식하고 이에 대응하기 위한 안보관련 종합적 체계를 완비하고 강화한다는 목표를 가지고 있지만, 그 내용을 살펴보면 국가안전에 영향을 미치는 불안정 요소가 국외보다는 국내 요소에 더 초점을 맞추고 있다.[16] 달리 말해 국내적 요인으로 인한 사회적 불안정성과 그 결과 악화될 수 있는 정치적

위협요소로부터 정치의 주체를 보호하는 것으로 정의된다.

16) 시진핑의 "총체적 안전관"의 등장배경과 관련하여 최근 중국에서의 흥미로운 연구가 제출되었는데, 중국의 국제관계, 안보 전문가의 연구 경향을 분석한 결과 연구로써 이에 따르면 시진핑의 "총체적 안전관"이 국제적 안보환경의 변화로 인해 등장했다고 보는 연구보다 '국내 안보환경'의 변화에 따른 것이라는 연구 결과가 더 많은 것으로 나타났다. 중국인민대학의 장진하이(張金海) 등은 2014-2019년 동안 '총체적 안전관'과 관련된 285편의 논문을 분석한 결과 34편의 논문이 '국내 안보추세'를, 31편의 논문이 '국제 안보추세'를 시진핑의 총체적 안전관의 배경으로 지적하였다. 국내 안보환경의 변화에 따른 새로운 안보관의 정립이 필요했다는 지적은 연구 주제에 대한 분석을 보면 더 뚜렷하게 파악할 수 있는데, 연구의 주제로 '문화안보(文化安全)'를 다루고 있는 논문은 전체 분석대상 논문의 25%인 70편으로 조사되었다. 연구자들은 "문화안보"에 대한 연구가 증가한 이유를 '신념체계(信仰價值體系)'가 없는 국가와 민족이 가장 불안정으로 보고 있기 때문이라고 지적한다. 사회안보(社會安全), 정치안보(政治安全) 등의 전통적 국가안보 요소의 뒤를 이어 중국 학계에서 많이 연구되고 있는 '총체적 안보관' 관련 연구주제는 '인터넷안보(網絡安全)'와 '해외이익안보(海外利益安全)' 등으로 나타났다. 중국 학자들은 SNS의 보편적 사용에 따른 "이념과 담론" 형성이 중요한 안보 요소로 보고 있으며, "일대일로창의" 등으로 인한 중국의 경제적 영향력 확대와 세계화 심화는 중국국민의 해외자산과 이익의 보호를 중요하게 인식해야 한다고 점을 연구주제를 통해 지적하고 있다. 張金海·馬振超·朱旭東·丁姿, 「習近平總體國家安全觀研究的系統性文獻綜述」, 『情報雜志』, 2020, pp.3-4.

불안정을 대비한다는 차원으로 해석할 수 있다. 최근 'COVID19' 이후 시진핑 정권이 기존의 '총체적 안보관'이 포괄하고 있는 11개의 안보대상영역에 '생물안보'[바이오안보(Bio security)]를 추가하여 안보대상영역을 확대한 이유는 2020년 'COVID19' 사태가 '정치안보'에 심각한 영향을 주고 있음을 방증하는 것이라 할 수 있다.[17]

국가에 의해 모든 것이 관리되고 통제하고 있는 이른바 '당-국가 일체화 사회'인 중국에서 모든 문제는 중국공산당과 관련 정치문제이며, 중국공산당 통치에 부정적인 영향을 미치거나 위협적인 요인 되는 이슈와 사안은 모두 '정치안보'와 관련되게 된다.[18] 아주 작은 국가 사안에서부터 대단히 큰 지구적 사안에 이르기까지, 국내 사회적 요인에서부터 군사적 요인에 이르기까지 국가안보를 위협하는 모든 것은 자연스럽게 '정치의 문제'로 귀착될 수밖에 없는 구조이다. 그렇기에 'COVID19'는 시작단계부터 '정치안보'와 관련된 문제가 될 수밖에 없었다. 단 확산의 규모와 범위 그리고 그것이 미치는 영향에 따라 지방단위에서 제한된 대응과 제한된 정치적 해결로 끝낼 사안인가 그렇지 않다면 중앙수준에서 중앙의 '정치문제'로 총체적, 국가적 대응으로 수준을 높일 것인가의 문제였는데, 그것 역시 중국공산당만이 정치적으로 결정할 수 있다. 왜냐하면 이 문제는 행정이나 보건의 문제가 아닌 정치문제이기 때문이고, 중국에서 정치문제를 관리하는 것은 중국공산당이기 때문이다. 결과적으로 'COVID19'의 대응 문제는 시진핑의 '총체적 안보관' 차원에서 본다면 정치적 차원 결정되어야 하고 해결되어야 할 '정치안보'와 관련된 매우 무거운 행위이

17) 習近平, 「完善重大疫情防控體制機制健全國家公共衛生應急管理體系」, 『中國政府網』, http://www.gov.cn/xinwen/2020-02/14/content_5478896.htm (검색일: 2020. 05.12)

18) Shambaugh. David, *China Goes Global: The Partial Power*, Oxford, Oxford University Press, 2013, p.59.

며, 이는 중국공산당의 '정치'에 직접적인 영향을 미치는 사안일 수밖에 없다.

'COVID19'를 왜 '정치안보'로 풀어 해석하려고 하느냐는 중국공산당 학습자료에 따른 '정치안보'에 대한 중국공산당의 지침을 보면 분명하게 드러난다. 『求是網』에 소개된 '정치안보' 관련 당원학습자료에 따르면, "'정치안보'는 당과 국가안보의 생명선(生命線)이다" 규정하고 있다. 그렇기 때문에 "'정치안보'를 유지하기 위해 먼저 견고한 방벽(銅牆鐵壁)을 구축하고, 동원할 수 있는 모든 자원과 정보 그리고 인적 정보망을 동원하여 '정치안보'에 위협이 되는 요소를 맹아상태에서 소멸시키거나, 초기단계에서 해결해야 한다"고 강조하고 있다. 그리고 '정치안보'를 확보하기 위해 중국공산당원의 구체적인 실천행동으로 첫째, 위협적인 요소에 대한 철저한 조사, 둘째, 사이버 보안강화 및 양호한 사이버 생태 구축, 셋째, 위협요소의 확산 방지, 넷째, 불순세력(黑惡勢力)의 정치분야 침투를 막아 당의 집권기반 약화 방지 등을 제시하고 있다.[19] 'COVID19'에 대한 중국공산당의 대응과정을 면밀히 살펴보면 이러한 '정치안전확보'를 위한 지침에 기초하고 있음을 알 수 있다. 중국공산당이 'COVID19'가 발생한 이후 구체적인 대응책을 제시할 때까지의 과정은 우한과 허베이에서 바이러스 확산이 이미 상당한 정도 이루어진 이후에 진행되었는데 'COVID19' 확산방지과 방역에 중점을 둔 조치라기보다는 'COVID19' 그 자체가 '정치안보'를 전화되어 정치안정을 심각하게 위협하는 요소라고 인식했기 때문이다.

'COVID19'에 대응하기 위한 중국공산당 중앙의 초기 결정을 보면 중국공산당 중앙이 이 문제를 어떻게 접근하고 있는지를 알 수 있다. 12월

---

19) 郭瑞民, "堅定不移維護國家政治安全", 『求是』, http://www.qstheory.cn/llwx/2019-11/13/c_1125226170.htm (검색일: 2020.05.12)

10일에 첫 감염사례가 보고되었고, 12월 27일 우한시 보건당국이 새로운
바이러스에 의한 27명의 감염이 발생한 사실을 확인 후 거의 한 달이 경과
한 1월 25일 중국공산당 중앙은 리커창(李克強) 총리를 조장으로 하는
'중앙신종코로나바이러스감염증대응공작영도소조(中央應對新型冠狀病
毒感染肺炎疫情工作領導小組, 이하 中央應對疫情工作領導小組)'가
구성되었다.[20] 중앙 전염병대응영도소조의 구성 이전 'COVID19'에 대한
대응은 지방 수준에서 이루어졌는데, 우한시 서기 마궈창(馬國強), 우한
시 시장 저우셴왕(周先旺)을 중심으로 하여 〈신종코로나바이러스방역지
휘부(新型冠狀病毒感染的肺炎疫情防控指揮部)〉를 구성되었고 1월 23
일 우한시에 대한 봉쇄결정이 이루어졌으나 초기방역에 실패하여 통제불
능상태에 빠지게 되었다. 초기 대응에 실패한 원인 무엇이었는지 저우셴
왕(周先旺) 우한시장의 1월 27일 『중앙(CC)TV』와의 인터뷰를 통해 추정
해 볼 수 있다. 그는 『전염병 예방치료법(傳染病防治法)』에 맞게 적절하
게 대응했다고 하면서 "지방정부로써 나는 정보와 권한을 얻은 이후에야
(전염병 관련 사실) 공개할 수 있었다(作爲地方政府,我獲得信息,授權
之後才能披露)"했다. 이미 사태의 심각성을 중앙에 보고하였고, 중앙으
로부터의 대응과 관련된 구체적인 지시를 받지 못했으며 "1월 20일 국무
원 상무회의 개최 이후야 비로소 우리는 방역업무의 동력이 생겼다"라고
말한 바 있다.[21]

　　그러나 중앙이 설명하고 있는 상황은 다르다. 중국공산당이 출간하는
저널인 『求是』는 시진핑 주석이 2월 3일 정치국상무위원회 회의에서 한
연설을 2월 15일에 발간된 잡지에 게재했다. 저우셴왕 시장의 인터뷰가

---

20) 「中央應對疫情工作領導小組專設多部門組成生活物資保障組」, 『人民網』, http:
　　//society.people.com.cn/n1/2020/0203/c1008-31568511.html(검색일: 2020.05.12)

21) 「武漢肺炎: 武漢市長暗示疫情披露不及時中央有責任」, 『BBC中文』, https://www.
　　bbc.com/zhongwen/trad/chinese-news-51276069 (검색일: 2020.05.10)

가 있고 난 후 18일 만에 시진핑 주석의 알려지지 않았던 행보고 밝혀진 것이다. 중국공산당 총서기이며 국가주석인 시진핑은 이 연설문 앞 대목에서 시진핑 주석은 자신이 직접 지난 1월 7일 중국공산당 중앙 정치국상무회의에서 'COVID19'의 방역업무과 관련해 '요구(要求)'한 바 있다고 주장했다.[22] 이 연설문의 내용이 '사실'이라면 우한시 저우셴왕은 중국공산당 총서기인 시진핑의 요구를 무시하고 'COVID19'에 대한 대응을 소홀히 한 것이 된다. 이와 같은 저우셴왕의 당총서기의 '요구'를 따르지 않은 사례는 일반적 중국의 중앙과 지방관계 체제 특성상 쉽게 관찰되는 사례는 아닌 것은 분명하다.

Ⅲ. 'COVID19'의 정치적 대응

1. 전문 대응기구 구성으로 본 특징

중앙차원의 대응기구로써 2020년 1월 25일 구성된 〈중앙 전염병대응공작 영도소조〉는 중앙정치국상무위원회 회의를 통해 결정되었다. 'COVID19'에 대한 통일적 지도와 지휘를 중국공산당 중앙 차원에서 직접 맡게되었다. '전염병대응공작 영도소조'의 조장은 리커창 총리가 맡았고 부조장에는 왕후닝(王滬寧), 조원으로는 딩쉐샹(丁薛祥), 쑨춘란(孫春蘭), 황쿤밍(黃坤明), 차이치(蔡奇), 왕이(王毅), 샤오제(肖捷), 자오커즈(趙克志) 등으로 구성하고 그 다음날인 1월 26일 첫 회의를 개최하였다.[23]

---

22) 習近平c, 「在中央政治局常委會會議研究應對新型冠狀病毒肺炎疫情工作時的 講話」, 『求是』, http://www.qstheory.cn/dukan/qs/2020-02/15/c_1125572832.htm (검색 일: 2020.05.07)

23) 「李克強主持召開中央應對新型冠狀病毒感染肺炎疫情工作領導小組會議」, 『中國政府網』, http://www.gov.cn/guowuyuan/2020-01/26/content_5472302.htm (검색

영도소조의 구성 상을 특징 살펴보면, 첫째, 시진핑 주석이 직접 조장을 맡고 있지 않다는 점이다. 과거 시진핑 주석은 중대한 영도소조의 조장을 직접 맡아왔다. 예를 들어 〈중앙전면심화개혁영도소조〉, 〈중앙외사안전영도소조〉, 〈중앙대만공작영도소조〉, 〈중앙인터넷안전정보화소조〉, 〈중앙군사위원회 국방군대개혁개혁심화영도소조〉, 〈중앙재경영도소조〉 등이 그것이다.[24] 국내 경제영역은 물론이거니와 외무, 군사, 양안관계, 정보화 등 거의 전 분야를 직접 관리하고 통제하는 위치에 있었다. 이를 두고 "만기친람(萬機親覽)"하고 있다는 비판이 있었으나, "당에 의한 통일적 지도"를 강조하고 있는 시진핑 정권은 국정운영과 관련 국민에 대해여 중국공산당이 직접 책임지겠다는 의미이었기 때문에, 권력행사로 생긴 정치적 결과에 책임을 지는 이른바 "책임정치"라는 측면에서 본다면 굳이 피해 갈 필요가 없었던 것이라고 해석할 수 있다.

그런데 이번 'COVID19'와 관련해 시진핑 주석이 직접 나서지 않았던 이유를 설명하는 여러 시각이 있으나[25] 이 문제와 관련해서 정치학계에서 향후 더 살펴볼 필요가 있어 보인다.[26] 한편 토니 사이치 하버드대학교 케네디스쿨 교수의 초기 대응 과정에서의 시진핑에 대한 논평은 참고가 될 만하다.[27] 그는 시진핑 주석이 누구보다 'COVID19'가 중국공산당과

일: 2020.05.10)

24) 서상민, 「시진핑시기 중앙영도소조의 연결망분석과 집단지도체제」, 『아세아연구』, 제58집 3호, 2015, 172-205쪽.

25) Mattingly, Daniel, et al, "Xi Jinping May Lose Control of the Coronavirus Story," *Foreign Policy*, (April 13, 2020). https://foreignpolicy.com/category/chinafile/(검색일: 2020.04.23)

26) Dotson, John, "The CCP's New Leading Small Group for Countering the Coronavirus Epidemic – and the Mysterious Absence of Xi Jinping," *China Brief* 20:3, 2020, pp.1-9.

27) Saich, Tony, "Tony Saich on China's Leadership during the COVID-19 Outbreak," *The Harvard Gazette*, (March 16. 2020). https://news.harvard.edu/gazette/story/ newsplus/chinas-leadership-during-the-covid-19-outbreak/ (검색일: 2020.05.20)

자신에 미칠 영향에 대해 그리고 정권안정과 관련한 심각성을 잘 알고
있었고, 이를 행정적, 정책적 차원에서가 아닌 정치적 차원에서 접근해
오고 있다고 말하고 있다.

둘째, 시진핑 주석이 직접 영도소조의 조장을 맡지 않은 대신에
'COVID19'와 관련된 대응을 시진핑 자신이 직접하고 있음을 대외적으로
표명했다. 시진핑 주석은 〈중앙 전염병대응영도소조〉가 출범한 한 1월 28
일 중국을 방문한 테워드로스 아드하놈 거브러이여수스(Tedros Adhanom
Ghebreyesus) WHO 사무총장에게 "내가 직접 지휘하고 배치하고 있다
(我一直是在'親自指揮親自部署')"라고 자신이 직접 챙기고 있음을 시
사한 바 있다.[28] 이는 비록 영도소조 조장을 맡지는 않았으나 이 국면에서
최종적인 결정은 자신이 하고 있으며, 이와 관련하여 자신이 최종적인 책
임을 질 것이라고 한 것이나 다름없다.

2020년 1월 28일 신화사(新華社)는 시진핑 주석의 이 발언을 수정하여
발표하였다. 수정한 원고에 의하면, 시진핑 주석은 "춘제(春節)" 때 중공
중앙정치국상무위원회 회의에서 이미 〈중앙전염병대응영도소조가 설립
되어 '통일적 지도'와 '통일적 지휘' 하에 각급 지도자들이 각 지역에서
전염병 방역업무를 잘 진행해 나갈 것이다. 新華社의 수정원고는 시진핑
자신이 중심이 된 대응하고 있다는 의미보다는 '영도소조'가 대응의 전체
국면을 책임지고 이끌고 있다는 의미로 해석할 수 있다. 물론 이러한 수정
은 중국공산당 중앙선전부가 시진핑의 대외적 언술을 관리하고 있기에
중국공산당이 공식적 입장이라고 할 수 있다.[29] 이러한 총서기 발언의 수
정 역시 "두 개의 보위"와 연결된다.

---

28) 「習近平會見世界衛生組織總幹事譚德塞」, 『新華網』, http://www.xinhuanet.com/
    politics/leaders/2020-01/28/c_1125508752.htm (검색일: 2020.05.20)
29) 安德烈, 「習近平我親自指揮被修改的秘密」, 『RFI』 (2020.1.13) http://rfi.my/5IPC
    (검색일: 2020.04.12)

셋째, 중앙차원에서의 'COVID19' 대응은 철저하게 '정치안보' 차원에서 진행되었다. "시진핑 총서기의 당중앙 핵심 및 전당 핵심 지위에 대한 보위, 당 중앙의 권위와 집중통일영도의 보위"라는 "두 개의 보위(兩個維護)"라는 당의 "기초성 법규(基礎性法規)"을 근거인데 이는 '정치안보'의 주요 대상이 된다.[30] 'COVID19' 방역과정에서 중국공산당의 정치적, 조직적으로 취한 모든 조치는 이를 목표로 하여 실행되었다고 할 수 있다. 당시에 조직된 중국공산당 중앙을 중심하여 짜여진 'COVID19' 대응체계를 보면, 당중앙, 인민해방군, 국무원 국가위건위, 그리그 각 지방정부로 대응단위가 구성되어 있고 영도소조에 의해 전체적인 국면관리가 이루어지고 있다. 중앙서기처가 중심이 되어 정치적 이슈를 관리하고, 국무원이 경제적, 사회적 영향을 최소하기 위한 행정적 조치를 실행하는 정치와 행정의 업무분담이 이뤄져 있으나 그 주권은 '정치안보' 차원에서의 정치적 결정이 우선되었다.

시진핑 총서기가 주재하는 정치국상무위원회 회의와 정치국 회의가 빈번하게 개최되어 중요한 결정이 이루어졌다. 실질적 현장에서의 대응 즉 방역실무과 관련된 행정적, 정책적 대응은 영도소조 조원 국무원 부총리 쑨춘란이 맡았는데 쑨춘란은 중국공산당 중앙 통전부 부장을 역임한 바 있는 정치국 위원으로 주로 당 업무를 담당해왔다. 그녀는 국무원 부총리로서 담당한 분야는 과학기술, 보건, 교육, 문화 분야를 책임지고 있어 중앙지도조(中央指導組) 조장을 맡아 현장인 후베이성에 파견되어 직접 현장대응을 지도하였다.[31] '영도소조'의 현장대응 담당 쑨춘란을 제외하고

---

30) 「中共中央關於加強黨的政治建設的意見", 『新華網』, (2019.01.13), http://www.xinhuanet.com/2019-02/27/c_1210069264.htm (검색일: 2020.05.12)

31) 쑨춘란은 4월 20일 우한에서 철수했는데, 우한에 도착한 이후 약 80차례에 방역회의를 개최하였고, 200여차례 전문가 의견을 청취하였다고 한다. 「中央指導組：精心治療、悉心護理每一位患者」, 『中國政府網』, http://www.gov.cn/guowuyuan/2020-04/20/

다른 8명의 구성원들은 '선전', '치안', '대외선전' 등의 사회안정, 정치안정 등과 관련한 이른바 '공중전'을 수행하였다. 총서기 시진핑과 중국공산당 중앙의 권위를 보위하기 위한 'COVID19'의 정치적 대응에 앤드류 나단(Andrew Nathan)은 "중국의 시스템은 깨지기 쉽지만, 아직 깨지지는 않았다"라고 2월 10일 *Foreign Policy*와의 인터뷰에서 평가한 바 있는데, 그의 말이 비교적 정확한 표현인 듯하다.[32]

〈표 1〉 'COVID19' 기간 중 시진핑과 리커창 활동 비교

2020 2월 1일 ~ 4월 27일	시진핑 (习近平)		리커창 (李克强)	
회의 활동	• 중공중앙정치국상무회의 5회 • 중공중앙정치국회의 3회 • 중앙전면심화개혁위원회회의 2회 등	총 17회	• 국무원상무회의의 11회 • 코로나19대책영도소조회의 24회 • 기타 7회	총 50회
중요연설	• <习近平在二十国集团领导人特别峰会上的重要讲话> 등	총 3회	• 李克强在东盟与中日韩抗击新冠肺炎疫情领导人特别会议上的讲话	총 1회
현장탐방	• 习近平在北京考察新冠肺炎防控科研攻关工作	총 5회	• 李克强考察疫情防控国家重点医疗物资保障调度平台	총 8회

자료: 저자 작성

넷째, 최고위 정치지도자인 시진핑 주석과 리커창 총리의 관련 활동을 보면, 두 최고지도자들이 각기 다른 영역에서 마치 '경쟁하듯' 활동을 이어나고 있다는 점이 발견된다. 영도소조의 조장을 맡아 불가피하게 대응체계의 중심에 설 수밖에 없는 리커창 총리는 2020년 2월 1일부터 4월 27일까지 국무원 상무위원회을 11회 개최하고, 영도소조 회의를 24회 개최하는 등 총 50차례의 회를 개최하여 대응과 관련된 실무를 총괄했음을

---

content_5504458.htm (검색일: 2020.05.12)

32) "Xi Jinping May Lose Control of the Coronavirus Story," *Foreign Policy*(Feb 10, 2020), https://foreignpolicy.com/2020/02/10/xi-jinping-may-lose-control-of-the-coronavirus-story/ (검색일: 2020.05.09)

알 수 있다. 리커창 총리는 중심으로 하여 국무원에 〈신종코로나바이러스 전염대응 연합방역통제업무기제(應對新型冠狀病毒感染的肺炎疫情聯防聯控工作機制)〉라는 32개 부처가 포함된 매머드급 대규모 대응기구를 설립했다.[33] 국무원 통합기구가 2월 3일에 각 지방에 30개의 공작조를 파견하여 각 지역 상황을 점검하고 방역의 지도하였다.[34]

한편 자신이 직접 즐겨 맡았던 중요한 '영도소조'의 조장을 리커창 총리에게 넘김으로써 'COVID19' 대응과 관련해 일선에서 물러나 '2선'에서 조용히 활동할 것 같았던 시진핑 총서기 역시 우한에 인민해방군의 현지 투입을 통해 현지의 혼란스러운 상황을 정리하고, 중공 중앙정치국상무위원회 회의 5차례, 중공중앙정치국 회의 3차례 등 총 17차례 걸쳐 회의를 주재하는데 '정치적' 활동을 지속했다. 그리고 중요한 연설을 3회, 지방 및 현장 시찰을 총 5차례 단행함으로써 국민들에게 일선에서 대응업무를 지휘하고 있다는 인상을 주었다. 시진핑과 리커창의 이러한 '경쟁적' 대응 활동을 두고 일부에서는 'COVID19' 기간 양 계파 간의 극렬한 권력투쟁이 진행되고 있다는 근거라고 주장하기도 한다.[35] 그러나 외부에서 이를

---

33) 국가위건위(國家衛健委)를 비롯하여 중공중앙선전부(中共中央宣傳部), 외교부(外交部), 국가발전개혁위(國家發展改革委), 교육부(教育部), 과기부(科技部), 공안부(公安部), 재정부(財政部), 민정부(民政部), 인력자원보장부(人力資源和社會保障部), 교통운수부(交通運輸部), 중국철도공사(中國鐵路總公司), 공업정보화부(工業和信息化部), 농업농촌부(農業農村部), 상무부(商務部), 시장감독총국(市場監管總局), 생태환경부(生態環境部), 중국민항국(中國民航局), 국가입업초원국(國家林業和草原局), 국가약품감독관리국(國家藥品監督管理局),문화관광부(文化和旅遊部), 중국적십자회(中國紅十字總會), 중앙군사위후근보장부 위생국 등이 여기에 포함되어 있다.

34) 「國家衛生健康委會同相關部門聯防聯控 全力應對新型冠狀病毒感染的肺炎疫情」, 『中國政府網』. http://www.gov.cn/xinwen/2020-01/22/content_5471437.htm (검색일: 2020.05.13)

35) 대표적으로 민신 페이(Minxin Pei)는 시진핑 정권의 분열이 가속화되고, 리커창, 왕양

확인할 수 있는 자료를 획득하기는 불가능하다. 이와 관련하여 외부 '관찰자'의 상상과 추론일 수밖에 없는 한계가 있기 때문에 이 문제를 깊게 논의하는 것은 불필요하다고 본다. 다만 중국정치엘리트들의 인사이동의 결과를 분석해 보면 어떤 인물이 어디로 이동했는지 파악함으로써 보다 구체적으로 추론해 볼 수 있는 것이다.

2. 'COVID19' 대응 시기 정치엘리트 인사이동의 특징

과거 중국공산당은 국가적 위기나 정책적 실패 뒤 발생한 국가적 혼란으로 인해 정치세력 간 정치적 갈등과 표출된다. 1959년 마오쩌둥은 대약진과 인민공사 운동이 실패한 후 제3차 전국인대 제1차회의에서 '2선' 후퇴를 선포한 후 8월 개최된 루산회의(盧山會議)에서 마오쩌둥의 노선에 대한 비판이 제기됨으로써 당내갈등이 표면화되다. 그러나 마오쩌둥은 자신을 비판한 펑더화이(彭德懷)에 대한 숙청함으로써 비록 자신은 '2선'에 후퇴했지만 실질적으로 누가 권력을 장악하고 있는지를 보여주었다.[36] 이는 국가적 위기에서 실행되는 인사조치는 권력의 향방을 가늠할 수 있는

등과 같은 시진핑의 정치적 경쟁자로부터 자신의 권위가 위협받을 것이라고 전망하고 있다. Pei, Minxin, "China's Coming Upheaval: Competition, the Coronavirus, and the Weakness of Xi Jinping," *Foreign Affair* May/June, 2020; 한편 제임스타운 재단 (Jamestown Foundation)의 람(Willy Wo-Lap Lam) 박사는 'COVID19'가 시진핑의 집권 후 중국공산당 지도부에 "가장 중대한 위기(gravest crisis)"을 초래했고 평가하고 있다. Lam, Willy Wo-Lap, "How the Wuhan Epidemic Has Dented Xi Jinping's Authority and Prestige," *China Brief*, 20:3(Feb 13), 2020; 'COVID19'에 대한 중국정치 내의 권력 투쟁과 관련해서는 Ang, Yuen Yuen, "Is Political Change Coming to China?" *Project Syndicate* (Feb 14, 2020), https://www.project-syndicate.org/commentary/china-coronavirus-xi-hold-on-power-by-yuen-yuen-ang-2020-02 (검색일: 2020.05.11)을 참고.

36) 薄一波, 『若干重大決策與事件的回顧』(下), 北京: 中共黨史出版社, 2008, 1016-1017쪽.

중요한 지표가 될 수 있음을 알 수 있다.[37]

　'COVID19' 대응 기간 국가적 위기상황이었음에도 불구하고 당정 인사는 외부에서 관찰하기에는 '원활하게' 진행되었던 것으로 보인다. 이 시기 중국정치엘리트의 인사의 특징을 살펴보면, 첫째, 'COVID19'에 대한 초기대응 실패 책임을 지고 인사이동은 우한과 후베이성에 국한하여 제일 문제가 되는 당정 지도자를 교체하는 선에서 최소화하고. 2월 10일 후베이성 위생건강위원회 장진(張晉) 당서기, 류잉쯔(劉英姿) 주임 면직하고,[38] 2월 13일 후베이성위 서기 장차오량(蔣超良)을 면직하고 그 자리에 상하이 시장인 잉용(應勇)을 옮겨 대신하게 했으며, 우한시위 서기 마궈창(馬國强) 역시 산둥성 지난시의 시장인 왕중린(王忠林)으로 교체함으로써 사회적으로 불안한 우한의 치안관리를 맡겼다. 교체된 인물의 "인적 네트워크" 특징은 권력의 향방을 가늠할 수 있다. 1959년의 마오쩌둥의 인사조치와 같이 'COVID19' 기간 시진핑의 권력의 세기 또는 권력의 변동을 측정할 수 있는데, 후베이성위 서기에 임명된 잉용의 네트워크는 시진핑과 긴밀하게 연결되어 있음을 알 수 있다. 그는 저장성을 중심으로 하여 장기간 정법계통 업무를 해왔던 대표적으로 '시자쥔(習家軍)'로 분류되는 인물이다. 시진핑이 저장성에 있을 때 저장성 감찰청 청장, 고급인민법원 당조서기 및 원장으로 근무했으며, 시진핑과 함께 상하이로 옮겨가 상하이에서 고급인민법원 당조서기, 상하이시위 조직부장, 부시장 등을 거쳐 2017년 상하이 시장이 되었다. 잉용에 앞서 2월 8일 후베이성으로 전임한 또 한 명의 '시자쥔'인 중공중앙정법위 비서장 천이신(陳一新)은 〈중앙 전염병대응공작영도소조〉 지도조 부조장으로 현지에 파견되었

---

37) 趙建民, 서상민·이광수 옮김,『중국의 정책결정: 지도자, 구조, 기제, 과정』, 학고방, 2018.

38) 「湖北省衛健委黨組書記、主任雙雙被免職」,『中共中央紀律檢查委員會』, http://www.ccdi.gov.cn/yaowen/202002/t20200211_211210.html (검색일: 2020.04.18)

다.39) 중공중앙이 정법위 비서장을 부조장으로 하여 파견한 것은 중앙정법위 이전 우한시 서기를 역임한 바 있어 우한시에 대해 잘 알고 있을 뿐만 아니라, 쑨춘란은 지도조 조장으로 현장에서의 방역을 총괄지휘하게 하고 시진핑 주석의 수족인 잉용과 천이신 같은 정법계통의 전문가들은 'COVID19' 대응과정에서 중국공산당의 최대의 목표인 '정치안보'를 위한 조치로 해석된다.

우한시 서기 왕중린은 산동성 자오좡시(棗莊市)의 공안 출신으로 오랜 기간 근무하였고 시진핑 정권이 들어선 이후 산동성 발전개혁위 주임, 지난시 부서기를 거쳐 2017년 지난시장 된 인물로 중공중앙이 그를 우한에 배치한 이유 역시 오랜 기간의 지방 공안 경험이 'COVID19'로 인해 극도로 불안한 우한시의 치안문제를 해결하기 유용하다고 봤기 때문인 것으로 해석된다. 과거 시진핑과는 특별한 업무상 연결점을 찾을 수 없으나, 시진핑이 3월 10일 '방역성공'을 선포하기 위해 우한시를 방문하기 전 3월 5일에 우한시 서기 왕중린은 우한시민을 대상으로 하여 시진핑 주석과 중국공산당의 "은혜에 대한 감사 교육[感恩敎育]"40)을 실시하였다.

잉용이 후베이성으로 자리를 이동한 이후 거의 한 달이 넘게 공석인 상태로 남아 있었던 상하이 시장에 산동성 성장인 공정(龔正)을 3월 24일에 임명되었다. 상하이 시장직은 상하이시가 중국경제와 정치에 갖는 무게감으로 인해 인사의 중요한 지역 중 하나이다. 따라서 이러한 요직에

---

39) 천이신은 시진핑이 저장성위 서기 시기 저장성위 부비서장으로 근무한 시진핑의 '옛 동료(老同事)'이면서 시진핑의 저장인맥으로 알려져 있다. 「陳一新任中央指導組副組長, 微信群裏與武漢幹部見面」, 『新京報網』, http://www.bjnews.com.cn/news/2020/02/10/687306.html (검색일: 2020.04.20)

40) 시진핑에 대한 이른바 "감사은혜교육(感恩敎育)"의 내용은 "感恩總書記, 感恩共産黨, 聽黨話, 跟黨走, 形成强大正能量" 등이었다고 전해진다. 「肺炎疫情 : 中國官員讓武漢感恩 正能量輿論 "翻車"」, 『BBC中文網』, https://www.bbc.com/zhongwen/simp/chinese-news-51800636 (검색일: 2020.04.18)

누구를 앉히느냐가 곧 중국공산당 최고위층 내의 권력의 흐름을 읽을 수 있는 정보를 제공해 준다. 중공중앙 최고위층의 권력향방과 관련된 권력경쟁 과정정보를 외부관찰자가 파악할 수 없기 때문에 결과로 과정을 역으로 유추할 수 있다. 상하이 시장에 임명된 공정은 시진핑과의 업무상 연결될 수 있는 지점은 없으나, 시진핑 정권에서 약진하고 있는 '저장인맥'[之江新軍]41)중 한 명으로 간주된다. 공정의 약력을 살펴보면, 2008년 말 저장성 부성장을 시작으로 저장성과인연을 맺은 후 항저우시 서기를 역임했는데, 시진핑과 '인적 네트워크'로 두텁게 연결되어 있는 현 상하이시 서기 리창(李強)과 공정은 저장에서 7년 동안이나 같이 근무해 신뢰가 깊은 것으로 알려져 있다. 따라서 공정 역시 넓은 범위에서 시진핑의 '저장네트워크'에 포함할 수 있다.

둘째, "코로나19" 위기에도 불구하고 시진핑 주석이 적극적으로 추진하고 있는 "치링허우(70後)"을 정치엘리트의 세대교체가 이루어지고 있다. 중국공산당은 위로부터의 의도적이고 인위적인 엘리트에 대한 세대교체를 통해 빠르게 친시(親習) 권력기반을 강화하려는 정치적 목적 이외, '국가안보' 환경의 급격한 변화와 이로 인해 점점 더 강한 압박을 받고 있는 중국공산당의 '정치안보'를 확보하기 위해 각 분야의 젊은 전문가를 전진 배치하려는 의도가 깔려 있다. 시진핑은 2018년 6월 29일 정치국회의에서 젊은 세대로의 교체에 대한 전체적인 구상을 제시한 바 있는데, 그는 "신시대 요구에 걸맞은 우수한 젊은 간부를 빨리 발굴 육성해 활용하여 당과 국가사업 발전에 새로운 활력"이 필요하다고 하면서, 젊은 간부의 육성은 당사업 계승할 후계자와 국가 장기안정 등과 직결된 중국공산당의 '중대

---

41) 시진핑의 '저장인맥[之江新軍]'은 종사오쥔(鍾紹軍) 중앙군사위 판공청 주임, 천민얼(陳敏爾) 충칭시 서기, 차이치(蔡奇) 북경시 서기, 잉융(應勇) 후베이성 서기, 샤바오룽(夏寶龍) 홍콩마카오판공실 주임, 황쿤밍(黃坤明) 중앙선전부 부장, 천이신(陳一新) 중앙정법위 비서장 등이 대표적인 인물이다. (『경향비즈』, 2020.02.19)

한 전략적 임무(重大戰略任務)'라고 선언한 바 있다.[42] 'COVID19'로 인한 국제사회의 압박과 국내 사회경제적 환경 악화에 따른 정치적 위기 상황에서 중국공산당은 보다 분명한 세대교체를 향한 메시지를 보냈다. 'COVID19'로 인해 5월 22일에 개최된 2020년 양회에서 '치링허우'의 성부급 간부로의 약진이 가속되었다. 'COVID19'에 대한 대응과정에서 중국 정치에 등장하고 있는 70년대 이후 출생자 총 33명이다.[43] 이들 젊은 정치 엘리트들은 주로 지방당정기관, 금융 및 국영기업, 기율감찰기구 등 정법계통 출신들이 다수 포진되어 있으며, 공안, 정법 계통 출신 엘리트들의 약진과 무관하지 않다. '정치안보' 확보의 가장 중요한 수단은 역시 공권력이라고 할 수 있다.

IV. 팬데믹 과정에서 중국외교의 대응논리

1. 국제여론과 중국외교

중국 외부세계의 변화에 대한 '민감도'가 컸다는 것을 의미하며, 외부의 변화가 내부의 체제에 영향을 미칠 수 있을 만큼 내외부가 밀접하게 연결될 수밖에 없다는 것을 의미하기도 한다.[44] 세계화라는 거대한 운송 시스

42) 「習近平主持中共中央政治局會議審議『關於適應新時代要求大力發現培養選拔優秀年輕幹部的意見』」, 『人民網』 http://politics.people.com.cn/n1/2018/0629/c1024-30096863.html (검색일: 2020.05.22)

43) 「今年多個副省級城市黨政"一把手"調整 首次出現"70後"幹部」, 『中國共產黨新聞網』, http://renshi.people.com.cn/n1/2020/0519/c139617-31714226.html (검색일: 2020.05.22)

44) Zweig, David, *Internationalizing China: Domestic Interests and Global Linkages*, Cornell University Press, 2002, pp.211-258.

템과 자유로운 교역과 노동의 이동성으로 인해 매일 중국의 상품과 인력을 빠르게 세계 각지에 보내고 받고 있다. 'COVID19'는 중국경제 발전의 발판이었던 세계화의 길을 따라 전 세계로 확산되었다.[45] 'COVID19'의 최기대응에 한 국제사회의 평가는 마치 중국의 Lenova ThinkPad, Haier LED TV, HUAEWAI P40(5G) 등을 구입하여 집에서 받아 보고 그 상품에 대해 평가하듯 자유롭게 이어졌다. 'COVID19'의 발생 초기 중국의 대응에 대한 국제사회의 평가는 좋지 못했다.[46] 발생과 확산 초기 중국의 대응은 자국의 경제가 의존해 왔던 국제사회 즉 중국 상품을 소비해주었던 전 세계의 모든 소비자들에게 '중국이 취한 대응조치'는 신뢰를 주지 못했고, 국제사회가 세계 제2위 경제대국 정치대국에게 기대하는 책임감과 위기대응 능력을 보여주지도 못했으며,[47] 대신 중국공산당의 안위와 안전,

---

45) 'COVID19' 팬데믹과 세계화와의 관계에 대해서는 다음을 참고. Ruiz, Estrada, et. al., "Globalization and Pandemics: The Case of COVID-19," Available at SSRN 3560681 (Mar 26, 2020), https://papers.ssrn.com/sol3/papers.cfm?abstract_id=3560681 (검색일: 2020.05.10)

46) 그 근거로 지난 5월 19일 세계보건기구(WHO) 194개 회원국들이 "'COVID19'의 기원과 확산 등에 대한 "독립적인 조사실시결의안"을 만장일치로 동의"한 것에서 알 수 있다. 여기에서 기원과 확산의 책임을 규명한다는 요구는 그동안 미국을 비롯한 유럽 등 많은 나라가 중국의 초기 대응을 비판하면서 WHO에 제기했다. 미국뿐만 아니라 중국도 여기에 동의했다. 관련된 내용은 다음을 참고. Jamey, Keaten and Maria Cheng, "WHO Agrees to Independent Investigation of Coronavirus Response," *TIME* (MAY 19, 2020), https://time.com/5838232/who-coronavirus-china-inquiry/ (검색일: 2020.05.21) 이와 함께 다수의 국가에서 중국에 손해배상 청구를 하고 있는 상황이다. 관련된 내용은 다음 기사를 참고. Harper, Justin, "Coronavirus: Missouri sues Chinese government over virus handling," *BBC* (April 22, 2020), https://www.bbc.com/news/business-52364797 (검색일: 2020.05.21)

47) Wang, Chi, "How China is losing the world's trust following its cover-up of the coronavirus crisis," *South China Morning Post* (April 13, 2020) https://www.scmp.com/comment/opinion/article/3079417/how-china-losing-worlds-trust-following-its-cover-coronavirus (검색일: 2020.05.09)

자국의 이익만을 지키기 위해 애쓰는 대국으로써 책임을 회피하고 있다는 인상을 줬다는 지적이 많다.[48] 이와 같은 국제사회의 반정서에 대해 중국 내에서도 "신냉전시대 돌입",[49] "천안문사태 이후 미중관계 최악"[50]이라는 등 국제사회에서 미중관계 악화에 대한 여러 가지 우려들이 쏟아져 나오고 있다.[51]

국제사회의 반중여론을 이끌어가고 있는 나라는 역시 최대의 경쟁국인 미국이다. 전략적 시각에서 잠재적 경쟁자인 중국에 압박, 단기적으로는 미중무역분쟁에서의 우위 점하기 위한 수단처럼 보이지만, 결국 미국 역

---

48) Madan, Tavin, "China's Neighbors Face a Belligerent Post-Pandemic Beijing," *Foreign Policy*, (April 29, 2020) https://foreignpolicy.com/2020/04/29/china-southeast-asia-coronavirus-pandemic-india-pakistan/ (검색일: 2020.05.15)

49) Bermingham, Finbarr and Cissy Zhou, "Coronavirus: China and US in 'new Cold War' as relations hit lowest point in 'more than 40 years', spurred on by pandemic," *South China Morning Post*, (May 5, 2020) https://www.scmp.com/economy/china-economy/article/3082968/coronavirus-china-us-new-cold-war-relations-hit-lowest-point (검색일: 2020.05.15)

50) Reuters, "Exclusive: Internal Chinese report warns Beijing faces Tiananmen-like global backlash over virus," *Reuters*, (May 4, 2020) https://www.reuters.com (검색일: 2020. 05.15)

51) 'COVID19' 발생 이후 미국 트럼프 행정부가 대중국정책을 종합한 결정판인 「미국의 대중국전략보고서(United States Strategic Approach to The People's Republic of China)」가 미국의 대중인식 전체를 보여준다. 트럼프 행정부가 5월 22일 의회에 제출한 이 보고서에서, 중국은 1979년 미중국교수립 이후 미국이 기대했던 것에서 모두 벗어났다고 전제하고, "지난 40여 년 동안 '중국공산당'은 경제, 정치, 군사적 역량을 강화하면서 미국의 핵심이익뿐 아니라 전 세계 국가의 주권과 존엄성을 침해할 뿐만 아니라 개방적이고 자유로운 세계 질서를 중국의 국익을 위해 변용시키고 있다고 비판"하면서 이러한 중국의 도전에 맞서 미국은 다양한 대중국 정책을 재평가하고 경쟁력 있는 접근법을 통해 대응하겠다고 선언하고 있다. 자세한 내용은 다음을 참고. White House, "United States Strategic Approach to the People's Republic of China," (May 26, 2020) https://www.whitehouse.gov/wp-content/uploads/2020/05/U.S.-Strategic-Approach-to-The-Peoples-Republic-of-China-Report-5.20.20.pdf (검색일: 2020.05.25)

시 'COVID19'라는 국가적 재난 상황에서 트럼프 행정부의 정치적 이해관계, 그리고 그것과 밀접하게 연관되어 있는 제1차 미중무역전쟁의 합의안에 대한 실천의지 확인 등 미국의 경제적 이익을 최대화하기 위한 대외여론전의 성격이 커 보인다. 미국의 반중 정서는 'COVID19'로 인해 분명 강화된 것은 사실이지만, 관련 설문조사의 결과를 살펴보면 일시적인 현상이 아니라 중국과의 무역분쟁이 진행되는 동안 반정 정서가 '경향적으로' 악화되어 왔음을 알 수 있다. 'COVID19' 기간 중 미국의 여론조사기관 퓨리서치 센터(Pew Research Center)에서 실시한 미국인의 대중국 인식 연례조사 결과를 보면 이를 확인할 수 있다. 미국인은 2017년 호감과 비호감의 격차가 3%에 지나지 않았던 것이 2018 이후 미중무역 분쟁이 격화되면서 중국에 대한 호감과 비호감의 격차가 훨씬 크게 벌어졌고, 2020년 'COVID19' 기간에는 호감(66%)과 비호감(26%)의 격차가 40%에 달하고 있다. 그리고 현재 미국인들이 중국에 대해 매우 위협적으로 느끼고 있음을 알 수 있는데, '커져 가고 있는 중국의 힘과 영향력을 위협으로 받아들이느냐'는 질문에 대해서는 미국인 91%가 "그렇다"라고 답변했을 정도이다.[52]

한편 미국을 비롯한 국제사회의 대중국 정서의 악화 원인 중 하나로 이른바 중국 외교부 대변인과 외교관들의 "전랑외교(戰狼外交, Wolf-Warrior Diplomacy)"가 지적되는데,[53] 중국공산당이 방역 관련 중국 당

---

52) 이 조사는 18세 이상의 미국인 1천 명을 대상으로 하여 2020년 3월 3일~29일에 진행됐고, 표본오차는 ±3.7% 포인트이다. 설문과 관련한 자세한 내용은 다음을 참고. Devlin, Kat, Laura Silver And Christine Huang, "U.S. Views of China Increasingly Negative Amid Coronavirus Outbreak," *Pew Research Center*, (April 21, 2020) https://www.pewresearch.org/global/2020/04/21/u-s-views-of-china-increasingly-negative-amid-coronavirus-outbreak/ (검색일: 2020.05.18)

53) Zhu, Zhiqun, "Interpreting China's 'Wolf-Warrior Diplomacy'," *The Diplomat*, (May 15, 2020) https://thediplomat.com/2020/05/interpreting-chinas-wolf-warrior-diplomacy/

– 국가체제의 우월성 선전하고 미국을 비롯한 국제사회로부터의 중국책임론를 방어하기 위한 "예방외교"적 성격이 강하나 이를 공세적이며 '책임회피'로 받아들이는 국가와 국민이 적지 않았다 점을 알 수 있다. 중국외교부 대변인들 '전랑'들은 'COVID19'기간 어떻게 여론전을 펼쳐 나갔는가?

2. 중국외교부의 외교적 대응 분석

'COVID19' 기간 동안 전개되었던 서방 국가들과 중국외교부 간의 논쟁 등 중국외교부의 대외여론전 살펴보기 위해, 2020년 2월 1일 ~4월 30일 정례 외신기자회견(Regular Press Conference)의 외교부 대변인 언술을 분석하였다. 분석대상이 된 이 자료는 외신기자들과 중국외교부 대변인이 나누었던 질문과 답변으로 전체 내용을 중국외교부가 영어로 번역하여 외교부 홈페이지에 탑재한 "중국외교부의 기자회견 자료" 총 64개를 대상으로 삼았다.[54] 언술분석은 외교부 대변인들이 자주 사용했던 단어의 빈도와 함께 그 단어와 단어 사이의 관계가 갖는 의미, 그리고 단어 간의 연관성에 기반한 토픽모델링(topic modeling) 분석법[55] 등을 활용하여 분석했다.

(검색일: 2020.05.19)

54) 관련 자료는 中華人民共和國外交部 홈페이지 "Home 〉 Press and Media Service 〉 Spokesperson's Remarks 〉 Regular Press Conference"에서 찾을 수 있다.

55) '토픽모델링' 텍스트 마이닝 기법 중 하나로 비구조화된 텍스트 자료의 뭉치에서 의미 있는 주제(토픽)들을 추출해주는 확률모델 알고리즘 방법이다. 주로 LDA(Latent Dirichlet Allocation) 알고리즘기법에 의해 추출된다. 토픽모델링 방법은 텍스트뭉치 (corpus)의 내용을 자동적으로 코딩해서 의미있는 담화의 범주(토픽)하고 그 문서들 속에서 관련 주제을 분류하여 추출함으로서 비정형, 비구조화되어 있는 텍스트 본문 속 숨겨진 의미구조를 발견하기 유용한 분석기법이다. 이와 관련한 자세한 내용은 Blei, David M., et al., "Latent dirichlet allocation," *Journal of Machine Learning Research*, 3.Jan, 2003, pp.993-1022; 서상민, 「시진핑 집권 1기 "인류운명공동체" 관련 연설문의

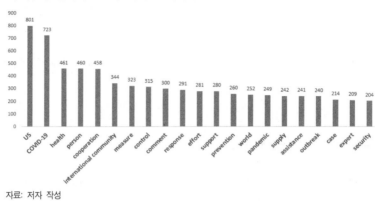

〈그림 1〉**중국외교부 외신기자회견에서의 출현빈도상위 단어** (2020.02.1.~2020.04.30.)

자료: 저자 작성

첫째, 데이터의 관련하여 분석의 대상이 된 총 문서(document)는 64개이다, 그 문서들 속에 포함되어 있던 문장(sentence)은 총 6,778개이고 단어(word)는 총 37,108회 출현하였는데 본 연구의 분석대상인 명사만을 추출하여 명사 중 의미가 같으나 표현이 다른 명사를 하나의 단어로 처리했더니 총 3,838개의 단어가 되었다. 그 중에서 출현빈도 2,822회로 가장 많은 "China"라는 단어를 제외하였다. 제외한 첫 번째 이유는 "China"는 자료의 내용이 중국을 중심으로 진행된 기자회견이었기 때문에, 당연히 많이 출현할 수밖에 없었기 때문에 포함하여 분석하는 것이 의미가 없다고 판단했다. 두 번째 이유는 "China"를 포함하여 분석할 경우 다른 단어들에 비해 지나치게 출현 횟수가 높아 연구자가 의도한 분석의도에 충족시킬 수 없는 정도로 결과를 왜곡시킬 수 있기 때문이다. 빈도측정 결과 〈그림 1〉이 보여주는 바와 같이 중국외교부 대변인들은 2020년 2월 1일에서 4월 30일사이 "US"(801회)라는 단어를 "COVID-19"(723회)라는 단어

텍스트분석을 통한 정치적 함의 고찰」, 『중국지식지형의 형성과 변용』, 학고방, 2018, 281-295쪽 등을 참고.

보다 더 많이 언급했음을 알 수 있었다.

둘째, 3월 10일 시진핑 주석이 중국에서의 "방역성공" 선언을 기점으로 전후로 한 중국외교부 대변인들의 언술의 차이를 살펴볼 필요가 있다. 전체 64개 자료 중 28개는 2월 1일부터 3월 10일까지의 전반부에 생성된 것이고, 36개는 3월 11일부터 4월 30일까지 생성된 것으로 국제사회의 책임론과 비판을 방어하고 국제사회에 방역 협력을 제안하고 있는 내용을 주로 담고 있다. 전반부 자료의 총 단어 수는 2,056개의 단어가 추출되었고, 총 13,913회 출현하였으며, 후반부 자료에서는 2,499개의 단어가 총 22,160회 출현하였다. 전후반 시기의 대변인 언술들을 분석해 보면, 크게 두 가지 정도로 파악되는데 먼저 출현빈도의 상에 있어서 특징으로 3월 10일 이전에는 "person", "health", "measure", "control" 등의 단어들이 상대적으로 상위에 올라와 있음을 발견할 수 있는데 이는 방역과 관련한 대응조치와 감염자 수 등에 대한 언술들이 많았음을 보여준다.

반면 3월 10일 이후에는 "cooperation", "international community" 등의 단어들이 다른 단어들에 비해 상대적으로 빈번하게 출현했다는데 국제사회의 협력과 관련된 내용과 이슈를 전반기 보다는 더 많이 다루었다는 것을 수치로 알 수 있다. 두 번째 특징으로 출현빈도는 단순히 사용된 단어의 횟수이기에 그 자료의 양에 따라 달라질 수 있다. 반면 단어사용비중은 전체 출현 단어 수 중 특정단어의 사용 비율을 알 수 있기 때문에 그 단어의 상대적 위치를 알 수 있다. 3월 10일 이후 "US"와 "COVID-19"의 사용비중은 전체 사용횟수의 각각 2.52와 2.40으로 3월 10일 이전 1.73과 1.36에 비해 훨씬 더 자주 사용했음을 알 수 있다. 그러나 두 단어를 제외한 나머지 단어들의 사용비중은 3월 10일 전후해 거의 차이를 발견할 수 없다. 이것은 미국에서 'COVID19'가 본격적으로 확산됨에 따른 미국의 중국에 대한 '기원'과 '책임' 등의 문제제기가 강력해지고 전방위적 압력에 대한 중국외교부의 대응과 밀접하게 관련이 되어 있다고 파악된다.

〈표 2〉 출현빈도 단어 비교

3월 10일 이전 출현빈도 상위 단어	출현 횟수	3월 10일 이후 출현빈도 상위 단어	출현 횟수
US	242	US	559
COVID-19	190	COVID-19	533
person	187	cooperation	284
health	187	health	274
cooperation	174	person	273
measure	152	pandemic	247
support	133	international community	224
control	127	response	206
comment	126	control	188
case	125	supply	180
effort	121	world	174
international community	120	comment	174
epidemic	107	measure	171
Wuhan	97	prevention	168
security	95	effort	160

자료: 저자 작성

셋째, 중국외교부 대변인들이 의도하지 않았지만 관련 자료를 "토픽모델링분석법"을 통한 분석결과를 살펴보면, 3개의 토픽으로 구분된다. 그래프 처리과정은 먼저 전체 단어들에 대한 의미중복 단어와 오탈자를 검수하고 정리하는 처리과정을 거쳐 추출된 단어를 대상으로 하여 전체 자료에서 해당 단어가 차지하는 중요도를 "TF-IDF분석법" 측정한다. 그리고 중요 단어(키워드)와 단어 간 연관성을 기초로 특정 토픽으로 묶어낸다. 〈그림 2〉에서 나타나듯이 각 토픽과 토픽 간의 네트워크이 형성되어 있으며, 네트워크 상에서 각 토픽을 연결해 주는 매개 키워드도 발견할 수 있다. 그런데 그래프에 표현된 각 키워드 노드의 크기의 차이는 분석을 통해 얻은 TF-IDF 값의 상대적 차이를 구현한 것이다.56)

56) 연관성 분석을 위해 "텍스트 마이닝(text mining) 분석" 중 텍스트 상 출현하는 단어들 중에서 그 단어가 갖는 중요도를 측정하여 중요도 높은 단어들을 추출하고, 중요한 단어들 사이의 연관성을 네트워크로 표현했다. 이른바 "TF-IDF(Term Frequency-Inverse Document Frequency)" 분석법은 해당 문서에서 핵심적인 메시지를 담고 있을

〈그림 2〉 2~4월 중국외교부 대변인 발언의 주요 토픽

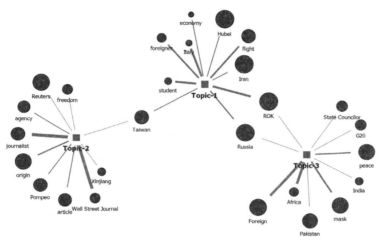

	1st Keyword	2nd Keyword	3rd Keyword	4th Keyword	5th Keyword
초기대응조치(Topic-1)	student	ROK	Italy	flight	foreigner
대외여론전(Topic-2)	journalist	Wall Street Journal	origin	article	agency
마스크외교(Topic-3)	Africa	Foreign	mask	peace	Pakistan

자료: NetMiner 활용 저자 작성

이런 과정을 통해 분석해낸 각 토픽의 의미를 해석하자면, 첫 번째 토픽
(Topic-1)은[57] 중국외교부 대변인들이 'COVID19' 발생 초기에 외신기자

확률 측정하고자 할 때 사용하는 것이다. 관련된 내용에 대해서는 Jones, Sparck, "A
Statistical Interpretation of Term Specificity and its Application in Retrieval," *Journal
of documentation*, 28.5, 1972; Zhang, Yun-tao et al., "An Improved TF-IDF Approach
for Text Classification," *Journal of Zhejiang University-Science* 6.1, 2005, pp.49-55 등을
참고.

57) 토픽의 이름은 연구자가 각 키워드의 조합을 파악하고, 키워드가 속해있는 document
를 찾아 내용을 대조한 후 각 토픽을 이름을 정할 수 있다. 주어진 Topic-1,2,3 등의
어떤 의미도 없다.

들을 대상으로 전염병 진행상황, 중국의 대응조치, 초기단계에서 확산되고 있는 국가들과의 이동차단 등과 연관되어 있다. "초기대응조치" 토픽 중 중요도가 가장 큰 키워드는 "student"였는데, 이는 방학 중 개학을 앞둔 학생의 항공기를 통한 국외 이동과 관련된 중국외교부의 메시지를 포함하고 있으며, 특히 초기 단계에서 확산이 진행되었던 "ROK(Republic of Korea)", "Italy" 등 국가들로의 확산에 대한 중국의 입장 등이 연관된 토픽이다.

두 번째 "대외여론전" 토픽(Topic-2)은 중국외교부 대변인들의 본격적이면서 공세적인 대외여론전과 관련된 토픽이다. 발단은 2020년 2월 3일 『월스트리트저널(Wall Street Journal)』에 실린 미드(W. R. Mead)의 칼럼에 대한 중국의 사과를 요구와 해당 언론사의 거부로부터 시작되어 2월 19일 WSJ기자 3명에 대한 기자증을 중국정부가 취소하였다. 바로 앞서 미국의 국무부가 중국의 관영언론사 5곳에 대해 "해외 외교기관(foreign mission)"으로 지정한 바 있다. 미국과 중국의 조치 결과 'COVID19' 관련 이슈는 의도하지 않게 "언론자유논쟁", "스파이논쟁" 등으로 촉발되면서 두 번째 "대외여론전" 토픽이 형성되었다고 할 수 있다. 이 토픽의 가장 중요한 키워드는 "journalist"이고 "Wall Street Journal"가 다음을 잇고 있다. 위의 그래프에서도 나타나듯 두 번째 토픽과 관련되어 있는 키워드들인 "Xinjiang", "freedom" 등을 볼 때 전방위적 여론전의 양상이 전개되고 있음을 알 수 있다. 2월에서 4월 연구대상 전 기간 내내 가장 활발하게 전개되었던 미중 양국 간 여론전의 주요 토픽이었다.

마지막 세 번째 "마스크 외교" 토픽(Topic-3)인데, "Africa", "Foreign" 등와 관련된 중요한 키워드들이 포함되어 있다. 미국 등 서방세계에 대한 대응과 달리 중국은 3월 말부터 아프리카 등 세계 83개국을 대상으로 하여 마스크와 'COVID19' 검사키트를 지원하는 이른바 '마스크 외교'를 펼쳤다. 그러나 단지 마스크만 가는 것이 아니라, 중국공산당의 성공적 전염병 대응과 시진핑 주석의 위기관리 리더십에 대한 선전이 마스크와 함께 가면서 대응에 애를 쓰고 있는 국가들을 대상으로 한 국제사회에 자신의 영향력을 확대하려는 것이라는 비판을 받기도 했다.[58]

이를 종합해 보면, 중국외교부 '정례 외신가자회견' 자료의 분석에 따르면, 중국외교부는 지난 2월에서 4월까지, 'COVID19'의 중국 초기대응에 대한 국제사회의 비판과 공격을 방어하고, 미국 중심으로 제기된 책임론, 언론의 자유와 인권 침해와 같은 체제에 대한 비판을 강력하게 반비판하고 미국에 역공을 취해 왔으며, 아프리카와 주변국들에 대한 'COVID19' 방역 지원 등을 활동을 선전함으로써 중국공산당과 시진핑 주석 그리고 중국의 이미지를 개선하려고 노력했던 것으로 보인다.

Ⅴ. 결론

위기는 한 나라의 통치능력과 안정성을 평가하는 중요한 계기가 된다. 위기는 정당한 나라의 정직한 정치인이라면 의도적으로 인위적으로 만들어내지 않는다. 위기의 시기는 언제나 의도하지 않은 상황에서 예고 없이 닥치기 때문에 한 국가 한 사회의 일상이 얼마나 견고하고 얼마나 잘 준비되어 있으며, 위기극복을 위해 무엇을 최우선하는지, 그리고 사회는 얼마나 통합하여 이를 극복하려 하는지 등을 가늠하는 이른바 한 국가의 '일상을 테스트하는 시기'라고 할 수 있다. 그런 의미에서 본다면 'COVID19'에 대한 중국의 국내외 정치적, 외교적 대응의 고찰은 중국공산당 통치체제

---

58) Lo, Alex, "Beijing loses face with 'face-mask diplomacy," *South China Morning Post*, https://www.scmp.com/comment/opinion/article/3081294/beijing-loses-face-face-mask-diplomacy (검색일: 2020.05.10)

의 특징을 새롭게 확인할 수 있는 사례임에 틀림없다.

먼저 'COVID19' 국면에서 중국공산당 중앙은 'COVID19' 대응을 철저하게 '정치안보' 차원에서 관리하였다. "두 개의 보위(兩個維護)"를 통해 중국공산당의 최고의 안보가치인 '정치안보'을 확보하기 위해 노력하였다. '정법과 공안 계통'을 중심으로 한 '정치안보' 전위대들이 'COVID19' 방역과정에서 중국공산당의 정치적, 조직적으로 전면에 등장할 수 밖에 없었던 이유이다. 둘째, 시진핑 주석은 자신이 직접 즐겨 맡았던 중요한 '영도소조'의 조장을 양보했다. 즉 일선에서 물러난 듯했다. 그러나 '2선'에서 조용히 활동하고 있는 것 같았던 시진핑 주석은 인민해방군의 우한 현지에 투입하거나 '정법과 공안' 계통의 인사를 통해 '공중전'을 감행하였다. 중공 중앙정치국상무위원회 회의 5차례, 중공중앙정치국 회의 3차례 등 총 17차례 걸쳐 회의를 주재하면서 위기국면에서 표출될 수 있는 '정치적 갈등'을 관리해 나갔다.

시진핑과 리커창의 다른 영역에서의 다른 활동을 두고 중국정치를 파벌투쟁의 틀에서 관찰하고 있는 '파벌분석가'들은 'COVID19' 기간 양 계파 간의 극렬한 권력투쟁이 진행되고 있다는 근거라고 하기도 주장하지만 불행하게도 "권력내부"에 있지 못하는 "외부인"이 이를 확인할 수 있는 근거는 없다. 외부 '관찰자'의 상상과 추론일 수밖에 없다. 다만 중국정치 엘리트들의 인사이동의 결과를 통해 추론해 볼 수 있을 뿐이다.

외교적 대응과 관련한 대응은 훨씬 더 치열하다. 3월 10일 시진핑 주석이 중국에서의 "방역성공"을 선언한 시점을 전후로 한 중국외교부 대변인들의 언술의 차이는 전혀 달라졌다. 3월 10일 이후 중국외교부의 발언은 더욱 강경하고 공세적이었으며, 전투의 최전선에서 한 치의 물러섬없이 싸우는 '전랑'이었다. 중국외교부 '정례 외신가자회견' 자료의 분석에 따르면, 중국외교부는 지난 2월에서 4월까지, 'COVID19'대응에 대한 비판과 공격을 막아냈으며, 서방과 미국의 중국책임론, 당국가체제의 자유침

해에 대한 체제비판 등에 대해 공격적인 자세를 취했으며, 다른 한편으로는 아프리카와 중국에 우호적인 국가들에 대한 대대적인 방역지원과 대외선전활동을 전개함으로서 국제사회의 고립을 피하고자 하였다.

중국공산당은 위기발생 시 정치적 대응을 종합해 정리하면 다음과 같다. 중국공산당에 미칠 수 있는 영향의 정도를 판단하고, 부정적 영향을 최소화하기 위한 조직적, 정책적 배치가 이루어진다. 둘째, '정치안보' 즉 중국공산당의 지도력, 리더십, 정당성 등 통치능력을 약화시키는 각종 요인들을 제거하는 것을 최우선으로 한다. 이를 위해 '우환의식'에 기반한 중국공산당의 통일적 지휘와 통제, '底線思維'에 따른 실용적이면서 효율적인 목표달성 방법을 추구한다. 셋째, 권력과 권한에 대한 고도의 집중을 도모한다. 중국공산당 중앙, 중국공산당의 핵심을 보위하기 위해 중국공산당 최고위지도부는 신뢰할만한 인사(예를 들어 시진핑의 저장네트워크)를 가장 취약한 곳에 직접 파견하여 현장에서의 위기관리를 담당하게 하고 그곳에 권력과 권한을 집중시키도록 배려한다. 넷째, 'COVID19'의 외교적 대응에서 나타나듯 수세적 위치에 서지 않고 이슈를 선점하여 취약한 곳을 타격한다. 국제사회의 '중국책임론'에 대해 '방역실패', '리더십 부재', '체제상의 한계' 등으로 공세적 위치를 점하고자 한다.

'COVID19'라는 전 인류의 재앙이 새롭게 만들어 놓거나, 아니면 그동안 잠재되어 있어 드러나지 않았던 수많은 인류의 문제를 'COVID19' 이후 우리 인류가 어떻게든 해결하며 살아가야 한다. 그러나 'COVID19'를 대응하면서 세계 최대의 강대국인 미국과 중국의 정치적, 외교적 행태는 미래를 걱정하게 할 만큼 충분하다. 'COVID19'와 같은 인류의 생명과 안전을 위협하는 인류 공적에 대한 글로벌 차원의 대응법을 주도적으로 같이 고민하고 해법을 모색해야 할 강대국들은 자국의 이익만을 앞세우며 '패권을 향한 경쟁'을 이어가고 있다.

대표적으로 최근 중국의 '홍콩판 국가안전법' 제정, 그리고 이에 따른 미국의 홍콩의 특별지위 폐지로 이어지는 양대 강국의 주고받기식 극단적인 적대적 외교행태는 마치 마주보고 전속력으로 달리고 있는 두 대의 기차를 연상시킨다. "누가 먼저 상대를 피할 것인가?" "누가 먼저 치킨이 될 것인가?" 승자와 패자를 찾는 게임처럼 전개되는 정말 "새로운 형태의 대국관계"를 보면서, 국제사회에서의 "힘(power)"은 그 힘을 인류의 생명과 안전을 위해 쓸 수 있는 국가가 가져야 하고, 그 국가의 올바른 지도자가 이를 행사할 수 있어야 한다는 정치원론적인 생각을 하게 된다.

'COVID19' 대응과정에서도 지속되어 왔던 미중 간 "패권을 위한 경쟁"은 새로운 국면을 맞고 있다. 중국과 미국은 지난 2년 동안 밀고당기면서 진행해 왔던 미중무역전쟁과는 전혀 다른 방식의 대결을 보여주고 있다. 과거 미국과 소련의 군사적 대결 하의 냉전체제와도 다른 양상이다. 미국과 중국은 'COVID19' 국면에서도 그러했듯이 경제적, 군사적, 정치적 영역에서 취할 수 있는 모든 조치 취하고 동원할 수 있는 모든 수단을 활용할 것이다. "미중 간 새로운 형태의 대결, 새로운 행태의 냉전이 형성"되고 있다. 다른 측면 의구심을 가지고 관찰한다면, 양국의 정치조직과 정치인들이 자신의 정치적 이익을 잘 활용하는 "적대적 공생의 정치"가 본격화되고 있다고 해석할 수도 있다. "패권을 위한 경쟁"이거나 "갈등의 정치수단화"이거나 분명한 것은 최대 강대국인 미국과 중국 관계가 점점 다시 돌이킬 수 없는 지점을 향해 가고 있다는 점이다.

| 참고문헌 |

서상민, 「시진핑 시기 중앙영도소조의 연결망분석과 집단지도체제」, 『아세아연구』, 제58권 3호, 2015.

_____, 「대약진운동 시기 중국 계획경제제도의 동학과 경제관료: 역사적 제도

주의 시각을 중심으로」, 『한국동북아학회』, 제20권 1호, 2015.

_____, 「시진핑 집권 1기 "인류운명공동체" 관련 연설문의 텍스트분석을 통한 정치적 함의 고찰」, 『중국지식지형의 형성과 변용』, 학고방, 2018.

_____, 『중국현대정치와 경제계획관료』, 서울: 아연출판부, 2019.

이용욱, 「위협의 다변화와 글로벌 거버넌스: 국가 - 주권 시스템의 위기와 한계」, 『국제지역연구』, 제25권 3호, 2016.

이지용, 「시진핑의 반부패 운동과 중국의 정치권력 엘리트 권력지형도 변화: 평가와 함의」, 『한국동북아논총』, 제24권 2호, 2019.

전웅, 「국가안보와 인간안보」, 『국제정치논총』, 제44권 1호, 2004.

趙建民, 서상민·이광수 옮김, 『중국의 정책결정: 지도자, 구조, 기제, 과정』, 학고방, 2018.

조종화 외, 「중국의 외환정책과 국제통화질서: 위안화의 절상과 국제화를 중심으로」, 『KIEP 연구보고서』, 10-09, 2010.

최지영, 「시진핑 시기 중국 반(反)부패의 특징과 함의」, 『21세기정치학회보』, 26(4), 2016.

「위기의 시진핑, '즈장신쥔'이 막아줄까」, 『경향비즈』(2020.2.19), http://biz.khan.co.kr/khan_art_view.html?artid=202002190927001&code=970204 (검색일: 2020.04.20)

李大光, 『國家安全』, 北京 : 中國言實出版社, 2016.

薄一波, 『若干重大決策與事件的回顧』(下), 北京: 中共黨史出版社, 2008.

張金海·馬振超·朱旭東·丁姿, 「習近平總體國家安全觀研究的系統性文獻綜述」, 『情報雜志』, 2020.

張海波, 「中國總體國家安全觀下的安全治理與應急管理」, 『中國行政管理』(2016.04), 2016.

周亞東, 「底線思維: 習近平治國理政的重要方法之一」, 『理論視野』(2017.02), 2017.

郭瑞民, "堅定不移維護國家政治安全", 『求是』, http://www.qstheory.cn/llwx/20

19-11/13/c_1125226170.htm (검색일: 2020.05.12)

習近平, 「完善重大疫情防控體制機制健全國家公共衛生應急管理體系」, 『中國政府網』, http://www.gov.cn/xinwen/2020-02/14/content_5478896.htm (검색일: 2020.05.12)

_____, 「堅持總體國家安全觀走中國特色國家安全道路」, 『人民網』, http://cpc.people.com.cn/n/2014/0415/c64094-24899781.html (검색일: 2020.05.10)

_____, 「關於全面建成小康社會補短板問題」, 『紅旗』 (2020/11), http://www.qstheory.cn/dukan/qs/2020-05/31/c_1126055020.htm (검색일: 2020.06.01)

_____, 「在中央政治局常委會會議研究應對新型冠狀病毒肺炎疫情工作時的講話」, 『求是』, http://www.qstheory.cn/dukan/qs/2020-02/15/c_1125572832.htm (검색일: 2020.05.07)

安德烈, 「習近平我親自指揮被修改的秘密」, 『RFI』 (2020.1.13) http://rfi.my/5IPC (검색일: 2020.04.12)

許章潤, 「我們當下的恐懼與期待」, 『天則觀點』 (2018.07.24) http://unirule.cloud/index.php?c=article&id=4625(검색일: 2020.05.07)

「國家衛生健康委會同相關部門聯防聯控 全力應對新型冠狀病毒感染的肺炎疫情」, 『中國政府網』, (2020.01.22). http://www.gov.cn/xinwen/2020-01/22/content_5471437.htm (검색일: 2020.05.13)

「今年多個副省級城市黨政"一把手"調整 首次出現"70後"幹部」, 『中國共產黨新聞網』, http://renshi.people.com.cn/n1/2020/0519/c139617-31714226.html (검색일: 2020.5.22)

「今日環球]總台央視記者專訪武漢市市長周先旺」, 『CCTV中文國際』, https://www.youtube.com/watch?v=PIZGs0SO1t0 (검색일: 2020.05.12)

「李克強 : 中國6億人月收入僅1000元人均年收入3萬元」, 『新浪財經』, https://finance.sina.com.cn/china/gncj/2020-05-29/doc-iirczymk4111979.shtml (검색일: 2020.05.29)

「李克強主持召開中央應對新型冠狀病毒感染肺炎疫情工作領導小組會議」,

『中國政府網』, http://www.gov.cn/guowuyuan/2020-01/26/content_547
　　2302.htm （검색일: 2020.05.10）

「武漢肺炎 : 武漢市長暗示疫情披露不及時中央有責任」, 『BBC中文』, https://
　　www.bbc.com/zhongwen/trad/chinese-news-51276069 （검색일: 2020.05.10）

「習近平 : 我相信, 我們一定會戰勝這一次疫情！」, 『中國新聞網』, https://www.
　　youtube.com/watch?v=2q-Vu0_-m0s （검색일: 2020.04.16）

「習近平主持中共中央政治局會議審議『關於適應新時代要求大力發現培養選
　　拔優秀年輕幹部的意見』」, 『人民網』 http://politics.people.com.cn/n1
　　/2018/0629/c1024-30096863.html （검색일: 2020.05.22）

「習近平會見世界衛生組織總幹事譚德塞」, 『新華網』, http://www.xinhuanet.com
　　/politics/leaders/2020-01/28/c_1125508752.htm （검색일: 2020.04.11）

「新聞辭典 : 之江新軍」, 『中央廣播電台』, (https://www.rti.org.tw/news/view/id
　　/374763 （검색일: 2020.04.20）

「中共中央關於加強黨的政治建設的意見」, 『新華網』, (2019.01.13), http://www.
　　xinhuanet.com/2019-02/27/c_1210069264.htm （검색일: 2020.05.12）

「中央戰'疫'日志」, 『人民網』,(2020.5.3)http://cpc.people.com.cn/n1/2020/0203/
　　c164113-31568437.html （검색일: 2020.05.08）

「中央指導組 : 精心治療、悉心護理每一位患者」, 『中國政府網』, 2020.04.20,
　　hhttp://www.gov.cn/guowuyuan/2020-04/20/content_5504458.htm （검색
　　일: 2020.05.12）

「陳一新任中央指導組副組長,微信群裏與武漢幹部見面」, 『新京報網』, http://
　　www.bjnews.com.cn/news/2020/02/10/687306.html （검색일: 2020.04.20）

「親自部署 親自指揮 : 習近平領導中國這樣戰'疫'」, 『人民網』, http://cpc.people.
　　com.cn/xuexi/GB/432120/index.html （검색일: 2020.05.12）

「肺炎疫情 : 應勇空降「救火」 中共湖北換帥」, 『BBC中文網』, https://www.bbc.
　　com/zhongwen/trad/chinese-news-51485021 （검색일: 2020.04.18）

「肺炎疫情 : 中國官員讓武漢感恩 正能量輿論"翻車"」, 『BBC中文網』, https://

www.bbc.com/zhongwen/simp/chinese-news-51800636 (검색일: 2020. 04.18)

「湖北省衛健委黨組書記、主任雙雙被免職」, 『中共中央紀律檢查委員會』, http:// www.ccdi.gov.cn/yaowen/202002/t20200211_211210.html (검색일: 2020. 04.18)

「湖北省長、武漢市長戴口罩開發布會 : 500多萬人離開了武漢」, 『中國新聞 網』, http://www.chinanews.com/gn/2020/01-27/9070527.shtml (검색일: 2020.04.16)

Allen Ebrahimian, Bethany, "Timeline: The early days of China's coronavirus outbreak and cover-up," AXIOS, https://www.axios.com/timeline-the-early-days-of-chinas-coronavirus-outbreak-and-cover-up-ee65211a-afb6-4641-97b8-353718a5faab.html (검색일: 2020.05.09)

Alper, Alexandra and Karen Freifeld, "US mulls cutting China's Huawei off from global chip suppliers like Taiwan's TSMC," *South China Morning Post,* (Feb 17, 2020) https://www.scmp.com/tech/policy/article/3051067/us-mulls-cutting-chinas-huawei-global-chip-suppliers-taiwans-tsmc: (검색 일: 2020.05.18)

Ang, Yuen Yuen, "Is Political Change Coming to China?" *Project Syndicate* (Feb 14, 2020), https://www.project-syndicate.org/commentary/china-coronavirus-xi-hold-on-power-by-yuen-yuen-ang-2020-02 (검색일: 2020.05.11)

Bermingham, Finbarr and Cissy Zhou, "Coronavirus: China and US in 'new Cold War' as relations hit lowest point in 'more than 40 years', spurred on by pandemic," *South China Morning Post,* (May 5, 2020) https://www.scmp.com/economy/china-economy/article/3082968/coronavirus-china-us-new-cold-war-relations-hit-lowest-point (검색일: 2020.05.15)

Blei, David M., et al., "Latent dirichlet allocation," *Journal of Machine Learning Research*, 3.Jan, 2003.

Devlin, Kat, Laura Silver And Christine Huang, "U.S. Views of China Increasingly

Negative Amid Coronavirus Outbreak," *Pew Research Center*, (April 21, 2020) https://www.pewresearch.org/global/2020/04/21/u-s-views-of-china-increasingly-negative-amid-coronavirus-outbreak/ (검색일: 2020.05.18)

Dotson, John, "The CCP's New Leading Small Group for Countering the Corona-virus Epidemic-and the Mysterious Absence of Xi Jinping," *China Brief*, 20:3, 2020.

Economy, Elizabeth, "The Coronavirus Is a Stress Test for Xi Jinping: Can China Control an Epidemic From the Top Down?," *Foreign Affairs* (Feb 10, 2020), https://www.foreignaffairs.com/articles/china/2020-02-10/coronavirus-stress-test-xi-jinping (검색일: 2020.04.23)

Harper, Justin, "Coronavirus: Missouri sues Chinese government over virus han-dling," *BBC* (April 22, 2020), https://www.bbc.com/news/business-52364797 (검색일: 2020.05.21)

Jamey, Keaten and Maria Cheng, AP "WHO Agrees to Independent Investigation of Coronavirus Response," *TIME* (MAY 19, 2020), https://time.com/5838232/who-coronavirus-china-inquiry/ (검색일: 2020.05.21)

Jones, Sparck, "A Statistical Interpretation of Term Specificity and its Application in Retrieval," *Journal of documentation*, 28.5, 1972.

Lam, Willy Wo-Lap, "How the Wuhan Epidemic Has Dented Xi Jinping's Authority and Prestige," *China Brief*, 20:3(Feb 13), 2020.

Lau, Hien, et al., "The association between international and domestic air traffic and the coronavirus(COVID-19) outbreak," *Journal of Microbiology*, Immunology and Infection, 2020. https://doi.org/10.1016/ j.jmii.2020.03. 26 (검색일: 2020.05.07)

Lo, Alex, "Beijing loses face with 'face-mask diplomacy," *South China Morning Post*, https://www.scmp.com/comment/opinion/article/3081294/beijing-loses-face-face-mask-diplomacy (검색일: 2020.05.10)

Madan, Tavin, "China's Neighbors Face a Belligerent Post-Pandemic Beijing,"

Foreign Policy, (April 29, 2020) https://foreignpolicy.com/2020/04/29/
china-southeast-asia-coronavirus-pandemic-india-pakistan/ (검색일: 2020.
05.15)

Mattingly, Daniel, et al, "Xi Jinping May Lose Control of the Coronavirus Story,"
Foreign Policy, (April 13, 2020) https://foreignpolicy.com/category/ chi-
nafile/ (검색일: 2020.04.23)

Mead, W. Russell, "China Is the Real Sick Man of Asia," *Wall Street Journal*,
(Feb 3. 2020) https://www.wsj.com/articles/china-is-the-real-sick-man-
of-asia-11580773677 (검색일: 2020.04.08)

Pei, Minxin, "China's Coming Upheaval: Competition, the Coronavirus, and the
Weakness of Xi Jinping," *Foreign Affair*, May/June, 2020

Reuters, "Exclusive: Internal Chinese report warns Beijing faces Tiananmen-like
global backlash over virus," *Reuters*, (May 4, 2020) https://www.reuters.
com (검색일: 2020.05.15)

Richards, Greg and Julie Wilson, eds, *The Global Nomad: Backpacker Travel in
Theory and Practice*, Channel View Publications, 2004.

Rosenberger, Laura, "China's Coronavirus Information Offensive: Beijing Is Using
New Methods to Spin the Coronavirus Pandemic to Its Advantage,"
Foreign Affairs, (April 22, 2020), https://www.foreignaffairs.com/articles/
china/2020-04-22/chinas-coronavirus-information-offensive (검색일: 2020.
05.07)

Ruiz, Estrada, et. al., "Globalization and Pandemics: The Case of COVID-19,"
Available at SSRN 3560681 (Mar 26, 2020), https://papers.ssrn.com/
sol3/papers.cfm?abstract_id=3560681 (검색일: 2020.05.10)

Saich, Tony, "Tony Saich on China's Leadership during the COVID-19 Outbreak,"
The Harvard Gazette, (March 16. 2020) https://news.harvard.edu/gaz-
ette/story/newsplus/chinas-leadership-during-the-covid-19-outbreak/ (검
색일: 2020.05.20)

Shambaugh. David, China Goes Global: The Partial Power,

Wang, Chi, "How China is losing the world's trust following its cover-up of the coronavirus crisis," *South China Morning Post* (April 13, 2020) https://www.scmp.com/comment/opinion/article/3079417/how-china-losing-worlds-trust-following-its-cover-coronavirus (검색일: 2020.05.09)

Wang, Jiaoe, Haoran Yang and Han Wang, "The Evolution of China's International Aviation Markets from a Policy Perspective on Air Passenger Flows," *Sustainability*, 11:13, 2019.

White House, "United States Strategic Approach to the People's Republic of China," (May 26. 2020) https://www.whitehouse.gov/wp-content/uploads/2020/05/U.S.-Strategic-Approach-to-The-Peoples-Republic-of-China-Report-5.20.20.pdf (검색일: 2020.05.25)

Williams, P. Maynard, *Crisis management: Confrontation and Diplomacy in the Nuclear Age*, New York: Wiley, 1976.

Zhang, Kevin H., ed. *China as the world factory*. New York, NY: Routledge, 2006.

Zhang, Yun-tao et al., "An Improved TF-IDF Approach for Text Classification," *Journal of Zhejiang University (Science)*, 6.1, 2005.

Zhu, Zhiqun, "Interpreting China's 'Wolf-Warrior Diplomacy'," *The Diplomat*, (May 15, 2020) https://thediplomat.com/2020/05/interpreting-chinas-wolf-warrior-diplomacy/ (검색일: 2020.05.19)

Zweig, David, *Internationalizing China: Domestic Interests and Global Linkages*, Cornell University Press, 2002.

장기 코로나 시대, 중국 사회의 대응과 변화에 관한 예비적 고찰

● 윤종석 ●

I. 장기 코로나 시대, 중국의 코로나 대응을 어떻게 평가할 것인가?

확산과 재확산을 반복하며 "끝날 때까지 끝난 것이 아닌" 이번 코로나 대유행 속에서, 세계 인류는 전대미문의 '장기 코로나 시대'를 겪고 있다. 이번 코로나19 바이러스는 높은 전염령과 빈번한 변이의 출현을 특징으로 하며, 2021년 5월 말 현재, 전 세계 감염인구는 1억 6천만 명, 지속 기간 1년 6개월을 넘어섰다. 높은 불확실성을 가진 채 장기 지속하는 코로나 대유행이 복합적인 위기를 양산하면서, 방역과 경제회복(또는 일상회복) 사이의 균형은 크게 강조되어왔다. 'K-자 커브'로 상징되는 경제회복기 양극화 경향은 특히 취약계층·집단 문제와 사회안전망의 과제의 중요성을 제기하고 있다.

'장기 코로나 시대'란 문제설정은, 감염병 위기가 지속·반복될 경우 적시에 대처할 수 있는 사회의 탄력적 전환능력의 중요성을 제기한다. 특히, 코로나19 바이러스가 야기한 전방위적 충격이 전례 없는, 복합적인 위기

를 양산하면서, 코로나에 대한 민감성과 체계적 대응에 기반하는 방역의 성공뿐만 아니라 경제적 불황, 사회적 스트레스 등을 오래 견뎌낼 수 있는 일종의 '사회체제의 지구력'에 대해 더 많은 탐색과 성찰이 요구된다.[1] 단순히 확진률·치명률을 중심으로 하는 방역에 기반하여 상대적 성공과 실패를 논하기보다는, 코로나 위기의 순간 드러난 '민낯'에 대한 근본적인 성찰에 기반하여 '새로운 정상'으로 나아가는 근본적 성찰과 의지가 요구되는 때이다.[2]

이런 맥락에서, 중국의 코로나 위기 대응을 어떻게 평가할지는 여전히 논쟁적이다.[3] 초기 대응의 실패에 대한 책임을 묻는 시각에서부터 중국 체제의 내구성과 성과를 강조하는 입장까지 매우 다양하게 분포한다.[4] 하지만, '최초 방역 실패와 최종 통제 성공'이라는 대표적인 평가가 방역 중심의 국가 주도 모델에 초점을 맞추는 한계를 넘어, 위기의 순간순간 드러나는 '민낯'을 포착하고 방역과 경제회복(또는 일상회복)의 과정과 그 사회적 토대를 검토할 필요성이 절실히 요구된다.

현재까지 결과를 근거로, 중국은 전 세계적으로 코로나 위기 대응에 '(상대적인) 성공'을 이룬 국가로 자부한다. 2020년 1-3월간 초기 대유행을 제외하면 전염병에 대한 통제력을 상당 부분 회복했고, 주요 국가 중 유일하게 플러스 경제성장률을 기록하며, 방역과 경제회복을 모두 성공한 셈이다.

---

1) '장기 코로나 시대'란 언명은 다음 글에서 최초로 언급되었다. 정근식, 2020. "제2차 코로나 파도와 사회의 지구력"《서울이코노미뉴스》2020.9.8. http://www.seouleconews. com/news/articleView.html?idxno=56546 (검색일: 2021.05.02)

2) 백영서 편, 『팬데믹 이후 중국의 길을 묻다』, 책과함께, 2021.

3) 여전히 전 세계적인 팬데믹 사태가 진행 중이고 백신을 통한 집단 면역이 이뤄진 후에야 비로소 전 세계적인 감염병 통제가 완성된다는 측면에서, 현재의 논의는 시기 상조라고 여길 수도 있다.

4) 중국의 코로나 초기 대응과 관련하여 주요한 논자들의 논의는 백영서가 편집한 각주 2번의 책을 참조할 것.

하지만, 코로나19 대응과정에서 드러났던 숱한 논란은 중국식 체제의 취약성과 장점을 국내외에 널리 알리게 된 계기가 되었음은 분명하다. 위기관리의 방법론적 측면[5]에서 본다면, 중국 정부가 구축해온 공중보건체계는 고도로 행정화된 거버넌스의 문제, 정보 통제와 관료주의 문제, 표현과 언론의 자유 문제를 드러내며,[6] 신속한 위기 인식과 소통(communication), 그 결과 조기 통제(control)에 실패했다. 하지만 중국의 코로나 대응 '성공'에 대한 설명은 권위주의체제의 이점, 견실한 국가통치체제의 구축[7] 등으로 가능한데,[8] 중앙 정부가 위기 상황에 직면하여 신속한 지휘체계 구성, 과감한 정책결정, 일사분란한 집행을 통해 코로나의 통제에 성공했음을 강조한다.

하지만, '장기 코로나 시대'의 관점으로 본다면, '사후적 정당화'나 '결과론적 평가'를 넘어 코로나 이후 회복의 과정과 사회적 변화에 대한 질문은 이제서야 본격적인 시작이다. 중국이 대응 '성공'을 위해 치른 인적·물적 대가,[9] 언론자유의 문제는 물론이고 지역차별, 실업, 사회안전망 및 사회적 지속가능성의 문제[10] 등 방역과 경제 부문에서의 (상대적인)

---

5) Comfort, L.K., "Crisis Management in Hindsight: Cognition, Communication, Coordination, and Control," *Public Administration Review*, 67(1), 2007; Comfort, L. K., Thomas W. Haase., Gunes Ertan., Steve R. Scheinert., "The Dynamics of Change Following Extreme Events: Transition, Scale, and Adaptation in Systems Under Stress," *Administration and Society*, 52(6), 2019.

6) 조영남, 「중국은 왜 코로나19 초기 대응에 실패했는가?」, 『한국과 국제정치』, 제36권 제2호, 2020; 구신, 「중국질병예방통제센터는 왜 신종 코로나 폐렴의 '수문장'이 되지 못했는가?」, 『성균차이나브리프』, 8(2), 2020.

7) 조영남, 「중국의 코로나19 대응 분석: 중앙의 지도체계와 선전 활동을 중심으로」, 『中蘇研究』, 제44권 제2호, 2020; 조영남, 「중국은 코로나19에 어떻게 대응했나?」, 백영서 편, 『팬데믹 이후 중국의 길을 묻다』, 책과함께, 2021.

8) 물론 조영남(2021)은 권위주의를 너무 강조하여 코로나19 통제의 성공을 분석하는 것을 타당하지 않다고 평가한다.

9) 조영남, 앞의 글, 2021.

10) 하남석, 「중국의 코로나19 대응과 정치사회적 함의」, 백영서 편, 『팬데믹 이후 중국의

성공이 드리운 과제와 숙제를 어떻게 해결할 것인지는 주요한 관심사다. 특히, 역병의 최종 통제가 권위주의의 덕이라고 한다면 역병의 초기확산 또한 권위주의의 산물임을 잊어서는 안 된다[11]는 지적처럼, 중국 체제의 '민낯'과 지속가능성을 더 면밀히 검토할 필요가 있다.

본 연구는 중국의 코로나 위기의 대응과 변화에 대해서 사회적 측면에 주목하여 중국 체제가 보여준 '민낯'과 코로나 이후 중국 사회의 변화를 예비적으로 검토한다. 기존 연구들이 주로 공산당-국가의 대응에 주목했던 반면, 본 연구는 기존의 중국체제가 보여준 '민낯'과 방역 및 경제회복의 성과 및 한계를 주로 사회적 측면에서 비판적으로 검토한다. 특히, 코로나에 따른 급박한 공중보건위기를 겪으면서 파생되는 '민생 위기'를 중국 정부와 사회가 어떻게 대처했는지, 실질적으로 그 부담이 누구에게 전가되었는지에 대한 질문을 통해서, 취업/고용 우선 정책과 사회안전망의 활용을 초기부터 일관되게 유지했던 현 중국 체제가 코로나 위기와 회복의 과정에서 어떤 성과와 한계를 가졌는지를 검토하고, 코로나 위기를 통해 중국 사회가 어떠한 교훈과 과제를 얻었는지 함께 살펴보고자 한다.[12]

본 연구는 중국 사회가 이번 코로나 위기를 겪으며 어떠한 방향으로 전환하고 있는지에 대한 예비적 답변이다. 과연 중국은 기존 경로를 그대로 답습하며 현재의 위기에 취약했던 '낡은 정상'으로 돌아갈 것인가, 아니면 '새로운 정상'으로 전진할 것인가? '중국'을 '중국 국가'와 등치시키

길을 묻다』, 책과함께, 2021.

11) 박우, 「코로나19, 사회 통제, 그리고 방역 정치」, 백영서 편, 『팬데믹 이후 중국의 길을 묻다』, 책과함께, 2021.

12) 다만, 2021년 현재 중국 내 공개된 자료와 관련 연구의 불충분함으로 인해 본격적인 분석보다는 예비적인 고찰에 가깝다는 점에서 한계를 갖는다. 특히, 매년 겨울에 발간되던 중국국무원연구센터의『중국민생조사』(中國民生調査)는 코로나 이전과 이후 민생의 변화를 검토할 주요 자료이나, 2020년의 경우 7월에 조사가 시작되었으나 예년과 달리 현재까지도 발간되지 않아 분석에 활용하지 못하여 후속 연구로 남겨둔다.

는 습관이 갖는 위험성[13]이 중국 국가의 역량을 과대평가하고 중국 사회
가 겪는 비용을 과소평가할 우려가 존재하는 만큼, 중국 정부의 정책뿐만
아니라 사회경제적 쟁점과 그 사회적 토대 및 불안정화 여부를 검토한다.

이를 통해, 중국의 코로나 위기 대응을 종합적으로 고찰하고 과연 각
국가와 사회가, 나아가 세계 인류가 이번 코로나 위기를 통해 어떠한 교훈
을 얻어내고 있는지에 대한 상호 학습과 상호 성찰에 기여코자 한다.

II. 방역과 경제회복 사이에서 중국 사회안전망의 역할

2019년 말 우한에서 최초로 확인된 코로나19는 순식간에 중국 내외로
확산되면서 중국 사회에 거대한 충격을 가하기 시작했다. 기존 감염병에
비해 강한 전염력을 가진 코로나19 바이러스는 확산속도와 범위가 훨씬
빨랐는데, 과거에 비해 급증한데다 일상화된 인구이동과 이를 가능케 하
는 교통수단의 증가가 코로나 확산에 주요 조건을 제공했다.[14]

코로나 이후 중국식 방역의 특징은 감염 지역의 강력한 봉쇄와 대규모
핵산검사로서, 이동에 대한 강력한 통제를 핵심으로 한다. 1월 23일 우한
시에 먼저 시행된 이후 전국적으로 확대된 봉쇄 정책은 이전에는 대도시
에서 한 번도 시도된 적이 없을 정도로 매우 극단적 조치였다. 가장 인구
이동량이 많은 춘절을 전후한 봉쇄 조치는 전국적으로 인구, 자원의 이동
을 극히 제한하면서, 거대한 사회경제적 충격을 야기했다. 우한 및 후베이
지역의 공중보건 위기가 정치사회적 위기로 확산될 우려뿐만 아니라, 기

---

13) 백영서, 앞의 책, 30쪽.
14) 박철현, 「중국의 코로나19 '대응'과 사회의 '협력'」, 『황해문화』, 제111호, 2021, 63쪽.

타 지역 또한 영업 중단, 노동자의 미복귀, 물품 부족 등 현상이 민생 위기
로 확대될 우려가 속출했다.

일종의 비상사태를 맞아 중국 정부는 '전쟁 같은 대응'을 벌였는데, 특
히 적극적인 취업 안정 대책과 사회안전망을 활용하여 방역 하의 민생
위기에 대응하기 시작했다. 사회정책은 최초로 위기의 부정적 효과에 대
응하는 주요 역할을 수행했고,[15] 사회적 응집력과 포용적 경제발전의 목
표를 실현하는 원래의 취지를 잘 실현했다고도 평가된다.[16]

본 장은 방역과 경제회복 사이에서 중국 정부의 대응을, 중국 사회안전
망의 역할과 성과를 통해서 집중적으로 검토한다. 취업 보장이 민생 보장
의 최우선 목표로 삼아온 중국 맥락에서, 취업 안정정책 또한 광의의 사회
안전망 차원으로 포함하여 분석한다.

1. 코로나19의 비상 사태와 중국의 대응: 공중보건 및 고용의 동시적 위기

중국 공산당 – 국가의 코로나 방역 대응에 대한 평가가 주요 확산지였
던 우한과 후베이성을 중심으로 이루어진 반면, 코로나로 야기된 사회경
제적 충격은 중국 전체를 포괄했다. 더욱이, 중국 경제발전방식의 전환
및 미·중 갈등으로 인한 구조적·정세적 요인에 코로나의 충격이 가중되
면서, 중국 사회 전반에 커다란 충격을 가했다. 코로나 바이러스와 국가
·사회적 대응이 자아내는 불투명성과 불확실성 사이에서 2020년초 코로

---

15) Lu, Q. Cai, Z. Chen, B. Liu, T., "Social Policy Responses to the Covid-19 Crisis in China in 2020," *International Journal of Environmental Research and Public Health*, 17(16), 2020.

16) Xiaoyan Qian, "China's social security response to COVID-19: Wider lessons learnt for social security's contribution to social cohesion and inclusive economic development," *International Social Security Review*, 73(3), 2020.

나 위기는 정치·사회적 위기로 확대될 지도 모를 커다란 격랑에 휩싸였다.[17] 2020년 9월 '코로나 표창대회'에서 중국 정부가 코로나 대응에서 '인민전쟁, 총력전, 저격전'(人民戰爭, 總體戰, 阻擊戰)의 수사로 당의 강력한 영도, 전국 인민의 단결분투, 장기간 누적된 견실한 국력을 강조한 바[18]는, 이번 국면이 그만큼 중국 공산당－국가 체제의 매우 심각한 위기였음을 반증한다.

코로나19가 중국에 가한 사회경제적 충격은 공중보건 및 고용의 동시적 위기였다. "중화인민공화국 성립 이래 가장 빠른 확산, 가장 광범위한 감염, 가장 어려운 예방·통제란 점에서 최대의 공중보건 위기"[19]란 평가처럼, 불안과 공포, 봉쇄와 이동의 제한이 야기하는 거대한 충격이 중국 사회의 '민생 위기'로 크게 확대될 우려가 존재했다. 코로나19의 대유행에 따른 심각한 공중보건 위기가 춘절 이후 중국 정부의 강력한 봉쇄 및 격리 정책과 동반되면서, 고용에도 커다란 충격을 가했다. 춘절을 맞아 고향으로 돌아갔던 노동자들이 직장으로 복귀하지 못하는 경우가 속출했고, 인구와 자원의 이동이 크게 제한되면서 야기된 조업 중단 및 폐업이 기업과 자영업 등에 강한 충격을 가하면서 자영업·제조업·서비스업 등 고용 전반의 위기로 이어졌다.

이번 코로나 위기 하에서 중국의 국가 주도적인 방역은 초기 대응의 실패에도 불구하고 공산당－국가 중앙의 주도 하에 전사회적인 자원을 '효율적으로' 집중 동원하여 감염자의 확산세를 '효과적으로' 통제했다.

17) 자세한 내용은 다음을 참조. 박우, "코로나19 4개월과 중국 사회: (불)투명성과 (불)확실성 사이에서 파동하는, 사회적이고 정치적인 것으로서 역병,"《다양성+ASIA》웹진 제9호(2020년 6월호), 2020. http://diverseasia.snu.ac.kr/?p=4162 (검색일: 2021.04.30)
18) 羅文東, "打贏疫情防控人民戰爭的勝利之本."《人民日報》2020.9.28. http://theory.people.com.cn/n1/2020/0928/c40531-31877669.html (검색일: 2021.04.29)
19) Lu et al, *op.cit.*

중국 공산당－국가는, 코로나 초기 대응의 실패가 사회적·정치적 위기로 확산되어[20] '중국의 체르노빌 모멘트'로[21]로 이어질 우려를 상당 부분 불식하며, 중국 방역모델뿐만 아니라 중국 체제의 강점 또한 많은 관심을 받았다. '최초 방역 실패와 최종 통제 성공'이란 도식은 중국식 권위주의 체제의 이점을 강조하고, 국가 위기 상황에 직면하여 중국의 정치체제가 갖고 있는 장점 또한 크게 회자되었다. 물자와 인원을 집중적으로 동원할 수 있는 효율적·효과적인 권위주의 체제, 수 차례의 위기를 겪으면서 점차로 형성되어온 위기 대응 능력과 체계, 2002년 사스 통제의 성공적인 경험이 중첩되어 작동했음이 강조된 바 있다.[22]

2020년 3월 이후 코로나로 인한 공중보건 위기는 상당히 불식되었지만, 곧바로 코로나 위기의 본격적인 제2라운드가 시작되었다. 중국 국내외에서 과연 중국 체제가 코로나 위기의 충격을 사회경제적으로 어떻게 회복할 수 있느냐에 관해 상당한 논란이 불거졌다.

코로나의 공중보건위기는 바로 고용 불안의 급속한 확대로 이어졌다. 〈그림 1〉에서 드러나는 공식 통계상으로도 2020년 초반의 지표는 상당히 심각한 수준이었다. 2020년 2월, 전국도시조사실업률은 6.2%로 치솟으며 최소 500만 명 이상의 마찰적 실업이 추가 발생함으로써 도시실업자는 통계상 3천만 명에 근접했고, 도시 신규취업은 더디게 증가했다. 정부의 공식 통계에는 코로나 위기에 가장 취약한 계층인 1.7억 명의 농민공과 1.5억 명의 자영업자가 반영되지 않았다는 지적이 잇따랐고, 코로나 위기로 중국의 연말 실업률이 9%대까지 치솟을 수 있다는 전망 또한 나왔다.

20) 자세한 내용은 다음을 참조. 박우, "코로나19 4개월과 중국 사회: (불)투명성과 (불)확실성 사이에서 파동하는, 사회적이고 정치적인 것으로서 역병." 《다양성+ASIA》, 웹진 제9호(2020년 6월호).

21) 하남석, 앞의 글.

22) 조영남, 앞의 글, 2021.

〈그림 1〉 중국 전국도시조사실업률 및 도시신규취업인원 변화(2018~2020.8)

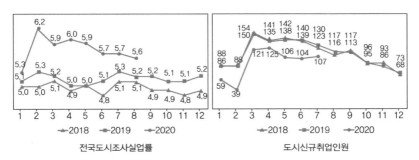

출처: 중국국가통계국 자료를 저자가 취합 정리

기업 폐쇄와 조업 중단, 실업의 증가와 임금 감소 등 고용 불안정성이 크게 심화되는 가운데, 실업과 비실업의 경계에 놓인 휴직자 또한 증가되는 것도 우려스러운 부분이었다.

고용 불안정의 위기에 놓인 노동자 수가 약 7천만 명[23]에서 1억 명 이상[24]으로 추산되는 가운데, 농민공, 대학(원)졸업생, 자영업자는 가장 취약한 계층/집단으로 떠올랐다. 농민공이 주로 종사하는 서비스업, 교통 및 운수부문, 건축업, 제조업, 교육업에 가장 강한 충격이 가해지며 임금체불 문제가 크게 이슈화되기 시작했고, 베이징대 디지털금융연구센터는 1~3월간 1.1억 명의 자영업자가 실직 또는 경제활동을 중단했다고 밝히기도 했다.[25] 874만 명에 달하는 대학(원)졸업생의 졸업 시즌인 7~8월이 다가오며 대학(원)졸업생의 취업 문제는 현실적이고 시급한 문제가 되어갔다.

23) 梁中華·張陳·蘇儀, "中國實際失業率有多高？"《新浪財經》2020.4.26. (검색일: 2020.08.30) https://finance.sina.com.cn/stock/relnews/us/2020-04-26/doc-iircuyvh9843233.shtml

24) 박석진, 「코로나19 관련 중국의 실업 현황과 대책」, 『국제노동브리프』, 2020년 6월호, 2020.

25) 박성훈, "코로나19에 중국 자영업자 40% 문 닫았다… 1억1000만 명 실직·파산"《중앙일보》2020.6.5. https://news.joins.com/article/23794262 (검색일: 2020.08.22)

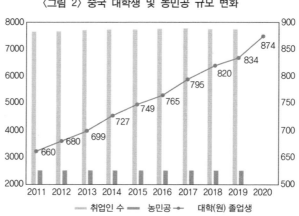

〈그림 2〉 중국 대학생 및 농민공 규모 변화

출처: 중국국가통계국 자료를 저자가 취합 정리

코로나 초기에 비해 고용상황이 개선됨에도 불구하고 중국 국내외의 불확실한 상황이 지속되면서 기업의 고용 수요는 빠르게 회복되지 않았고, 역대 최대에 달하는 874만 명의 대학 졸업자와 1.7억 명 이상의 도시에 취업한 농민공이 고용 안정에서 가장 핵심적인 집단으로 자리매김하였다.

코로나19 위기가 발발한 2020년은 중국 공산당–국가에게는 매우 중요한 한 해였다. 2020년은 전면적 소강사회 실현의 해로서 모든 인민의 빈곤 탈출이 선포될 예정이었고, 양로, 의료보험 등 부문에서 전체 주민에 대한 사회보험 체계 구축 등 사회적 안전망 확대에 있어 주요 목표가 되는 시기였다. 중국 정부와 관방 전문가들이 민생 보장 차원에서 중국의 사회안전망이 2000년대 중반 이후 강화되어왔음을 강조함에도 불구하고, 고용계약과 안정적 일자리 위주의 역진적인 사회안전망, 지역/지방별로 파편화, 분절화된 채 도시주민 편향적인 사회보장체계는 서비스 산업 및 유연고용 등 불안정 고용의 확대 등과 더불어 도전적 과제를 제기하는 중이었다.

2020년 코로나 위기 직전, 중국 정부는 지속적인 사회보장 재정지출의 증가와 동시에 사회안전망 확충을 위해 많은 노력을 기울여왔지만, 여전히 많은 내재적 한계를 갖고 있었다. 즉, 안정적 고용과 노동계약에 기반한 사회보험 위주의 사회안전망이 불안정 노동의 측면에 효과적으로 개입하기 어렵고 내재적으로 역진적인 성격을 갖는데다 전국적인 사회보장체계를 온전히 갖추지 못하고 있었다. 더욱이, 코로나 위기는 돌발적으로 발생하는 공중보건 위기로서 그 자체로 새로운 유형의 위험을 양산한다는 점에서, 기존 사회안전망에 상당한 도전을 가져오기 시작했다.

2. '복공복산'(複工復産): 방역 통제 하의 경제 정상화를 위한 사회안전망

춘절을 전후하여 중앙 정부가 코로나19 위기에 적극적으로 대처하면서, 민생 보장과 고용 안정은 가장 핵심적인 화두로 등장했다. 코로나19의 충격이 2003년 사스나 2007-8년 글로벌 금융위기보다 훨씬 크고 장기화되는 추세 속에서,[26] 전례 없는 민생 위기와 고용에 대한 충격은 중국 사회 전체에 많은 우려를 자아내기 시작했다.

이번 코로나 위기는 이전의 위기와는 달리, 경제 분야에 단계적·일시적인 충격뿐만 아니라, 체계 전반을 아우르는 거대한 충격을 주었다. 일부 범위(지방, 부문, 산업)에 국부적인 충격을 주는 지진, 과잉생산, 일부 감염병(조류독감 및 아프리카돼지열병)과도 다르고, 외부적 충격으로 발생한 미·중 무역 갈등이나 수입형 글로벌 금융위기와도 다르며, 2003년 사스(SARS)에 비해서는 영향 범위와 정도, 주민 관심도와 반응, 처해있는 경제환경이 크게 다르단 점이 지적되기도 했다.[27]

---

26) 중국 정부의 대응 측면에서 기존 위기와의 유사점과 차이점을 보여주는 연구는 다음을 참조할 것. 莫榮·陳雲·鮑春雷·黃湘閩, 「新冠疫情與非典疫情, 國際金融危機對就業的影響與對策比較分析」, 『中國勞動』, 01期, 2020.

코로나19가 고용에 가한 거대한 사회경제적 충격은 코로나 확산 초기부터 이미 중국 내에서도 여러 차례 경고된 바 있다.[28] 급격히 높아진 실업률과 더불어, 노동자들의 현장 복귀 곤란, 취업총량 압력, 구조적 모순의 돌출은 기업 지원과 일자리 안정을 기조로 농민공, 대학(원)졸업생, 코로나 확산지방의 취업인원, 실업인원을 중점으로 삼아 대대적인 정책적 노력이 필요함을 제기한 바 있다.

중국 공산당 국가는 중앙을 중심으로 전쟁을 방불케 하는 강력한 지휘 및 통제 메커니즘을 구축하여 위기에 대응하고 코로나19를 통제하고자 노력해왔다. 중앙은 강력한 봉쇄 및 격리 조치, 대규모 검사와 치료를 통한 적극적인 방역 정책을 추진하면서, 이를 뒷받침하고 경제 회복을 위한 사회안전망 관련 주요 정책을 추진했다.

중국 공산당-국가의 2020년 9월까지의 코로나19 대응은 〈그림 3〉처럼 개략적으로 살펴볼 수 있다.[29] 초기 대응이 보건·의료와 봉쇄·격리 등 방역 대책이 중심이었다면, 코로나19가 일정 정도 통제된 이후에는 경제적 지원과 사회안전망 확충에 대해 더욱 적극적인 조치를 취하고 있다는 점에서 다른 국가와 커다란 차이는 없다. 중국 정부 또한 전체적으로 강력한 방역 대책을 상당 기간 유지하는 가운데, 경제회복을 위한 정책을 상당히 조기부터 시도했다는 특징을 갖는다.

코로나 초기 긴급한 공중보건위기와 고용 위기 속에서, 중국 정부는 사회안전망을 통해 의료 및 실업보험과 사회구조를 확대 시행했다.[30]

27) 程傑, 「新冠疫情對就業的影響及對策建議」, 『中國發展觀察』, 03-04期, 2020; 王震, 「新冠肺炎疫情沖擊下的就業保護與社會保障」, 『經濟縱橫』, 03期, 2020.
28) 莫榮·陳雲·鮑春雷·黃湘闔, 앞의 글.
29) 본 지표는 국제비교를 위해 고안된 것으로, 각 국의 상황을 아주 정밀하게 반영하고 있지는 못하다. 그런 의미에서 개략적으로 전체적인 추세를 보여주는 것으로 활용한다.
30) 유명, 「코로나19 사태에 대한 중국의 사회보장적 대응 조치: 사회보험과 사회구조

〈그림 3〉 중국 정부의 코로나19 정책대응지표의 변화

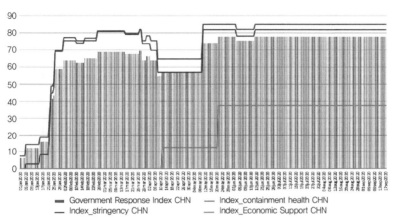

출처: Oxford Government Response 데이터를 활용하여 저자가 정리

우선, 환자 및 가족, 의료기관에 대한 의료보험 지원 확대를 통해 치료 비용에 대한 걱정을 벗어나도록 조치하였는데, 특히 '두 개의 보장'[31]을 핵심으로 했다. 2020년 4월 6일까지 중국 내 확진환자 및 의심환자의 경우, 전액을 의료보험기금과 각급 정부의 재정자금이 부담했다.[32] 아울러

조치를 중심으로」, 『국제사회보장리뷰』, 제12호(2020 봄호), 2020; 박석진, 「코로나19 가 중국 경제 및 노동시장에 미친 영향과 정부 대책」, 『국제노동브리프』, 2020년 4월호, 2020; 박석진, 앞의 글, 2020; Lu et al, *op.cit.*

"[뉴스클리핑] 中 '코로나19' 관련 기사 및 자료 모음" 《CSF중국전문가포럼》 홈페이지. https://csf.kiep.go.kr/issueInfoView.es?article_id=37134&mid=a20200000000&board_id= 2; (검색일: 2020.07.30.); "[뉴스클리핑] 中 '코로나19' 관련 기사 및 자료 모음 (2)" 《CSF중국전문가포럼》 홈페이지. https://csf.kiep.go.kr/issueInfoView.es?article_id=3879 3&mid=a20200000000&board_id=2 (검색일: 2020.08.30)

31) 의료비용 문제로 인해 환자의 적시 치료가 거부되지 않도록 보장하는 동시에, 지정된 의료기관이 환자 치료로 인해 장애를 받지 않도록 보장하는 것이다.

32) 총 의료비용 약 14.86억 위안 중 의료보험기금은 66.6%에 해당하는 9.9억 위안을 차지 했고, 나머지 비용은 각급 정부의 재정자금이 부담했다.

중앙 정부는 고도로 중앙집권화된 체계의 이점을 활용하여 다른 지역의
의료진을 대규모로 동원하여 우한에 집중 투입함으로써, 코로나 감염의
조기 통제에 기여했다.33)

　다음으로, 실업보험과 사회구조는 코로나 충격에 따른 실직자와 사회적
취약계층에 대한 지원을 제공했다. 우선, 실업보험은 코로나 충격에 따른
실직자에 대한 보조금 지원, 재취업을 위한 직업훈련의 기회를 제공했다.
규정상 요건을 채우지 못한 실직자에게도 실업보험 지급을 가능케하는
한시적 제도를 운용했고,34) 실업보험에 미가입자도 지방정부 규정에 따라
실업보조급여를 받을 수 있는 기회를 확대했다. 아울러, 대대적인 차원에
서 실직자를 위한 직업훈련과 창업 프로그램을 운용함으로써, 고용 위기
를 타개할 수 있는 조치를 추진했다. 또한, 사회구조35)는 기존의 호적에
따른 지급제한을 폐지하여 임시거주지(주로 도시)에서 도움이 필요한 비
호적주민까지 확대했고, 최저생활보장 가정과 빈곤층에 대한 현금 지급을
확대하였다.

　방역과 경제 회복 사이에서 경제 정상화로 향하는 중국 정부의 핵심적
인 대응은 "복공복산"(複工複産)36)이었다. 방역이 확보된다는 전제 하에,
빠르게 "복공복산"을 추동하고, 이를 통해 민생보장, 사회안정과 사회경
제발전목표를 실현한다는 것이었다.37) 시진핑이 2020년 2월 3일 중국공산

---

33) 1월 24일부터 3월 8일까지 전국 346개의 의료팀, 42,600명의 직원이 우한과 후베이성으
　　로 이동하여 치료에 참여했다.
34) 만 1년을 채우지 못한 경우 실업보험을 받지 못하는 실직자를 위해, 6개월간 실업보험
　　료의 80% 이하를 제공받는 제도를 한시적으로 운용했다.
35) 사회적 취약계층에 대한 긴급 구조와 최저생활보장 등과 관련된 제도로서, 빈곤 탈출
　　과 돌발적인 위기에 주요한 역할을 수행해왔다.
36) 이 단어는 2020년 중국 사회 내 10대 유행어 중 하나로 선정될 만큼 많은 주목을
　　받았다. '업무 복귀, 영업 재개'로 번역 가능하지만 맥락에 따라 의미가 다소 변화된다
　　는 점에서 본문에서는 원어를 그대로 옮기고 각각의 맥락을 설명하고자 한다.

당 중앙정치국 상무위원회에서 최초로 제기한 이래 3월 27일까지 총 57차
례에 이를 정도로, "복공복산"을 매우 중시했다. 방역 조치가 일상화되는
조건 하에서 정상적인 생산 및 생활질서의 회복을 위한 조치로써, 온라인
상에서도 많은 호응을 불러일으키기도 했다.[38]

　중국 정부가 감염 위험으로 인한 사람과 자원의 이동이 제한되는 돌발
적인 상황에서도 긴급히 "복공복산"을 강조한 이유는, 바로 방역과 경제
회복을 동시에 추진할 수밖에 없는 급박한 사정을 반영하는 것이기도 했
다. 경제학자이자 중국사회과학원 부원장인 차이팡(蔡昉)은 일찍이 2020
년 2월 10일 인터뷰를 통해 방역 조치와 노동 이동성간의 모순을 해결하
는 것이 최우선 과제임을 주장한 바 있고,[39] 중국 정부 또한 1/4분기의
충격을 2/4분기까지 넘기지 않겠다는 방침과 코로나로 인한 충격이 중국
의 잠재적 성장력을 약화시키진 않을 것이란 전망 하에, 노동자들이 가능
한 빨리 직장에 복귀하여 경제, 특히 고용을 안정시킬 필요를 적극 제기했
다.[40] 2020년 2~3월, 급박한 공중보건 위기에도 교통 및 물류의 원활한
기능 유지, 글로벌 공급망 차원에서 안정성을 유지하는 것이 주요과제로

37) 王慶德·吳欣哲,「大數據助力疫情防控和複工複產: 基於新冠肺炎疫情」,『中國
物價』, 05期, 2020; 王琴·李扣慶·邱鐵·金彧昉,「從"複工"到"複產": 快速修復
供應鏈」,『會計之友』, 06期, 2020.

38) 金佳緖, "習近平強調的這件事，也是網民的關注點."《新華網》2020.3.29.
http://www.xinhuanet.com/politics/2020-03/29/c_1125784772.htm (검색일: 2021.04.22)

39) 인명 손실뿐만 아니라 경제적 손실과 인민의 생계 손실 최소화를 위해 고용 촉진
및 농민공의 조기복귀, 중소기업의 생산 재개와 지원, 소비시장의 장점을 활용하고
3차 산업의 조속한 회복을 강조했다. 譚志娟, "【經濟熱點】蔡昉: 當務之急是破解
當前防控疫情擴散舉措與勞動力流動之間的矛盾"《中經實時報》2020.2.9. https:
//www.sohu.com/a/371947464_739032 (검색일: 2021.05.02)

40) 沈燕, "焦點: 中國正在推動複工返崗和防控疫情間做艱難平衡"《REUTERS》
2020.2.17. https://www.reuters.com/article/china-hea-covid19-business-resume-0217-idC
NKBS20B0HB (검색일: 2021.05.02)

천명되었고, 농민공 및 노동자의 직장 복귀를 위해 '점 대 점' 이동 서비스를 제공하는 등 정책적 노력을 취했다. 샹비아오(項飆)는 중국이 하이퍼－모빌리티 사회로 변화하면서 기존의 빠른 성장과 변화를 가능케 했던 초이동성(hyper-mobilities)으로 인해 중국 정부의 지역과 개인에 대한 개입이 더욱 어려워졌고, 수많은 논란에도 불구하고 결국 모든 이동을 중단시킬 수밖에 없었다는 가설을 제시한다.[41] 조기에 방역에 성공하여 모빌리티를 회복하여 경제를 순환시켜야 할 절박한 필요가 있다는 지적이다. 경제가 회복되지 않아 고용이 보장되지 않는다면, 민생 위기는 불보듯 뻔한 일이었다.

또한, 중국 정부의 "복공복산"은 코로나의 비상 위기로부터 빠르게 정상 상태를 회복하여 13차 5개년 계획의 사회경제발전목표를 완수하기 위한 주요한 흐름이었다. 중국 정부는 "복공"은 안정적인 고용, "복산"은 경제 발전과 관련된다고 평가하며, 방역이 잘 진행된다는 전제 하에서 "복공복산"을 단계적으로 추진했다.[42] 2월 23일, 시진핑이 방역 통제의 전제 하에 지역별 "복공복산"과 사람 및 직원, 물류 및 화물, 원료 및 생산품의 이동을 강조하며 이를 뒷받침할 재정정책[43]과 통화정책[44] 확대를 밝히자, 2월 말 인터넷상 광범위한 여론의 관심이 고조되었다. 《신화사》는 빅데이터를 통해 네티즌의 여론추이가 "복공복산"과 경제 회복에 대한 기대가 고조되고 있음을 밝힌 바 있다. 2월 28일 현재 "복공복산"에 대한

---

41) 項飆, 「"流動性聚集"和"陀螺式經濟"假說：通過"非典"和新冠肺炎疫情看中國社會的變化」, 『開放時代』, 第3期, 2020.

42) 2020년 2월 12일 중앙 및 국유기업의 '복공복산'을 추진한 이후 전국 각 산업으로 점차 확대했고, 2월 13일 지역에 따라 상이한 방역책략을 언급하고 저위험 지역의 전면적인 생산 및 생활질서 회복과 더불어 중위험 지역의 '복공복산'을 강조했다.

43) 기업에 대한 재정 보조, 비용 인하, 세금 납부 유예, 맞춤형 감세, 지방정부 특별채권 발행 규모 확대 등.

44) 영세·중소기업 여신한도 제고, 대출만기연장 등 추진.

네티즌들의 관심을 나타내는 자료가 총 253만개로 최고조에 달했고, "복 공복산"에 대한 네티즌의 감정적 태도 또한 2월 초 침묵과 불안으로부터 빠르게 기쁨으로 바뀌었음을 보여준다.[45]

〈표 1〉 중국 공산당 - 국가의 2020년 주요 민생대책 성과

	중점대책	기업 지원, 부담 감소, 고용 안정, 취업 확대 + 중점취업집단 '감면, 지원, 반환, 보상'(減,免,緩,返,補)의 정책 조합
취업	취업안정	도시신규취업인원증가수치 1099만명, 중점기업 취업 55.4만명 [1-11월]
	취업확대	중점기업 취업, '점대점' 서비스플랫폼과 미니프로그램(小程序) 제공, 온라인 채용 캠페인(2671만회 구인요청, 2000만건의 이력서제출), 후베이(湖北) 노동자와 2020년 대학(원)졸업생에 취업/창업보조금, 전문노무서비스, 20.3만개의 일자리 제공, 250만개의 복직 조직
	취업보조 빈곤퇴치 (就業扶貧)	타지 취업으로 빈곤퇴치 지원, 디지털 플랫폼경제, 빈곤장애인취업보조행동, 《취업빈곤 퇴치》포럼 개최(주대상: 빈곤농민공 3241만명), 농촌지역 고용지원을 위한 장기 메커니즘 연구
	창업취업 혁신	다채널 유연고용 지원(자영업, 시간제 및 새로운 취업형태 발전), 창업담보대출금액 20만元으로 확대, 취업·창업서비스 경험 교류 활동
	중점집단 취업	대학(원)졸업생 취업·창업추진캠페인, 참여기업 확대, 기층 취업 확대, 취업인턴쉽 규모 확대, 졸업생취업서비스 플랫폼, 취업클라우드 서비스, 농민공 취업·창업정책 개선 및 거주인근지역 고용채널 확대
사회 보험	중점목표	사회보험 각 항 공작 철저 추진, 기업과 인민에 혜택을 주는 정책의 유효화, 민생의 최저 한도 보호
	사회보험 커버리지	·기본양로 9.87억명, 실업보험 2.15억명, 산재보험 2.63억명[11월말 현재] ·사회보장카드 13.25억장 (커버리지 94.6%)[전자카드 2.55억장, 9월말]
	사회보험 비용감면 (免减緩)	·기업의 기본양로, 공상, 실업보험비 감면 11369억元 ·사회보험납부비율 저하로 기급수입 2545억元 감소 [기업부담 13914억元 감면] ·기업의 사회보험비 납부기한 연장 699억元 [11월말]
	사회보험 지급	실업보험비 지급 1135만명, 산재보험비 지급 약 600억元 [1-11월]
노사 관계	임금체불 방지대책	중대위법행위 1167건 공포, 농민공임금체불 '블랙기업' 587개 포함 [1-10월]

출처: 《중국조직인사보》(中國組織人事報) 2021.1.19[46]

45) 金佳緒, 앞의 기사.

46) "惠民春風暖萬家——2020年人社工作盤點 民生篇"《中國組織人事報》2021.1.19. http://www.mohrss.gov.cn/SYrlzyhshbzb/dongtaixinwen/buneiyaowen/rsxw/202101/t202

중국 정부의 2020년 주요 민생대책은 〈표 1〉처럼 취업안정과 사회안전망 활용에 초점이 맞춰졌다. 2020년 3월 20일, 중국 국무원의 「코로나19 대응 고용안정을 위한 조치 실시에 관한 의견」의 발표 이후 본격적인 고용안정과 사회안전망 대책이 출시되었다. 정부의 정책은 "기업 지원, 부담 감소, 고용 안정, 취업 확대"를 기조로 농민공, 대학(원)졸업생을 중점취업집단으로 하여 이뤄졌다. 코로나 초기 "복공복산"을 중심으로 했던 주요 대책이 기업의 조업 재개를 중심으로 노동자의 조기 복귀와 고용 유지에 초점을 맞추었다면, 코로나 확산세가 진정되면서 새로운 일자리 창출과 노동자의 이직 및 창업 지원 등에 보다 초점을 맞추는 방향으로 변화했다. 2020년 5월, 사회보장과 민생보장이 전국적인 사회적 관심사로 떠오르는 가운데, 전국 양회에서 2019년에 제기한 6대 안정에 대해 6대 보장 정책을 더하였고 특히 취업 안정을 강조했다. 리커창 총리는 정부업무보고에서 취업을 39차례, 민생을 21차례 언급했을 정도로, 취업은 민생의 근본으로 절실한 문제로 제기되었다.

　주요 내용은 크게는 다음 세 가지 정도로 정리해볼 수 있다.

　첫째, 중국 정부의 주요 정책은 기업을 적극 보조함을 통해서 고용을 보장하고 신속히 노동 참여율을 늘리는 방식으로 진행되었다는 점에서 과거 위기 시의 대응이나, 기존 취업 우선 정책과의 커다란 차이는 보여주지 않았다. 하지만 이번 위기에서 중국 정부는 그동안 적립된 사회보험기금을 적극 활용[47]하여 한 편으로는 양로, 실업, 산재보험의 커버리지를 확대하고, 다른 한편으로는 고용을 유지하는 기업 및 중소기업, 자영업에 대해 "감면, 지원, 반환, 보상"(減,免,緩,返,補)[48]의 주요 대책을 시행할

10119_407927.html (검색일: 2021.05.02)

47) 공식 통계에 따르면, 사회보험기금의 2019년 총수입은 8.1조 위안, 지출은 7.5조 위안이었고, 누적 잉여금이 9.4조 위안에 달하여 전체 기금의 안정성에는 큰 위험이 되지 않는 것으로 판단되었다(Qian, 앞의 글).

수 있었다.[49] 특히, 고용 유지를 전제로 1조 4천여억 위안에 이르는 사회
보험비용의 감면은 가장 큰 성과로 제시되었다.

둘째, 중점취업집단인 농민공과 대학생 취업 문제는 보다 주요한 문제
로 등장했다. 우선, 농민공은 비국유부문 노동력의 과반수 이상을 점하고
있고 그들의 임금소득이 농가 가계소득의 핵심 원천으로 국가적 과제인
탈빈곤의 핵심과 연계된다는 점에서, 농민공의 도시로 이동과 취업은 핵
심적인 과제로 등장했다. 2020년 농민공 취업자 수가 전년 대비 5,400만
명 줄어들고 실업률이 고조되면서 상황은 매우 심각했지만, 전년 대비 연
말 농민공의 도시 취업자 규모가 97.3%로 회복되고 실업률 또한 비슷한
수준으로 거시 지표상 회복을 보였다. 아울러, 대학(원)졸업생의 경우 또
한 840만 명에 이르는 역대 최대 수치일뿐만 아니라 2021-22년 더욱 증가
할 것으로 예상되면서 취업 및 창업 지원에 대한 보다 적극적인 조치가
취해졌고, 공공기관의 대학(원)졸업생 우선 채용, 인턴십 및 대학원 정원
확대 등의 조치도 잇따랐다.

셋째, 산업 전반뿐만 아니라 대면서비스업, 자영업, 중소기업에 대한 충
격이 더욱 강했던 코로나 위기 상황에서 부문, 규모, 지역에 따른 노동력
수요가 크게 변동되면서, 유연고용과 새로운 취업 형태의 유용성이 새롭
게 '발견'되었다. 코로나 이후 대면서비스업은 커다란 충격을 받은 대신,
IT와 플랫폼을 중심으로 한 '신취업형태'는 크게 발전했다. 또한, 전통적
인 형태의 고용뿐만이 아니라 자영업, 시간제 및 새로운 취업 형태의 발전
에 따라, '다채널 유연고용 지원'이 취업 안정의 주요한 대책으로 부상하
였다.

---

48) 각 지방정부는 이에 각 지방의 특성을 더하여 더욱 다양한 정책 조합을 실시했다.
49) 기존에 사회보험에 대한 비판이 기금을 적립만 하고 실제 필요한 사람에게 쓰여지지
  않는다는 데 초점이 맞춰져 있었던 데 비해서, 상당한 진전이라 할 수 있다.

중국 정부는 코로나로 인한 사회경제적 충격을 완화하기 위해 전례없이 집중적인 사회정책을 실시했다. 중국 체제에서 사회보장 기능이 민생보장을 통한 사회안정과 포용적 경제발전을 주요 목표로 삼는다는 점에서,[50] 이번 코로나 위기는 그동안 구축해온 사회안전망의 효용성을 다시 한번 입증하는 것이었다.

Ⅲ. 위기 대응과 회복의 사회적 토대와 차별적 효과

중국 공산당–국가는, 코로나 초기 대응의 실패가 사회적·정치적 위기로 확산되어[51] '중국의 체르노빌 모멘트'[52]로 이어질 우려를 상당부분 불식하며, 조속한 코로나 통제와 점진적인 경제 회복을 이뤄냈다. 하지만, 과연 중국의 코로나 위기 대응과 '상대적 성공'이 과연 정부만의 힘으로 가능했을까? 이 질문은 바로 "중국은 어떻게 코로나 방역에 성공했는가?"로 이어진다. 코로나의 대응과정에서 국가–사회의 협력이 중요한 쟁점이었던 만큼, 중국 사회의 '협력'을 과연 어떻게 평가해볼 수 있을까에 대한 시론적 검토가 필요하다.

아울러, 위기 대응과 회복 과정에서 '정상으로의 복귀'가 갖는 차별적 효과 또한 주요한 쟁점이다. 일종의 '무차별적 감염의 차별적 효과'는 코로나 초기뿐만 아니라 보다 장기적·누적적 효과를 갖는다는 점에서, 장기 코로나 시대 중국 위기 대응과 회복의 사회적 결과에 대한 질문이다. 특히,

---

50) Qian, 앞의 글.

51) 박우, 앞의 글, 2020.

52) 하남석, 앞의 글.

중국 정부의 취업 안정 목표가 "할 수 있는 모든 조치를 취하고, 가능한 일자리를 최대한 늘려야 한다"는 원칙 하에 상당부분 거시 고용지표를 회복했음에도 불구하고, 심지어 사회의 많은 '참여'와 '협력'이 이뤄졌음에도 불구하고, 조기 정상 복귀가 갖는 중국 사회에 대한 함의는 무엇일까?

1. 정상으로 조기 복귀의 사회적 토대: '인민전쟁'과 사회의 '협력'?

2020년 초반 코로나의 고용에 대한 충격은 거시 지표상으로 2020년 말 상당 부분 회복된 모습을 보였다. 코로나 위기 후 중국 정부는 도시지역 신규증가취업자 수 900만 명, 도시지역 조사실업률 5.5%로 목표를 하향 조정한 바 있었지만, 각각 1,186만 명, 5.2%로 연초 목표치를 달성하면서 지표상 회복했다. 또한, 중점취업집단이던 농민공과 대학(원)졸업생의 취업 문제 또한 지표상 상당한 회복세를 보였다. 연말 농민공 취업자 수가 전년 대비 97.3%까지 회복되었고 12월 농민공 실업률도 전년과 비슷한 수준으로 하락했다. 대학(원)졸업생 또한 12월 실업률이 7월 대비 7.2% 하락하며 전년 동기와 비슷한 수준을 유지했다.

2021년 3월 치뤄진 전국양회에서도 취업 및 고용안정은 민생보장의 최우선 순위로 거론되었다. 특히, 2021년 양회는 기존의 "할 수 있는 모든 조치를 취하고, 가능한 일자리를 최대한 늘려야 한다"는 원칙 하에서 일자리 안정과 기업에 대한 재정세제·금융 지원, 사회보험료 인하 및 환급, 교육훈련 및 취업서비스 확대, 창업 활성화 등 각종 대책을 지속할 것임을 천명했다. 특히 '새로운 취업형태'(新就業)에 대한 강조는 팬데믹 이후 디지털 경제로의 전환과 일자리 확충을 위한 적극적인 대응으로 천명되었다. 중국 정부는 현재의 취업 및 고용 안정 기조는 제14차 5개년 계획 기간에도 지속되어, IT 등 과학기술의 발전에 필요한 노동력 육성 및 공급 또한 주요한 과제로 제시했다.

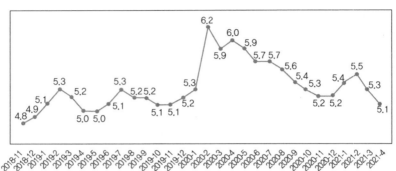

〈그림 4〉 도시 조사실업률 변화 (단위 %)

출처:《國家統計》(http://www.stats.gov.cn/)

　거시 지표로 볼 때 중국 사회의 취업문제는 안정적 추세를 상당 부분 회복했다. 도시 조사실업률은 2020년 2월 최고점인 6.2%를 기록한 이후 2021년 5.1%로 과거와 큰 차이를 보이지 않는 수준으로 떨어졌다. 2020년 중국은 경제 회복과 마찬가지로 고용 측면에서도 점차적인 회복세를 보여 왔다. 코로나 방역이 효과를 거두고 조업과 생산이 재개되고 소비가 일부 회복되면서, 도시지역 조사실업률은 지속 하락해왔고, 2020년 11~12월은 5.2%로 코로나 위기 이전 수준을 회복했다. 하지만 2021년 1,100만 명 이상, 도시조사실업률 5.5%의 목표치 설정은 팬데믹 이전 1,300만 명 이상의 수치에 비해 다소 보수적인 전망이다.

　하지만, 과연 중국의 위기 대응과 '조속한' 회복은 어떻게 가능했는가? 서방의 "권위주의, 유교문화, 전체주의" 등의 해석틀에 대항하여 중국 내부에서 나온 담론 중 대표적인 것이 바로 '인민전쟁론'이다. 중국 공산당 −국가는 2020년 9월 '코로나 표창대회'에서 중국 정부는 코로나 대응에서 '인민전쟁, 총력전, 저격전'(人民戰爭, 總體戰, 阻擊戰)의 수사로 당의 강력한 영도, 전국 인민의 단결분투, 장기간 누적된 견실한 국력을 강조한 바 있다.[53] 당과 인민을 분리하려는 외부의 시각에 대응하여, 당과 인민의 견고한 연계를 강조하고 공동부유 발전을 강조하는 이데올로기적 선전·선동의 시도다.

하지만 이미 많은 논의에서 '인민전쟁'론의 이데올로기적 성격과 허구성은 비판되어졌다. 공산당－국가 중앙의 전면적 국가동원이 공산당 조직과 당원, 인민해방군, 인민단체를 총동원하는 '인민전쟁'의 이데올로기적 성격을 띠며 최초 방역 실패를 결과적으로 통제하는 데는 성공했지만, '일반 인민'은 없고 '당(黨)·정(政)·군(軍)'만 있었다고 지적된다.[54] 일부 논자는 일체의 대가(곧 인명 손실)를 무릅쓰고서도 방역 '전쟁'에서 이겨야 한다는 논법이 인명을 대가로 삼을 위험이 있는 황당한 논법이라 비판하며, 긴급 상황을 전쟁으로 비유하는 사유가 초래하는 위험을 경고한다.[55] 정상으로의 조기 복귀를 '성공'이라고 '즉각적으로' 이해하기에 앞서, 이번 코로나 대응 과정에서 중국 사회가 치른 사회경제적 비용은 추후 재검토될 필요가 있다.

그럼에도, 정부 주도의 위기 대응과 회복과정에서 중국 인민과 사회의 적극적인 '협력'의 사회적 토대는 더욱 고찰해볼 만하다. 위기 시에 정부를 중심으로 시민·사회가 결집하는 추세는 이번 코로나 위기에서도 전 세계적으로 다수 발견된 바 있지만, 그것이 서구식의 "권위주의, 유교문화, 전체주의"로 환원되기는 어려워 보이기 때문이다.

---

53) 이미 중국 공산당－국가는 2월 12일 시진핑이 연설을 통해 비상 시기 '인민전쟁, 총력전, 저격전'을 강조한 이래 열렬한 반향이 있다고 소개하며 이후 지속 활용해왔다. 劉毅 等, "堅決打贏疫情防控的人民戰爭總體戰阻擊戰: 習近平總書記在北京調研指導新冠肺炎疫情防控工作時的重要講話引發熱烈反響"《人民日報》2020.2.12. http://politics.people.com.cn/n1/2020/0212/c1001-31582335.html (검색일: 2021.05.20)
54) 조영남, 앞의 글, 2021, 98-99쪽.
55) 친후이, 「전염병 이후의 전지구화: 코로나19 사태와 '제도'의 문제」, 백영서 편, 『팬데믹 이후 중국의 길을 묻다』, 책과함께, 2021.

최근 왕샤오밍과 박철현은 사회의 '협력'에 대해 근본적으로 질문을 제기한다.[56] 왕샤오밍은 중국의 강력한 당 - 국가 권위주의 집권체제에 더불어 비상사태에 대한 인민의 '생명지상'적인 주류가치관, "선을 지향하는 마음"(向善之心)이 중요한 작용을 했을 수 있다고 지적한다. 박철현 또한 '협력'이 '생명에 대한 위협'이라는 '예외적인 상황' 속에서 권위주의 국가의 방역 요구에 사회가 호응한 결과임에 동의하면서도, '건강코드', 사회관리의 정밀화를 위한 스마트 시티 건설 등 국가에 대한 사회의 호응을 현실화시키는 기술의 중요성을 강조한다.

이러한 논의들이 '비상 사태'에 중국 사회의 '협력'을 강조한다면, 기존 사회체제가 이번 코로나 위기에서 특유한 사회적 기능을 발휘했음 또한 지적할 필요가 있다. 우선, 이번 코로나 위기에서 '사구'(社區)는 중국 사회의 기층 단위로서 주요한 역할을 수행했다. 코로나 초기 대응부터 사구는 예방 통제와 질병 통제의 최전선으로서 주요한 역할을 부여받고 수행해왔고,[57] 코로나19는 격자망화(網格化) 관리에 기초한 스마트시티가 '질병 - 위생'을 통해 재구성되는 계기로 작동하고 있다.[58] 사구는 봉쇄식 방역의 핵심 현장인 동시에 각종 사회역량이 결집된 주요한 기층단위로서, 시장체계와 법률·행정 차원의 외곽에 있는 각종 사회역량을 통해 봉쇄에도 일상생활의 유지를 가능케하는 사회적 토대를 제공했다.[59]

---

56) 왕샤오밍, 「중국 '방역'과 전 지구적 위기」, 『황해문화』, 제111호, 2021; 박철현, 앞의 글, 2021.

57) 2002년 사스 때에도 베이징, 사하이, 광둥 지역에서 사구를 이용한 질병 통제가 큰 성과를 거둔 경험도 작용했다. 조영남, 「중국은 어떻게 코로나19의 통제에 성공했나? 후베이성과 우한시의 활동을 중심으로」, 『國際地域研究』, 제29권 제3호, 2020.

58) 박철현, 「코로나19와 중국 스마트시티: 격자망화 관리, 방역관리 플랫폼, 건강정보코드와 사회관리체제」, 『중국지식네트워크』, 제17호, 2020.

59) 陳映芳, 『秩序與混沌 : 轉型中國的「社會奇蹟」』, 臺北: 國立臺灣大學出版中心, 2021.

2. 비가시화된 사회적 토대: 차별적 효과와 가족의 역할

코로나 위기 이후 중국 사회의 도시실업률은 개선되었지만, 일자리 창출보다 일자리 유지에 더 집중된다는 점은 현재적 한계다. 중국 정부의 취업 안정 노력에도 불구하고 여전히 기업의 인력채용에 대한 신중한 태도가 지속되고 있고, 특히 대면서비스업의 고용 충격과 온라인 판매업 및 유통업 등 새로운 업종에서의 인력 부족이 공존하면서 영세사업자와 자영업자 집단까지 노동시장으로 뛰어들어 취업 경쟁압력은 더욱 증대해왔다.

더욱이, 코로나 위기의 충격은 상당히 차별적으로 드러났다. 상당수의 농민공은 여전히 사회안전망에 '충분히' 편입되지 못한 채 규모 또한 개혁개방 이후 최초로 약 866만 명 감소했고, 2021년 대학(원)졸업생 수는 909만 명으로 역대 최고를 경신할 것으로 예상되지만 안정적인 일자리는 여전히 부족하다. 여성 노동자의 경우 상대적으로 훨씬 큰 피해를 입은 것으로 드러났는데,[60] 여성 노동자의 70%가 집중된 농업, 숙박음료업, 도소매업 등이 상대적으로 회복이 늦어지면서 실업, 일자리 부족, 임금 감소 등의 피해를 입어왔다.

코로나가 야기한 불확실성은 '유연 고용'(靈活就業)의 역할을 증대하는데 커다란 기여를 했다. 비대면 상황의 지속과 더불어, 수출기업의 생산수요 감소, 시장 전반의 소비심리 악화 등을 통해 고용시장에 많은 부정적 영향을 끼쳤지만, 회복의 과정에서 유연 고용이 가진 시공간적 탄력성은 나름의 장점을 발휘했다.[61] 플랫폼, 크라우드 소싱, 소셜네트워크 경제,

---

60) 史靜文 等, "疫情下女性就業情況變得更糟糕了嗎?"《城室科技》, 2020.10.15. https://mp.weixin.qq.com/s?__biz=MzU5MzE0MTkzMA==&mid=2247484869&idx=1&sn=3f3ba5b2060c6cd1875c68545aa1fa87&chksm=fe144c00c963c516c2f565d0c39bada8c1c721ca4bf2bba544359ffa7ae92012b6964e51b1fc#rd (검색일: 2021.05.02)

61) 리푸쥔·모룽·바오춘레이·천원,「코로나19가 중국 유연고용 인력에 미치는 영향 및 대책」,『국제노동브리프』, 1월호, 2021.

공유경제 등 분야에서 새로운 고용형태의 발전이 드러났고, 테이크아웃 배송기사, 격리경제(Qconomy), 라이브커머스 등 새로운 경제활동이 드러나면서, 유연 고용은 중국의 고용 유지와 안정·확대에 커다란 역할을 수행했다.

중국 정부에게도 유연 고용의 효용성은 '재발견'되었다. 코로나의 충격과 방역·통제조치의 일상화 속에서 취업 안정을 위해, 중국 정부는 유연 고용의 시장 및 사회적 효용성을 절감하고 적극 수용·발전코자 했다. 대표적으로, 중국 국무원은 2020년 7월 31일 《다채널 유연 고용의 지원에 관한 의견》(關於支持多渠道靈活就業的意見)을 발표하여, 자영업 창업, 시간제 및 임시직, 탄력근로 등을 포함한 '새로운 취업형태'를 적극 활용하여 취업 경로를 확대하고 노동자의 노동소득을 증가시키고자 했다. 코로나 위기가 실업뿐만 아니라 임금, 복지, 근로시간 등을 모두 감소시키며 고용의 질에 부정적인 영향을 미치는 가운데,[62] 직업이 있음에도 소득을 보충하기 위해 겸업, 유연 고용에 종사하는 경향이 증가하는 등,[63] 임금소득의 보전과 취업 안정에 많은 기여를 한 것으로 평가되었다.

그럼에도, 유연 고용의 확대는 고용시장 전반의 고용의 질에 부정적인 영향을 끼칠 우려 또한 제기된다. 코로나19로 인한 시장의 불확실성이 유연고용의 불안정성과 경쟁압력을 제고하는 한편, 정규직에 비해 소득, 사회보장, 노동권익 보호 등의 측면에서 취약하기 때문이다.[64] 코로나로 인한 '비상 사태'에서 유연 고용의 활용은 시의적절한 것이기도 하지만, 사회의 지속가능성에는 중장기적으로 부정적 효과를 끼칠 우려가 여전하다.

---

62) 박석진, 「코로나19 관련 중국의 실업 현황과 대책」, 『국제노동브리프』, 6월호, 2020, 65-66쪽.

63) 박석진, 「코로나19 대응: 중국 정부의 노동유연화 확대 방침과 노동자에게 미친 영향」, 『국제노동브리프』, 1월호, 2021, 120-124쪽.

64) 리푸췬·모룽·바오춘레이·천원, 앞의 글, 54-55쪽.

그런 점에서, 유연 고용 및 취약계층에 대한 사회안전망 구축·확대에 대한 국가·사회적 요구는 더욱 절실해지고 있다. 코로나의 차별적 효과는 특히, 가장 취약한 노동자인 농민공에게서 두드러지게 발견된다. 한 연구에 따르면, 농민공은 동일 지역의 도시호구 노동자에 비해 더욱 강한 실업의 충격을 경험했고,[65] 특히 교육·기술 수준이 낮을수록 가중되었다.[66] 지방(고향)으로부터의 탈출, 교통수송 활용, 방역 등 세 가지 커다란 관문이 농민공의 도시 복귀와 취업에 커다란 난관을 제공하였고,[67] 농민공 실업 및 고용상황에 대해 여전히 미비한 국가 통계와 행정은 그들 중 상당수에겐 매우 취약한 사회안전망만을 제공해줄 따름이었다.

그렇다면 과연 그들은 어떻게 코로나 위기와 충격에 대응할 수 있었을까? 6월 30일, 중국사회과학원 사회학연구소가 주최한 '코로나19하 농민공 취업상황 및 촉진 포럼'(疫情下的中國農民工就業狀況與促進論壇)[68]의 자료를 통해 간략히 살펴본다.[69]

우선, 농민공의 조속한 도시 복귀는 정부 정책뿐만 아니라 농민공의 자발적·주체적 선택의 결과이기도 하다. 2020년 2월 3~4일 온라인 조사 결과에 따르면, 절대다수인 80%가 조속한 직장 복귀를 원했고 불완전한

---

65) 온라인 조사에 따르면, 2월말 일자리를 찾지 못한 농민공은 90% 이상인데 반해, 도시호구 노동자는 42%로 커다란 차이를 보였다.

66) Lei Che, Haifeng Du & Kam Wing Chan, "Unequal pain: a sketch of the impact of the Covid-19 pandemic on migrants' employment in China," *Eurasian Geography and Economics*, 61(4-5), 2020.

67) 徐海波 , "拆除農民工返崗複工的"三道關"" ,《新華網》, 2020.3.16. https://news.sina.com.cn/c/2020-03-16/doc-iimxxstf9521009.shtml (검색일: 2021.05.03)

68) 본 포럼은 온라인 회의로 진행되었고, 예정된 2시간 반을 1시간 이상 넘긴 채 1만 명 이상의 네티즌들이 참여하면서 성황리에 마무리되었다.

69) 보다 자세한 사항은 다음을 참조할 것. 윤종석, "코로나19 위기와 농민공: 불안정 심화와 의식 변화,"《관행중국》, 10월호, 2020. https://aocs.inu.ac.kr/webzine/app/view.php?wp=638 (검색일: 2021.05.02)

사회안전망과 부족한 저축 수준으로 인해, 농민공의 절대다수는 위험을 무릅쓰고 직장으로 복귀를 희망했다.[70]

아울러, 농민공의 자발적·주체적 선택이 그들의 고용환경 개선과 동반되는 것은 아니다. 농민공의 잦은 이직과 적극적 노동시장의 참여는 코로나19 위기 극복과 회복에 핵심적인 기여를 했지만, 시간당 임금이 격동하고 경제적 불확실성이 크게 확대되면서 그만큼 임금 변동과 일자리의 불안정성은 심화되는 듯하다. 더욱이, 취약한 사회보장은 여전히 그들의 위험에 대비할 주요한 선택지는 아니다.[71] 아울러, 정부의 정책이 중소기업 지원과 사회보험료 감면, 사회보험 재정에 대한 정부 지원 축소로 이어지면서, 취약한 사회보장은 더욱 문제적인 상태로 변화될 우려 또한 존재한다.

코로나 위기 대응과 회복과정에서 가장 비가시화된 사회적 토대는 바로 가족의 역할이다. 개혁개방 이후 가족화된 사회구조가 세대 간, 성별 분업 등 가구 전략을 통해 경제발전에 참여했다면, 이번 코로나 위기에서도 또한 가족은 방역 기간과 회복과정에서 사회생활과 사회질서를 유지하도록 만든 주요한 사회적 토대였다.[72] 천잉팡(陳映芳)은 비록 현재 자료가 불충분하지만, 이번 코로나 위기 대응과정에서 중국 국가가 사적인 가정공동체에 고도로 의존하였고 사회생활 또한 '중국식 가족'의 전통적인 도덕자원에 더욱 의존했음을 가설적으로 제시한다. 실제로, 한 연구는 농민공의 코로나 대응에서 가족이 핵심적인 역할을 했음을 규명하면서, '자

---

70) 안전을 위해 복귀하지 않겠단 의견(12.2%)보다는 공장의 방역조치를 기대하며 복귀하겠단 의견(55.6%)이, 저축액 부족으로 인한 복귀 의견(29.9%)이 그 반대(2.3%)에 비해 압도적으로 많았다.

71) 조사 대상 중 사회보험을 납부하지 않은 자가 51.3%에 달하고 54.4%가 사회보험의 필요를 인정하지만 51.2%는 납부를 희망하지 않는다.

72) 천잉팡(陳映芳)은 개혁개방 이후 안정 속에 경제발전을 추동한 사회적 토대로 가족의 사(회)적 역할에 주목한다. 陳映芳, 앞의 책, 359-366쪽.

원 최대화, 위험 절감'을 위한 농민공 가족의 다양한 전략을 규명한 바 있다.73)

취약한 사회안전망 하에서 가족의 역할은 이번 코로나 위기와 회복과 정에서도 커다란 작용을 한 것으로 보인다. 코로나에 대항하는 사회자본 측면에서 가족을 포함한 친밀한 관계가 물리적 환경, 정보의 다양성 측면 보다 더욱 중요한 역할을 수행했고,74) 감염 및 의심환자를 가진 가족은 더 많은 소득감소와 위험에 처해졌을 뿐만 아니라 낮은 가계소득의 가족 들이 높은 가계소득의 가족들보다 소득 감소의 위기에 놓여지기 쉽다는 점에서75) 가족의 주요한 사회적 역할을 여실히 드러났다.

결과적으로, 이번 코로나 위기를 통해 중국 사회안전망은 주요한 성과 와 역할을 수행했지만, 그만큼 수많은 과제에 놓여져있다. 유연 고용 및 농민공을 포함한 취약계층에 대한 사회안전망과 더불어, 사적 단위인 가 족이 가진 사회적 역할이 개별 가족 수준에서 무거운 부담이 되지 않도록 전환의 계기를 마련해볼 필요가 있다.

Ⅳ. 코로나 이후, 중국 사회는 어디로 가는가?

중국은 코로나 위기 속에서 조기 회복과 많은 성과뿐만 아니라 무수한

---

73) Shuangshuang Tang, Xin Li, "Responding to the pandemic as a family unit: social impacts of COVID-19 on rural migrants in China and their coping strategies," *Humanities and Social Sciences Communications*, 8(8), 2021.

74) Yanjie Bian, Xiaolei Miao, Xiaolin Lu, Xulei Ma & Xiaoxian Guo, "The Emergence of a COVID-19 Related Social Capital: The Case of China," *International Journal of Sociology*, 50(5), 2020.

75) Yue Qian, Wen Fan, "Who loses income during the COVID-19 outbreak? Evidence from China," *Research in Social Stratification and Mobility*, 68, 2020.

'민낯' 또한 보여왔다. 불충분·불투명한 정보 속에서 중국 사회의 코로나 대응과 회복의 과정을 본격적으로 평가하기란 여전히 시기상조일 수 있다.

하지만 현재까지 논의를 종합해보건대, 과연 중국 사회가 이번 코로나를 통해 '새로운 정상'으로 나아가는 계기가 되었는지에 대해서는 여전히 회의적이다. 중국 국가가 구축해온 통치체계의 능력과 그동안 개인, 가족을 버티게 해 준 사회적 토대가 코로나의 충격을 조속히 회복하는데 커다란 기여를 했음은 충분히 인정할 수 있으나, 과연 다음번 코로나와 같은 바이러스가 발생했을 경우 현재와 동일한 메커니즘으로 성공적으로 대응할 수 있을까? 나아가, 현재까지 드러난 중국식 방역체계가 중국식 체제의 특성에 기반한, 다른 사회에 복제 불가한 모델이라 할지라도, 전 세계적으로 중국의 코로나 대응에 대해서 저평가되는 현실은 개선될 수 있을 것인가?

특히, 서두에 제기했던 장기 코로나 시대란 언명은 위기에 대처하는 체계 자체의 회복력과 지속가능성의 중요성을 강조한다. 국가의 거버넌스 능력 제고와 사회안전망 보완·확대 등의 중요성뿐만 아니라, 현재 중국 사회적 체제의 지속가능성을 위한 또 다른 교훈을 필요로 할지도 모른다.

2020년 중국 사회의 방역 '성공'과 조기 회복이 과거 '낡은 정상'으로 돌아간 것은 아닌지에 대한 하나의 사례는, 바로 작년부터 유행한 불안정/자조 담론이다. 2020년 10대 인터넷 유행어로 뽑힌 '내권(內卷)'은 유한한 자원하에 과열된 경쟁 하에서 노력 대비 수익이 하강하는 현상을 이른다.[76] 한국에서도 유행했던 '노오오오력' 담론과 비견될 정도로, 중국 청년의 극심한 경쟁과 이로 인한 좌절 및 자조는 기존 체제의 '낡은 정상'이 새로운 혁신을 만나지 못했을 때 드러나는 현상일지도 모른다.

---

76) "內卷",《小雞詞典》 https://jikipedia.com/definition/578221038 (검색일: 2021.05.21)

 더욱이, 중국 사회의 지속가능성을 떠받쳐왔던 가족이 최근 들어 여러 문제에 봉착하고 있는 것 또한 주요한 검토지점이다. 중국 사회의 지속적인 출생률 및 혼인율 감소는 특히 2020년에 두드러졌다. 2015년 말 '두 자녀' 정책에 이어 2021년 '세 자녀' 정책을 내놓았지만, 향후 추세는 커다란 변화의 조짐이 발견되지는 않는다. 오히려 사회안전망이나 각종 대책에서 가족의 책임을 강화할 뿐, 마땅한 지원을 하지 않는 정부 정책은 여전히 문제적일 따름이다.

 하지만, 이번 위기 속에서 농민공의 의식변화는 또 다른 측면이다. 최근 농민공 '일자리의 단기화'(短工化) 경향은 단순반복적인 공장 활동보다 자기계발을 중시하는 신세대 농민공의 유연하고 자주적인 선택을 강조해왔다.[77] 하지만, 이번 위기를 계기로 임금뿐만 아니라 안정적인 일자리의 중요성을 깨우치고 있다는 지적은 충분히 고려할 만하다.[78] 임금 체불과 초과근무 감소에 따른 실질 소득이 줄어드는 상황에서, 안정적인 일자리에 대한 희망은 높아가고 있다.[79] 경제적 불확실성이 고조되는 하에서, 이번 코로나 위기를 계기로 '가족 부양'(養家)뿐만 아니라 '터전잡기'(安家)를 꿈꾸고 있다.

 과연, 중국 사회는 2020년 코로나를 거치며 어떠한 교훈을 얻었는가? 장기 코로나 시대를 맞이하여 빠르게 결론을 내리기보다는, 이번 계기를 중국 체제가 보다 새로운 교훈을 얻고 새로운 '정상'으로 거듭나기를 바란다면 더 다양한 각도에서 많은 논의가 필요해 보인다. 코로나 위기와 회복

77) 清華大學社會學系課題組, 「"短工化":農民工就業趨勢研究」, 『清華社會學評論』, 00期, 2013.
78) 李國, 「疫情後, 青年農民工就業觀變了」, 『決策探索(上)』, 10期, 2020; 王俊秀, 「從穩就業到保就業」, 《疫情下的中國農民工就業狀況與促進論壇》, 2020.6.30.
79) 절대다수인 77.4%의 농민공은 장기간 종사할 수 있는 일자리를 찾고, 43%는 위기 후 '정식노동자'가 될 수 있는가에 관심을 갖는다고 보고된다.

과정에서 중국이 거둔 '성공'이 IT/디지털 기술의 활용, 사회안전망 구축·확대에 기반한 통치체계의 강화로만 환원되는 것보다는, 사회의 지속가능성을 제고할 수 있는 연구과제 및 사례의 발굴과 진지한 검토가 필요한 시점이다.

| 참고문헌 |

구신, 「중국질병예방통제센터는 왜 신종 코로나 폐렴의 '수문장'이 되지 못했는가?」, 『성균차이나브리프』, 8(2), 2020.
리푸쥔·모룽·바오춘레이·천윈, 「코로나19가 중국 유연고용 인력에 미치는 영향 및 대책」, 『국제노동브리프』, 1월호, 2021.
박석진, 「코로나19가 중국 경제 및 노동시장에 미친 영향과 정부 대책」, 『국제노동브리프』, 4월호, 2020.
_____, 「코로나19 관련 중국의 실업 현황과 대책」, 『국제노동브리프』, 6월호, 2020.
_____, 「코로나19 대응: 중국 정부의 노동유연화 확대 방침과 노동자에게 미친 영향」, 『국제노동브리프』, 1월호, 2021.
박우, "코로나19 4개월과 중국 사회: (불)투명성과 (불)확실성 사이에서 파동하는, 사회적이고 정치적인 것으로서 역병," 《다양성+ASIA》 웹진 제9호 (2020년 6월호), 2020. http://diverseasia.snu.ac.kr/?p=4162 (검색일: 2021.4.30)
_____, 「코로나19, 사회 통제, 그리고 방역 정치」, 백영서 편, 『팬데믹 이후 중국의 길을 묻다』, 책과함께, 2021.
박철현, 「코로나19와 중국 스마트시티: 격자망화 관리, 방역관리 플랫폼, 건강정보코드와 사회관리체제」, 『중국지식네트워크』, 제17호, 2020.
_____, 「중국의 코로나19 '대응'과 사회의 '협력'」, 『황해문화』, 제111호, 2021.

백영서 편,『팬데믹 이후 중국의 길을 묻다』, 책과함께, 2021.

쉬주주,「젠더 관점에서 본 공중보건 위기상황과 제도 최적화」, 백영서 편,
　　　『팬데믹 이후 중국의 길을 묻다』, 책과함께, 2021.

왕샤오밍,「중국 '방역'과 전 지구적 위기」,『황해문화』, 제111호, 2021.

유명,「코로나19 사태에 대한 중국의 사회보장적 대응 조치: 사회보험과 사회구
　　　조 조치를 중심으로」,『국제사회보장리뷰』, 제12호(2020 봄호), 2020.

윤종석, "코로나19 위기와 농민공: 불안정 심화와 의식 변화",《관행중국》 2020
　　　년 10월호, 2020. https://aocs.inu.ac.kr/webzine/app/view.php?wp=638
　　　(검색일: 2021.4.30)

조영남,「중국은 왜 코로나19 초기 대응에 실패했는가?」,『한국과 국제정치』,
　　　제36권 제2호, 2020.

_____,「중국은 어떻게 코로나19의 통제에 성공했나? 후베이성과 우한시의
　　　활동을 중심으로」,『國際地域研究』, 제29권 제3호, 2020a.

_____,「중국의 코로나19 대응 분석: 중앙의 지도체계와 선전 활동을 중심으
　　　로」,『中蘇研究』, 제44권 제2호, 2020b.

_____,「중국은 코로나19에 어떻게 대응했나?」, 백영서 편,『팬데믹 이후 중국
　　　의 길을 묻다』, 책과함께, 2021.

친후이,「전염병 이후의 전지구화: 코로나19 사태와 '제도'의 문제」, 백영서
　　　편,『팬데믹 이후 중국의 길을 묻다』, 책과함께, 2021.

하남석,「중국의 코로나19 대응과 정치사회적 함의」, 백영서 편,『팬데믹 이후
　　　중국의 길을 묻다』, 책과함께, 2021.

陳映芳,『秩序與混沌: 轉型中國的「社會奇蹟」』, 臺北: 國立臺灣大學出版中
　　　心, 2021.

程傑,「新冠疫情對就業的影響及對策建議」,『中國發展觀察』, 03-04期, 2020.

李國,「疫情後, 青年農民工就業觀變了」,『決策探索(上)』, 10期, 2020.

莫榮·陳雲·鮑春雷·黃湘閩,「新冠疫情與非典疫情, 國際金融危機對就業的
　　　影響與對策比較分析」,『中國勞動』, 01期, 2020.

清華大學社會學系課題組,「"短工化":農民工就業趨勢研究」,『清華社會學評論』, 00期, 2013.

王琴·李扣慶·邱鐵·金彧昉,「從"複工"到"複產":快速修複供應鏈」,『會計之友』, 06期, 2020.

王慶德·吳欣哲,「大數據助力疫情防控和複工複產: 基於新冠肺炎疫情」,『中國物價』, 05期, 2020.

王震,「新冠肺炎疫情沖擊下的就業保護與社會保障」,『經濟縱橫』, 03期, 2020.

王俊秀,「從穩就業到保就業」,《疫情下的中國農民工就業狀況與促進論壇》, 2020.6.30.

項飆,「"流動性聚集"和"陀螺式經濟"假說:通過"非典"和新冠肺炎疫情看中國社會的變化」,『開放時代』, 第3期, 2020.

Comfort, L.K., "Crisis Management in Hindsight: Cognition, Communication, Coordination, and Control," *Public Administration Review*, 67(1), 2007.

Comfort, L. K., Thomas W. Haase., Gunes Ertan., Steve R. Scheinert., "The Dynamics of Change Following Extreme Events: Transition, Scale, and Adaptation in Systems Under Stress," *Administration and Society*, 52(6), 2019.

Lei Che, Haifeng Du & Kam Wing Chan, "Unequal pain: a sketch of the impact of the Covid-19 pandemic on migrants' employment in China," *Eurasian Geography and Economics*, 61(4-5), 2020.

Lu, Q. Cai, Z. Chen, B. Liu, T., "Social Policy Responses to the Covid-19 Crisis in China in 2020," *International Journal of Environmental Research and Public Health*, 17(16), 2020.

Shuangshuang Tang, Xin Li, "Responding to the pandemic as a family unit: social impacts of COVID-19 on rural migrants in China and their coping strategies," *Humanities and Social Sciences Communications*, 8(8), 2021.

Yanjie Bian, Xiaolei Miao, Xiaolin Lu, Xulei Ma & Xiaoxian Guo, "The

Emergence of a COVID-19 Related Social Capital: The Case of China," *International Journal of Sociology*, 50(5), 2020.

Yanzhong Huang, "China's Public Health Respone to the COVID-19 Outbreak," *China Leadership Monitor*, 64, 2020.

Yue Qian, Wen Fan, "Who loses income during the COVID-19 outbreak? Evidence from China," *Research in Social Stratification and Mobility*, 68, 2020.

Michael D., Swaine, "Chinese Crisis Decision Making-Managing the COVID-19 Pandemic Part One: The Domestic Component," *China Leadership Monitor*, 64, 2020.

Xiaoyan Qian, "China's social security response to COVID-19: Wider lessons learnt for social security's contribution to social cohesion and inclusive economic development," *International Social Security Review*, 73(3), 2020.

Zanin, Mark. et al., "The public health response to the COVID-19 outbreak in mainland China: a narrative review," *Journal of Thoracic Disease*, 12(8), 2020.

언어로 보는 중국의 '코로나19'

● 김주아 ●

Ⅰ. 서론

2019년 12월 중국 후베이(湖北)성 우한(武漢)시에서 처음 발견된 '코로나19'는 2020년 3월 11일 WHO가 팬데믹을 선포한 이후 지금까지 인류의 일상에 대변혁을 일으키고 있다. 특히, 2020년을 정점으로 코로나바이러스가 전 세계를 휩쓸면서 인류사회 전반에 영향력을 미치고 있다. 이에 '코로나19'가 국제사회에 끼친 10가지 영향을 분석한 LIVE SCIENCE는 그 첫 번째 파급력으로 다량의 신조어(New vocabulary) 탄생을 들었다.[1] 그뿐만 아니라 세계 각국은 2020년을 총결산하는 대표적인 단어(word of year)를 발표했는데, 모두 '코로나19'와 관련된 단어가 주를 이루고 있다. 예를 들어, 미국의 Merriam-Webster 사전은 '팬데믹(pandemic)'을 영국의 Cambridge 사전은 '격리(quarantine)'를 선정했고, 싱가포르는 '罩(마스크)', 일본은 '密(밀)', 브라질은 'luto(애도)'를 각각 선정해 '코로나19'의 '泛유행(pandemic)'으로서의 위용을 과시했다.

---

* 이 글은 김주아, 「언어로 보는 중국의 '코로나19'-2020년 10대 신조어를 중심으로」, 『한중언어문화연구』, 제60집, 2020을 수정·보완한 것이다.
** 국민대학교 중국인문사회연구소 HK연구교수.
1) https://www.livescience.com.

인류사회가 발전을 거듭하면서 겪은 수많은 이슈 가운데, 기술혁명으로 인한 언어의 사회적 영향이 아닌 질병으로 인한 재난이 이처럼 사회언어에 크게 영향을 미친 것은 그 사례를 찾아보기 힘들 정도다. 그만큼, '코로나19'가 우리의 삶을 위협했을 뿐만 아니라 일상의 패턴을 송두리째 바꾸어 놓았다는 방증이다. 물론, 그 이유는 '코로나19'라는 전염병의 파괴력 자체에서도 원인을 찾을 수 있지만, 인류사회가 유례를 찾아보기 힘들 정도로 유기적으로 연결되어 있어서, 특정 지역에서 발생한 바이러스가 순식간에 전 세계에 퍼질 수 있는 위험 요소가 공존하기 때문이다. 또한, 질병에 대한 위기의식의 제고로 사회질서의 변화를 유발했고, 이러한 변화가 사람들의 의식과 생활에 반영되어 언어로 표출된 것이다.

1. 선행연구검토

'코로나19'가 처음 발견된 것은 2019년 말이지만 사람들에게 인식되며 주목받기 시작한 것이 2020년대 초반이다. 시간상으로 '코로나19'가 우리에게 그 모습을 드러내고 공존하기 시작한 것은 1년 남짓 되었지만, 그 영향력이 지대한 만큼 벌써 각계각층에서 이와 관련된 연구 결과가 끊임없이 발표되고 있다.

(1) 중국의 '코로나19' 관련 비(非)언어학계의 연구

중국의 '코로나19' 확진자 수는 초기 발생 상황과 비교해 현저히 줄어들었지만, 관련 연구는 더욱 활기를 띠고 있다. 중국의 대표적인 논문검색 사이트인 CNKI(知網)에서는 2020년도 하반기부터 '코로나19 전문코너'를 신설하여 관련 연구를 탑재하고 있다.[2] 물론, 여기에서는 주로 의학 관련 연구성과들을 수집하여 연구자들에게 제공하고 있다. CNKI 논문 검

색란에 '코로나19'의 중국 명칭인 '新型冠狀病毒肺炎'을 검색하면 학술
지와 학위논문을 포함해 모두 18만여 건의 논문이 검색될 정도로(2021년
2월 24일 기준) 양적으로 방대한 성과를 기록하고 있다. 아래의 지도는
이러한 연구성과 중에서도 기관별 연구성과를 바탕으로 제작하였다.

〈그림 1〉 중국의 '코로나19' 관련 지역별 연구 현황3)

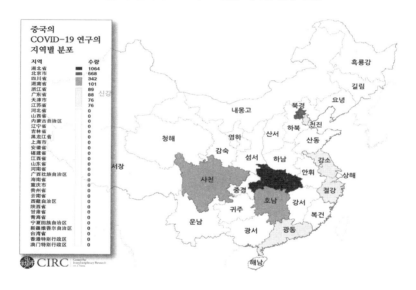

기관별로 보면 湖北省 武漢에 있는 華中科技大學 同濟醫學院의 부
속병원인 同濟醫院에서 366편으로 가장 많은 연구성과를 거두었다. 특
히, 이 병원의 汪暉교수가 총 56편의 논문을 발표해 연구자별 연구성과에
서도 가장 많은 성과를 내고 있다. 한편, '코로나19' 관련 연구성과의 특징

---

2) '코로나19' 플랫폼: https://cajn.cnki.net/xgbt

3) https://circ.kookmin.ac.kr/xe2010/knowledgemap/13201562.

중의 하나는 의학 분야의 연구성과가 주를 이루다 보니, 외국어(영문) 논문이 16만 9,800편으로 중문 1만 3,900편보다 더 많다는 것이다.

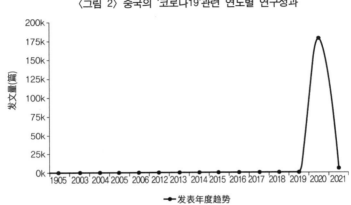

〈그림 2〉 중국의 '코로나19'관련 연도별 연구성과

'코로나19' 관련 연구성과는 지난해(2020년) 가장 많은 결과가 발표되었으며, 2021년도 초반에도 이러한 추세는 지속하고 있다. 학문 분야별로 보면 주로 과학·기술 분야 중에서도 의학 분야에서 연구가 활발하게 진행되고 있다. 그중에서도 호흡기 계통 질병(4,310편) 분야에서 가장 많은 연구가 진행되고 있다.4) 특히, 코로나 위기가 코로나 특수로 인식되면서, 향후 중국의 '코로나19' 관련 연구는 양적인 증가와 함께 학문 분야의 다양성 등 질적인 변화도 예상된다.

---

4) Open Access (OA)의 분야별 연구성과 결과를 살펴보면 다음과 같다. 임상 연구(1,799편), 임상 연구-특수그룹(142편), 임상 연구-합병증(127편), 약학 연구(437편), 지침/인식(657편), '코로나19'(2019新型冠状病毒, 244편), 백신 연구(60편), 바이러스 통제(720편), 병원 관리(437편), 심리 보건(253편) 등이다.

(2) 중국의 '코로나19' 관련 언어학계의 연구

중국의 언어학계에서도 최근 들어, '코로나19'에 관한 연구성과들을 논문 또는 칼럼 형식으로 발표하고 있다. 물론, 다른 학문 분야에 비하면 언어학계의 연구성과는 많지 않지만, 역대 전염병 사례와 비교하면 상당히 많은 편이다. 지금까지 발표된 연구성과를 소개하면 다음과 같다.

侯敏·滕永林(2020)은 9개의 신문사와 중국의 대표적인 저녁 뉴스인 '新闻联播'의 보도내용을 바탕으로 자체 코퍼스(2020년 1월 1일~4월 9일)를 제작하여, '코로나19'의 명칭과 중국의 방역 활동, '復工復産(업무 복귀와 생산재계)', 글로벌 방역 등을 소개하며 중국의 '코로나19' 극복과정을 상세히 소개하고 있다. 田永芳(2020)은 '코로나19' 사태로 인한 언어와 사회의 관계를 파악하고자 했다. 사회의 변동과정이 어떻게 언어를 통해 구현되는지 그 과정을 구체적인 수치를 통해 보여주고 있다. 李成偉(2020)는 2020년 중국 농촌의 '코로나19' 방역 관련하여 농촌 지역의 슬로건(標語)의 기능과 특징 및 문제점에 대해서 다루고 있다. 饒高琦(2020)는 2020년 '코로나19' 발생 기간 방역 전선에서 언어서비스팀이 응급언어 서비스를 위해 채택한 기술을 소개하고 있다. 주로 코퍼스 기술과 voice frequency(VF), 본문검색기술, 기계번역과 기계 보조 번역기술, 본문분석 계산기술 등이다. 陶源·趙浩(2020)는 의학용어의 명명(命名) 규범의 관점에서 이번 '코로나19' 명칭의 확정과 관련 논쟁에 대해 논의하면서, 응급 언어능력에 관한 토론을 이어가고 있다. 陳明珠·謝群(2020)은 코퍼스 계량화 분석을 통해 인민일보(영문판)의 '코로나19' 관련 대외보도자료를 분석하였다. 연구 결과에 따르면, 인민일보 영문판은 모두 646차례에 걸쳐 모호한 제목을 사용하였다. 국내에서는 최태훈(2020)이 비판적 담화분석의 방법론에 근거하여 환구시보 사설이 만들어내는 '코로나19' 국면 담화질서(Orders of Discourse)의 양상 및 재편 과정을 고찰했다.

Ⅱ. 중국의 전염병 사례와 언어변화

본문에서는 질병으로 인한 재난이 사회에 미치는 언어적 변화를 주목해서 파악하고자 한다. 이를 위해, 먼저 중국에서 해마다 실시하고 있는 '올해의 언어'를 살펴보고,5) 유행성 전염병 사례가 있었던 해의 중국 사회의 언어변화를 비교해 보았다.

1. '코로나19'이전의 전염병 사례와 언어변화

(1) 중화인민공화국 성립 이후 발생한 전염병 사태

1949년 신중국이 성립된 이래로 전 세계적으로 모두 6차례의 범유행 전염병 사태가 발생했다. 먼저, 1957년 '아시아 독감(H2N2)'을 시작으로 1968년 '홍콩독감(H3N2)', 2002년 '사스(SARS)',6) 2009년 '신종플루(H1N1)', 2014년 '서아프리카 에볼라'에 이어 2019년 '코로나19'를 겪었다.7) 이중 '서아프리카 에볼라'를 제외하면 모두 중국에서 발견되었거나 중국에 치명적인 영향을 미쳤다. 특히, 이 가운데 WHO에 의해 팬데믹으

---

5) 중국의 국가 언어자원 모니터링 연구센터(國家語言資源監測與研究中心)와 중국에서 가장 오랜 역사를 가진 출판사 '상무인서관(商務印書館)'은 2006년부터 네티즌이 선정한 '올해의 중국어 프로젝트(漢語盤點)'를 진행하고 있다. 본 프로젝트는 모두 5개 영역별로 올해의 어휘를 선정한다. 먼저, '올해의 한자와 중국어' 즉, 한 해를 마무리하면서 해당연도의 중국과 세계를 대표할 수 있는 한자(字)와 단어(詞)를 각각 선정한다. 그 밖에도, 올해의 10대 신조어, 10대 유행어, 10대 인터넷 용어를 선정하여 발표하고 있다.

6) Severe Acute Respiratory Syndrome, 重症急性呼吸器症候群.

7) 段妍,「新中國成立以來應對重大突發疫情的歷史回顧與經驗啓示」,『上海師範大學學報(哲學社會科學版)』, 第6期, 2020, 93쪽. 참고한 논문에서는 '코로나19'는 포함하지 않고, 5개의 주요 감염병 사례만을 소개했다.

로 선포된 사례는 '홍콩독감'(1968)과 '신종플루'(2009), '코로나19'(2020)
가 있다.

먼저, '홍콩독감(Hong Kong flu)'은 1968년 7월에 홍콩에서 처음 발견
된 유행성 독감이다. 이 전염병은 1957년에 중국 구이저우(貴州)에서 발
견된 아시아 독감의 변이종으로 이 두 질병으로 인하여 전 세계적으로
각각 100만 명에서 400만 명이 사망하였다. 발병지역인 홍콩에서만 당시
인구의 15%인 50만 명이 감염되는 사상 초유의 사태가 발생했다.[8] 물론
이 당시 홍콩은 아직 중국에 반환되기 전인 데다가 문화대혁명 기간이었
기 때문에 중국에서 이와 관련된 통계자료는 제대로 밝혀지지 않고 있다.

한편, 2002년을 마무리하는 겨울에 중국 남부지역을 중심으로 원인을
알 수 없는 폐병이 돌기 시작했다. 나중에 '사스(SARS · 중증급성호흡기증
후군)'로 명명된 이 질병은 전 세계적으로 영향을 미치는 팬데믹으로 지정
되지는 않았지만, 중국 광둥(廣東) 지역에서 출현하여 아시아 지역과 북
미지역에 전파되어 약 7개월 동안 8,000여 명의 환자가 발생했고 774만
명의 사망자를 기록할 정도로 타격이 컸다. 중국에서만 5,327여 명이 감염
되고, 이 중에서 349명이 사망했으며, 특히, 홍콩에서는 1,755명이 감염되
어 300명의 사망자가 발생했다. 당시 대만지역에서도 665건의 감염사례가
있었고, 180명이 사망하는 등 피해가 심각했다.

'홍콩독감'에 이어 두 번째 팬데믹으로 지정된 '신종플루(Influenza A
virus subtype)'는 2009년 3월 미국에서 시작된 신종 인플루엔자 A(H1N1)
로 A형 인플루엔자의 변이 바이러스이다. 이 질병으로 전 세계 214개국
이상에서 확진자가 발생했고, 18,500명의 사망자를 발생시킨 전염병이다.
중국도 모두 120,498명이 확진되었고, 648명의 사망자가 있었다. 당시 한
국에서도 759,678명이 확진되고 263명이 사망하는 등 피해가 컸지만, 사

---

8) https://www.scmp.com/

스에 비하면 치사율이 높지 않았다.

　그로부터 10년 뒤인 2019년 겨울, 중국 우한지역에서 출현한 '코로나19' 는 여느 전염병과 마찬가지로 불청객처럼 우리의 일상에 침입해 인류를 긴장시키고 있다. 한국으로서는 바로 옆에 있는 중국에서 사스가 발생했을 때도 그 영향이 상대적으로 심각하지 않았지만, 오히려 거리상으로 먼 중동에서 시작된 중증호흡기증후군인 메르스가 뜻지 않게 우리의 일상을 강타한 경험이 있었기 때문에 긴장의 끈을 놓을 수 없었다. 지금도 진행 중인 '코로나19'는 2021년 현재 전 세계적으로 128,540,982명이 감염되고, 2,808,308명이 사망해 2.1%의 사망률을 기록하고 있다. 중국에서는 102,790명이 확진되었으며 4,851명이 사망해 4.7%의 치사율을 기록하고 있다. 한국에서도 104,194명이 확진되었으며, 1,737명이 사망해 치사율 1.6%를 기록하고 있다.[9] 이처럼, 1948년 WHO가 설립된 이래 모두 3차례의 팬데믹 선포가 있었지만, 그중에서도 '코로나19'로 인한 피해와 영향력이 가장 크다고 할 수 있다.

(1) 중국의 주요 전염병 사례와 언어변화

　팬데믹으로 분류되지는 않았지만, 중국에서 발생해 중국 사회 전반에 큰 영향을 미쳤던 SARS는 중국인의 언어생활에도 큰 변화를 가져왔다. 중국에서는 속칭 '페이디엔(非典)'으로 불린 이 질병은 2002년 겨울에 발생하여 2003년 전 세계로 확산한 신종전염병이다. 따라서, 2002년 중국에서 유행한 어휘에는 관련 단어가 출현하지 않는다.[10] 하지만, 2003년 상반

---

9) 전 세계 통계, WHO자료 참고(https://covid19.who.int/), 한국통계, 질병관리청 자료 참고(http://ncov.mohw.go.kr/), 중국통계, 바이두 실시간 자료 참고(https://voice.baidu.com), (검색일: 2021.04.02)
10) 十六大, 世界盃, 短信, 降息, 三個代表, 反恐, 數字影像, 姚明, 車市,CDMA(순위별 배열)

기 유행어에는 종합영역에11) 사스가 포함되기 시작했고 사스 관련 유행어
도 수집되었다.12) 2003년 말에 최종 확정된 올해의 어휘 종합편에는 사스
가 1위로 선정되었다.13) 한편, 신종플루가 대유행했던 2009년에는 '甲型
H1N1流感(신종플루)'가 5위를 기록하고 있다.14) 즉, 전 세계적으로는
WHO에서 최초로 국제적 공중보건 비상사태를 선포할 정도로 '신종플
루'의 위력이 막강했지만, 중국의 언어변화를 통해 살펴본 중국 국내의
체감 영향력은 역시 '사스(1위)'가 '신종플루(5위)'를 능가하는 것으로 나
타났다.

1. '코로나19'로 인한 중국의 언어변화

(1) 2020년을 대표하는 '올해의 한자와 단어'

2002년 사스와 마찬가지로 겨울에 시작해 중국의 최대 명절인 '춘절(春
節)'에 확산하기 시작한 '코로나19'는 2019년 겨울 전문가들 사이에서는
주목받기 시작했지만, 민간에 알려지기 시작한 것은 새해를 맞이하여 민
족의 대이동이 발생하는 설 명절을 전후로 질병이 급속도로 확산하면서
위기감을 불러일으켰다. 이후, 2020년 전 세계를 뜨겁게 달군 '코로나19'

---

11) 非典(SARS), 疫情, 消毒, 隔離, 巴格達, 薩達姆, 三峽, 疑似, 伊拉克戰爭, 世界衛
生組織(WHO)

12) 상반기: 非典(SARS), 疫情, 消毒, 隔離, 抗擊非典, 疑似, 口罩, 體溫, 防控, 世界衛
生組織 하반기: 非典, 疫情, 疑似, 隔離, 冠狀病毒, 應急預案, 口罩, 消毒, 發燒門
診, 世界衛生組織 http://www.moe.gov.cn/(중국 교육부 사이트) 참고.

13) ① 非典, ② 神舟五號, ③ 伊拉克戰爭, ④ 全面建設小康社會, ⑤ 十六屆三中全會,
⑥ 三峽工程, ⑦ 社保基金, ⑧ 奧運公園, ⑨ 六方會談, ⑩ 新一屆中央領導集體.

14) 2009년의 10대 유행어와 신조어로는 ① 被時代, ② 躲貓貓, ③ 蝸居族, ④ 釣魚執法,
⑤ 甲型H1N1流感, ⑥ 臨時性, ⑦ 翻牆, ⑧ 窮二代, ⑨ 70罵, ⑩ 壓力差가 선정되었
다. 劉芹, 「盤點2009 年度十大流行新詞語」, 『新作文』, 2009.

관련 이슈는 그 영향력만큼이나 사회 전반에 걸쳐 다양한 어휘들을 생산해 냈다.

'코로나19'의 해로 기억될 정도로 뜨거웠던 2020년 한해를 회고하며, 중국에서도 중국과 해외를 대표하는 한자와 단어를 선정하였다. 그 결과, 국내(중국)를 대표하는 한자는 '民(인민)', 단어는 '脫貧攻堅(빈곤 탈출의 난관 돌파)'으로 선정되었다. 한편, 국외를 대표하는 한자와 단어는 각각 '疫(바이러스)'과 '新冠疫情(코로나19)'가 선정되었다. 여기서 흥미로운 사실은 '코로나19' 관련 어휘가 중국을 대표하는 것이 아닌 국제사회를 대표하는 한자와 단어로 선정된 것이다. 물론 역대 전염성 질환이 유행했던 해에도 질병과 관련된 어휘가 올해의 한자와 단어로 선정된 적은 없었다.[15]

(1) '코로나19' 방역 기간 언어서비스

'언어변화'의 관점에서 기존의 전염병 사태와의 또 다른 점으로는 '의료재난에 따른 언어서비스'를 들 수 있다. '코로나19'가 대유행하면서, 중국 정부에서 이와 관련된 언어서비스를 제공하였다. 교육부와 국가 언어위원회의 관할 하에 베이징어언대학, 우한대학, 화중사범대학, 칭화대학 등 학계와 정부의 관련부처 전문가로 구성된 '방역 언어서비스 팀(Language Service Corps)'을 구성하여 '전염병 퇴치를 위한 후베이방언통(hand-book on Hubei dialects to help medical workers)'을 연구·개발하여 타지에서 후베이 지역을 지원하기 위해 투입된 의료진과 환자의 언어 소통 문제를 해결함으로써 우한과 이 지역의 '코로나19' 방역을 지원한 것

---

15) 신종플루가 창궐했던 2009년도 국내외를 대표하는 한자와 단어는 각각 '被(당하다), 民生(민생)'과 '浮(뜨다), 金融危機(금융위기)'였다. '올해의 한자와 단어'선정은 2006년도부터 실행되어 사스가 창궐했던 2003년도에는 해당 자료가 없다.

이다. 이후, '코로나19'가 전 세계적으로 확산하면서 '방역언어 서비스팀'
을 구성하여 '코로나19 방역 외국어통(A Guide to the Control and Treat-
ment of COVID-19 Epidemic in Foreign Languages)'을 제작해 중국 내
유학생들과 외국인들에게 방역 및 진료와 관련된 언어서비스를 제공하는
등 기존의 전염병 사태 때에는 찾아볼 수 없었던 적극적인 방역 지원 사업
을 펼쳤다.

(3) '코로나19' 용어수집 현황과 사례

'코로나19'는 중국 우한에서 발견되었지만 이후 중국 전역과 전 세계
216개국과 지역으로 확산하면서, 중국어는 물론 세계 각국의 언어생활에
도 변화를 일으키고 있다. 특히, 유럽과 북미지역에서 많은 사상자를 낸
뒤, 이들 국가에서도 '코로나19' 관련된 새로운 단어(新語)를 수집·관리
하고 있다. '옥스퍼드 코로나19 언어 허브'에서는 최신 언어연구 및 자원
을 쉽게 접근할 수 있도록 지원하는 프로젝트를 진행하고 있다. 옥스퍼드
는 사이트를 통해 세계 주요 언어에서 사용되는 '코로나19' 관련 핵심어휘
를 제공하고 있다.[16] 영국 옥스퍼드사전에서는 지난 4월 이후 '코로나19'
관련 신조어를 사전에 업데이트하고, 관련 주제의 말뭉치(corpus) 분석을
블로그에 제시하고 있다.[17] 독일 IDS에서는 600여 개의 '코로나19' 관련
신조어를 수집하고 용례와 뜻풀이를 제공하고 있으며,[18] BYU 말뭉치
(Engulish Corpora.org)에서는 전 세계 웹 뉴스를 대상으로 코로나바이러
스 말뭉치를 구축하였다.[19] 일본의 경우 출판사와 미디어에서 관련 용어

16) https://languages.oup.com/covid-19-language-resources/
17) https://public.oed.com, 이수진·강현아·남길임(2020) 참고.
18) Leibniz-Institut für Deutsche Sprache, 앞의 논문.
19) https://www.english-corpora.org/corona, 앞의 논문.

를 수집하여 보급하고 있다.20)

이러한 현실을 반영하듯, 중국에서도 2권의 '코로나19' 관련 사전이 편찬되었다. 푸단대학 출판사는 '중·영 코로나19 사전'과 '영·중 코로나19 사전'을 편찬했다.21) 영·중사전에는 모두 7,657개의 어휘가 수록되어 있다. 영·중 '코로나19' 사전은 '코로나19' 대응 배경에서 편찬된 것으로, '코로나19' 사태 동안 영어 저널과 전문 학술지에 빈번하게 등장한 각종 단어 7,657개가 수록돼 있다. 본 사전에는 101개의 축약어도 함께 수록되어 있는데, 대부분 의학용어다. 중·영 사전에는 모두 7,683개의 어휘가 수록되어 있으며 대부분 '코로나19' 관련된 출현 빈도수가 높은 어휘와 어구 및 전문용어를 중심으로 구성되었다. 앞서 영·중사전이 영어권의 '코로나19' 관련 용어 및 문구를 중국어로 번역한 것이라면, 중·영사전은 영·중사전의 내용을 기반으로 빈도수가 높은 어휘와 문구를 중심으로 제작되었다.22) 영·중사전은 2020년 5월에 전자책으로 출간되었고, 중·영사전은 2020년 11월에 종이책으로 출판되었다. 언어 행위는 일방적으로 일어날 수 있지만, 커뮤니케이션 특히 신조어의 생성과 변화, 발전은 쌍방향으로 일어난다. 언택트와 비대면이라는 표현에서 알 수 있듯이 사람들의 만남이 제한되고 축소되었는데, 어떻게 단기간에 이렇게 많은 신조어가 대량으로 생산될 수 있었을까? 이는 '코로나19'로 인한 온라인 활동의 활성화로 인해 시공간의 제약이 없어지면서 오히려 더욱 빈번한 대화와 소통을 할 수 있었기에 가능한 일이었다.

20) https://dictionary.sanseido-publ.co.jp, 이해미(2020) 참고.
21) 漢英新冠詞典(An English-Chinese Dictionary of Terms Related to COVID-19), 英漢新冠詞典(A Chinese-English Dictionary of Terms Related to COVID-19)
22) 예를 들어, 전염(傳染, to infect; infection), 이동병원(方艙醫院, mobile/cabin hospital; makeshift hospital), 사회적 거리 유지(保持社交距離, to maintain social distancing; to keep physical distancing)등이 있다.

Ⅲ. 2020년 신조어로 보는 중국의 '코로나19'

2020년 12월 16일 언어자원센터에서 발표한 '2020년도 중국의 10대 신조어'는 다음과 같다.

〈표 1〉 2020년 중국의 10대 신조어의 순위별·분야별 분류

2020년 10대 신조어		경제	의학	기타
순위별	① 復工復產(업무복귀,생산재개)	① 復工復產	② 新冠疫情	⑨ 天問一號
	② 新冠疫情(코로나19)	⑥ 數字人民幣	③ 無症狀感染者	
	③ 無症狀感染者(무증상감염자)	⑦ 服貿會	④ 方艙醫院	
	④ 方艙醫院(임시병원)	⑧ 雙循環	⑤ 健康碼	
	⑤ 健康碼(건강코드)	⑩ 無接觸配送		
	⑥ 數字人民幣(디지털 인민폐)			
	⑦ 服貿會(무역컨퍼런스)			
	⑧ 雙循環(쌍순환)			
	⑨ 天問一號(천문일호)			
	⑩ 無接觸配送(비대면배송)			

자료 : 中華人民共和國教育部에 게시된 발표내용을 바탕으로 필자가 정리.

2020년 중국의 10대 신조어 가운데 '코로나19'와 직접 관련이 있는 단어는 6개(1, 2, 3, 4, 5, 10번)이고, 그렇지 않은 단어가 4개(6, 7, 8, 9번)이다. 분야별로 보면 경제 관련 어휘가 가장 많은 5개(1, 6, 7, 8, 10번)를 차지했는데, 이 중에서 '코로나19'와 직접적으로 연관된 단어는 두 개(1, 10번)이다. 이 밖에도 의학용어가 4개(2, 3, 4, 5번) 선정되었는데, 이는 모두 '코로나19'와 직접적으로 관련된 어휘이다. 해마다 선정되는 신조어로 의학용어가 선정되는 경우는 많지 않다. 사스의 사례에서 살펴본 것처럼 범유행성 질병이 발생한 해에도 관련 질병의 명칭 등 일부 어휘가 선정되는 예는 있어도 이처럼 전체 신조어 중에서 절반에 가까운 어휘가 의학용어로 선정된 것은 전례가 없다. 그만큼 '코로나19'의 파급력이 역대 전염병과 비교해서도 강력했다는 것을 의미한다. 그런 의미에서 이번 장에

서는 2020년 중국의 10대 신조어를 분야별로 자세히 검토함으로써, '코로나19'의 영향과 그에 따른 중국사회의 변화 양상을 살펴보고자 한다.

1. 경제관련 어휘

'코로나19'로 인한 중국의 경제적 타격은 역대 전염병과 비교가 되지 않을 만큼 큰 영향을 미쳤다. 2020년도 1분기 중국의 GDP는 동기대비 6.8%나 하락했다. 분기별 경제성장을 발표한 이후 처음으로 마이너스 성장을 기록한 것이다. 정보통신(IT, 정보전달, 소프트웨어와 정보기술 서비스업 등) 분야를 제외한 모든 분야에서 하락세를 보였다. 특히, 숙박업종과 요식업은 동기대비 35.5%가 하락했다. 지역별로 살펴보면 2020년도 1분기 티베트 지역이 1.0%를 성장한 것을 제외하면 거의 모든 지역이 마이너스를 기록했다. 특히 '코로나19'가 지역사회 전체에 영향을 주었던 후베이성의 경우 1분기 GDP가 -39.2%를 기록했다. 전국적으로 사상 유례를 찾아보기 힘들 정도의 파급력을 보였던 '코로나19'로 인한 경제적 타격은 소비재와 도소매업, 투자, 수출입, 평균소득 등 주요 경제지표에 모두 영향을 미쳤다.[23] 이러한 역대급 파급효과는 사람들의 일상을 송두리째 바꾸어 놓는 계기가 되었다. 이는 17년 전에 중국을 휩쓸었던 또 다른 역병(疫病)인 사스가 중국경제에 미친 영향과 비교하면 그 차이가 더욱 분명하게 드러난다. CAFI(中國普惠金融研究院)의 분석에 따르면 2003년도 중국의 GDP는 분기별로 각각 11.1%, 9.1%, 10%, 10%를 기록했다.[24] 즉, 사스가 중국 전역에 창궐했던 2003년도 중국경제가 이로 인한 타격을

---

23) 劉帥, 「新冠肺炎疫情對中國區域經濟的影響」, 『地理硏究』, 第40卷 第2期, 2021.
24) 2001~2005년도 중국의 실제 GDP 성장률은 각각 8.3%와 9/1%, 10%, 10/1%, 11/4%를 기록했다.

받은 것은 분명하지만, 이는 2분기에 한해서 일시적인 영향에 그쳤고, 이후 중국의 경제는 성장 가도를 달렸다. 물론, 당시 가장 큰 피해를 보았던 홍콩의 경우 경제적으로 상당한 타격을 입은 것으로 조사된다. 특히, '코로나19'와 마찬가지로 주로 '교통과 운수, 숙박과 요식업, 관광업계'가 가장 큰 타격을 받았다.[25] 이는 전염병의 특성상 물자 운송과 사람들의 이동이 제한되면서 나타나는 현상이라고 할 수 있다. 하지만, 사스의 경우 팬데믹의 상황까지는 이르지 않았기 때문에 생산이나 투자 및 수출입에는 크게 영향을 미치지 않은 것으로 파악된다. 이처럼, '코로나19'로 인한 경제적 파급효과가 큰 만큼 관련 어휘도 많이 생산되었다. 2020년 10대 신조어로 선정된 10개 어휘 중 경제 분야(5개)의 신조어를 상세히 살펴보면 다음과 같다.

(1) 復工復産(업무 복귀와 생산 재개, Return to work and production)

'코로나19'를 제치고 2020년 중국의 10대 신조어 1위로 선정된 '復工復産'은 기업이 정상적인 생산과 경영활동을 회복하는 것을 의미한다. 전 세계를 공포의 도가니에 몰아넣고, 일상의 패러다임을 바꾼 '코로나19'의 영향으로 중국에서는 전면적인 지역사회 봉쇄조치가 이루어졌다. 당시 중국에서는 '전시(戰時)상태'를 선포하며 2020년 1월 23일 10시를 기점으로 '코로나19'가 처음 발견된 우한시를 전면 봉쇄했다. 이후, 국가적인 재난 상황을 극복하기 위해, 기업 대부분이 '停工停産', 즉 모든 생산활동과 경영활동을 일시 중단하는 초유의 사태에 직면했다. 70년대 후반 개혁개방을 추진한 이래, '세계의 공장'으로 쉴 새 없이 달려오던 중국경제에 제동이 걸린 것이다. 하지만, 봉쇄조치로 어느 정도 '코로나19' 확산방지에 대한 자신감이 생긴 중국 정부는 2020년 2월 3일, 방역을 철저하게

25) https://zhuanlan.zhihu.com/p/103896141?from=groupmessage

준수한다는 전제하에 생산기업의 복직과 생산 재개에 대한 계획을 발표했다.[26]

(2) 數字人民幣(디지털 인민폐, Digital RMB, e-CNY)

6위로 선정된 디지털 인민폐는 중국 인민은행에서 발행한 가상화폐이다. 현물 화폐와 동일한 액면가로 전자지갑에 보관하며, 디지털 환경에서 현금처럼 사용할 수 있는 '미래형 화폐'라고 할 수 있다.[27] 물론, 인민은행의 디지털화폐에 대한 구상계획은 2014년도에 시작되어 관련 연구를 진행하고 있었지만, 디지털화폐가 본격적으로 상용화를 위한 시범단계에 이르게 된 것은 '코로나19'의 영향이라는 분석이 우세하다.[28] 이처럼, '코로나19'의 뉴노멀화(新常態化)는 기존의 경제 패러다임을 마비시켰지만, 새로운 경제체제를 촉발하는 계기가 되었다. 생명을 위협하는 전염병 사태 속에서도 생존을 위한 인간의 경제활동은 유지되어야 하기 때문이다. 비대면과 비접촉이 상식이 된 일상에서 중국의 쇼핑과 물류는 빠르게 디지

---

26) 3월 4일, '코로나19 확산 추이에 따라서 단계별로 등급별로 생산을 재개할 것'을 재차 강조했다. 이후 4월 8일에는 '전면적인 업무 복귀와 생산 재개(復工復産)를 추진하였고, 4월 17일에 중앙 정치국에서 '전국적으로 업무 복귀와 생산 재개가 조금씩 정상 수준을 회복하고 있다'라며 중국경제의 회복에 대한 자신감을 드러냈다.

27) 2020년 8월 14일 중국 상무부는 〈서비스무역의 혁신적인 발전계획(關於印發全面深化服務貿易創新發展試點總體方案的通知)〉'을 통해 '여건이 갖춰진 일부 지역(京津冀,長三角,粵港澳大灣區及中西部)을 시범지역으로 선정해 가상화폐를 운영한다는 계획을 발표했다. 이후, 8월 21일, 중국에서는 중국은련(中國銀聯)과 바이두(百度公司), 바이싱은행(百興銀行)이 공동으로 출시한 '디지털 인민폐 카드'가 출시되었다. 당시 발행된 디지털 인민폐는 시범지역(4+1, 深圳, 苏州, 雄安新區, 成都+동계올림픽 개최 예정지)에 한해서 발행되었다. 新聞連播, 2020년 8월 21일 보도.

28) 趙丹丹·萬冰彬·鄭繼媛·王玉婷, 「新冠疫情衝擊影響特徵及行業差異性研究」, 『價格理論與實踐』, 第3期, 2020; 張莉, 「新冠肺炎疫情背景下我國數字經濟加速發展」, 『網絡安全和信息化』, 第11期, 2020.

털화로 전향하고 있다. 기존에 쇼핑 분야에 국한되었던 전자상거래는 거의 모든 소비문화로 전이되었고, 이로 인한 전자결제의 상용화가 더욱 가속화되었다.

(3) 服貿會(서비스무역 콘퍼런스, China Beijing International Fair for Trade in Services)[29]

7위로 선정된 '중국 국제서비스무역 콘퍼런스(CIFTIS)'는 국가에서 개최하는 국제적인 종합무역 플랫폼으로 중국의 서비스 산업의 주요 도입처이자 수출처로 활약하고 있다. 서비스무역 콘퍼런스는 국가에서 주도하는 유일한 서비스 분야의 무역 콘퍼런스라는 점에서 의미가 있다.[30] 그렇지만, 2012년부터 시작된 이 콘퍼런스가 2020년도의 신조어로 선정된 이유는 '코로나19' 시대 그 어떤 분야보다 주목받고 있는 서비스 산업과 디지털 경제가 조화를 이루었기 때문이다.[31] 특히, 일종의 무역 플랫폼이 신조어의 반열에 오른 이유는 중국 정부가 내세운 '쌍순환' 정책이 성공적으로

---

29) 2012년 당중앙과 국무원의 허가로 상무부와 북경시 인민 정부가 공동으로 개최하는 중국(베이징) 국제무역 교역회로 약칭 京交會(베이징교역회)라고 했으나, 2019년 '중국 국제서비스무역 교역회'를 줄여서 '서비스 무역회'로 부르고 있다

30) 중국뿐만 아니라 전 세계가 '코로나19'로 집합과 이동이 제한되었기 때문에 콘퍼런스는 온라인과 오프라인의 형태로 진행되었으며, 전시는 3D 기술이 활용되었다. 온·오프라인을 병행하여 진행된 이번 콘퍼런스에는 5,372개의 해외 기업이 온라인을 통해 디지털 전시장을 오픈했다. 온라인을 통해 진행된 상담 건만 해도 55만 건에 달하는 성과를 기록했다. 人民网, 2020年服貿会圓满落幕, 2020년 9월 10일 보도자료.

31) 업계의 자료에 따르면(www.ciftis.org), 경제성장의 새로운 동력으로 등장한 서비스 산업은 최근 들어 급성장하고 있다. 2005년에서 2019년까지 전 세계 서비스무역의 평균 증가 속도가 화물무역의 증가 속도를 넘어섰다. 중국의 서비스 업종 증가치는 중국 GDP의 53.9%를 차지하였으며, 서비스무역의 거래량은 7,850억 달러를 기록할 정도로 성장했다.

반영된 사례로 언론을 통해 보도됐기 때문이다. '코로나19' 이후, 그 어느 때보다도 정부의 통제와 관리가 중요해진 시점에서 중국의 디지털 산업이 전 세계의 주목을 받게 되었고, 인권 문제로 주춤했던 국가들에서조차 디지털 서비스 기술이 이슈화되었다. 이러한 시대적 변혁으로 국제적인 수요와 관심이 늘어난 디지털 서비스 분야의 무역 교류를 온라인 플랫폼을 통해 제공함으로써 더 많은 참여를 유도할 수 있었다.

(4) 雙循環(쌍순환, The Dual Circulation Strategy)

8위로 선정된 '쌍순환'은 중국경제(內需)와 국제경제(外需)를 조화롭게 발전시키고자 하는 중국 사회의 새로운 경제 발전 구상이라고 할 수 있다. 2020년 5월 14일, 중국 중앙정부는 '국내시장과 국제시장이 상호보완하며 발전을 촉진하는 새로운 발전 국면'을 제안했다. 5월 하순, '양회(兩會)'기간, 시진핑 총서기는 '국내 6개의 대순환을 위주로 국내외의 쌍순환이 서로 촉진·발전하는 새로운 발전 국면을 만들어야 한다'는 점을 강조했다. 정부의 이러한 발표 이후, '쌍순환'은 경제학계는 물론 일반인에게도 익숙한 새로운 경제학 용어가 되었다. 사실 국내시장과 국제시장을 중심으로 경제활동이 이루어지는 것은 '쌍순환'이라는 용어를 사용하기 전에도 중국경제를 이끄는 보편적인 방식이었다. 하지만, 특별히 중국의 지도층이 '쌍순환'이라는 용어를 사용하여 의미를 부여한 것에 대해서 중국의 경제학계에서는 '코로나19'로 인해 해외무역의 길이 막히면서 수출(外需)이 급감함에 따라 내수를 촉진하려는 방편이라고 보는 견해 또는 미·중 무역 충돌의 결과라는 분석이 있다. 즉, 서방세계의 '탈중국화' 움직임으로 인한 디커플링의 결과라는 것이다. 이러한 경제구조의 전환, 즉 체질 변화에 대한 제안은 과거에도 있었지만, '코로나19'로 중국경제의 자립에 대한 필요성이 더욱 절박해졌음을 보여준다.

(5) **無接觸配送**(무접촉배송, Contactless distribution/Contactless delivery)

10위에 오른 '무접촉배송'은 우리식으로 표현하면 '비대면 배송'이다. '코로나19'로 재택근무와 원격교육 등 외부출입이 제한된 상황에서 물류에 대한 수요가 폭발적으로 증가함에 따라 비대면 환경에서 물건을 배송해야 하는 새로운 현상에서 기인한 용어이다. 즉, 물류와 배송인력이 배송할 물품을 스마트택배함이나 고객이 지정한 장소에 비대면으로 배송을 완료하여 고객과의 접촉을 최소화하는 새로운 물류배송 서비스이다.32)

'코로나19' 사태 이후, '비대면 배송'은 그야말로 안전의 대명사가 되었다. 메이투안(美團)을 시작으로 폭발적으로 늘어난 배송수요를 겨냥해, 모든 배송업체에서 비대면 배송 서비스를 제공했다. 이러한 물류 서비스의 폭발적 수요는 중국 정부의 국가정책과 빅데이터, 인공지능, 사물인터넷, '인터넷+', 클라우드와 같은 기술발전 덕분에 단기간에 급성장하였다. 물론 이러한 기술은 '코로나19' 발생 이전에도 어느 정도 상용화되었던 기술이었지만, IT 기술에 대한 수요가 단기간에 광범위한 사람을 대상으로 폭증함에 따라 소비자들이 정보통신기술을 체험할 기회가 급증한 것이다. 이처럼 과학 기술이 물류배송업계에 접목되면서 중국의 '비대면 배송'은 디지털화와 온라인화, 자동화, 스마트화, 무인화의 방향으로 더욱 진화하고 있다.33)

1. 의학관련 어휘

'코로나19'의 영향이 역대 다른 질병보다 더 컸다는 것을 알 수 있는

---

32) '코로나19'가 창궐했던 설 연휴(春節)에 시민들의 기본적인 생활용품을 배송하는 방법으로 주목을 받기 시작했다. 메이투안(美團)은 2020년 1월 26일 업계 최초로 '비대면 배송' 서비스를 시행하였다.

33) 王雪情,「看"無接觸配送"如何"解鎖"物流配送新模式」,『現代商業』, 第35期, 2020.

기준 중의 하나가 바로 의학 관련 용어가 신조어로 대량 등록된 것이다. '코로나19' 이전 중국에서 가장 큰 유행성 전염병이라고 할 수 있는 사스가 발발했던 2003년도에는 사스(非典)라는 의학용어가 신조어 1순위를 기록했지만, 전염병이 명칭이 유일한 의학 관련 신조어였다면 '코로나19' 가 유행한 2020년도에는 '코로나19'를 지칭하는 '新冠疫情' 외에도 4개의 의학 관련 용어가 신조어로 선정되었다. 이는 '코로나19'의 전염성과 위험성을 보여주는 또 다른 지표라고 할 수 있다.

(1) 新冠疫情('코로나19', Corona Virus Disease 2019, COVID-19)

2위로 선정된 2020년도를 뜨겁게 달군 주인공 '新冠疫情'은 '신종 코로나바이러스 폐렴(新型冠状病毒肺炎)'의 줄임말로 '코로나19'를 뜻한다. '코로나19'에 대한 언어학계의 연구 결과에서 드러난 것처럼, 2020년도 사람들의 입에 가장 많이 거론된 용어는 무엇보다도 '코로나19'라는 신종 감염질환의 명칭일 것이다. 田永芳(2020)의 연구에 따르면, 2019년 12월부터 2020년 7월까지 인민망(人民網)과 관련 플랫폼에서 사용된 '코로나19'관련 용어의 사용 횟수는 다음과 같다.

〈표 2〉 중국의 '코로나19' 학명과 약칭의 사용 빈도 대조표[34]

	2019.12	2020.1	2020.2	2020.3	2020.4	2020.5	2020.6	2020.7
新型冠状病毒肺炎	100	249	265	87	51	23	41	21
新冠肺炎	598	948	1058	879	460	383	419	234

이후, '코로나19'의 확산세가 점차 심화함에 따라, 질병을 지칭하는 용어는 물론 관련 용어의 사용 빈도수도 증가했다.

---

34) 田永芳, 「語言與社會互動的典型意義」, 『名作欣賞』, 第9期, 2020.

〈표 3〉중국의 '코로나 19' 관련 어휘의 사용빈도표[35]

	2019.12	2020.1	2020.2	2020.3	2020.4	2020.5	2020.6	2020.7
抗疫	266	442	418	283	154	143	140	88
口罩	254	646	573	275	125	85	80	46
N95口罩	36	93	63	29	15	12	9	3
戴口罩	57	115	80	46	26	12	18	14
感染	486	1045	828	351	181	92	118	66
消毒	206	336	289	124	76	72	68	39
海鲜市场	58	43	23	29	15	12	9	3
疫情	1167	1928	1868	1542	865	765	890	423
聚集性疫情	26	20	40	14	28	13	22	1
山川异域, 风月同天	0	0	4	2	4	7	0	0
健康码	42	35	25	42	47	25	35	10
核酸检测	101	132	98	90	47	37	55	25

한편, 중국이 '코로나19'라는 새로운 감염 질병과의 조우에 있어서 초반에 논쟁거리가 되었던 문제 중 하나가 바로 용어선정이었다. 처음에는 '신형폐렴(新型肺炎)', '우한폐렴(武汉肺炎)', '신종 코로나바이러스(新型冠状病毒)', '신종코로나 폐렴(新冠肺炎)' 등으로 불렸다. 陶源·赵浩(2020)의 조사에 따르면 처음에는 '신종폐렴(新型肺炎)'과 함께 '우한폐렴'이라는 용어도 상당이 많이 사용된 것을 알 수 있다.

이러한 용어의 불일치성으로 인한 혼란을 해결하기 위해, 언어학자인 劉丹青 (中國社會科學院語言硏究所)은 '신종코로나 폐렴(新冠肺炎)'이라는 약칭을 통일적으로 사용하자는 제안을 하기도 했다.[36]

---

35) 앞의 논문.
36) 劉丹青·馮志偉·王輝·李宇明·王春輝·方寅·趙世擧·鄧畢娟,「突發公共事件語言應急多人談」,『語言戰略硏究』, 第2期 總第26期, 2020. 한편, 통계자료에는 포함되지 않았지만, 신종전염병을 뜻하는 '新冠疫情'도 보편적으로 많이 사용된다.

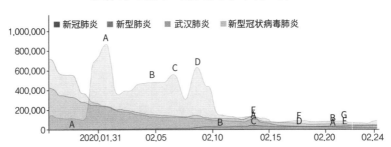

〈그림 2〉'코로나19'관련 용어의 바이두 지수37)

(2) 無症狀感染者(무증상감염자, Asymptomatic COVID-19 patients)

3위를 기록한 '무증상감염자'는 발열이나 기침, 인후통과 같은 증상이 없지만, '코로나19' 진단 결과 양성을 보이는 사람들을 일컫는다. 중국에서도 '무증상감염자'에 의한 전파에 대한 우려와 이에 대해 정부의 데이터 공개 여부에 대한 논란이 있었다. 이러한 민중의 우려가 반영되어 중국의 미디어에서도 이 문제를 집중 조명하기 시작했고,38) 중국 정부도 '무증상감염자'에 대한 조치에 대한 보도자료를 내놓기도 했다.39) 이 문제에 대한 중국 정부의 태도는 중국에는 대량의 무증상감염사례는 없지만, 만일에 대비해 마스크를 철저히 사용하는 등 개인 방역에 더욱 주의를 기울여야 한다는 것이었다. 하지만, 같은 날 오후에 보도된 내용에 따르면, 우한 아동병원에 입원한 115명의 아동 감염자를 대상으로 조사한 결과 무증상감

---

37) 陶源·趙浩,「論應急語言能力視角下的新型冠狀病毒及新型冠狀病毒肺炎術語命名」,『北京第二外國語學院學報』, 第1期, 2020.

38) 北京日報, 重視對無症狀感染者的防控(2020.03.17); 鳳凰網首頁, 無症狀感染者是咋回事(2020.04.10); 界面新聞, 無症狀漸成感染"主力", 這對疫情意味着什麼？(2020.07.20)

39) 中央紀委國家監委網站, 新聞背景 | 什麼是無症狀感染者(2020.03.30)
http://www.ccdi.gov.cn/yaowen/202003/t20200330_214444.html

염자 수가 53%에 달하는 것으로 집계되었다.[40] 이는 얼핏 보면 사안을 바라보는 심각성이나 관점에서 정부와 언론이 온도 차를 보이는 것처럼 보이지만, 사실상 본 보도는 정부가 왜 무증상자를 공개하지 않았는지에 대한 해명 보도에 가깝다. 기사에 따르면, 2011년에 발표된 논문에서 무증상감염자에 대한 데이터를 상세히 공개했지만, 외부에서 이를 중히 여기지 않았다는 것이다.[41] 또한, 전문가의 의견을 내세우며 무증상감염자를 확진자에 포함하지 않는 중국 정부의 방역방침의 정당성을 피력하고 있다. 이후, 중국에서는 무증상감염자 수를 공개하기도 했다지만, 세계보건기구(WHO)와 한국 등 많은 국가가 무증상감염자를 확진자로 분류하는 반면, 중국 정부는 이를 확진자에는 포함하지 않아 여전히 통계 축소 의혹이 가라앉지 않고 있다.[42] 이에 대해, 중국 측의 주장은 무증상감염자 중 일부는 숨은 감염자(隱性感染者, covert infection)이거나 잠복기 상태(dormant infection/latent infection)에 있으므로 관리학의 관점에서 무증상감염자를 별도로 분리해야 관리가 용이하다는 것이다.[43]

(3) 方艙醫院(임시병원, mobile cabin hospitals / field module hospital)

4위를 기록한 '임시병원'은 '코로나19'로 환자들이 급증하면서 기존의 컨벤션홀이나 체육관 등 대형 시설을 개조하여 경증환자들을 집중적으로 치료한 임시병원을 뜻한다. 당시 초스피드로 건설된 거대 병원의 모습이 연신 국내외뉴스를 장식하면서, 중국인들의 자부심을 드러내기도 했다.

---

40) 新浪財經, "無症狀感染者數據有望公佈諸多疑惑將解"(2020.03.30)

41) 논문 자료에 따르면, 2020年 2월 11日까지 보고된 중국의 '코로나19' 감염 건수 72,314 중 확진 사례는 모두 44,672(61.8%)건이었고, 의심 사례는 16,186(22.4%)건, 임상진단사례 10,567(14.6%)건, 무증상감염자 889(1.2%)건 이다.

42) 한국 경제, 통계 조작 논란에…중국, 무증상감염자 1,366명 공개(2020.04.01)

43) 新京報, 無症狀感染者爲何不納入確診病例？國家衛健委迴應(2020.5.15)

2020년 2월 초, 중국 우한에서 '코로나19' 환자가 대량 발생함에 따라 지역사회 의료 인력과 장비로는 모든 환자를 수용하고 관리할 수 있는 한계점을 넘어서면서, 모든 의료 인력과 설비는 과부하상태에 걸렸다. 이 같은 긴급한 의료재난 사태에서 중앙정부는 2월 3일 후베이성에 관리팀을 파견하고, 전국의 29개 성과 시에서 긴급하게 결성된 22개 긴급의학 구조팀과 3개의 이동 핵산검사 실험실을 지원했다. 하지만, 모든 의료시설이 포화상태가 되면서 새로운 의료시설이 긴급하게 필요해지자, 우한시는 컨벤션센터와 체육관을 개조해 경증의 환자들을 수용하기로 했다. 그 결과, 겨우 하루 남짓한 시간인 2월 5일 10시 우한컨벤션센터(武汉国际会展中心)에 1,500여 장의 침상을 갖춘 강한(江漢) 임시병원이 개설되었다. 이후 10여 일 만에 우한에만 14개의 임시병원이 개설되어 모두 13,000여 개의 침상을 확보하여 12,000명의 경증환자를 치료하였다.[44] 이후, 중국에서는 '생명의 방주'라고 부른 임시병원에서 활동하는 의료진의 노고와 이를 수호하기 위한 경찰과 지원자의 모습이 연일 미디어를 통해 보도되었고, 많은 중국인에게 감동과 함께 경각심을 불러일으켰다.

(4) 健康碼(건강코드, Health Code)

5위를 기록한 '건강코드'는 '코로나19'가 낳은 또 다른 신조어로, '복공복산' 정책의 실행을 위한 실천적인 관리 프로그램이라고 할 수 있다. 이는 개인의 방역 관련 정보를 제공하는 시스템으로 각 지방정부에서 운영하는 플랫폼에서 자동심사를 거쳐 개인의 바코드를 통해 '초록색, 빨간색, 노란색'으로 건강 상태를 파악하는 일종의 디지털 방역시스템이다. 2월 11일 절강성 항주시에서 처음으로 출시되어 전국적으로 시행되었다. 항저

---

44) "一家方艙醫院的創建史", 중국 국가위생건강위원회 공식계정(2020.03.11)

우에서 출시된 건강코드는 알리바바가 개발했지만, 바로 다음 날인 2월 12일 텐센트 클라우드도 '텐센트 건강코드'를 출시할 것을 선언했다. 텐센트가 제공하는 건강코드는 위챗에 들어가는 프로그램으로 기업용 위챗과 SNS상에서도 통용되어 접근이 쉽다는 장점이 있었다. 이처럼, 업계가 경쟁적으로 이 분야에 뛰어들면서 '건강코드'가 전국적으로 보급되어 도시의 보건과 안전관리를 위한 중요한 도구로 자리 잡았다. 한국에서는 '코로나19'가 바꿔놓은 일상의 모습 중 하나가 '마스크 착용'이라면, 중국에서는 '건강코드'가 외출의 필수품이 된 것이다. 물론, 여기에는 포스트 코로나 시대 필수품이 된 IT 기술의 상용화로 야기된 개인정보보호 문제가 여전히 해결해야 하는 과제로 남아 있다.[45]

3. 기타

(1) 天問一號(천문 1호, TW-1/Huoxing-1/HX 1)

중국의 10대 신조어 9위를 기록한 '천문 1호'는 중국의 첫 화성탐사선을 가리킨다. 중국 화성탐사선은 '천문(Tianwen)시리즈'라고 부르는데, 이는 굴원의 장편 시 '천문(天問)'에서 착안한 이름으로 진리에 대한 중화민족의 견인과 애착을 의미한다. 7월 23일 '천문 1호'는 중국의 하이난성에서 성공적으로 발사되었다. 천문 1호는 중국의 항공우주 기술의 발전 단계를 보여주는 최첨단 기술이라고 할 수 있다. '코로나19'와 한참 사투를 벌이고 있는 2020년 4월 24일 중국은 '항공우주의 날(航天日)'을 맞이하여 화성탐사선의 이름을 '천문 1호'라고 한다는 발표를 하였고, 2020년 7월 25일 발사에 성공하면서 중국은 축제 분위기에 들어갔다. 3일 뒤인

---

45) 劉密霞·王益民,「後疫情時代政府治理中的個人數據使用與保護問題探析」,『雲南行政學院學報』, 第1期, 2021.

7월 28일 '천문 1호(화성탐사선)'는 지구와 달을 한 폭에 담은 사진을 전송해 왔다. 이후, '코로나19'의 조기종식을 선언한 것도 중국의 자부심을 보여주기 위한 것이다.

한편, 한국을 포함한 해외언론은 최근 들어 중국이 애국주의와 민족주의를 넘어 폐쇄적인 국수주의로 치닫고 있는 것은 아닌가 하는 우려를 표명하고 있다. 이는 중국의 국제 이미지 추락 등의 데이터를 통해서도 드러나고 있다. 처음에는 '미·중 갈등'으로 불거지면서 양국 또는 서방국가 대 중국의 대립으로 비쳤으나, '코로나19' 이후 중국을 향해 적대 감정을 표출하는 국가와 국제여론이 더 많아지고 있다. 하지만, 이러한 국제사회의 분위기와 달리 중국 국내 언론은 중국문화와 기술, 제도에 대한 자부심을 고취하는 내용을 연일 송출하고 있다. 특히, '코로나19'의 방역에서 보여준 중국의 제도와 기술의 우수성을 강조하는 여론을 형성하여 해외언론의 중국에 대한 공격을 반격하는가 하면, 미국 등 서방국가의 방역 실패를 연신 보도하며 중국식 방역의 우월성을 우회적으로 선전하고 있다.

Ⅳ. 결론

본 논문은 '코로나19'이후, 일상과 관련된 모든 분야에서 변화가 일어나면서 생성된 '언어의 변화'에 주목하여, 언어를 통해 중국 사회를 관찰하고자 했다. 이를 위해, 2020년도에 선정된 '10대 신조어'를 집중적으로 분석하여 '코로나19'로 인한 중국사회의 변화상을 살펴보았다. 또한, 중국에서 '코로나19'이전에 발생했던 전염병이 당시 중국인의 언어생활에 얼마나 영향을 미쳤는지 알아보기 위해, '코로나19'이전의 전염병으로 인해 만들어진 신조어와 2020년 '코로나19'로 인해 만들어진 신조어를 비교해서 검토하였다.

2020년 중국의 10대 신조어 중에서 6개는 '코로나19'와 직접적으로 연관된 것이며, 나머지 4개는 '코로나19'와 직접적으로 연관된 것은 아니었다. 분야별로 살펴보면 경제 관련 어휘(5개) 가장 많았는데, 그중에서 '코로나19'와 직접적으로 관련된 단어는 2개로 집계됐다. 이 밖에도 의학용어(4개)가 두 번째로 많았는데, 이는 모두 '코로나19'와 직접적으로 관련된 어휘로 선정되었다. 해마다 선정되는 신조어로 의학용어가 선정되는 경우는 많지 않은데, 2020년은 유독 의학용어가 많이 선정되어 '코로나19'의 파급력을 실감할 수 있었다. 한편, '코로나19'와 직접적인 관련이 없는 어휘 4개는 경제 관련 분야(3개)와 항공우주 분야(1개)가 선정되었다. 이들 신조어의 발생 원인과 선정 배경을 통해 어느 때보다도 '단결'과 '애국'을 강조하고 있는 중국사회의 단면을 엿볼 수 있다. 특히, '코로나19'가 처음 중국에서 발견되었음에도, 국내(중국)와 국외를 바라보는 시각에서 차이를 드러냈다. 예를 들어, 2020년도 국내(중국)를 대표하는 한자와 단어로는 각각 '民(인민)'과 '脫貧攻堅(빈곤 탈출의 난관 돌파)'가 선정되었는데, 이는 방역 활동에 적극적으로 동참한 중국 인민의 노고와 어려운 상황 속에서도 빈곤 탈출이라는 정책목표를 달성했다는 중국 정부의 공로를 치하하기 위한 것으로 보인다. 반면, 국외를 대표하는 한자와 단어는 각각 '疫(바이러스)'과 '新冠疫情(코로나19)'가 선정되어, '코로나19' 이슈를 국제사회(외부)의 문제로 치부하려는 경향을 읽을 수 있었다. 이는 2020년 미·중 갈등이 증폭된 상황에서 '코로나19'가 발견되어 그야말로 엎친 데 덮친 격이라고 할 수 있는 한 해였지만, 내·외부로부터 발생한 악재를 오히려 내부결속을 다지는 도구로 활용하고자 한 중국 정부의 의도가 언어에 반영된 결과이기도 하다. 다만, 중국은 표현의 자유가 완전히 보장되지 않기 때문에 중국 정부의 실책을 폭로하거나 현 상황의 암울함을 토로하려는 민중의 목소리가 사실적으로 언어생활이나 선정어휘에 반영되지 않았을 가능성도 결코 배제하지 않을 수 없다.

| 참고문헌 |

이수진·강현아·남길임, 「코로나-19 신어의 수집과 사용 양상 연구 – 주제 특
    정적 신어의 수집과 사용에 대한 고찰」, 『한국사전학』, 제36호, 2020.

이해미, 「코로나 시대의 신조어, 일본 사회」, 『비교문화연구』, 제60집, 2020.

최태훈, 「코로나19로 촉발된 미중 미디어 전쟁 양상 환구시보 사설 비교를
    통한 비판적 담화분석」, 『비교문화연구』, 제59집, 2020.

陳明珠·謝群, 「新冠肺炎疫情外宣新聞報道的模糊限制語研究——以 People's
    Daily爲例」, 『湖北經濟學院學報(人文社會科學版)』, 第17卷 第9期,
    2020.

丁曉強·張少軍·李善同, 「中國經濟雙循環的內外導向選擇」, 『經濟管理』, 第
    2期, 2021.

段姸, 「新中國成立以來應對重大突發疫情的歷史回顧與經驗啓示」, 『上海師範
    大學學報(哲學社會科學版)』, 第6期. 2020

侯敏·滕永林, 「詞述中國戰"疫"」, 『語言戰略研究』, 第3期, 2020.

李成偉, 「農村標語的功能,特徵,問題及建議——以2020年新冠肺炎疫情防控標
    語爲例」, 『視聽』, 04, 2020.

劉丹青·馮志偉·王輝·李宇明·王春輝·方寅·趙世擧·鄧畢娟, 「突發公共事
    件語言應急多人談」, 『語言戰略研究』, 第2期 總第26期, 2020.

劉密霞·王益民, 「後疫情時代政府治理中的個人數據使用與保護問題探析」,
    『雲南行政學院學報』, 第1期, 2021.

劉芹, 「盤點2009 年度十大流行新詞語」, 『新作文』, 2009.

劉帥, 「新冠肺炎疫情對中國區域經濟的影響」, 『地理研究』, 第40卷 第2期,
    2021.

饒高琦, 「戰疫語言服務中的語言技術」, 『雲南師範大學學報』, 第4 期, 2020.

陶源·趙浩, 「論應急語言能力視角下的新型冠狀病毒及新型冠狀病毒肺炎術
    語命名」, 『北京第二外國語學院學報』, 第1期, 2020.

田永芳,「語言與社會互動的典型意義」,『名作欣賞』, 第9期, 2020.

曾泰元,「透過詞典探新冠」,『英語世界』, 06, 2020.

張莉,「新冠肺炎疫情背景下我國數字經濟加速發展」,『網絡安全和信息化』, 第11期, 2020.

張樹錚,「"非典"時期社會語言生活的典型意義——從"非典"時期看語言與社會的互動」,『山東大學學報(哲學社會科學版)』, 第5期, 2003.

趙丹丹·萬冰彬·鄭繼媛·王玉婷,「新冠疫情衝擊影響特徵及行業差異性研究」,『價格理論與實踐』, 第3期, 2020.

王春娟,「常態化疫情防控下零售業數字化轉型分析」,『時代經貿』, 第1期, 2021.

王雪情,「看"無接觸配送"如何"解鎖"物流配送新模式」,『現代商業』, 第35期, 2020.

https://covid19.who.int/

http://ncov.mohw.go.kr/

http://www.moe.gov.cn/s78/A19/s8358/moe_815/tnull_18000.html

https://eiec.kdi.re.kr/issue/infographic.do

https://www.who.int/brunei/news/infographics---english

https://circ.kookmin.ac.kr/xe2010/knowledgemap/13201562

www.365master.com

https://www.ciftis.org/

https://public.oed.com/blog/the-language-of-covid-19/

https://www.livescience.com/ways-covid-19-changed-the-world-2020.html

상하이 주류 미디어의 코로나19 보도 분석

● 왕웨이王蔚 · 멍후이푸孟惠普 ●

최근 중국의 주류 미디어는 미디어 융합이라는 흐름 속에서 혁신과 전환에 적극적으로 나서고 있다. 빠르게 변화하는 인터넷 미디어 생태에서 중국 주류 미디어는 지속적인 전통적 관습 타파와 새로운 보도 경험을 통해 인터넷 보도 생태에서 새로운 우위를 확보해 가고 있다. 특히 상하이 주류 미디어는 비교적 일찍부터 새로운 전환을 시도하며 풍부한 경험을 쌓아온 결과 지역 미디어 융합 전환의 대표적인 사례가 되었다. 이번 코로나19 공중 보건 위기는 전 세계 미디어의 뉴스 보도에 커다란 도전을 가져왔지만 동시에 전통적 관습을 깨고 인터넷 뉴스 보도 생태에 영향을 확대할 중요한 기회를 가져오기도 했다. 본문에서는 상하이 주류 미디어의 보도를 사례로 삼아 중국 주류 미디어가 이번 코로나19 기간 얻은 중요한 수확과 이것이 인터넷 뉴스 보도 생태에 끼친 영향을 살펴보았다.

* 왕웨이(王蔚), 上海社會科學院 新聞硏究所 주임, 부연구원.
멍후이푸(孟惠普), 上海社會科學院 新聞硏究所 석사과정.

I. 코로나19 기간 중국 주류 미디어 보도 생태의 변화

1. 코로나19가 주류 미디어에 가져온 도전

1) 코로나19에 대한 전 사회적 관심 집중과 기존 뉴스 생산 리듬의 파괴

2020년 1월 20일 저녁 중국중앙방송국(CCTV)의 프로그램 〈뉴스1+1 (新聞1+1)〉에서는 현장 연결을 통해 중난산(鐘南山) 원사를 인터뷰했다. 그는 2003년 중국 사스 퇴치에 기여한 유명 인물이다. 인터뷰에서 중 원사는 "사람 간 전염이 분명 있다"라고 언급했고, 그의 한 마디는 순식간에 중국 국민의 17년 전 사스 공포를 재소환했다. 또 곧바로 코로나19 관련 정보가 소셜 미디어, 인터넷 1인 미디어를 통해 국민 사이에 빠르게 퍼져 나갔다. 중국 최대 검색 사이트인 바이두의 지수 분석을 통해 '코로나19' 관련 정보가 인터넷상에서 퍼지기 시작한 시기가 바로 1월 21일부터임을 알 수 있다. 1월 23일에는 후베이 우한 코로나 방역 지휘부가 1호 공고로 '도시 봉쇄령'을 발표하며 전 국민을 충격으로 몰아넣었다. 이때부터 코로나19에 대한 공포는 전국적으로 확산되었다. 4월에 이르러 코로나 방역이 성과를 얻으면서 인터넷상의 보도 건수는 눈에 띄게 줄었다. 그러나 이전과 달리 코로나19는 여전히 미디어 보도의 뜨거운 이슈였고 이러한 현상은 2020년 말까지 계속되었다.

바이러스가 대규모로 확산되면서 코로나19는 전 사회적인 관심이 집중된 거의 유일한 이슈가 되었다. 코로나19 바이러스는 전파력이 강함에도 아직 효과적인 치료 방법이 없어 사망자가 계속 늘고 있다. 코로나에 대한 이해와 치료를 위해서는 아직 시간이 필요한 상황이며 과학계의 코로나19에 대한 논의도 단시간 내에 명확한 결론을 내리기는 어려워 보인다(신종 코로나바이러스에 관한 연구는 지금도 진행 중이다). 이러한 상황에서 코

로나19로 고통 받고 있는 대중들의 코로나 정보에 대한 수요는 매우 강력
할 수밖에 없다. 모든 주류 미디어의 지면은 각급 지도부의 방역 지침
및 활동, 사회 각 부처 기관과 단체의 코로나 극복 활동, 국제사회의 코로
나 대응 동향, 정치·경제·문화 분야의 영향 등 코로나19 관련 기사로
가득 채워졌다. 코로나19 발생 후부터 2020년 4월까지 코로나19가 뉴스
보도의 핵심 이슈로 자리 잡으면서 미디어의 콘텐츠 생산 리듬을 완전히
바꾸어 놓았다.

〈그림 1〉 바이두 검색 지수 추이(2020.1.1-2020.12.31)

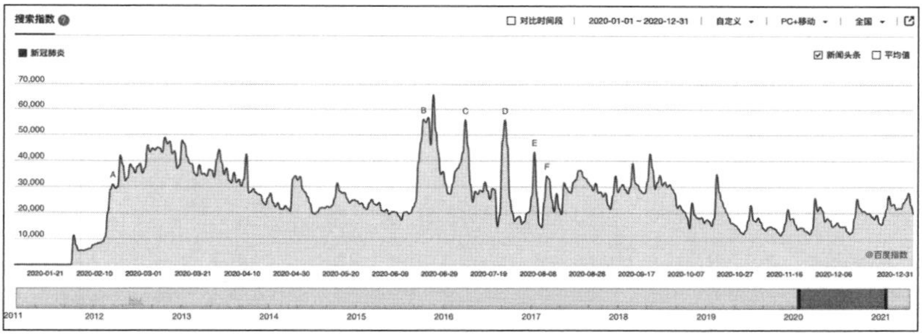

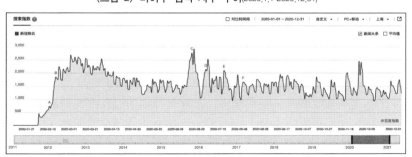

키워드: 신종 코로나, 범위: 전국

〈그림 2〉 바이두 검색 지수 추이(2020.1.1-2020.12.31)

키워드: 신종 코로나, 범위: 상하이

2) 뉴미디어의 뉴스 채널로서의 중요성 증대로 주류 미디어의 뉴미디어 전환이 가속화

코로나19 유행 기간 뉴미디어는 정보 전달 채널로서의 중요성이 커졌다. 베이징 대학교 뉴미디어 연구원(北京大學新媒體研究院)의 조사에 따르면 코로나19 기간 대중들이 정보 채널로 가장 많이 사용한 것이 바로 위챗, 웨이보와 같은 인스턴트 메신저와 소셜 미디어였다.[1] 또 옥스퍼드 대학교 로이터 저널리즘연구소의 보고서에서도 코로나19 동안 소규모 온라인 뉴스 매체와 비영리 기관의 활약이 가장 뛰어났던 것으로 나타났다. 해외의 여러 신문사가 이미 종이 신문 발행을 중단하거나 축소하고 온라인 채널로 옮겨갔으며, 디지털 전환에 성공한 일부 미디어는 코로나19 기간 좋은 성적을 보여주기도 했다.[2] 뉴미디어 플랫폼은 정보 전달의 신속성, 내용의 다양성, 코로나 현장과의 접근성 등을 강점으로 대중들의 수요를 충족시켰으며 주류 미디어보다 한발 앞선 뉴스 보도로 불안감에 휩싸인 대중의 주목을 끌었다. 한편 코로나 19에 대한 이해가 부족한 상황에서 더욱더 초조해진 대중들은 정보의 진위를 판별하는 능력이 떨어졌고 이 틈을 이용해 확인되지 않은 일부 정보가 광범위하게 퍼지면서 사회 전반에 불신의 분위기가 확산되었다. 이 때문에 검증되지 않은 정보가 인터넷 여기저기서 터져 나왔고 기존의 정보 전달 환경은 커다란 혼란에 빠졌다.

이러한 상황에서 주류 미디어는 사회적 이슈를 정확하게 보도하여 대중의 의구심을 해소하고 불명확한 문제들은 지속적인 추적을 통해 규명해야 한다. 또 코로나19 관련 정보를 사실 그대로 보도하고 국민적 관심 사안을 적극적으로 보도하여 불필요한 사회적 불안감을 완화하고, 나아가

---

1) 李瑋·蔣科·熊悠竹, 「民眾最信任的信源, 仍是官方管道」, 『網路傳播』, 第5期, 2020, 91쪽.

2) 辜曉進, 「新冠肺炎疫情下的全球媒體百態」, 『青年記者』, 第13期, 2020, 92쪽.

좋은 여론 환경과 코로나 공동 극복을 위한 사회적 분위기를 만들어야 한다. 즉 중국 주류 미디어는 중국 소셜 거버넌스의 중요한 일환으로서 중대 보건 위기 속 대중 수요 충족과 사회 발전에 힘쓰는 동시에 미디어 생태계 속 전통의 한 축으로서 1인 미디어와 '경쟁'해야 하는 것이다.

3) 중국 신종 코로나 오명에 대한 사실 규명의 시급성

중미 관계 등 여러 가지 요인의 영향으로 최근 중국에 대한 국제 여론은 낙관할 수 없는 상황이다. 코로나19 이후 중국의 코로나 대응을 폄하하는 발언이 계속되었고, '쿵푸 바이러스(Kung-Flu)', '중국 바이러스(Chinese virus)' 등과 같은 단어가 해외 미디어, 정계 인사의 발언, 해외 민간 사회에서 반복적으로 출현하여 중국 정부와 사회에 불필요한 고통을 안겼다.

중국은 세계 최대 인구 대국으로 코로나19 발생 초기 그 어느 때 보다 엄중하고 통제가 어려운 상황이었지만 코로나 확산세를 늦추고 연구 및 대응을 위한 시간을 벌기 위해 락 다운까지 강행했다. 경제·사회적 희생과 코로나19 안정화 및 효과적인 방역 경험을 맞바꾼 것이다. 중국 1인 미디어는 각자 자기주장 내세우기에 바쁘고 국제사회에는 중국의 코로나 대응에 대한 오해와 불신이 팽배한 상황에서 중국 주류 미디어는 자신의 전문 분야인 뉴스에서의 강점을 발휘하여 국제사회에 진실을 알릴 책임이 있다.

4) 상하이 코로나19 상황과 보도의 특수성 – 현지 주민을 위한 보도 및 글로벌 도시 구현

코로나19 발생 초기 중국은 춘절(春節)을 앞두고 있었다. 춘절은 중국의 중요한 명절로 매년, 이 기간에는 인구 대이동이 일어난다. 명절 전에는 고향으로 돌아가 가족, 친구들을 만나거나 다른 지역으로 여행을 떠나고, 명절이 끝나면 직장이 있는 도시로 돌아와 새해 근무를 시작한다. 이 같은 대규모 인구이동을 중국에서는 '춘원(春運, 춘절의 대이동)'이라 부른다. 춘원으로 코로나19의 전국적 확산이 우려되는 상황이었다. 특히 상하이는 상주인구가 2,400만 명에 달하는 중국 최대 인구 도시로 매년 새해 엄청난 규모의 귀성·귀경 행렬이 이어진다. 2019년 상하이 춘절 여객 수송량은 연인원 4,482만 2,800명에 달했다.[3] 이러한 대규모 인구이동은 상하이 방역에 커다란 부담으로 작용했다. 또 국내가 어느 정도 안정을 찾은 후에는 세계 코로나19 상황이 나날이 악화하였는데, 이러한 상황에서 중국 전체 외국발 입국 항공편 및 해외 유입 환자의 절반 이상이 상하이를 통해 들어왔다. 비록 지금은 일상생활과 경제활동이 모두 정상화되었지만 언제든지 코로나19가 재유행할 수 있는 위험이 상존하고 있기 때문에 상하이의 방역은 더욱 복잡해지고 있다.

따라서 상하이 주류 미디어는 다양한 역할을 수행해야 한다. 첫째, 방역 관련 정보와 규정 등을 상하이 주민들에게 신속하게 전달하여 주민들의 방역에 대한 신뢰를 제고해야 한다. 둘째, 국내 및 해외 대중들에게 정확한 국내외 정보를 전달하는 등 국제적 교류를 통해 상하이의 글로벌 도시로서의 면모를 보여주고 중국과 세계를 이어주는 창구 기능을 해야 한다.

2. 코로나19가 주류 미디어에 가져온 기회

1) 코로나 19로 공신력 있는 미디어에 대한 신뢰 증대

소셜 미디어와 1인 미디어가 중요한 정보 습득 채널이 된 것은 사실이지만 공신력과 가이드라인 성격을 지닌 정보를 제공하기는 어려운 것이 현실이다. 코로나 19 기간 나날이 혼탁해지는 정보 환경 속에서 공신력

---

3) 中華人民共和國交通運輸部 홈페이지, 「[上海]4482.28萬人次！2019年上海春運 圓滿收官」, https://www.mot.gov.cn/difangxinwen/xxlb_fabu/fbpd_shanghai/201903/t20 190305_3172173.html

있는 정보에 대한 대중의 갈증은 한층 더 커졌다. 이때 주류 미디어가 가진 공신력의 가치와 게이트키퍼 역할이 빛을 발했다. 또 소셜 미디어와 1인 미디어의 탈중앙화된 전달 방식은 정보가 전달되는 과정에서 다른 소셜 미디어 집단에 의해 차단되기 쉽다. 이에 반해 주류 미디어가 가진 중앙화된 전달 방식은 코로나 19 동향, 정책 변화, 방역 지침 등 핵심정보를 전 사회에 널리 전달해야 하는 상황에서 다시 한 번 중요한 역할을 발휘했다. 2021년 1월 국가 광전총국의 프로그램 시청 빅데이터 시스템(CVB) 데이터를 살펴보면 2020년 가구당 하루 평균 TV 시청 시간이 전년도보다 전반적으로 늘어났다. 특히 2월에는 코로나로 집 안에 머무는 사람이 늘어나면서 1일 평균 시청 시간이 전년도 같은 기간보다 23.6% 늘어나 연중 최고치인 6.5시간을 기록했다. 2020년 가구당 하루 평균 TV 시청 시간은 5.85시간으로 전년도 대비 12.9%가 늘었다.4) 이러한 수치를 통해 코로나19로 인한 공중 보건 위기 속에서 주류 미디어의 공신력이 다시 한 번 진가를 발휘했음을 알 수 있다.

〈그림 3〉 2019년과 2020년 가구당 하루 평균 TV 시청 시간

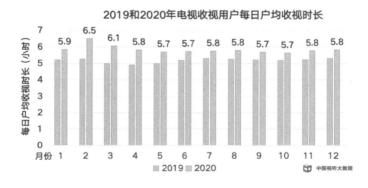

4) 中國視聽大數據2020年年度收拾綜合分析, https://baijiahao.baidu.com/s?id=1688340363330905283

2) 코로나19 뉴스가 콘텐츠 생산에 높은 전문성을 요구

강력한 전염력을 가진 코로나19는 새롭게 나타난 바이러스이기 때문에 전 사회적으로 아직 이에 대한 이해가 충분치 않다. 따라서 미디어는 코로나19 상황 변화에 관한 뉴스를 지속적으로 업데이트하고 아직 밝혀지지 않은 의문과 방역과정에서 나타난 새로운 문제를 심층적으로 파고들어 대중의 의혹을 해소해주어야 한다. 미디어가 대중의 이러한 정보 수요를 만족시키려면 반드시 우월적, 안정적, 지속적, 입체적인 콘텐츠 제작 능력을 갖추어야 한다. 그리고 이러한 우월적, 안정적, 지속적, 입체적인 뉴스 보도는 점진적으로 일종의 부가적인 정보 환경을 동반하는데, 즉 관련 정보를 언제든 습득할 수 있는 환경이 마련되면서 수용자의 불안감이 해소된다. 일반적으로 주류 미디어는 소셜 미디어나 1인 미디어보다 전문성과 기술력이 뛰어나고 신뢰성 있는 정보 소스에 대한 접근성도 높아 한층 더 수준 있는 코로나19 뉴스를 생산할 수 있다. 이번 코로나19 동안 대중들은 주류 미디어의 이러한 전문성을 재인식하게 되었고, 주류 미디어는 콘텐츠 혁신, 뉴미디어 융합 등을 실행할 기회를 얻었다.

Ⅱ. 상하이 주류 미디어 코로나19 보도의 특징

1. 대중의 정보 수요 충족과 정보 게재 건수 및 형식의 증가

상하이 주류 미디어는 코로나19 기간 관련 정보의 게재 빈도와 건수를 늘려 대중의 정보 수요 증가에 적극적으로 대응했다. 상하이 주류 미디어를 조사한 결과 2020년 상하이 주류 뉴미디어가 게재한 원천 보도 글이 2019년에 비해 26% 늘어나 거의 100만 건에 달했는데, 이 중 코로나19 관련 내용이 절반에 가까운 약 50만 건이었다. 그 중 상하이방송국(上海

廣播電視台)과 상하이신문그룹(上海報業集團)은 대표적인 미디어 그룹으로서 각기 다른 보도 특징을 보여주고 있다.

　상하이신문그룹(上海報業集團)의 경우 코로나 관련 보도에 참여한 취재, 편집 요원이 1,352명에 달했다. 2020년 1월 20일부터 2월 20일까지 한 달간 그룹 내 주요 미디어 플랫폼에 게재한 코로나19 관련 보도는 47,573건으로 총 조회 수 32.52억 뷰를 기록했다.[5] 이 중 지에팡일보(解放日報)는 코로나19 방역과 경제·사회 발전을 함께 분석하는 내용을 집중적으로 다루었는데, 2020년 한 해 코로나19 관련 지면은 800장, 기사는 4,500여 건이었다. 상관뉴스(上觀新聞)도 43,000여 건의 기사와 수백 편에 달하는 시평, 칼럼을 게재했다. 펑파이뉴스(澎湃新聞)는 '코로나19' 채널을 가장 먼저 시작한 국내 주류 미디어로 지금까지 총 21명의 기자를 후베이 현장으로 파견하여 원천 보도 15,000건 이상, 비디오 클립 5,200건 이상, 포스터 370장 이상을 게재했다. 이 외에 경제 미디어인 지에미엔·차이렌사(界面·財聯社)도 중요한 시점에 자본시장의 비합리적 예측을 바로잡는 등 코로나19 기간 신속하게 제 목소리를 냈다.[6]

2. 현지 상황에 근거하여 주민의 관심 이슈를 집중 보도

　보통 사회적으로 큰 이슈가 되는 문제는 주민들의 실질적인 이익과 밀접한 관계를 가지는 경우가 많으며 인터넷상에서 거짓 소문도 쉽게 퍼진다. 2020년 상반기 10대 유언비어 중 8개가 코로나와 관련된 것이었다.

5)　上海報業集團黨委書記、社長裘新:向前是涅槃, 向後是平庸, http://media.people.com.cn/n1/2020/0228/c14677-31610142.html

6)　沖出"跑者藍調"的煙靄 ｜上海報業集團加快媒體深度融合發展推進會暨2021年度工作會議擧行, https://www.shobserver.com/staticsg/res/html/web/newsDetail.html?id=344923

'전국 지역별 마스크 착용 해제 일정표 이미 발표? 중난산 원사의 반응은?', '상하이 일일 확진자 3,000명? 유포자 이미 구류 조치!', '상하이 주요 도로, 오늘 밤 12시 대규모 소독? 출처 불명!', '상하이의 네 번째 후베이 의료진 지원물자 우한에서 강탈? 밝혀진 진실!', '홍커우(虹口) 축구장 집중격리 센터로 사용? 당국의 대답은 허위사실!', '전국 국제 항공편 모두 상하이 착륙? 진실은…', '수많은 외지인 고속도로 펜스 넘어 상하이 진입? 당국의 대답은 허위사실!', '푸둥(浦東) 주민 알코올 분사 소독으로 주택 화재?

거짓 판명!', '상하이 펑셴(奉賢) 첫 확진자 완쾌 후 다시 양성? 가족에게까지 전파? 진실 공개!'.7) 이러한 유언비어가 발생했을 때 상하이 주류 미디어는 신속한 사실 확인과 반박 기사 보도를 통해 유언비어의 지속적인 확산을 막아 주민들의 불안감을 해소해주었다. 유언비어에 대한 사실 확인 외에 방역 정책 관련 정보 전달 역시 주민 생활에 매우 중요한 부분이다. 상하이시는 코로나 대응의 일환으로 건강 QR코드인 '수이셴마(隨申碼)' 내놓았는데 이는 개인의 건강상태, 방문지, 감염자와의 접촉 이력 등에 따라 그린, 옐로우, 레드 3가지 '수이셴마'를 제공하고 해당 QR코드 종류에 따라 지역 간 이동, 공공장소 출입, 치료 또는 격리관리 등 부분에

---

7) 上海公布上半年十大網絡謠言, 多個謠言涉及疫情, https://www.jiemian.com/article/4922448.html

서 차등화된 제한 조치를 적용하는 제도이다. 제도 시행 초기 상하이의 각 주류 미디어는 수이셴마 제도를 대대적으로 보도했다. 특히 저다우상하이(周到上海)는 당국이 발표한 공식 정보와 실제 생활 속 활용 사례를 적절히 결합시킨 '수이셴마에 관한 50가지 궁금증'을 HTML5 형식으로 제작·배포함으로써 사용자의 궁금증을 해소해주었다. 2020년 9월 통계에 따르면 2월 수이셴마 제도가 시행된 후 누적 사용횟수는 12억 6천만 건, 사용자는 3,400만 명을 넘어섰다. 코로나19가 일상화되면서 수이셴마는 이제 상하이 주민들의 일상 깊숙이 자리 잡았다.

3. 미디어별 강점을 활용한 융합 보도 효과

상하이 주류 미디어는 코로나19 기간 자신이 가진 우위를 기반으로 각 미디어의 강점을 결합하여 미디어 융합 보도의 효과를 구현했다. 디이차이징(第一財經)은 코로나 발생 초기 우한 현장을 직접 취재하며 생생한 현장 보도를 쏟아냈을 뿐 아니라 데이터 뉴스 제작의 강점을 활용해 코로나19의 시간적, 공간적 상황 변화를 시각화함으로서 보다 직관적으로 정보를 전달하였다. 후반기에는 경제 미디어로서의 전문성을 발휘해 코로나19가 중국 경제에 가져온 영향을 분석한 시리즈 논평을 게재했다. 생활 정보 전문 매체인 신원팡(新聞坊)은 TV 뉴스 프로그램, 위챗 공식 계정, 위챗 미니프로그램, 더우인(抖音) 계정 등으로 이루어진 뉴미디어 진영을 통해 현지 생활과 관련된 주제를 집중적으로 다루었는데, 주로 상하이의 코로나19 상황과 상하이 주민들이 한마음으로 코로나를 극복한 스토리 등을 보도했다. 상하이시 16개 구(區)에 설립된 융합 미디어센터(融媒體中心)에서도 코로나19 보도를 매우 중요시했다. 각 센터는 융합 보도를 통해 지역 사회에 방역 지식을 더욱 입체적으로 홍보함으로써 지역의 어려움을 덜어주고 주민들에게 자신감을 불어넣어 상하이의 지역별 방역 중점사업 이행에 중요한 역할을 했다. 이와 동시에 코로나19를 계기로 융합 미디어센터도 한층 더 발전하게 되었다.

4. 미디어의 사회 서비스 기능 모색

최근 상하이 주류 미디어의 중요한 발전 흐름 중 하나로 사회 서비스 기능 강화를 들 수 있다. 뉴미디어 시대에 대중과의 거리가 급속도로 가까워진 미디어는 더욱 빠르고 정확하게 대중 수요를 파악할 수 있게 되었다. 따라서 미디어는 정보 전달뿐 아니라 자신의 정보를 활용한 수요·공급 간 매칭이 가능해졌다. 코로나19로 인해 주민들의 일상에 불편함이 늘어나자 상하이 주류 미디어는 사회 서비스 영역에서 새로운 시도를 했다. 코로나19 발생 초기인 2020년 2월 6일 디이차이징은 뉴미디어로서의 역량과 뛰어난 데이터 뉴스 제작 능력을 활용하여 전국 최초로 코로나19 검색 맵을 만들었다. 300여 개 도시의 코로나19 정보를 실시간 제공하는 이 지도 서비스는 전국적으로 확대 사용되며 높은 트래픽을 기록했다. 저다우상하이(周到上海)는 지방 소도시로 눈을 돌려 전국 리엔자(鏈家) 매장과 손잡고 '프린트 홈' 서비스를 실시했다. 이를 통해 코로나19 기간 재택근무와 온라인 학습에 필요한 프린트 서비스를 제공하면서 주류 미디어와 대중은 한층 더 가까워졌다. 이 외에 저다우상하이는 '코로나19 극복! 마스크 인증샷 올리기(曬！戰疫'罩'片)'와 '집콕 트레이닝(宅家鍛煉)' 등 대중들이 방역 일상을 공유할 수 있는 특집 코너를 만들어 공중 보건 위기 속 개개인의 삶에 주목했다. 이밖에 상하이시 16개 구(區) 융합 미디어센터는 코로나19 방역 의견 수렴 채널을 만들어 일반 대중들의 의견을 청취했다. 센터는 여러 채널을 통한 대중 의견 청취, 온/오프라인을 연동한 개선조치, 방역 정보 공개의 투명성 강화 등을 통해 기층 사회 주민들의 문제 해결에 힘썼다. 의견 수렴 참여는 지역별 융합 미디어센터

클라이언트에서 로그인하거나 각 구(區) 지방정부 홈페이지, 위챗 행정서
비스, 웨이보 행정서비스 등 플랫폼을 통해 가능하다.8)

5. 세계적 코로나19 확산 속 국제 뉴스 콘텐츠의 혁신

　세계적인 코로나19 확산 속에서 상하이 주류 미디어는 콘텐츠 혁신과
휴머니즘 구현에 힘썼다. 먼저 디이차이징은 '세계 코로나19 전쟁 일보(全
球戰疫日報)' 코너를 만들었는데 일간지 헤드라인 지면 형식을 활용한
참신한 방법으로 24시간 동안의 세계 주요 뉴스를 보도했다. 주로 당일
코로나19 감염자 수, 중점 국가 및 지역의 방역 조치, 주요 사건(세 건의
크루즈 감염 사건 등), 각국의 주요 동향 등 내용이 포함되어 있으며, 그래
프와 헤드라인 사진, '배너 광고' 등 다양한 형식을 활용해 파편화된 세계
코로나19 뉴스를 일목요연하게 정리했다. 상하이일보(上海日報)는 외국
전문가를 진행자로 섭외하여 약 40일간 연속으로 상하이 현지 코로나 상
황과 관련된 Vlog 영상을 올렸으며, 각종 데이터를 그래프로 제작하여 코
로나19 유행이 절정에 달한 시기와 상하이의 입국 조치를 설명해주는 등
외국인에게 유용한 코로나 정보를 제공했다. 상하이방송국의 ShanghaiEye
는 해외 시각을 담은 〈We Stand Together in 2020〉 시리즈를 내놓았다.
6편의 Vlog로 이루어진 이 시리즈는 미국, 일본, 파키스탄, 아랍에미리트
등의 유저가 직접 촬영한 실제 스토리이다. 해당 시리즈는 이들이 현지
코로나19 상황에 대해 보고 느낀 것을 서술하고 있으며 코로나19와의 전
쟁에서 승리하기 위해서는 전 세계가 함께 노력해야 한다는 메시지를 전
하고 있다.9) 이 외에도 ShanghaiEye는 〈생명·야전병원(生命·方艙)〉,

8) 滬16區融媒體中心開通專門渠道, 征集疫情防控工作問題建議, http://wsjkw.sh.go
v.cn/xwfb/20200217/0f459fd454504518b2256d9d4e0ff2b9.html

〈우한에서 온 편지(武漢來信)〉, 기자의 우한 현장 보도 등을 해외 플랫폼을 통해 전송함으로써 해외 시청자들에게 중국의 코로나 극복 스토리를 들려주었다.

Ⅲ. 상하이 주류 미디어의 코로나19 보도가 미디어 발전에 주는 시사점

1. 공중보건 위기 상황에서의 정보 전달은 대중의 다양한 수요 충족을 중심으로

코로나19와 같이 국민의 생명을 위협하는 공중보건 위기가 갑작스럽게 발생하는 경우 앎, 이해 등 다양한 차원에서 대중의 정보 수요가 발생한다. 이러한 상황에서 미디어는 먼저 사회 대중이 적시에 코로나19와 관련된 최신 정보를 얻을 수 있도록 정보 게시의 빈도수와 수량을 충분히 늘려야 한다. 둘째, 지역의 방역 현황, 관련 정책 소개, 이슈에 대한 사실 확인 및 발굴 등 타겟 수용자층과 관련성이 높은 사회적 이슈에 우선 주목해야 한다. 현재 각종 신기술의 지원과 사회 여론 경보시스템 연계로 뉴스 미디어는 더욱 빠르고 정확하게 여론의 변화를 감지할 수 있게 되었다. 이를 기반으로 주류 미디어는 대중의 코로나19 정보에 대한 수요 변화를 계속 예의주시하면서 신속하게 의문을 해소해주어야 한다. 셋째, 사회 대중의 심층적 수요를 충족시켜 주어야 한다. 주류 미디어는 대중이 '사건의 본질과 원인'을 파악할 수 있도록 도와주어 정보 불안이 야기하는 불신과 심리적 압박감을 완화해야 하며, 다른 한편으로는 사회와 연대

---

9) 'We Stand Together in 2020'第一集, https://www.shanghaieye.com.cn/vlog-social-distan cing-with-steven-in-his-hometown-south-carolina-part-1/

하여 갑작스러운 위기가 대중의 생활에 가져온 문제를 해결할 수 있도록 지원해야 한다.

2. 공중보건 위기는 주류 미디어의 뉴미디어 전환 기회

코로나19의 영향으로 많은 주류 미디어의 경영 실적이 악화되었다. 옥스퍼드 대학교 로이터 저널리즘연구소의 보고서를 보면 인터뷰에 응한 대부분의 미디어가 2020년 수익 하락을 예상했으며, 특히 광고를 주요 수익원으로 하는 상업 뉴스 미디어는 상황이 더욱 심각했다. 상하이신문그룹에서 발표한 데이터를 보면, 2020년 1~8월 기간 그룹의 뉴미디어 사업 수익은 다음과 같은 추이를 보였다. 1~2월 누적수익 전년동기대비 36.35% ↓, 1~3월 전년동기대비33.29%↓, 1~4월 전년동기대비 31.27%↓, 1~5월 전년동기대비 26.42%↓, 1~6월 전년동기대비 15.15%↓, 1~7월 전년동기대비 7.87%↓, 1~8월 전년동기대비 1.24%↓.[10] 이와 동시에 1인 미디어 업계 역시 코로나19의 영향으로 새롭게 재편되고 있다. 비록 1인 미디어가 초반 '속보 경쟁'에서 두각을 드러내긴 했지만, 앞으로도 항상 같은 우위를 점한다는 보장은 없다. 또 전체적인 환경이 내리막 세를 보이면서 1인 미디어의 생존능력은 심각한 도전에 직면하게 되었다.

하지만 상하이 주류 미디어에는 대중을 다시 사로잡을 기회가 찾아왔다. 주류 미디어는 코로나19 발생 후 소셜 미디어, 1인 미디어 등 정보 소스와 적극적으로 경쟁하면서 이슈와 관련된 정보를 필터링하고 잘못된 부분을 바로잡아 허위사실이 확산되는 것을 막았다. 이 과정에서 공신력이 한층 더 높아진 주류 미디어는 더 큰 관심과 영향력을 얻어 대중에게 재인정 받고 있다. 그리고 이는 미디어 융합이라는 환경 아래 상업화 전환

10) 沖出"跑者藍調"的煙霾, https://www.shobserver.com/staticsg/res/html/web/newsDetail. html?id=344923

을 추진하는 주류 미디어에게 중요한 경험을 제공했다. 2020년 9월에는 상하이 신문그룹의 뉴미디어 사업 부문 누적수익이 처음으로 플러스를 기록하여 코로나 여파 극복이 확실해졌다. 어려운 상황이었음에도 그룹의 뉴미디어 사업 수익 비중이 2019년 58.39%에서 2020년 62.13%로 늘어난 것은[11] 코로나19 기간 그룹의 뉴미디어 전환이 퇴보하지 않고 오히려 더 진화했음을 말해주고 있다.

3. 안정적, 지속적, 전문적 콘텐츠로 대중에게 재인정받은 주류 미디어

최근 상하이의 여러 주류 미디어는 뉴미디어로의 전환을 꾀하며 관련 사업을 추진하고 있다. 그 과정에서 다양한 제3자 플랫폼에 계정을 개설하며 독특한 뉴미디어 진영을 형성했다. 하지만 이번 코로나19로 주류 미디어의 제3자 플랫폼 계정도 영향을 받았다. 오프라인 활동이 중단되면서 이들 계정의 팔로워 증가 수, 팔로워 활성도, 전파 효과가 모두 크게 영향받았기 때문이다. 그러나 대부분의 주류 미디어는 계속 콘텐츠 공급의 안정성, 지속성, 전문성을 유지했다. 일부 미디어의 경우 코로나19 영향으로 지면 보도를 아예 중단하고 위챗 공식계정 등 뉴미디어 계정에 집중하면서 팔로워 수가 오히려 급격하게 늘어나기도 했다. 주류 미디어의 뉴스 내용은 밀도가 있고 보도 빈도수도 높은 데다가 공신력 있는 정보 소스를 가지고 있다. 또 뉴스 보도 형태와 플랫폼이 다양하고 인터넷상의 코로나19 관련 유언비어도 신속하게 바로잡았다. 이처럼 주류 미디어는 대중 수요 충족, 유언비어 사실 규명, 신속한 보도를 통해 대중에게 재인정받으며 뉴미디어 전환 과정에서 한 단계 더 진화했다.

---

11) 앞의 자료.

| 참고문헌 |

李瑋·蔣科·熊悠竹,「民眾最信任的信源, 仍是官方管道」,『網路傳播』, 第5期, 2020.

常江·何仁億,「公信力的兌現:主流媒體應對信息疫情」,『青年記者』, 第33期, 2020.

張穎,「"信息流行病"下主流媒體與自媒體的博弈」,『青年記者』, 第24期, 2020.

辜曉進,「新冠肺炎疫情下的全球媒體百態」,『青年記者』, 第13期, 2020.

原正軍,「疫情反轉報導中的輿論引導」,『青年記者』, 第12期, 2020.

王凱,「對主流媒體疫情報導的觀察與思考」,『青年記者』, 第12期, 2020.

彭蘭,「我們需要建構什麼樣的公共信息傳播?——對新冠疫情期間新媒體傳播的反思」,『新聞界』, 第5期, 2020.

欒軼玫·張雅琦,「新冠肺炎疫情報導中的信息呈現與媒體表現」,『新聞戰線』, 第3期, 2020.

CTR洞察.權威發佈!2020, 中國主流媒體在疫情重壓下如何蛻變?[EB/OL]. http://www.cm3721.com/toutiao/17013.html, 2021.01.05.

人民網輿情檢測室.上海疫情防控:看官方發佈與"節奏黨"的博弈[EB/OL].https://xw.qq.com/cmsid/20201125A0FJSS00, 2020.11.25.

藍媒匯傳媒.專訪第一財經總編輯楊宇東:疫情報導, 穿越在理性和情感之間 [EB/OL].https://xw.qq.com/amphtml/20200317A0T4O700, 2020.03.17.

Rasmus Kleis Nielsen,Federica Cherubini, Simge Andı.Few winners, many losers: the COVID-19 pandemic's dramatic and unequal impact on independent news media[EB/OL]. https://reutersinstitute.politics.ox.ac.uk/few-winners-many-losers-covid-19-pandemics-dramatic-and-unequal-impact-independent-news-media, 2020.11.10.

코로나 팬데믹이 양안 민간교류에 미치는 영향

● 이광수 ●

Ⅰ. 들어가며

세계는 지금 코로나 팬데믹(pandemic) 국면을 벗어나지 못하고 있다. 2019년 말부터 시작된 코로나 19 바이러스(covid 19 virus)의 대유행에 따라, 2021년 4월 중순 기준으로 1억 4천만 명 이상이 감염되었고, 미국, 인도, 브라질, 러시아, 영국, 프랑스 등 세계의 주요 국가들은 수천만 명에서 수백만 명에 이르는 확진자와 수십만 명의 희생자가 발생했다.[1]

코로나 팬데믹은 개별 국가로 하여금 방역 효과를 높이기 위해 사람의 왕래와 교류를 제한하도록 작용했다. 대부분의 국가에서 소비와 생산이

---

* 이 글은 코로나 팬데믹과 양안관계(현대중국연구 23집 1호)를 수정·보완한 것이다.

** 국민대학교 중국인문사회연구소 HK연구교수.

1) 존스홉킨스대학의 코로나 감염 통계에 의하면 2021년 4월 18일 기준으로 전세계 확진자수 1억4천만 명이 넘고, 사망자 수는 264만 명 정도로 나타났다. 국가별로 미국 3,000만명, 브라질과 인도는 1,400만 명이 넘었으며, 러시아, 영국, 프랑스가 400만명이 넘는 등 여전히 대규모 감염이 이루어지고 있다. Johns Hopkins University Coronavirus Resource Center https://coronavirus.jhu.edu/(검색일: 2021.04.18) 대만 위생복리부질병관리서 https://www.cdc.gov.tw/(검색일: 2021.03.15)

감소하고, 국가간의 무역도 위축되면서, 결국 2020년 세계경제는 경제위기라 할 수 있는 급속한 하강과 침체를 경험했다. 미국, 일본, 독일을 비롯한 주요 국가가 마이너스 경제성장률을 기록하는 등 2020년 세계 경제는 -3.4%로 역성장을 기록했다.[2]

반면에 중국과 대만은 모두 2%대의 상대적으로 높은 성장률을 보였다.[3] 전세계가 마이너스 성장을 한 것에 비해, 대만해협을 사이에 두고 있는 양안이 플러스 성장을 할 수 있었던 배경에는 코로나 팬데믹에 대해 효과적으로 대응했기 때문이다. 중국은 2020년 3월 이후 도시간의 이동을 막는 강력한 방역조치를 통해 감염확산을 통제하면서, 제조업 중심의 생산과 내수 중심의 소비경제를 빠르게 회복했다. 대만 역시 인적교류가 가장 많은 중국과의 통로를 신속하게 차단하면서 방역 효과를 높이고, 내수경제의 유지와 반도체를 중심으로 고부가가치의 하이테크 제품 수출을 확대할 수 있었다.[4]

양안에 있어서 코로나 팬데믹은 경제적 영향 이외에 양안의 전통적 관

2) http://www.epnc.co.kr/news/articleView.html?idxno=203197(검색일: 2021.03.22)

3) 경제협력개발기구(OECD) 통계를 보면, 상위 10개국은 중국(2.3%), 노르웨이(-0.8%), 한국(-1.0%), 인도네시아(-2.1%), 스웨덴(-2.8%), 미국(-3.5%), 네덜란드(-3.8%), 사우디(-4.1%), 일본(-4.8%), 독일(-5.0%) 이다. 대만은 2.98% GDP 성장률을 기록했는데, 이는 지난 1991년 이래 30년 만에 처음으로 중국에 앞선 결과이다. http://news.khan.co.kr/kh_news/khan_art_view.html?art_id=202102231718001#csidxe4f343d5da01555bf69c38b6305d8df 台灣去年GDP成長2.98% 30年來首勝中國, 2021.02.15. https://www.cna.com.tw/news/firstnews/202101290238.aspx(검색일: 2021.03.18)

4) 반면에 팬데믹 초기에 감염이 폭발적으로 증가했던 중국은 3월 중순에 92,000명 수준으로 2020년 3월 이후에는 하루 확진자가 한 자리 숫자로 효과적으로 통제하는 것처럼 보인다. 그리고 발병 초기인 1월부터 중국과의 통로를 즉각 봉쇄한 대만은 984명, 사망 10명이다. 국제사회로부터 방역 모범국으로 인정받고 있다. Johns Hopkins University Coronavirus Resource Center https://coronavirus.jhu.edu/; https://www.cdc.gov.tw/(검색일: 2021.03.15)

계와 교류 양식에 있어서도 특별한 영향을 미쳤다. 한편 대만의 시각에서 보면, 코로나 팬데믹 초기의 바이러스 발생과 대응에 대한 중국의 모호하고 회피적인 초기 대응과 내부의 강제적 봉쇄를 통한 방역은 대만인의 반중 정서를 고조시키고, 상대적으로 안정적인 방역성과를 보여준 대만 자체에 대한 긍정적인 평가를 고양하면서 대만독립 경향이 상승하는 추세가 나타났다. 다른 한편 중국의 시각에서 보면, 대만의 신속한 교류 중단과 마스크 수출 금지는 대만에 대한 중국인의 분노 정서를 고조시키고, WTO(세계보건기구) 활동 참여를 위한 국제여론에 대한 호소와 미국 등의 국가들과의 관계 강화를 추진하는 대만의 외교군사적 시도는 대만의 독립 시도로 간주하면서 외교적 압박과 군사적 수단을 통한 강력한 압박이 두드러지는 경향이 나타났다.

　코로나 팬데믹은 본질적으로 바이러스 질병으로 인한 의료방역의 문제로 비정치적 이슈다. 그러나 미국의 트럼프 정부와 대만이 코로나 바이러스를 '우한 바이러스'로 명칭을 붙이거나 국제사회에서 '중국 책임론'을 제기하는 분위기, 마스크 수출입을 둘러싼 양안의 경쟁, 코로나 방역모범국 이미지를 활용하여 세계보건기구(WHO)에 재가입하려는 움직임, 코로나 정세에 정부인사의 상호 공식방문의 격을 높여 대만의 위상을 제고하려는 미국과 대만의 시도 등은 모두 '하나의 중국'원칙을 무력화시킨다는 점에서 중대한 정치적 의미를 담고 있다.

　이 글은 통일과 독립으로 첨예하게 대립하고 있는 중국과 대만의 상호관계가 코로나 팬데믹으로 인해 어떠한 변화가 있는가, 변화의 의미는 무엇이고, 양안교류에 어떤 영향을 미칠 것인가라는 질문에 대한 답을 찾기 위함이다.

II. 코로나 발생 이전의 양안관계

1949년 국공내전의 결과로 중국대륙은 마오쩌둥의 중국공산당이 새로이 중화인민공화국이 건국되었고, 대만은 장제스의 중국국민당이 이주하면서 손중산이 세운 중화민국의 법통을 승계하는 형태로 분단되었다.

분단 이후 특히 1990년대 이후의 양안관계는 중국이 통일 완수라는 목표를 달성하기 위해 군사력뿐만 아니라 외교력, 경제력을 충분히 이용하면서 양안관계의 폭과 깊이를 확대시키려는 적극적인 접근법을 사용해왔다면, 대만은 상대적으로 국력의 격차를 절감하면서도 주권(통치권)을 인정받기 위해 미국과의 유대관계를 활용하면서 경제문화적 교류를 통해 긴장관계를 완화시키려는 소극적인 접근법으로 대응해왔다.

2000년대 이후 양안관계는 중국의 부상과 분단의 장기화 등의 요인으로 인하여, 체제대립이 고착화되고, 상호 정체성의 이질화가 심화되면서 대만의 탈중국화 경향이 강화되고, 이를 막기 위해 중국은 한층더 적극적인 압박정책을 펼치면서 대만해협은 한반도와 함께 동아시아의 첨예한 분쟁지역이 되었다.

후진타오, 시진핑 등 중국공산당 지도부는 대만의 독립시도를 제어하고 통일 분위기 조성을 위하여 기본적으로 강경방식과 온건방식으로 동시에 활용하고 있다. 강경수단을 통해 대만의 독립시도를 방지한다고 한다면, 대만과의 경제교류에서 양보와 배려를 하거나, 대만주민들에 대한 우대조치(惠台政策)를 통해 대만민중의 민심을 획득하는 것을 통해 양안통일분위기를 조성하는 것이 온건 방식의 활용이다.

2000년 이후 현재까지 대만의 총통 직위를 수행했거나, 하고있는 천수이볜, 마잉주, 차이잉원은 민주진보당과 중국국민당이라는 정당이 달랐지만, 중국의 일국양제 통일방안에 대해서는 거부하는 입장을 유지하고 있다. 기본적으로 중국은 1980년대 초 덩샤오핑이 제안한 '일국양제 평화통

일'방안이 대만의 독자적 통치권(주권)을 인정하지 않는다는 점에서 중국
식 흡수통일방안으로 보고 있다. 대만은 정당에 상관없이 대만인의 미래
는 2,300만 대만인의 의사에 따라 결정되어야 한다는 것을 강조하고 있다.
다만 국민당이 중국과의 교류를 지속적으로 유지하기 위해서 '하나의 중
국'이라는 용어에 대한 인정을 할 수 있다는 입장인 반면에, 민진당은 '하
나의 중국'에 대한 인정은 곧 중화인민공화국으로의 흡수통일이라고 보기
때문에 인정하지 않는다는 입장을 보인다. 이러한 차이는 양안관계를 양
자관계의 성격이 아닌 다자적 관계의 성격도 가지게 한다. 즉 국민당이
공산당과 민진당 사이에서 중간자, 중재자 역할을 하도록 하는 상황이 자
주 연출된다. 양안관계에 있어서 중국이 대만에서의 협력자로서 국민당을
활용하려고 하며, 양안관계가 무력충돌 등 긴장상태가 고조되는 상황을
완화시키는 중재자 역할을 할 수 있도록 한다. 2005년 대만 천수이볜 정부
의 통일강령과 통일위원회의 폐지, 유엔가입을 위한 국민투표 실시와 이
를 막기 위해 중국의 '반분열국가법' 제정과 무력시위를 하면서 충돌분위
기가 격화될 때 당시 국민당 주석 롄잔이 '평화의 여행'이라는 명칭에 걸
맞게 중국을 방문하면서 양안의 전쟁 발생 위험도를 낮추는 역할을 수행
했다.

　2008~2016년 마잉주 정부 시기에는 양안간의 경제협력이 확대되면서
'경제협력협정(ECFA)'이 체결되는 등 신국공합작 또는 차이완(CHIWAN)
이라는 용어가 유행했다. 그러나 대만의 분리주의 경향은 어느 지도자의
정책이나 정당의 이념에 따라 좌우되는 상황을 벗어났다. 2014년 중국과
의 경제협력이 곧 중국경제로의 종속이 되고, 결국에는 흡수통일될 것이
라는 우려가 커지면서 발생한 '해바라기학생운동'과 뒤이은 지방선거에서
의 야당이었던 민진당의 승리, 그리고 2016년 총통선거에서 민진당 차이
잉원이 당선되고, 2020년 선거에서는 차이잉원 총통이 선거 사상 최다 득
표를 하면서 더 많은 득표를 하면서 재선에 성공한 것이 이를 증명하는

실제 사례다.

　이러한 과정에서 중국은 기존의 강온 양면전술을 기조로 더욱 대만을 압박하는 정책을 내세웠다. 2019년 1월 2일 시진핑 국가주석은 '일국양제 대만방안'을 제안하면서 "양안은 하나의 중국에 속하고, 국가의 통일 추구에 함께 노력하자"고 주장하면서 구체적으로 5가지를 제안했다.[5] 하지만 하나의 중국이 중화인민공화국이라는 것을 전제로 하고 있다는 점에서 국민당과 민진당 모두 반대의사를 표명했다. 즉 민진당의 차이잉원은 중화민국의 총통 자격으로 시진핑이 제안한 당일 오후 기자회견을 개최하여 "언제나 92공식(양안이 하나의 중국이라는 인식에 합의했다는 1992년의 만남)은 없고, 만남만이 있었을 뿐이다"라는 반응 보이고, 국민당은 92공식은 "하나의 중국은 각자 알아서 표현하기로 했다"는 입장을 재확인했다.

　2020년 1월 11일 실시된 대만의 총통·부총통, 입법원 동시선거에서 독립성향의 민진당이 다시 승리했는데, 이는 대만민중이 중국의 일국양제 통일방안에 대한 분명한 거부의사를 표명한 것으로 평가되었다.[6] 선거 승리의 배경으로 2019년 홍콩의 '범죄인 송환 협정' 반대 시위로 인한 중국의 일국양제방안에 대한 불신감의 증가하고, 미·중 무역전쟁하에서 미국의 대만 지지태도가 대만의 탈중국화 경향을 자극하였다. 이는 기존의 양안관계에서 소극적으로 대응했던 대만 정부가 보다 적극적인 독립 추구 입장으로 변화하는 요인이 되었다. 즉 민진당 정부는 선거과정에서 '중공대리인' 용어를 사용하면서 대만 내부의 친중국인사를 견제, 압박하였고,

---

5) ① 손잡고 민족부흥을 추진하여, 평화통일을 실현하자. ② '양제'대만방안을 모색하여, 평화통일 실천을 풍부하게 하자. ③ 하나의 중국 원칙을 견지하여 평화통일 청사진을 수호하자. ④ 양안융합발전을 심화하여, 평화통일 기초를 다지자. ⑤ 동포의 마음을 연결하여 평화통일에 대한 생각을 증진시키자. 등 5가지 내용으로 되어 있어 '시5조(習五條)'라고 함.

6) 台灣大選2020：兩岸關係如何影響台灣選情 2019.12.31. https://www.bbc.com/zhongwen/trad/chinese-news-50915774(검색일: 2020.10.23)

선거 이후에는 '반침투법'을 제정하여 법적인 제어장치를 마련하였다. 또한 '대만지위미정론'이라는 수세적 입장에서 더 나아가, 대만에 있는 정부가 중화민국이라는 의미로서의 '중화민국대만' 표현을 공식적으로 사용하는데, 이는 대만해협의 평화를 유지하려는 중국, 대만, 미국의 잠재적 합의안인 '현상유지'를 영구화하려는 의도로 보인다.

Ⅲ. 코로나 발생 이후의 양안관계

대만은 코로나 팬데믹 이후 방역 성과를 토대로 방역 모범국가로 인정받으면서, 양안관계에서 보다 적극적인 입장으로 전환하고 있다. 첫째, 대만은 방역 성공과 중국의 압박에 맞서기 위해 필요한 조치를 실행했다. 둘째, 코로나 대응을 통해 중국과 비교하여 대만의 체제 우위를 강조했다. 셋째, 방역 대응과 성과를 토대로 국제적으로 대만의 외교적 활동공간을 확대했다.

1. 방역 성공과 중국에 저항하기 위한 조치 : 마스크 수출금지와 반침투법 제정

대만정부의 중국관계 업무를 총괄하는 대륙위원회는 2019년 12월 31일 중국 우한에서 코로나 바이러스 발병 소식에 대해 중국이 관련 정보를 즉시 통보해주기를 요청하고, 중국에 거주하는 대만기업가, 학생, 가족들의 주의를 당부하면서 코로나 관련 입장을 처음으로 밝혔다.

1월 16일 우한 여행 주의를 당부하는 황색경보를 발효하고, 21일에는 아예 여행금지를 의미하는 오렌지경보를 발효했다. 22일에는 차이잉원 총통이 국가안보회의를 주재하면서 범정부차원의 감염병 조사 관리, 국제

발병정보 파악하고 충분한 방역을 위한 소통 기제 확보, 다양한 정보 확인, 대책본부 구성 등 4가지 지시를 통지하고, 대만의 세계보건기구(WHO) 가입 허용을 다시 촉구했다.[7] 1월 20일 우한에서 귀국한 대만인이 처음으로 코로나 바이러스 감염 확진자로 판명되고, 24일에 중국인 관광객과 대만인이 확진자로 확인되자 대만 관광부서는 중국여행을 중단시켰고, 경제부는 중국으로의 마스크 수출을 금지시켰다. 특히 여행객 등 일반인 승객이 항공편으로 마스크를 유출하는 것까지 제한했다. 물론 대만에서도 일반인의 마스크 격일제 구입을 실시하는 등 마스크 공급부족 문제가 심각해졌기도 했지만, 이러한 조치는 중국인의 감정적인 반발도 고려하지 않는 과감한 항중 조치로 해석된다.[8]

중공대리인(中共代理人)은 중국공산당의 이익을 위해 발언하거나 행동하는 대만인을 지칭한다. 이나 행위를 하는 것을 의미한다.[9] 2018년 지방선거에서 국민당에 참패한 민진당 등 독립파 정치세력은 선거패배의 원인을 중국이 대만의 언론을 활용하여 선거에 개입했기 때문이라고 보면서 대만의 일부 미디어의 보도 경향이 친중국적이라는 점을 비판했다. 이를 지적하기 위해서 중공대리인 용어를 사용하고 이를 규제하기 위한 법률제정을 준비했다. 2019년 10월 국민당과 친민당 등 야당의 반대에도 불구하고, 민진당, 시대역량당, 대만기진 등 독립파 정당은 '해외세력활동투명법(境外勢力影响透明法)'을 제출했다.[10] 여야간의 격렬한 논쟁이

---

7) 대륙위원회 양안대사기 연보, https://www.mac.gov.tw/(검색일: 2020.09.12)

8) 武漢肺炎：由台灣口罩禁令引發的一場兩岸論戰, 2020年1月29日 https://www.bbc.com/zhongwen/trad/chinese-news-51296645(검색일: 2020.10.23)

9) 台湾反红媒：一篇英媒报道引发的"中共代理人"之争, 2019年7月25日 https://www.bbc.com/zhongwen/simp/chinese-news-49119237(검색일: 2020.11.24)

10) 台湾《境外势力影响透明法》修法遭简称修中共代理人法 蓝绿吵翻天 https://www.rfi.fr/cn/%E4%B8%AD%E5%9B%BD/2019110(검색일: 2020.11.24)

진행되어으나 입법원의 다수의석을 차지한 민진당의 수적 우세를 바탕으로 입법원에서 통과되었고, 2020년 1월 15일 '반침투법'이 정식으로 공포되었다. 반침투법은 해외의 적대세력의 침투와 간여 예방, 국가안전과 사회안정의 확보, 중화민국의 주권 수호 및 자유민주헌정질서 수호를 목적으로 한다고 되어있으며, 모두 10개 조항으로 되어 있다.[11] 중공대리인 논쟁은 개인의 사상과 표현의 자유를 억압할 수 있다는 우려와 반대에도 불구하고 중국의 통일전선전술에 대한 대만 독립파 진영의 우려와 비판이 작용했다. 중국은 이러한 조치에 대해 '녹색공포', '백색공포' 등의 용어로 비난했다.[12] 즉 자유민주를 강조하는 민진당이 앞장서서 대만인의 사상 자유와 언론 자유를 훼손하고 있다는 의미다. 어쨌든 중공대리인, 반침투법 등의 정치적 운동이나 법률제정은 코로나 팬데믹 이후 대만 민진당 정부의 적극적인 대중국 입장이 나타난 사례라고 할 수 있다.

2. 대만체제 비교우위 선전: 대만방역 효과 극대화

코로나 팬데믹은 중국이 후베이성 우한에서 발생한 감염 사실을 초기에 외부세계에 투명하게 공개하지 않으면서 국내 대규모 감염과 해외로 전파시켰다는 것이 미국 등 서구 언론의 평가다. 코로나 발생을 처음으로 알린 의사 리원량(李文亮), 코로나 방역 대응 실패를 이유로 시진핑 주석을 비판한 법학자 쉬장룬(許章潤),[13] 중공중앙당교 차이샤(蔡霞) 교수[14]

11) 反滲透法, 2020년 1월 15일 공포, https://law.moj.gov.tw/LawClass/LawAll.aspx?pcode= A0030317(검색일: 2020.11.24) 해외 적대세력의 지시, 위탁을 받아 자금, 정치헌금, 기부를 받아 공민투표 관련 활동을 할 경우에는 5년 이하의 징역과 1,000만원(新臺幣) 이상의 벌금형에 처할 수 있다고 되어 있다.
12) 王大可, 海外版日月谈：抓"中共代理人"？民进党搞"白色恐怖", 2019.11.13. http://opinion.people.com.cn/n1/2019/1113/c1003-31451560.html(검색일: 2020.11.24)

등의 내부 비판자들의 출현과 인신구속은 공산당의 일당전제로 유지되고 있는 중국의 권위주의 통치의 진면목을 보여주고 있다. 특히 '우한봉쇄'로 특징되는 중국의 통제위주의 방역대응은 효과를 보이면서도 서구 국가들에게는 인정받기 어려운 사례로 평가되는 점에서 중국과 대만은 더욱 비교가 되고 있다.15) 반면에 발생 초기부터 중국과의 통행을 신속하게 전면 봉쇄하면서 방역에서의 성공을 이루었다는 평가를 받고 있는 대만은 11월 23일 현재 확진자 수가 600여명에 불과하고 사망자도 10명을 넘지 않는 방역 모범국가로 인정받으면서, 코로나 방역에 대한 성과를 기반으로 양안관계에서도 자신감 있는 대응을 하도록 작용했다.16) 미국의 잡지 [WIRED]에서 '더 나은 세상을 만든 인물'로 차이잉원 총통, 감염병 전문가 천젠런 전 부총통, 디지털 전문가 등 3명의 대만 정치가를 표지인물로 선정했는데, 코로나 팬데믹 상황에서 3명이 정책상의 협력과 과감하고 정확한 행동으로 코로나 확산을 제어했는데, 여기에는 중국에 대한 여행 금지명령, 마스크 실명제 배급제도 등의 효과적인 정책을 결정했기 때문이다. 차이잉원은 이에 대해 "지속적으로 노력하여, 대만을 세계에 보여주고, 세계를 위해 더욱 많은 공헌을 합시다"라고 언급했다. 이에 대해 대만 네티즌들은 '대만인으로서 자부심을 느낀다', '전국민의 건강과 자유로운 생활을 지켜준 것에 감사하다', '내가 한 투표에 기쁨을 느낀다' 등의 표현으로 댓글을 달았다.

---

13) 중국 법학자 쉬장룬, 시진핑 비판 후 체포, 2020.07.09, 중국, 코로나19 핑계로 반체제 인사 이잡듯이 잡아내, 뉴스1, 2020-02-19(검색일: 2020.11.24)

14) 中 공산당 당교, '시진핑 비판' 교수에 화들짝 … 내부단속 '고삐', 연합뉴스, 2020.08.21 (검색일: 2020.11.24)

15) 자크 아탈리, "유럽이 한국 아닌 中 도시폐쇄 모델 따른 건 불운", 한국일보, 2020.11.23 (검색일: 2020.11.24)

16) 守住疫情榮登WIRED！蔡英文:是所有台灣人團結一心的成果,自由時報, 2020.09. 12(검색일: 2020.11.24)

중국의 폐쇄적인 방역태도와 비판에 재갈을 물리는 비민주적 대응은 상대적으로 대만의 자유롭고 민주적인 방역 조치의 수행과 놀라운 방역성과에 비교되면서 양안관계에서 대만으로 하여금 자신감 있는 자세를 보이도록 하였다. 이러한 대만의 자신감은 미중 무역갈등 속에서 중국을 압박하려는 미국의 입장과 자연스럽게 연계되면서 미국과 대만 관계가 정치, 군사, 경제, 보건의료 등 다양한 분야에서 밀접하게 관계를 형성하도록 작용했다. 반면에 양안관계는 더욱 경색되고 대치되는 양상으로 진행되고 있다. 2020년 9월에 발생한 중국공산당과 대만의 중국국민당과의 정기적인 연례행사로 10여 년 동안 진행되어온 해협논단 행사에 국민당 대표 참가에 대한 CCTV 해협양안 사회자의 '평화구걸' 발언이 있었고, 이에 대한 대만 민심의 반발로 인해 국민당의 참가 의사 철회로 종료된 것이다.

3. 국제공간에서의 활동 확대

코로나 감염이 본격적으로 진행되기 이전인 2월 초 총통 선거가 종료된 지 20여일이 지난 2월 초 대만의 라이칭더(賴淸德) 부총통 당선인이 미국을 방문했다.[17] 이는 1979년 미국과 중국이 수교하면서 '하나의 중국' 원칙을 인정한다는 취지로 대만 고위급 정치인(총통, 부총통, 행정원장, 행정원 부원장, 외교부장, 국방부장)의 방문을 허용하지 않았던 관례에서 벗어난 경우다. 특히 라이칭더 부총통은 민진당의 총통 후보 경선에 참여하기도 했던 야심찬 정치가로 4년 후 민진당의 후보로 총통선거에 나설 가능성이 높은 인물이다. 라이칭더는 당선인 신분으로 미국 국가조찬기도회(National Prayer Breakfast, 매년 2월 첫째주 목요일 개최)에 참석하여 트

---

17) 台灣候任副總統賴淸德訪美：「民間人士」成為訪問華府最高級台灣官員, 2020.
　　 2.4. https://www.bbc.com/zhongwen/trad/chinese-news-51376202(검색일: 2020.10.23)

럼프 대통령 등 미국의회의 주요 인사들과 만남이 예상되었지만 트럼프와의 만남은 없었고, 미국 국가안전보장회의(NSC) 관계자들과 의원들을 만났다. 하지만 대만 차기 부통령의 방미는 중국을 민감하게 자극한 행위였다. 중국은 군용기를 이틀간 대만해협을 건너 대만영공까지 들어가면서 대만을 위협하는 비행훈련을 감행했다.[18] 중국의 대만관계 업무를 총괄하고 있는 국무원 대만판공실의 마샤오광 대변인은 "대만이 독립을 획책하기 위해 미국과의 관계 강화를 시도함으로써 불장난을 하고 있다"고 비난 성명을 발표했다.

9월에는 체코의 상원의장을 대표로 8명의 상원의원, 프라하 시장, 학계와 경제계 대표, 기자 등 총 89명으로 구성된 대규모 방문단이 대만을 방문했다. 상원의장은 코로나 팬데믹 상황에서 체코를 도와준 대만에 감사를 표명했는데, 방문단은 차이잉원 총통을 접견하고, 대만의 미국 대사관 격인 미국재대만협회(AIT) 행사에 참가하는 등의 일정을 보내고 귀국했다.[19] 방문기간 동안 체코 상원의장은 '나는 대만인'이라면서 대만의 민주주의에 대한 지지의사를 표명하기도 했다. 당연히 중국은 강력히 반발했고 왕이 외교부장이 "반드시 막중한 대가를 치를 것"이라고 경고하고, 주재국 대사를 조치하는 등 외교분쟁이 발생했다. 그러나 이러한 사례는 코로나 방역 성과를 바탕으로 한 대만의 적극적인 외교 공세가 효과를 발휘한 사례 중의 하나다.

중국과 국경분쟁을 벌이고 있는 인도의 방송에서 우자오셰 대만외교부장이 대만을 국가(Country)라고 칭하면서 대만의 인도투자, 산업공급망 재편, 코로나 방역, 국제무대에서 미국, 일본, 인도 등과 협력을 할 것이라

---

18) 중국 공군 연이틀 대만해협 건너 비행훈련 감행, CBS노컷뉴스, 2020.02.11(검색일: 2020.11.24)

19) 체코 상원의장 대만 방문 … 1989년 이후 체코 최고위급, 연합뉴스, 2020.08.30(검색일: 2020.11.24)

고 강조하고, 중국의 일국양제를 부정하는 인터뷰를 진행했다. 인도 미디어는 우 부장을 외교부장관(foreign minister)으로 소개했다.[20] 인도 주재 중국대사관은 인도 매체가 대만독립을 옹호하고 '하나의 중국' 원칙을 위배하는 마지노선을 넘는 도발을 했다고 항의했다. 비록 감정이 악화되고 있는 중인관계에서 인도의 민간 미디어가 벌인 행동에 불과하지만 그동안 국제사회에서 대만의 입장에 대해 제대로 밝힐 수 없었던 과거 상황에 비추어보면 중국의 부상에 따른 관련 당사국의 반발과 코로나 방역에서 모범을 보이고 있는 대만의 존재가 이러한 행동이 나올 수 있었던 배경이다.

대만의 외교적 활동의 확대는 가장 강력한 후원자 역할을 하는 미국과의 관계에서 더욱 분명하게 나타났다.

코로나 방역이라는 당연한 주제와 미국의 지지하에 세계보건기구에 지속적으로 재가입 의사를 천명하면서 국제사회에서 여론전을 전개하고 있다.[21] 중국은 하나의 중국 원칙을 받아들이지 않는다면 대만의 참여는 허용할 수 없다는 입장을 보이고 있지만, 국제사회에서는 대만은 비정치적인 의료보건분야에서도 정치적 이해관계로 압력을 받는 형태로 인식되고 있다. 또한 미국의 정부각료의 대만방문도 점점 급을 높이고 있다는 점이다. 8월 알렉스 에이자 보건부 장관이 코로나 방역의 성과를 보기 위해 대만을 방문한 데 이어, 9월 키스 크라크 국무부 경제차관이 대만과의 무역확대문제를 협의하기 위해 방문함으로써 미국의 대만 중시 입장은 더욱 명확해지고 있다. 또한 트럼프 정부는 기존에 대만의 안보를 보장하기 위한 법률적 조치도 다양하게 진행했다. 우선 1979년 미중 수교 직후 바로 의회에서 대만의 안전을 미국이 책임지겠다는 의미의 6가지 보장내용을 담은 법안(六項保證)을 제정한 것을 바탕으로 대만에 대한 무기판매를 지속적으로 해왔다. 또한 트럼프 정부는 대만을 방문하는 미국인들의 등급을 높인 대만여행법(台灣旅行法)과 대만의 안전을 다시금 천명한 안전보장법안(2018年亞洲再保證倡議法), 대만우방국제보호 및 강화창의법(台灣友邦國際保護及加強倡議法)을 제정하여 공포함으로써 중국을 견제하고, 압박하기 위해 대만을 활용하겠다는 의사를 분명히 하고 있다.[22] 트럼프 정부 이후 10회, 2020년 한 해만 5회에 걸쳐 이루어진 대만에 대한 무기판매는 신속, 다양, 빈번, 고품질의 형태로 진행되고 있다.[23] 전임 오바마 정부가 8년 임기동안 2010, 2011, 2015 3회 무기판매를 한 것에 비해 트럼프 정부는 취임 첫 해인 2017년 6월 처음 무기판매를 결정한 이후 매년 무기 판매가 이루어졌고, 무기 수준도 조기경보레이더와 미사일, 어뢰에서 F16 전투기, 공대지 미사일(SLAM). 하푼 대함 미사일, 초고성능 드론 등 최신형 전투기와 전차 등의 첨단 무기를 판매하고 있다. 미국은 이른바 '대만요새화(Fortress Taiwan)'를 통한 양안의 군사적 균형을 맞추려고 한다는 보도가 나오기도 했다.[24] 여기에 군사분야에서의 교류를 확대하면서 중국을 압박하고 있다.[25]

----

22) 台灣大選2020：蔡英文連任後中美的台灣政策選項與變數 2020.01.13. https://www.bbc.com/zhongwen/trad/world-51087790(검색일: 2020.10.23)

23) https://zh.wikipedia.org/wiki/美国对台军售列表(검색일: 2020.11.23)

24) 트럼프의 거침없는 무기수출…거대한 요새로 변해가는 대만, 매경, 2020.10.14(검색일: 2020.11.25)

25) 미국, 이번엔 군 장성 극비 대만방문…'중국 압박' 가속, 매경, 2020.11.23(검색일: 2020.11.25)

Ⅳ. 양안 민간교류

양안 민간교류는 양안의 긴장과 대립이 극한상태까지 가는 것을 방지하는 완충역할을 하고 있다. 여기에는 양안의 평화적 환경의 조성과 대만의 자유민주체제를 전파하려는 대만 국민당과 대만의 탈중국화 경향을 방지하고, 민족적 정체성을 공유함으로써 통일 조건을 구축하려는 중국공산당의 의도가 배경이다. 한편으로 국민당은 양안의 군사적 충돌을 억제하는 평화조성자(peacemaker) 역할을 통해 민진당의 대결 위주의 정책이 대만의 안보를 위협하는 문제야기자(trouble maker) 임을 부각시키려는 의도도 존재한다. 또한 공산당은 민간교류를 통한 지속적이고 안정적인 경제문화교류가 일국양제 통일방안의 실천과정이라고 보기 때문이다. 따라서 현재 양안의 민간교류는 중국(공산당)이 적극적으로 주도하고 있는 입장이고, 대만은 민진당은 참여를 거부하고, 국민당과 민중당이 참여하고 있다.

1. 코로나 팬데믹 이전의 민간교류

양안의 민간교류는 이른바 3통(통신, 통상, 통항)과 4류(경제, 과학, 문화, 체육) 분야의 교류로 진행되고 있다. 현재 양안의 민간교류통로는 국공대화통로 '양안경제무역문화논단(兩岸經貿文化論壇)' 이외에 양안 경제인들의 소통과 협력 모임인 '양안기업가정상회의(兩岸企業家峰會)', 양안 민간차원의 문교교류 통로인 '해협논단(海峽論壇)', 중국의 역사유적지를 중심으로 조성된 '양안교류기지(兩岸交流基地)', 중국 상하이시와 대만 타이베이시의 교류통로인 쌍성논단(雙城論壇)이 민간교류의 통로로 활용되고 있다.[26]

네 종류의 교류통로는 양안의 경제무역의 통합발전, 민간문화교류의 협력 강화와 발전을 촉진하기 위한 것을 목적으로 하고 있다. 대만 국민당은 양안의 정치경제관계의 긴밀한 협력을 위한 통로 역할을 하는 수단으로 보며, 중국 정부는 자신들이 의제설정과 참여과정을 관할하면서 적극적으로 문교교류를 활성화하려는 입장을 보인다. 이에 대해 대만의 민진당은 네 가지 교류 통로 모두 '하나의 중국'을 전제로 하여, 즉 92컨센서스를 승인한다는 전제에서 구성되고 운영되기 때문에 비판적으로 바라보고 일부 행사는 참여를 제한하고 있다. 때문에 국공논단의 성격을 지닌 양안경제무역문화논단의 경우에는 2016년 차이잉원 정부 등장 이후에는 개최되지 않고 있다.27)

〈표 1〉 양안 경제, 무역, 문화 교류 통로28)

명칭	양안경제무역문화 논단	해협논단	해협양안중산논단	쌍성논단
목적	경제무역 협력	양안 민간교류	손중산 사상 계승	타이베이-상하이 도시 교류
1회 개최	2005. 4. 29	2009. 5. 15	2010. 12. 16	2016.8.22
개최횟수	10회	10회 2018 개최	22성 71곳	
2020년		9.19-25(제12회)	7, 17(제4회)	7.22 온라인 개최
2020주제		민간교류의 확대, 융합발전의 심화	중산정신 계승발전, 민족부흥 공동모색	도시방역, 스마트경제

〈표 1〉의 양안 경제무역문화교류 통로는 양안관계를 연결시켜주는 교류통로이지만 국공협력을 기반으로 하면서 민진당을 고립시키는 작용을 하기 때문에 민진당 집권시기에는 정치적 영향을 받기도 한다.

---

26) 이광수, 「양안 문화교육교류의 특징과 양안관계에 미치는 영향」, 『통일문제연구』, 제 32권 1호(통권 제73호), 2020, 159-188쪽.

27) 許家睿, 兩岸關係的典範轉移與新挑戰, 2015.09.22, 想想論壇

28) 이광수, 앞의 글.

첫 번째 교류통로 '양안경제무역문화논단'은 경제무역문화논단이라는 명칭에 나타나듯이 경제무역 이외에 문화교류도 진행한다. 따라서 국민당 싱크탱크인 국가정책연구기금회(國家政策研究基金會) 소속 전문가와 학자들이 참여하여 양안 사이의 이슈와 통일, 정체성, 민족문화, 풍습, 역사 등의 주제를 놓고 토론을 벌인다. 또한 국공대화채널의 성격을 지니고 있기 때문에 국공 양당 지도자 만남, 양당 대화사무 부서의 교류, 기층 당조직 인사의 교류 등을 포함하고 있다.

한편 민진당 등 대만의 독립파 세력에 의해 중국의 통일전선도구로 비판받고 있다. 2006년부터 2015년까지 10년간 매년 개최되었으나, 2016년 집권한 차이잉원 민진당 정부는 국공논단이 국가기밀을 외국에 누설하는 것을 처벌할 수 있는 '국가기밀누설법'에 저촉된다는 이유로 국민당의 참여를 제한하여 2016년부터는 개최되지 않고 있다. 2019년 개최와 관련해서 국민당의 우둔이 주석은 올해는 법적 제약 등의 원인으로 아직 결정하지 못했다고 발표한 것을 보면 문교교류가 정치적 영향 하에 있음을 확인할 수 있다.[29]

두 번째 교류통로인 '해협논단'은 양안 민간교류의 실질적 진전을 위하여 문화교육분야를 중심으로 2009년부터 중국이 주도하여 진행하고 있는 민간차원의 대규모 문교교류 통로이다. 해협논단은 '양안은 하나의 가족(兩岸一家親)'이라는 이념을 유지하면서, 보다 긴밀하게 대만 기층 민중과의 교류를 활성화하기 위한 목적으로 진행되고 있다. 따라서 중국은 해협논단의 성격을 민간성, 기층성, 포괄성으로 정리하는데, 해협논단을 통하여 양안이 각 영역에서의 교류협력, 우의와 애향심을 공유, 공동의 경제이익 추구, 민생복지 등의 제반 문제를 포괄하여 접근한다는 입장을 나타

---

29) 芋傳媒, 國共論壇是否復辦 國民黨：謹慎考量, 2019.03.06, 中央社 https://taronews.tw/2019/03/06/272910/ (검색일: 2019.03.22)

내고 있다.

따라서 해협논단이 개최되는 시기에 중국의 대만문제 관련한 고위직 정책결정자인 전국 정협 주석, 국대판 주임이 참석하여 정책방침이나 '혜대'조치를 발표하거나 대만의 국민당 인사들과 대화를 하기도 한다. 2009년부터 2018년까지 10회에 걸쳐 개최된 해협논단은 주로 대만과 근접한 위치에 있는 하문, 복주, 천주, 포천 등 주로 복건성 지역에서 개최되고 있다는 점이 특징이다.[30] 이밖에 해협논단은 30~40여 종류에 이르는 다양한 프로그램과 일만 명 이상의 대만 민중의 참여가 이루어지고 있다는 점이다.[31]

세 번째 교류 통로인 '해협양안 중산논단'은 중산 손문의 정신을 계승발전시키자는 목적으로 2010년 중국공산당과 대만의 국민당이 경제무역문화논단, 해협논단, 보아오논단 이후 새롭게 교류플랫폼으로 만든 교류통로다.[32]

---

30) 2016년에 개최된 제8기 해협논단은 이러한 특징이 명확하게 나타났다. 행사는 논단대회, 청년교류, 기층교류, 경제무역교류 4대 주제로 구성되고, 19개의 본 행사와 34개의 하부 행사로 나뉘어 실시했다. 행사장소는 하문, 복주, 천주, 장주 등 복건성에서 주로 진행된다. 대만민중이 13,000여명 정도 참가한 대규모 양안 문교교류 행사다. 중국은 전국정협주석 위정성(俞正聲), 국대판 주임 장즈쥔(張志軍)등이 출석하고, 대만에서는 국민당 부주석 후즈창(胡志強), 신당(新黨) 주석 위마오밍 등이 참석했다. 俞正聲出席"樂業兩岸 創享未來"青 創先鋒匯交流活動, 2016.06.11, 新華社, http://www.xinhuanet.com//politics/2016-06/11/c_1119021919.htm (검색일: 2019.04.02)

31) 양안교류로 인한 양안의 사회경제환경의 변화에 부응하기 위해서 해협논단은 최근 청년, 네티즌, 대만경제인 2세 집단, 양안결혼가정 등 네 종류의 집단을 교류 중심으로 한 프로그램을 진행했다. 프로그램들은 양안 민중간의 정서적 유대감 향상과 문화적 일체성의 고취를 통해 양안관계를 개선하고 궁극적으로 양안 통일에 긍정적인 분위기 형성을 목적으로 하고 있다. 劉結一為塗鴉大賽點讚 用創意打破兩岸界限 2018.06.08, 중시전자보 https://campus.chinatimes.com/20180608002156-262304(검색일: 2019.04.02)

32) 中山論壇將成為新形式的國共交流平臺(新華澳報), https://www.nsysu.edu.tw/p/404-

네 번째 교류 통로인 '쌍성논단(雙城論壇)'은 대만의 수도이자 최대 도시인 타이베이시와 중국의 상하이시 간의 교류 통로다. 차이잉원 총통이 취임한 2016년 8월에 시작되었는데, 당시 상하이시 통일전선부장이 직접 타이베이를 방문하여 참석하기도 했다. 여기에는 대만에서 국민당이나 민진당에 속하지 않고 독자세력화를 시도하는 커원저 타이베이시장의 개인적 야심이 주요하게 작용했다. 커원저는 개막사를 통해 "우리(대만)는 대륙의 일단의 의견을 견지하는 것을 존중함과 동시에 대륙도 대만이 민주자유를 견지하려는 것을 존중하기를 희망한다"고 말했다.

2. 코로나 팬데믹 이후의 민간교류

코로나 팬데믹으로 양안 간의 왕래가 급감한 상황에서 최대규모의 민간교류 플랫폼이 7월에 개최되었다. 제4회 중산논단(海峽兩岸中山論壇)이 광동성 중산시에서 개최되었는데, 코로나 방역으로 인해 오프라인과 온라인을 모두 이용했다. '중산정신 계승과 민족부흥의 모색'을 주제로 열린 회의에는 광동성 서기, 국대판 주임, 광동성 통전부 서기, 중산시 서기 등이 참여했고, 대만측에서는 92공식을 인정하고 있는 신당의 위마오밍(郁慕明) 명예주석, 국민당의 전임 주석 홍슈쥬(洪素珠), 중국에서 활동하는 대만기업의 연합조직인 전국대기련 회장, 해협양안경제무역문화교류협회장이 온라인을 통해 참석했고, 2020년 총통선거에 출마했던 친민당 송추위(宋楚瑜) 주석은 축하메시지를 보냈다.[33] 이번 중산논단은 해협양

1000-80237.php?Lang=zh-tw(검색일: 2020.11.26)
[33] 1회 2010 국대판 주임 왕이 개막사 '한 마음으로 협력하여, 중화를 진흥하자', 2회 2013 국대판 주임 장즈쥔 개막사 양안관계 진전, 3회 2016 국대판 주임 장즈쥔 개막사 하나의 중국, 일국양제, 4회 국대판 주임 류제이 개막사 하나의 중국, 92공식, 일국양제를 주장하는 것이 일반적인 입장이다.

안관계센터, 광동성해협양안교류촉진회, 중산시해협양안교류촉진회, 중산 대학이 공동으로 주최했다.[34]

　7월 22일에는 2020 상하이-타이베이 두 도시간의 교류통로인 쌍성논단 (上海臺北城市論壇)이 '도시 방역과 스마트 경제'를 주제로 상하이에서 개최되었다. 본래 두 도시가 격년제로 번갈아 개최하는데 이번에는 코로나 여파로 대만 타이베이시는 온라인을 통해 참여했다. 두 도시의 부시장이 각각 자신들의 방역과 경제발전의 경험을 소개했으며, 논단에서는 보건의료, 산업경제교류, 스마트교통, 지역거버넌스와 협력 등 4개 주제에서 대화와 토론을 진행했다. 또한 커원저 타이베이시장과 공정 상하이시장이 개막사를 통해 참여했다.

　중산논단과 쌍성논단이 코로나 팬데믹 상황에서도 민간교류를 진행하고, 이를 통해 양안의 지속적인 관계의 유지와 정치군사적 긴장을 완화시키려는 기능을 했다. 그러나 양안의 복잡하고도 민감한 관계는 민간교류가 정치에 쉽게 영향을 받는다는 것을 보여준다.

　9월에 개최되는 해협논단에 국민당이 처음에는 참여하기로 했다가 나중에 불참을 결정한 사실이다. 앞서 현재 대만의 여당인 민진당과 차이잉원 총통은 중국과의 교류를 조심스럽게 바라보고 가급적 교류를 하지 말아야 한다는 입장을 보이고 있다. 1990년대 당시 리덩후이 총통이 제기했던 대만은 성급히 하지 않고 인내를 가지고 중국에 대응해야 한다는 '계급용인(戒急用忍)'의 자세를 유지하고 있는 것이다. 따라서 국민당이 주도하는 양안민간교류가 중국공산당의 대만침투의 통로가 되는 통일전선전술에 이용되고 있다고 본다. 따라서 이를 방지하기 위하여 2020년 1월에 중국과의 교류를 제한하기 위한 목적으로 '반침투법'을 제정한 것이다.

---

34) 第四屆中山論壇 疫後兩岸最大規模, 旺報, 2020.07.21, https://www.chinatimes.com/ newspapers/20200721000130-260302?chdtv(검색일: 2020.11.25)

V. 맺으며

양안의 민간교류는 2005년 국공대화 이후 '양안경제무역문화논단', '해협논단', '양안중산논단', '쌍성논단' 등의 포럼형식을 통해 대화와 합의를 통해 상호 이익을 공유하려는 통로 역할을 한다. 이들 논단의 표면적인 내용은 양안의 경제무역의 통합발전, 민간문화교류의 협력 강화와 발전을 촉진하기 위한 것을 목적으로 하고 있다. 그러나 이들 논단은 대만 국민당의 시각으로는 양안의 정치경제관계의 긴밀한 협력을 하기 위한 통로 역할을 하는 수단이며, 중국 정부 즉 공산당에게 있어서는 자신들이 주도하는 의제설정과 참여과정에 대한 장악이 이루어진다는 것이다. 대만의 민진당의 시각으로는 모든 교류통로는 '하나의 중국' 전제하에 구성·운영되고 있다는 점에서 비판적으로 보고 있다.[35]

양안 학자들은 이러한 양안교류에 대해서 비교적 냉정하고 현실적인 접근자세를 보인다. 즉 비록 양안 문교교류는 서로가 인식 차이가 존재하나, 상대방의 입장 변화를 과도하게 기대할 필요는 없고, 엄숙한 정치적 의제에 대한 심각한 논쟁을 할 필요도 없다고 보고 있다. 교류를 많이 하면 양안이 서로에 대한 감성적 이해와 이성적 인지도 고양될 것이며, 교류의 확대발전에도 유리하다고 평가한다. 결론적으로 실제로 분단 이후 인식 차이가 존재하는 양안의 문교교류와 상호접촉은 중단되는 것보다 계속 유지하는 것이 상호간에 유리하다고 본다. '교류가 교류하지 않는 것보다 낫고(交流比不交流好), 하는 것이 안하는 것보다 낫다'는 점이다.[36]

탈냉전시기의 국제질서는 복합적 상호의존에 놓여져 있다. "현재 세계

---

35) 이광수, 앞의 글.
36) 이광수, 앞의 글.

는 국경을 초월한 대중 매체와 대중적 이동의 시대에 점점 더 많은 중국의 이익집단과 시민들은 중국정부의 영향력에서 벗어나 독자적으로 다른 국가의 이익집단 및 시민들과 교류하고 있다. 관광, 학생과 연구자들의 교류, 전자통신매체는 중국정부의 권력을 제한하고 있다. 지금은 비록 검열을 받고 있지만, 인터넷, 모바일을 통해 다양한 정보가 중국전역에 유포되고 있다. 공산당 권력자들은 중국 국경밖으로부터의 '정신적 오염'을 우려하고 있지만, 그들은 더 이상 정보의 유통을 완전히 통제할 수는 없다. 세계적인 상호의존이 증대하는 시대에 어떤 정부도 자국의 영토에서조차 진정한 자율성을 갖지 못한다."[37] 코로나 팬데믹은 여전히 현재진행형인 상태이다. 1억 4천만명이 넘는 확진자이지만 얼마나 더 걸려야 끝날지도 아직 불확실하다. 결국 백신 보급과 치료제 개발을 통해 종식되겠지만 그 과정에 발생하는 다양한 변수는 중국과 대만을 둘러싼 양안관계에 많은 영향을 미칠 것이다. 코로나 팬데믹이 중국 내부, 양안관계, 미중관계, 동북아시아 국제정치에 미치는 영향에 대한 관심과 연구가 지속적으로 필요하다.

| 참고문헌 |

Judith F. Kornberg & John R. Faust 지음, 이진영 등 옮김, 『중국외교정책』, 명인문화사, 2008.

이광수, 「양안 문화교육교류의 특징과 양안관계에 미치는 영향」, 『통일문제연구』, 제32권 1호(통권 제73호), 2020.

---

37) Judith F. Kornberg & John R. Faust 지음, 이진영 등 옮김, 『중국외교정책』, 명인문화사, 2008, p.291.

대만 위생복리부질병관리서, https://www.cdc.gov.tw

대륙위원회 양안대사기 연보, https://www.mac.gov.tw

중국 법학자 쉬장룬, 시진핑 비판 후 체포, 2020-07-09, 중국, 코로나19 핑계로 반체제 인사 이잡듯이 잡아내, 뉴스1, 2020-02-19(검색일: 2020.11.13)

中 공산당 당교, '시진핑 비판' 교수에 화들짝 … 내부단속 '고삐', 연합뉴스, 2020.08.21(검색일: 2020.11.13)

자크 아탈리, "유럽이 한국 아닌 中 도시폐쇄 모델 따른 건 불운", 한국일보, 2020.11.23(검색일: 2020.11.25)

중국 공군 연이틀 대만해협 건너 비행훈련 감행, CBS노컷뉴스, 2020-02-11(검색일: 2020.11.13)

체코 상원의장 대만 방문 … 1989년 이후 체코 최고위급, 연합뉴스, 2020-08-30 (검색일: 2020.11.13)

印방송서 "일국양제" 부정한 대만 외교장관 … 중국 '보복' 예고, 이데일리, 2020.10.17

대만, 코로나19 방역 모범에도 "중국 방해로 WHO 총회 참가 못해", 이데일리, 2020.11.09(검색일: 2020.11.13)

트럼프의 거침없는 무기수출 … 거대한 요새로 변해가는 대만, 매경, 2020.10.14 (검색일: 2020.11.13)

미국, 이번엔 군 장성 극비 대만방문 … '중국 압박' 가속, 매경, 2020.11.23(검색일: 2020.11.25)

키리바시가 뭐길래 … 中, 인천보다 작은 섬에 대사관 연 이유, 중앙일보, 2020. 06.28, https://news.joins.com/article/23812013#none(검색일: 2020.12.03)

韓 망설이는 사이 … 反중국 결속 끌어올리는 美·日·인도·호주, 중앙일보, 2020.06.11, https://news.joins.com/article/23799301(검색일: 2020.12.03)

진퇴양난 호주의 고민 "현실적으로 중국 없이 살 수 있어?", 중앙일보, 2020.05. 08, https://news.joins.com/article/23771674(검색일: 2020.12.03)

"도광양회" 외치던 중국의 돌변 … 영화 '전랑'처럼 거칠어졌다, 중앙일보,

2020.05.26, https://news.joins.com/article/23785596(검색일 2020.12.03)

코로나발 美·中 신냉전 현실됐다 ⋯ 한국은 어디 줄서야 하나, 중앙일보, 2020. 05.07, https://news.joins.com/article/23770606(검색일 2020.12.03)

中, 호주인 유명 女앵커 구금 ⋯ 호주, 맞불조치, 동아일보, 2020.09.02, https://www.donga.com/news/Inter/article/all/20200902/102750508/1(검색일: 2020.12.03)

중국, 대만외교 인터뷰한 인도 언론에 '주권 위배' 항의, 연합뉴스, 2020.10.24, https://www.yna.co.kr/view/AKR20201024033100097(검색일: 2020.12.03)

許家睿, 兩岸關係的典範轉移與新挑戰, 2015.09.22, 想想論壇(검색일: 2020.11.10)

芋傳媒, 國共論壇是否復辦 國民黨：謹慎考量, 2019.03.06, 中央社(검색일: 2020.11.10)

台灣大選2020：兩岸關係如何影響台灣選情 2019.12.31, https://www.bbc.com/zhongwen/trad/chinese-news-50915774(검색일: 2020.11.10)

武漢肺炎：由台灣口罩禁令引發的一場兩岸論戰, 2020.1.29, https://www.bbc.com/zhongwen/trad/chinese-news-51296645(검색일: 2020.11.10)

台湾反红媒：一篇英媒报道引发的"中共代理人"之争, 2019.7.25, https://www.bbc.com/zhongwen/simp/chinese-news-49119237(검색일: 2020.11.11)

台湾《境外势力影响透明法》修法遭简称修中共代理人法 蓝绿吵翻天, https://www.rfi.fr/cn/%E4%B8%AD%E5%9B%BD/2019110(검색일: 2020.11.11)

反滲透法, https://law.moj.gov.tw/LawClass/LawAll.aspx?pcode=A0030317(검색일: 2020.11.11)

王大可, 海外版日月談：抓"中共代理人"？民進黨搞"白色恐怖", 2019.11.13, http://opinion.people.com.cn/n1/2019/1113/c1003-31451560.html(검색일: 2020.11.11)

守住疫情榮登WIRED！蔡英文:是所有台灣人團結一心的成果,自由時報, 2020.09.12(검색일: 2020.11.12)

台灣候任副總統賴清德訪美：「民間人士」成為訪問華府最高級台灣官員, 2020.

2.4, https://www.bbc.com/zhongwen/trad/chinese-news-51376202(검색
일: 2020.11.12)

台灣大選2020：蔡英文連任後中美的台灣政策選項與變數 2020.1.13, https://
www.bbc.com/zhongwen/trad/world-51087790(검색일: 2020.11.12)

俞正聲出席"樂業兩岸 創享未來"青 創先鋒匯交流活動, 2016.06.11, 新華社,
http://cpc.people.com.cn/n1/2016/0612/c64094-28425708.html(검색일:
2020.11.12.)

Johns Hopkins University Coronavirus Resource Center, https://coronavirus.jhu.edu/

'코로나19' 팬데믹과 양안삼지(중국, 대만, 홍콩)관계

● 김진호 ●

I. 서론

중국에 홍콩(1997년 반환)과 마카오(1999년 반환)가 반환되기 이전, 중국과 대만은 홍콩과 마카오를 중심으로 각기 통일전선 경쟁을 펼치며 대립과 협상을 해왔는데, 홍콩(香港 Hong Kong)과 마카오(澳門 Macau)가 중국(中華人民共和國)으로 반환되고 양안(兩岸)이 소삼통(진먼다오와 샤먼의 교류, 小三通)을 거쳐 대삼통(양안의 전면적 교류, 大三通)으로 직접 서로 인적, 물적 교류를 하면서 양안은 대만(타이완)해협을 중심으로 직접 교류하며 이러한 관계속에서 경쟁 및 대립하고 있다.[1] 즉, 중화권이

---

* 이 글은 연구자가 2019년 중국 선전(深圳)에 거주하면서 홍콩, 대만(진먼다오 포함)을 오가며 현지 조사한 내용과 과거 홍콩, 마카오, 중국 북경과 광둥성 그리고 대만에서 거주했던 경험을 기초로 내용을 작성했다. 본문 내용은 '코로나19' 발발 시기인 2020년 2월 말 중국에서 귀국 후 발표한 '코로나19' 관련 논문과 문장을 종합하여 수정·보완하여 작성한 것이다.

** 단국대학교 정치외교학과 교수.

1) 대만(臺灣)과 타이완(Taiwan)이라는 표기는 편의상 지역명으로는 대만(섬)으로 표기하고, 민진당 집권 후 여권에 ROC(Republic of China)에서 Taiwan으로 표기를 바꾼 것과 같은 정부를 의미하는 경우 대만을 타이완(Taiwan)이라 표기했다.

교류하면서 그 관계가 더욱 밀접해지면서 교류를 통해 서로 경쟁하며 국제관계 현상에 따라 견제하는 단계로 접어들었다.

양안사지(중국대륙, 대만, 홍콩, 마카오)와 양안삼지(중국대륙, 대만, 홍콩)는 홍콩과 마카오가 중국에 반환되기 이전 양 지역이 대립 속에 교류하던 환경의 양안 접지 지역을 이르는 말이었는데, 현재 양안관계란 대만해협 위주로 중국 정부와 타이완(정부) 사이의 대립으로 이어지고 있다. 그리고 이 양안관계는 현재 미국 트럼프 정부 이래 미국의 실제적 개입과 일본의 간접적 간여와[2] 타이완과 동남아 국가와의 교류와 협력으로 양안관계에 대한 국제사회의 관심도 나날이 증가하고 있다. 이는 대만(타이완)의 지정학적 특징에 따른 것으로 판단된다.

특히, 타이완에서는 대만 본토 출신 차이잉원(蔡英文) 총통이 2020년 초 재집권에 성공한 이후 미국 트럼프 정부 시기의 양안 관계는 더욱 민감해졌는데, 그 내용은 미국의 타이완 껴안기로 미국과 타이완의 상호의존 관계가 더욱 긴밀해졌다는 것을 말한다. 또한, 중국 우한(武漢)지역에서 2019년말 '코로나19'가 발발하여 중국 전역으로 퍼지고 세계적 팬더믹으로 발전하면서 양안의 방역경쟁과 대립양상도 더욱 심각해졌다.[3] 게다가,

---

2) 1895년 청일전쟁의 결과인 마관조약(시모노세키 조약 馬關條約)으로 이어진 일본의 50년간 통치와 일본에 유학했던 장제스(蔣介石)의 대만(중화민국) 통치와 일제 잔재의 유지는 문화 경제적으로 대만이 친일본적인 성격을 유지하게 했고, 송메이링(宋美齡)의 노력으로 형성된 미국과 대만의 관계는 대만(중화민국)이 1971년까지 유엔안보리 상임이사국의 지위를 유지하게 했다는 점에서도 대만 정부와 미국과의 관계를 쉽게 이해할 수 있다. 이러한 이유에서 대만 사회는 미국, 일본과 안보 및 경제적 유대가 강하며 그 가치관도 유사한 면이 많다고 할 수 있다. 또한, 타이완은 중국 남방문화의 배경과 일본과 미국의 사회 가치관과 행정제도가 복잡하게 융합된 행정 및 사회 분위기를 유지하고 있다. 즉, 양안의 대립에서 중국 정부는 타이완(대만), 미국, 일본의 연합세력과 내전과 유사한 국제전을 치러야 한다는 것이다.

3) 2021년 타이완 총통 선거는 당해 1월 연구자가 중국 선전에서 홍콩을 거쳐 대만으로 들어가 각국 기자들과 공동취재를 하였는데, 당시만해도 '코로나19' 관련 방역은 심각

홍콩 민주화 시위도 복잡한 양안삼지관계에 양안의 대립과 경쟁을 더욱 가속화했다고 할 수 있다. 즉, 양안의 대립과 홍콩의 민주화 시위 그리고 중국 우한(武漢)에서 발발한 '코로나19'는 미·중 간 대립으로 치닫고 있는 미·중대립의 국제관계 속에서 양안관계를 더욱 복잡하게 만들었다고 할 수 있다.

사실, 양안삼지인 중국, 홍콩, 대만은 서로 다른 역사 배경을 기초로 서로 다른 사회시스템과 문화를 갖고 있는데, 정부 형태만 봐도 중국은 중앙집권적 정치 행정체제를, 홍콩은 1997년 이후 '일국양제(一國兩制) 로 중국의 특별행정구(SAR)체제의 중국 속의 '샹강(香港, Hong Kong)'으로 그리고 타이완(대만)은 중국과 대립 및 경쟁하는 '정부 형태의 국가'로 존재한다고 볼 수 있다.[4]

홍콩은 1997년 비록 중국의 영토가 되었으나, 중국 중앙정부의 '일국양제' 제도하의 홍콩 통치는 홍콩 토착민들의 홍콩사회에 대한 요구(홍콩민주화)에 봉착하여 중국정부와 특별행정구 홍콩의 관계는 기존 홍콩 거주민의 불만을 가중시켜 중국과 홍콩의 관계는 계속 악화되었다.[5] 타이완

하지 않았으나, 중국으로 돌아 온 1월말부터 중국의 방역도 강화되고 중국 국내뿐만 아니라 홍콩, 대만을 포함한 외국으로의 이동이 어려워지기 시작했다.

4) 1971년까지 UN 안보리 이사국이었던 중화민국(대만)은 중국의 꾸준한 외교적 봉쇄로 1921년 2월 28일 기준으로 전 세계 15개 국가만 외교 관계를 유지하고 있는데, 현재 타이완의 수교 국가는 태평양의 섬 국가(마샬제도, 나우루, 팔라우, 투발루)와, 중남미 카리브해 섬 국가(베이리즈, 과테말라, 하이티, 온두라스, 니카과, 파라과이, 세인트 크리스토포, 세인트 루시아, 세인트 빈센트) 등 15개국이 전부인 상태이다.

5) 연구자가 1985~1990년과 2010~2012년 거주하던 홍콩은 서로 다른 모습으로 변화된 홍콩을 체험할 수 있었다. 즉, 홍콩의 중국반환 이전의 홍콩은 영국의 문화속에 중국의 문화가 접목되는 형태였다면, 반환 이후의 홍콩은 중국적 요소가 더욱 많이 강조되었다. 언어, 문화적인 측면에서도 과거에는 영어 사용과 서구식 가치관이 더 보편화되었다면 1997년 반한 이후에는 중국 표준어(普通話) 사용이 늘고 중국적 문화와 가치관이 아주 빠른 속도로 보급되고 있다.

은 국민당 마잉주(馬英九, 2008~2016년 대만 총통) 집권시기 중국정부와 어느 정도 원만한 관계에 접어들었지만, 현재는 민진당 차이잉원(蔡英文, 2016~현재 타이완 총통)의 집권으로 양안이 서로 강렬하게 대립하고 있다. 다시 말해, 미국에 트럼프 정부가 들어선 이후 미중관계의 악화로 미국이 타이완에 힘을 실어주면서 미국과 대만관계는 호전된 반면에 양안관계는 더 한층 악화일로로 치닫고 있고, 여기에 타이완의 반중정서와 '대만 독립 성향'이 양안관계에 영향을 미치고 있는 것이다.

이러한 상황에서 중국에서 '코로나19'의 발생과 중국 중앙정부의 방역 행정과 대외정책에 따라 타이완은 중국정부의 방역행정에 나타난 권위주의 중국 정부에 대한 비난 수위를 미국과 같이 높이고 있는 상황이다.[6] 비록, 홍콩사회도 중국의 강압적 방역과정 등 비민주적 행위에 불만을 갖는 부류도 있지만, 홍콩행정구의 특성상 그리고 '코로나19' 방역 환경에서 그 불만을 제대로 표현하지는 못하는 형편이다. '코로나19' 방역은 중국, 홍콩, 타이완이 모두 서로 다른 방법으로 전체적 방역을 진행하고 있는데, 홍콩의 경우 지정학적 특징으로 방역에서 중국 중앙정부 및 광둥성(廣東省) 정부와 협력하는 모습이 두드러지고, 타이완은 중국과 대립하는 입장에서 정부의 방역 자체시스템과 효과적 행정력으로 그 방역 효과를 높였고 국제사회도 좋은 평가를 하고있다.[7]

---

6) 홍콩의 경우 이미 중국의 행정력과 영향력이 강화되어 중국정부에 대한 비난이 표면적으로 강하게 나오지는 못하고 있으나, 홍콩 주민의 대만을 포함한 해외이민 증가세를 보면 홍콩 주민들의 중국에 대한 불만은 민주화운동에서 나타난 것과 같이 높다고 볼 수 있다.

7) 홍콩은 중국과 연관되어 해외와 교류를 차단하는 것과 동시에 모든 면에서 연결된 광둥성을 포함한 중국 내륙 도시와 교류를 차단하는 것이 가장 중요한 방역이지만, 중국과 해협으로 나뉘어 대립하는 대만에 있어서 방역이란 중국을 포함한 해외에서 들어오는 모든 외부요인을 차단하는 것이 중요하다. 또한, 타이완정부의 경우 중국과 대립하는 정치적 요인도 방역에 많은 영향을 미쳤다고 볼 수 있다. 대만 팬데믹 막은

1. 미중관계와 양안의 타이완과 홍콩 문제

대만해협은 지리적으로 동북아와 동남아의 해양을 연결하는 주요 해상운송과 군사안보의 중요한 요충지이다. 타이완의 해양은 일본의 오키나와(沖繩)에서 대만 동북의 열도와 해양으로 이어지는데, 고구마처럼 길게 생긴 남단은 다시 필리핀 북단의 섬과 연결되기에 대만은 중국의 동중국해(중국의 동해)에서 남중국해를 연결하고 서태평양과 연결되는 동북아의 해양 요충지이다.[8] 또한, 양안을 갈라놓는 대만해협은 천해의 해양으로 타이완이 중국으로부터 쉽게 침략을 받을 수 없는 천연환경을 제공하고 있다. 또한, 대만 본토 위아래로 길게 이어진 해발 3,000m 이상의 고지가 많은 중앙산맥(中央山脈)의 동쪽 군항과 항공기지는 대만이 중국의 공격에서 벗어날 수 있는 천연의 요새를 제공한다. 이러한 면을 고려하면 중국이 항공모함을 건조하는 이유도 이해할 수 있다. 또한, 미국의 입장에서 중국 화남권(華南圈)을 포함한 화중(華中), 동북권까지 군사안보적 영향력을 펼칠 수 있는 타이완은 미국이 포기할 수 없는 전략적 요충지이다.

여러 지리적 환경을 고려하면 중국이 태평양으로 진출하기 위해 혹은 미국이 중국의 태평양 진출을 저지하는데 가장 큰 축이 되는 지역이 대만

'장관이 된 해커', 국민일보(2021.04.29), http://news.kmib.co.kr/article/view.asp?arcid=0924189443&code=13150000&cp=nv

8) 타이완 정부는 일본 센가쿠열도(대만명 釣魚島)열도에 대한 영유권도 주장하고 있으며, 남중국해에는 타이핑다오(太平島)라는 군사기지화된 도서도 영유하고 있다. 또한, 중국의 샤먼(廈門 Amoi) 앞 약 4km에는 진먼다오(金門島)라는 군사기지화된 섬을 영유하고 있는데, 양안교류에서 샤먼과 진먼다오는 과거 양안삼지의 홍콩과 같은 양안교류의 접점이 되고 있다. 즉, 샤먼과 진먼다오 주민은 여행사증 없이 기간 내에 양쪽을 오갈 수 있는데, 양안관계가 경색되는 경우 교류는 중단된다. 즉, 양안의 경계가 대만해협이지만 타이완은 중국영토 코앞에 진먼다오를 영유하고 있기에 대만의 군사안보적 가치는 매우 크다고 볼 수 있다. 반면, 서로 교류가 빈번해지면서 전염병과 같은 방역에는 서로 민감하게 대응하고 있다.

과 관련 해역이라는 것을 알 수 있다. 이러한 이유에서 혹자는 타이완을 침몰하지 않은 항공모함이라 칭하기도 한다.[9] 이러한 지리적 문제외에도 타이완은 과학기술과 정부체제와 교육을 포함한 사회가치관 등에서도 미국 그리고 일본 등 서구사회와 밀접한 관계를 유지하며 이와 동시에 역사적 관계를 기초로 사회주의 중국과 대립하고 있다고 볼 수 있다.

그러나 타이완은 경제적 측면에서 문화적 유사성과 지리적 환경 그리고 경제발전의 연행구조의 특성에 따라 중국과 밀접한 관계를 유지해야 하는 상황이다. 이러한 환경은 중국이 1970년대후반에서 1980년대에 개혁개방을 추진하면서 자본과 기술을 화교권에 의지했다는 의미에서 대만과 홍콩, 싱가포르를 중심으로 한 화교권의 경제력이 중국본토에서 자리를 잡았다는 이유가 있을 것이다. 이러한 정치경제적으로 복잡한 양안관계는 양안간 인적 그리고 물적 교류를 더욱 빈번하게 하고는 있지만, 정치적 이슈가 된 '코로나19'와 같은 전염병 방역에 대해서는 양안이 서로 경쟁하듯 민감한 반응을 보이고 있다.

반면, 홍콩은 영국 식민지시절 형성된 사회 가치관에 기초하여 서구적 가치관을 기초로 통치되던 사회였다가 중국 사회에 편입되는 과정에서 많은 사회적 혼돈과 마찰이 일어나고 있는 지역이다. 즉, 대만지역과 비교한다면, 대만은 중국 남방 푸젠성(福建省)의 문화에 일본문화와 사회 가치관이 영입되고 다시 국민당이 갖고 온 장강(長江)유역 문화에 서구문화가 영입된 중국인 위주의 문화 배경에 서구문화를 받아들인 지역이라면, 홍콩은 약 150여년간 영국의 식민지문화에 기초하여 중국내지와 교류하며 변화한 국제도시로 중국, 대만과는 서로 정치행정과 사회 가치관에서

---

9) As U.S. Hardens Line on Beijing, Taiwan's Stock Rises in Washington, May 6, 2021, https://foreignpolicy.com/2021/05/06/taiwan-united-states-china-competition-tensions-diplomacy/

많은 차이가 있는 '동양의 파리'라는 말과 같은 특징이 있었던 지역이라 볼 수 있다. 비록 중국, 홍콩, 대만이 모두 중국인이 사회 기초가 되는 지역이지만, 그 정치체제와 행정제도 및 문화와 관습에는 각기 많은 차이가 나는 것이다. 이러한 것이 양안삼지를 분류하는 특성이 된다고 볼 수 있다.

그러나 중국, 대만, 홍콩 이 세 지역은 서로 교류가 빈번하기에 각 지역의 특성을 갖고 서로 다른 체제의 주민과 교류하고 있다고 볼 수 있고, 여기에는 정치와 경제적 그리고 문화적으로 각기 특성이 존재한다고 할 수 있다. 그래서 일반적으로 경제적 양안삼지관계는 정치적 양안관계나 홍콩문제 및 국제관계의 영향으로 정치적 하부구조가 되기도 한다.

지리적으로 대만은 대만본토와 부속 도서 그리고 해양은 광범위한 영역이 포함된다. 북회귀선도 대만섬 본토 중남부 지아이(嘉義)시 근처를 통과하기에 대만은 동북아와 동남아로 연결되는 중심에 있는데, 이는 역사적으로 대만(포르모사 Formosa)이 동아시아 진출을 꾀하던 유럽의 에스파니아, 네덜란드 등의 침략을 받은 이유도 대만의 지리적 장점에 기인한 것이라는 측면에서 이해할 수 있을 것이다.

또한, 홍콩은 영국이 말레이반도에 정착하며 동시에 중국과 연계된 지역을 얻기 위해 쟁취한 식민지이기에 동남아와 중국을 연결하는 통로가 된다고 할 수 있다. 식민지 개척의 후발주자인 영국은 대만, 일본과의 교류를 위한 거점 확보보다는 서구 식민지 개척자들이 지나갔으나 거점이 되지 않았던 말라카(Malacca) 해역과 광둥성 홍콩에 거점을 만들고 중국과 교류에 중점을 두었다고 할 수 있고, 동인도회사는 이러한 역할을 담당했다고 할 수 있다. 홍콩에 있는 오래된 영국계 회사들도 이러한 영국의 식민지 건설시기의 상업과 관련이 있다 볼 수 있다.

중화인민공화국은 1921년 만들어진 공산당에 의해 1949년 북경에서 건국한 국가로 중국 내 국민당과의 전쟁에서 승리해 중국 대부분 영토를 차지하고 건국 후 그 영토를 더 확장하며 홍콩과 마카오까지 반환받은 영토대국이지만, 아직 대만(타이완)을 통일(통합)하지 못한 떠오르는 사회주의 대국이라고 할 수 있다. 중국은 1949년 국공내전에서 승리해 북경에서 건국을 선포했지만, 꾸준한 국내 영토 확보와 국가안정화로 대만에 대한 공격 등 여러 지역에 잦은 '해방전투(解放戰鬪)'가 있었다고 한다. 이러한 과정에서 중국대륙에서 국민당을 추출하고 건국한 중화인민공화국의 역대 지도자들은 모두 '대만(타이완) 통일'을 지상과제로 설정하며 국내정치를 이어가고 있는데, 현재 시진핑(習近平) 시대도 마찬가지라고 할 수 있다.10) 이러한 이유로 중국 내에서 교육받고 자란 모든 중국인들도 대만 통일에 대해 모두 비슷한 사고를 갖고 있다 볼 수 있다. 그러나 중국 대륙의 중국인들도 대만 통일이나 통합이 쉽지 않은 문제라는 것을 잘 알고 있다. 특히, '일국양제(一國兩制)'로 회복한 식민지 홍콩에 대한 통합문제에서 야기된 많은 문제로 국내외적으로 일국양제에 대한 시각도 여러 가지다.

양안문제를 보면 중국이 해군과 공군력을 강화하는 이유도 바로 대만 통일을 통해 해양국가로 발전하려는 목적이 있다고 볼 수 있다. 이는 과거 국공내전과 중화인민공화국 건국후에 대만 최서단 중국본토 코앞의 진먼다오(金門島) 전투를11) 보아도 중국의 군사력 강화와 대양으로의 진출의 꿈을 이해할 수 있는데, 이것도 시진핑이 주창한 '중국몽(中國夢)'의 일부분이라 할 수 있다.

---

10) [차이나인사이트] 바이든- 시진핑 시대의 대만, 미·중 격돌의 첫 전장 되나, 중앙일보, 2021.03.24, https://news.joins.com/article/24018971

11) 중국 인민해방군은 양안이 분단되던 1949년 10월25일 밤 약 1만 명이 진먼다오 구닝터우(古寧頭) 연안에 기습 상륙해 3일간 대만군과 치열한 전투를 벌였으나, 약 3천명이 사망하고 7천명이 포로로 잡혔다. 그리고 9년 후에도 다시 집중 포격전으로 진먼다오를 공격했으나 침공에는 실패했다.

반대로 타이완의 경우, 과거에는 국민당의 중국 수복을 위한 보루로 그리고 민주화 이후에는 민진당의 타이완 독립이 강조되고 있는 지역이다. 단지, 홍콩과 마카오는 영국과 포르투갈의 식민지에서 중국으로 반환된 지역으로 양안의 중국, 대만과는 다른 역사문화적 배경을 갖고 있다.

타이완(중화민국)은 과거 장제스, 장징궈(蔣經國) 국민당 정부시대에 이어 본토 출신 리덩휘(李登輝)가 지도자가 되면서 대만 본토화는 가속화 되었다. 또한, 연이어 타이난(臺南) 출신 민진당 천수이벤(陳水扁) 총통시기에 대만은 점차 대만인을 강조하는 타이완의 이미지와 민주화와 독립을 향한 과정이 꾸준히 진행되고 있다고 볼 수 있다. 그러나 경제정책의 실패로 다시 국민당 마잉주(홍콩 출생 외성인 馬英九) 정부가 등장하면서 대만과 중국의 관계는 서로 협력하는 단계로 변화하게 되었다. 그러나 또 다시 민진당 본성 출신 차이잉원이 집권하면서 타이완은 본토 정서에 기반한 정치로 사회분위기가 바뀌면서 중국대륙과 선을 긋는 역사교육으로 타이완 위주의 역사 교육과 사회분위기 쇄신으로 본토화의 길을 걷고 있다. 이러한 상황에서 과거 국민당과 유대를 강조하던 미국 정부는 이제 반중국적 정서를 갖고 있는 민진당 정부를 친중국대륙적 회유성 정서를 갖고 있는 국민당에 비해 더욱 협력적인 태도를 보이고 있는 것이 현실이다.[12] 미국의 신현실주의 실리주의는 미국과 세계라는 구도에서 미

---

12) 미국의 동아시아정책은 미국의 국익이 우선시되는 실용주의로 일본과의 전쟁에서는 국민당, 공산당과 모두 같이 협력을 하였고, 일본을 군사통치하면서는 국민당과의 협력을 그리고 중국의 변화를 원하던 협력시기에는 중국정부와 협조적이었다가, 중국과 대립이 격화되면서는 타이완에서 국민당 보다는 민진당과의 협력에 비중을 두고 있다고 할 수 있다. 미국은 1979년 중국과 수교로 대만(중화민국)과 단교하면서 미국 국내법인 '대만 관계법'을 통해 타이완과는 꾸준한 관계를 유지해 왔는데 이는 대만으로 이전한 국민당과의 관계를 국가 간의 관계로 유지하다가 국가의 지역정부의 관계로 변환시킨 것이라 볼 수 있다. 미중이 대립하는 현재 타이완의 가치는 이전 홍콩의 전략적 위치를 뛰어넘는 강한 중국견제의 목줄이 될 수 있다. 이에 중국은 미중대립을

국의 국가이익(國家利益)에 우선한 대외정책이 시기별로 나타나는데, 이
는 냉전시기의 국가이익이나 현재 신자유주의나 신현실주의 국제상황과
접목되는 부분이다.

타이완 민진당 집권시기인 2020년초(사실은 2019년말) 중국에서 발생
한 '코로나19' 와 팬데믹은 양안과 홍콩과의 관계에 많은 변화를 일으켰
다. 또한, 중국과 외부세계의 홍콩에 대한 갈등과 대만해협의 대립은 중화
권의 내부의 문제로 보이지만, 중국과 세계, 특히 미중 문제라는 점에서
미중관계와 직접적 관련이 있다고 보기도 한다. 즉, 홍콩과 타이완문제는
중국의 국내정치에 중점을 둔 대외정치에 미국이 직접적으로 그 영향력을
보일 수 있는 미중을 중심으로 한 다자관계의 대립으로 나타나기도 하는
데, 이는 미국이 중국 국내정치의 핵심문제이자 대외관계에서 중국의 주
권을 강조하는 국가 목표(완전한 중국 통일)라는 중국의 최종 정치목적에
대한 간여로 미국의 대중국봉쇄 정책에 실효성을 높일 수 있는 부분이
되고 있다.

2. 중국 우한의 '코로나19' 와 중국, 홍콩, 타이완의 방역

'코로나19' 는 2019년 말부터 중국 장강(長江) 연안의 우한지역에서 발
병되기 시작하였고, 그 전파력은 현재 중국을 포함한 전 세계의 팬데믹으
로 발전하였다. 이 강력한 팬데믹은 전 세계에 유례없는 국제사회의 미유
의 혼돈을 만들고 있다. 비록, '코로나19' 관련 중국 정부의 방역은 중국방
식(권위주의식 강한 행정력)으로 대처했고 어느 정도 효과를 보였다. 그러
나 중국의 노력이 국제공조에서 어느 정도 효과가 있었는지는 의심되는
부분이 많은데, 이는 중국의 방역과 국제방역이 방역 초기에 서로 그 궤를

수세적으로 지키며 동시에 양안문제에도 신경을 더욱 써야하는 시대를 맞이한 것이다.

같이하지 않았기 때문으로 본다. 이러한 이유로 중국의 노력과 그 조치와 국제사회의 팬데믹과 관련된 주장 사이에는 이견이 많다. 현재까지 국제사회는 '코로나19' 관련 국제공조를 끌어내지 못하고 있다.

이러한 측면에서 중국의 '코로나19' 방역문제에 관련된 중국 국내외 정치의 연관성과 국제사회의 반응을 분석해 보는 것은 가치 있는 일이다. 특히, 현재 국제사회와 중국의 관계는 일부 협력적인 부분도 있지만, 미국을 포함한 서구와 중국의 관계는 그리 협력적이지 않다는 측면에서 '코로나19' 관련 방역문제를 국제적 시각으로 보는 것도 중요하다. 이는 미·중 관계가 무역, 안보, 과학·기술 및 국제협력에서 대립하고 있는 상황에서 더욱 그럴 것이다.

이러한 상황에서 '코로나19' 발병과 방역 과정에 나타난 중국 국내정치 현상과 중국 대외전략을 연결하여 분석하는 것은 중국 국내정치와 대외관계의 상관성과 미·중 관계의 대치점을 이해하는 데 도움이 될 수 있다. 특히, 중국 정부가 국내 문제에서 국제적 문제로 발전한 '코로나19' 문제를 어떻게 정의하며 어떻게 국내정치와 대외관계를 연결하고 있는지 연구하는 것은 중국 대내외정치의 연관성을 이해하는 데 도움이 될 수 있을 것이다. 또한, 미국이 중국의 '코로나19'에 대한 책임론을 강조하면서 중국에 대한 봉쇄와 압박을 가하는 이유도 국제정치·경제적 시각에서 어느 정도 이해할 수 있을 것이다.

사실, '코로나19' 펜데믹이 전 세계적 재앙이지만, 초창기 발병국가인 중국은 역으로 '코로나19' 방역의 국제협력을 강조하면서 동시에 자체 경제성장률은 상대적으로 좋은 성과를 내고 있는데 이는 역사적으로 아이러니한 문제라고 본다. 전 세계의 재앙이 누구에게는 기회가 된다는 것은 책임론과 발전기회라는 측면을 어떻게 봐야 할 것인가의 문제로 귀결될 수도 있다. 이에 중국에 대한 대대적 봉쇄를 가하는 미국은 '코로나19' 뿐만 아니라 미·중 갈등의 여러 분야에서 중국을 전방위 봉쇄하고 있는

데 이것이 답이 될 수 있는지는 두고 봐야 할 것이다.

중국에서 중국 공산당은 국내정치에 대외관계를 효과적으로 활용하고 있는데, 이는 공산당 일당 통치가 가능한 환경에서 나오는 중국 국내외 정책의 상호연관성 때문으로 보인다. 예를 들어, 중국에서 '코로나19'가 발생하였을 초기 중국 정부는 자국의 국내 주요일정인 양회(兩會)와 '소강사회(小康社會)' 원년이라는 행사 등으로 그 상황을 그리 심각하게 생각하지 않았고 혹은 심각하게 여길 수 없는 정치환경이 조성되어 있었다. 즉, 과거 사스(SARS, 중증급성호흡기증후군)와 메르스(Middle East Respiratory Syndrome, 중동호흡기증후군)의 경험이 있는 중국은 이번 전염병을 쉽게 잠재울 수 있을 것으로 생각하며 정치 일정에 더 많은 비중을 두었다고 할 수 있다.

중국 공산당에 있어 1년에 1번씩 열리는 양회는 매우 중요한 연례행사로 정부는 양회를 통해 국가 발전목표와 방향 및 관련 수치도 공개하는데, 이는 지난 1년 정치의 총결산이자 새로운 1년의 설계가 여기에 담기기 때문이다. 이러한 이유로 2020년 초 중앙과 지방 정부는 '우한 폐렴(중국 정부의 '코로나19' 초기 호칭, 武漢肺炎)'을 양회란 정치행사의 중요성을 의식하여 은폐하거나 지방이 자체 해결하려 했다는 분석이 많다. 이는 이 문제를 중앙에 보고하는 경우, 지방 공무원들의 문책으로 나타난다는 기존의 관례에 따라 결국 자체적으로 진실을 은폐하게 되었다고 분석한다. 그러나 그 사태의 심각성이 본격적으로 드러나고 중앙에서 사람이 파견되고 실제 조사를 하면서 우한과 후베이성(湖北省)의 관료들은 문책의 대상이 되고 중앙에서 우한 봉쇄를 포함한 전면적 방역을 시작하게 되었다고 한다.[13]

---

13) 즉, 우한에서 발생한 '코로나19'는 결국 지방에서 발생하여 그 방역이 지방정부의 한계로 효과적이지 못했지만, 중앙정부의 전면적 개입으로 전국적인 방역체제의 행정

이러한 중국의 국내정치는 결국 중국의 대외전략과 연결되는데, '코로나19'로 나타날 국제사회의 현상에 대해 중국은 국제사회와 어떻게 공조해야 하는지를 초기에 그리 많이 고려하지 않은 듯하다. 이는 국내 정치문제를 중심으로 시정을 펼치는 중국 정부에 있어 내부안정이 더 중요한 문제이기에 국내 방역을 우선으로 한 것으로 보인다. 이러한 이유로 일부 중국 도시가 봉쇄되기 전까지 외국에서 중국인 입국 제한이 이루어지기 전에 많은 중국인이 외국으로 나갈 수 있었던 것으로 보인다. 혹은, 중국 정부의 생각은 이러한 전염병이 중국에서 발병한 중국에 국한된 병으로 생각했던 면도 있는 것 같다. 이런 측면에서 중국의 방역은 중국 내 방역에 치중하며 강한 행정력으로 모든 가능한 방역 조치를 총동원했으며, 동시에 방역이 어느 정도 안정되어가면서는 중국의 방역경험을 국제사회에 '방역 외교'로 적극적으로 활용했다고 볼 수 있다. 여하튼, 영토가 넓고 인구가 많으며 이동 물류와 인적교류가 많은 중국에서 이러한 강압적 방역이 효과를 얻게 된 것도 그리 쉽지 않은 노력이 있었던 것은 사실이다. 그러나 강압적 방역과 SNS 등 언론의 통제와 인권문제는 앞으로 중국이 개선해 나가야 할 문제로 거론되고 있다.

II. '코로나19'와 중국

중국 '코로나19'가 초기 중국에서 '우한 폐렴'으로 불리며 그 원인이 중국인의 야생동물 섭취에 따른 것이라는 얘기라던지 미국이 '우한 세계

을 시작하게 된 것이라 볼 수 있다. 즉, 중국의 국내정치는 중앙집권적 체제에서 중앙정부 지시와 지방정부의 수행으로 진행된다고 볼 수 있는데, 지역적인 문제만 지방정부가 관할 할 수 있다고 보면 좋을 것 같다.

군인 운동대회'에 참가하며 일부러 퍼뜨린 것이라는지, 동물과 병균실험실에서 유출됐다는 등의 얘기는 꾸준히 나왔다. 그러나 최종 우한 폐렴이 우한이라는 '지역 이미지' 개선의 목적에서 신관상병(新冠狀病)으로 명명되고 나서도 중국은 중국의 방역이 세계 방역에 도움이 된다고 언론에 홍보를 많이 하고 있었다. 당시 중국은 이 전염병이 전 세계로 퍼져 팬데믹이 될 것이라고는 생각하지 못했던 것으로 판단된다. 당시 중국 정부 입장은 중국 국내경제의 동력을 회복하고 미·중무역갈등을 해결해야 한다는 문제에 몰두하면서 국내 정치행사인 양회와 소강사회 건설 원년인 2020년의 전국 행사 계획에만 집중되었던 것으로 보인다.

이러한 상황에서 중국의 언론 관제(통제)는 바로 공산당이 통치를 위한 수단으로 작용하며 방역에도 정부의 역할이자 정치적 수단으로 활용되는 면도 있었다고 볼 수 있다. 이 언론통제는 공산당이 전체주의적 중국 인민의 민족주의적 애국심을 기반으로 하고 있다고 볼 수도 있다. 이 부분이 바로 '중화민족을 위한 공산당과 중화인민공화국을 위한 공산당 정부'로 연결되는 부분으로 보인다.

아래는 연구자가 중국에서 경험한 코로나 방역상황에서 경험한 내용과 그 결과를 중심으로 당시 중국정치 대내외 환경을 개인적으로 분석한 내용이다.

첫째, 중앙 방역이 시작되기 전에 중앙 인사들의 우한과 후베이성(湖北省)에 사찰이 시작되었는데, 리커창(李克强) 총리가 등장하며 일부 지방 공무원들이 책임소재를 물어 좌천되기도 했다. 그러나 중앙의 전격적인 방역이 시작되고 상황이 어느 정도 안정되기 전까지는 국가 주석 시진핑은 언론에 나오지 않고 '시진핑 주석의 전면적인 방역 지휘'라는 검은 문구만 TV 방송에 흘러나왔다. 방역이 성과를 보이기 시작하자 시진핑이 직접 북경의 방역 현장을 시찰하는 방송이 나왔고, 우한이 봉쇄가 끝나는 시점에 시진핑의 우한 방문이 이루어졌다.

둘째, 본격적으로 '코로나19'에 대한 방역이 이루어지는 시기에 중국은 중국의 방역이 세계 방역에 도움이 된다고 주장했다. 그러나 당시 중국인들은 해외에서 중국인들의 입국을 막는 것은 아주 부당한 행위로 간주하고 있었다. 즉, 이는 중국 정부가 방역과 동시에 중국인들의 해외 활동에 편리함을 제공해야 한다는 인민에 대한 배려정책이었던 것으로 보인다. 그러나 후반기 외국에서 중국인 입국 제한이 생기면서 항공기 편수는 줄어들고 외부로 나가는 사람보다는 자신들이 도피할 안전공간으로 이동하여 거주하는 사람들이 늘었던 것으로 보인다.

셋째, 사람이 죽는다는 보도에 따라 사람들은 서로 사회적 안전거리를 유지하려 하였고, 안전거리를 유지하지 않거나 마스크를 끼지 않는 사람들에 대해서는 지역 관리자들과 경찰에 의한 강압 조치가 따랐다. 일반적으로 시민들은 정부 정책에 따랐고 춘절 연휴도 2~3차례 거쳐 그 기간이 연장되었으며, 식당을 포함한 공공장소는 강제로 영업을 중단했다. 중국 공권력과 기층 공산당 조직이 조직적으로 중앙정책에 임하는 준전시 상황과 같았다.

넷째, 대형슈퍼도 생필품이나 냉동제품이나 비상식품이 바로 팔려나갔고, 사람들은 마스크를 끼고 한 가정을 대표하는 사람이 자신의 차량을 이용해 이동했다. 택시도 방역망을 만든 내부 객석에 손님을 받았는데 공공교통은 계속 유지 되었다. 이는 일반 사람들의 이동에 대한 편의는 제공해야 한다는 정부의 강압적 정책에 따른 것으로 보인다.

다섯째, 중국의 인터넷 통제와 방송 및 언론통제는 더욱 강해졌고 선전에서 홍콩을 오가는 관문은 모두 막혔는데, 이는 중국 정부와 홍콩 정부의 협의에 따른 것으로 보인다. 그리고 모든 도로와 철도는 완전하게 검역을 통해서만 이동하게 하였는데, 방역 중점지역으로는 사람들의 이동이 완전히 봉쇄되었다.

여섯째, 사람들은 인터넷을 통해 생필품과 물건을 구매했는데, 물류의 배달이 무척 지연되어 사람들은 빠른 물류배달을 하는 회사를 위주로 인터넷 주문을 하기 시작했다. 이 시기 대부분 물류는 인터넷 주문과 배달업체의 배달로 이루어졌는데, 배달은 봉쇄된 문 앞까지만 배달이 되었고 사람의 통제는 QR코드를 이용해 모든 사람의 동선을 파악했다.

일곱째, 지역 관리는 공산당의 기층조직이 인터넷을 통해 효과적으로 정보를 주고받으면 지역주민들을 관리하는 상태로 들어갔는데, 민방위 같은 지역조직이 동원되었고 사람들은 서로 만나거나 대화하는 양상이 확실히 줄어들었다. 사람들이 따분함을 달래기 위해 모여 마작(麻雀)이나 단체 놀이를 하는 장소는 공안이 직접 들어가 사람들을 격리하고 시설을 폐기했다. 백화점, 극장, 실내운동 시설, 유락 시설 등 인구 밀집 지역은 모두 봉쇄되었다. 사람들은 공원 등 도로에서 서로 거리를 유지하며 마스크를 끼고 산책을 했고, 마스크를 끼지 않는 행위와 이에 대한 규제로 작은 마찰이 많이 일어났다.

여덟째, 사람들은 이미 가입된 실명제 계좌와 스마트폰 핀테크로 모든 개인의 이동과 활동이 종합 통제센터의 감시를 받는 상태가 되었고, 지역의 출입도 바코드를 입력해야만 하는 단계로 들어가 개인의 소소한 이동도 파악되는 관리단계로 접어들었다.

아홉째, 사람들은 천천히 경제적인 문제를 고려하는 현상이 나타났다. 즉, 방역으로 사용하지 않던 사무실이나 주거공간에 대한 비용에 대한 할인 얘기가 인터넷으로 꾸준히 오고 갔다. 사람들의 생활은 사람과의 접촉이 아닌 인터넷을 통한 화상과 음성 교류로 일상이 채워졌다.

열째, 중국의 모든 방송은 방역 관련 정부 정책의 보도와 외국의 방역상황을 동시에 보도하며 중국 방역의 성공과 중국이 국제사회 방역에 도움을 준 것 등을 강조해 나갔다. 그리고 방역이 점차 안정되어가면서 '코로나19'가 외부에서 왔을 수도 있다는 SNS의 소문이 나오기 시작했다.

여하튼, 혼란을 겪던 중국의 '코로나19' 방역은 어느 정도 안정에 들어갔고 사회생활과 산업도 어는 정도 정상궤도로 접어든 것은 중국 방역의 성공으로 보인다. 그러나 이러한 중국의 전체주의적 권위주의가 아닌 경우 이러한 방역 행정은 실행되기가 쉽지 않으며, 이러한 강압적 방역 행정은 인권이나 사회에 적지 않은 부작용이 있다는 것을 인정하지 않을 수 없다.

1. 중국 국내외 정치와 언론의 상호작용

중국에서 중국 공산당에 반대하는 의견을 내놓는 것 자체가 어렵고 중국 공산당의 경제발전 성과는 인정한다는 측면에서 중국인들의 중국 공산당에 대한 태도는 '미온적 지지(수동적인 지지)'를 보인다 볼 수 있다. 단지, 중국인들은 민족주의 의식이 강하기 때문에 중국 대외관계 성과는 정부 언론정책을 통해 인민을 단결시키는 역할을 할 수 있다고 본다. 이러한 측면을 고려하면, 중국의 대외정치와 국내정치 그리고 공산당 통치전략은 언론으로 서로 엮인 연결구조에 있다고 볼 수 있다.

민족주의 정서가 강한 중국인들은 경제적인 문제에서 가정과 가족에 대한 행복을 중심으로 하는 가치관을 갖기에 경제문제에서는 민감한 반응을 보인다고 할 수 있다. 즉, 정부의 정책이 인민의 경제에 악영향을 미치는 경우 정부 정책에 대한 평가는 부정적일 수 있다는 것이다. 그러나 자신들의 경제적 문제가 어는 정도 안정적인 상황에서는 '중국과 세계'라는 측면에서는 중국의 대외정책에 대해 민족주의 국가관으로 국가와 정부를 지지하는 모습이 나타난다는 것이다. 이는 중국인들이 미국이 '미국 우선주의'라는 국가관에 근거하여 나타나는 애국심과는 다소 다른 민족주의 국가관으로 중국과 세계를 본다는 것이다.[14]

---

14) 예를 들어, 현재 북·중 관계에 대해서 경제적 손해와 국격의 문제로 일부 반대 의견을

이러한 중국인들의 민족주의적인 자존심과 가정위주의 행복관은 공산당 정치의 주요한 정치목표가 되고 있다. 중국 공산당(정부)의 정책결정 과정은 베일에 가려있어 정부 정책결정과 실행은 정부의 언론 보도를 통해서만 그 내용을 알 수 있다. 이러한 중국 정치과정은 '코로나19' 방역과정에서도 잘 나타났는데, 이러한 내용을 휴민트를 통해 같은 정서로 빨리 그 심각도를 파악할 수 있은 타이완 정부는 보다 빠른 방역준비를 할 수 있었다고 판단된다.[15]

2. 코로나19 팬데믹과 중국 대외전략

'코로나19'가 전 세계적으로 전염되며 팬데믹 사태로 나타나지 중국은 이 전염병의 원인 규명보다는 국내외적으로 중국 방역의 성공에 대한 선전과 중국의 국제사회에 대한 공헌을 주장했다. 그러면서 내부적으로 '코

갖는 사람도 있지만, 안보 차원에서 지지하는 사람도 있다는 것이다. 또한, 난사(남사) 군도의 문제에 대해서는 미국과 대항하며 자국의 영향력 확대라는 측면에서 많은 지지를 보낸다는 것이다. 또 하나의 예로, 한반도 내 '사드 배치' 문제는 미국에 대항하는 국가안보와 민족주의 국가관이라는 측면에서 중국인들의 민족주의 애국심이 정부 대외정책에 같은 방향으로 표출된 것이라 할 수 있다. 중국인들의 가정과 사회의 행복 위주 가치관과 국가와 국제관계에서의 민족주의적 가치관은 중국의 역사적 전통으로 형성된 중국인들의 생활철학이라고 표현한다.

15) 타이완 조사국의 중국대륙총람(中國大陸總攬)은 중국 전체개요와 공산당의 조직과 정치 그리고 법제, 재정, 교통과 자원, 교육, 사회, 군사, 대외관계 및 타이완에 대한 전략이 구체적으로 잘 설명되어 있다. 이 보고서에 의하면 중국의 정치와 대외관계 및 군사는 결국 공산당의 조직에 의해 조직적으로 운영되고 있다고 한다. 특히, 대외관계도 국내정치를 이끄는 공산당의 지도부에 의해 추진된다는 것인데, 간단히 보면 분권적 권한보다는 공산당 지도부에 의해 중국 국내정치와 연계하여 공산당과 국가 현황에 유리하게 대외관계 전략이 추진된다는 것이다. 이러한 자료를 보면 타이완은 중국에 대해 같은 정서와 행정 및 정치적 판단능력이 세계 어느 지역보다도 우수하다는 것을 입증한다.

로나19'의 방역과 백신 개발에 더 열을 올렸다고 본다. 이러한 부분이 바로 중국 국내정치와 대외관계에서 공산당의 통치 방식에 의해 연결된 부분이라 할 수 있다.

중국 공산당은 백신 개발과 더불어 국내정치 상황을 어느 정도 안정시키면서 국제적인 문제에서 중국 책임론을 벗어나며 세계 방역체계에 일조하는 모습으로 중국의 역할을 강조하며 국내정치를 더욱 강화해 가고 있다. 즉, 공산당의 전략은 책임이 전가되는 부분에서 책임보다는 역할을 강조하는 단계로 들어갔다고 볼 수 있다.

중국 정부의 시의적절하지 못한 방역과 과도한 국내정치에 중점을 둔 행정은 결국 대외관계에서 '코로나 19와 중국'이라는 오명과 그 책임을 떠안게 된 것이다. 그러나 중국은 꾸준한 중국의 '코로나19'에 대한 방역 성공과 전 세계 방역에 도움을 주었다는 언론 보도로 중국 인민의 애국심을 자극하고 있고, 이를 국가전략으로 활용하고 있다.[16]

그러나 언론의 자유, 인권과 민주라는 측면에서 보면 중국 IT 및 과학기술의 발전은 민주사회 및 국가 건설에는 도움이 되지 않는 측면이 많으며, 이러한 기술이 해외로 수출되는 경우 국제사회의 민주화와는 역행될 것이라 우려하는 측면도 많다. 이러한 측면에서 보면 '코로나19'의 방역 과정에서 중국은 이러한 국가 인터넷망과 빅데이터, 인공지능 기술을 활용하여 효과적인 방역을 하는 부분도 많지만, 이것이 심한 인권침해를 하고 있다는 주장도 많은 것도 사실이다.

---

16) 중국의 인터넷과 빅데이터 환경은 전 세계에서도 수위에 있다고 볼 수 있다. 중국은 지리적 환경과 인구에 의해 유선보다는 무선 인터넷의 발전이 빨랐고 정부는 이러한 통신 시설을 지원하면서 빅데이터를 관리하여 운송, 교통, 언론방송, 엔터테인먼트, 의료, 행정 등 모든 분야의 개인 데이터를 모아 빅데이터로 관리할 수 있었다. 이러한 중국 정부의 빅데이터 수집과 관리는 중국 정부의 행정력을 더욱 강화했을 뿐만 아니라 사회통제력도 증대시켰다.

이번 중국에서 발생한 '코로나19'에 대해서도 미국은 중국을 공격할 수 있는 카드로 사용하려고 하고 있다는 것이 중국 정부의 주장이다. 중국 정부는 이러한 국제관계의 모순을 국내 정치안정에 사용하면서 지도자와 정부의 지도력을 공고하게 하고 있다고 볼 수 있다. 공산당은 조직력과 선전능력을 활용하여 통치기반을 더욱 안정적으로 유지하는 공산당 통치를 통해 지지기반을 넓히고 국가도 건국했기에 조직과 홍보는 공산당에게 중요한 통치 요소가 된다. 이러한 의미에서 공산당 선전부가 통제하는 정부의 신문과 언론 및 방송은 국가 통치의 중요한 도구라 할 수 있다.

이러한 의미에서 '코로나19' 방역과 이 시기의 국제관계도 중국 정부에게는 단순한 행정과 외교의 의미가 아니라 당이 통치하는 국가의 통치력과 연결된다고 볼 수 있다. 정부는 이를 통해 국제사회와의 공조 공간도 확보하고, 이러한 대립과 협력의 국제관계는 국내정치에서 정책홍보로 활용된다는 것이다. 특히, 이 '코로나19'가 중국에서 발생하고 중국의 초기 방역 실패가 전 세계에 악영향을 끼쳤다는 미국의 주장에 대해 중국 정부는 이것을 세계적인 문제이고 중국은 자신의 책임을 다했고 현재 국제사회와 공조하고 있다는 점을 강조하고 있는 것도 이러한 문제이다.

이에 미국은 영국, 캐나다, 호주, 뉴질랜드와 같은 전통적 협력 국가(Five Eyes)와 동맹국 및 중국에 반감을 갖는 쿼드(Quad)와 같은 협력국을 활용하여 중국을 새로운 방식으로 봉쇄하려고 하고 있다. 그러나 중국은 국제사회에 방역제품 지원과 경제적 유대관계를 기초로 중국의 국제공간 다지기에 나서고 있다.

중국이 한국에게도 강조하는 '코로나19' 관련 방역 협력의 문제 등도 중국이 '코로나19' 방역을 통한 협력망을 구성하려는 노력의 목적으로 볼 수 있다. 현재 아프리카를 포함한 일부 국가들은 중국과 '코로나19' 방역에 협력하고 있고, 중국의 백신도 국제사회로부터 긴급승인을 받은 상태이기에 중국의 방역 외교는 그 영향력을 더해 나갈 가능성이 크다.[17]

Ⅲ. 홍콩과 '코로나19'

홍콩(香港, Hong Kong)은 이민(移民) 도시다. 즉, 과거 상하이(上海)나 지금 선전(深圳)이 이민 도시로 그 지역 문화에 기초하여 여러 문화가 복합적으로 생성되는 것과 같이, 홍콩은 아편전쟁 이후 178년이 된 동서 문화가 복합된 이민 도시다. 이민 도시의 문화란, 상하이의 경우 장쑤성(江蘇省)과 저장성(浙江省)의 문화가 서구의 문화와 복합적으로 연결되는 근대화과정에서 상하이 문화가 형성된 것과 같다.

홍콩의 경우는 광둥성(廣東省) 남단 어항(漁港)에 영국 서양문명과 제도가 뿌리내리며, 광둥 문화의 기초에 여러 내륙 중국 문화를 수용하며 홍콩문화가 형성되어 왔고 그 거주민도 정체성을 형성해 왔다. 1842년 아편전쟁의 결과로 청 조정은 영국에 홍콩(香港)섬을 할양하고 1860년 2차 아편전쟁의 결과로 주룽(九龍)반도 일부까지 할양한다. 이어 1898년 영국은 주룽반도 위쪽과 부속 도서로 된 신계(新界)지역을 99년간 조차한다. 이 세 지역을 합한 것이 현재 홍콩특별행정구의 영역이다. 홍콩의 발전과정에서 많은 노동력의 필요로 광둥성 내지의 사람들이 이주해 왔고, 1949년 중국대륙에 중화인민공화국이 수립되면서 아시아의 파리라던 상하이, 푸젠을 포함한 여러 지역의 자본가와 전문인력이 대거 이주해 왔다. 즉, 홍콩은 광둥성 사람을 기초로 상하이를 포함해 내륙에서 들어온 중국인이 거주하며 이들이 세대를 거쳐 살아오고 있는데, 이들을 토착 홍콩인이라고 한다.

그리고 중국이 개혁개방을 시작한 1978년대부터 1997년 홍콩 반환 전후로 내륙 중국인들이 홍콩으로 이주해 오는데, 이들의 자녀들은 토착 홍

---

17) "중국 '백신 외교' 승리" ⋯ WHO 사용승인에 개도국 희망 될까, 연합뉴스(2021.05.08), https://www.yna.co.kr/view/AKR20210508044200009?input=1195m

콩인의 성격을 갖고 있지만, 이들은 자신이 태어나 자란 곳에 대한 정서 (情緖)를 갖고 있다.

홍콩을 1980년대 중순부터 1997년 중국으로의 귀환 이전까지 그리고 귀환 이후인 1997년 이후를 나눠보면, 홍콩이라는 사회의 정체성과 그 내부 구조는 중국 중앙에서 보는 시각만 아니라 외부사회에서 보는 시각에도 많은 변화가 생겼다. 외부시각으로는 미국, 한국, 일본, 유럽 등의 홍콩에 대한 시각과 중국과 연관이 있는 타이완, 싱가포르가 보는 시각이 있는데, 여기에도 서로 차이가 있다. 홍콩을 반환한 영국의 입장은 영국이 만들어 놓은 홍콩 사회가 기존 체제를 유지하며 긍정적으로 발전하길 바라는 것일 것이지만, 미국으로서는 홍콩이라는 중국을 가장 가까이 접할 수 있는 공간이자 중국에 영향을 미칠 수 있는 외부세계의 중간지대인 홍콩이 중국 공산당에 의해 중국의 완전한 일부로 바뀌는 것을 바라지는 않는다는 것이다.

중국과 대립하고 있는 타이완의 경우는 과거 '양안삼지'에서 홍콩이라는 접전이 이제는 홍콩의 가치관으로 타이완의 대중국 대립에 유용한 가치관을 갖기를 바라는 것이다. 싱가포르의 경우 과거 자국과 금융, 중개무역, 관광 등의 경쟁국이었던 홍콩의 국제적 가치가 다시 싱가포르를 넘보지 않게 어느 정도 자국에 유리한 환경이 유지되기를 바랄 것이다. 반대로, 중국은 자국의 반환 받은 150년 굴욕의 역사 홍콩이 자국의 영향력에서 더 발전하여 중국의 홍콩이자 세계의 홍콩이 되기를 바랄 것이다. 즉, 각 국가나 지역이 홍콩을 보는 시각은 안보와 경제 및 자긍심의 시각에서 각기 다르게 이를 보고 있다고 할 수 있다.

그러나 과거 영국의 홍콩 점령 때부터 중국의 홍콩 통치 때에도 홍콩에 거주하는 홍콩주민들의 생각은 이와 조금 다를 수 있다. 홍콩의 구성원 입장으로 보면, 이들은 자신이 거주하는 사회가 안정적으로 발전하여 국제적으로 긍지를 느낄 수 있는 홍콩이 되길 바랄 것이다. 즉, 영국식민지에도 홍콩이라는 이름으로 세계의 사랑을 받았던 것과 같이 중국에 귀환이 되었더라도 홍콩 자체의 정체성과 가치관 및 그 경제·문화적 특징을 유지하며 발전하길 바라는 것이다.

1997년 홍콩이 중국으로 반환된 이후에는 보통화 교육이 일반화 되었지만 과거에는 광동화와 영어가 일반 통용언어였다고 할 수 있다. 즉, 광동화와 영어를 사용하며 전 세계와 연결되며 언론자유가 유지되는 홍콩 사회는 폐쇄적인 체제로 유지되는 중국보다는 인권이나 법치 그리고 민주와 자유에 대한 의식이 중국내륙보다는 높을뿐더러 역사적 경험 때문에 중국 공산당을 그리 긍정적으로 보지 않고 있다고 할 수 있다. 이는 중국의 대약진운동, 문화대혁명, 천안문사건 등이 모두 부정적인 이미지로 홍콩에 바로 전달되었기 때문이다. 이러한 이유로 광동화와 영어를 사용하며 '홍콩 가치관'을 가진 홍콩 젊은이들이 중국 정부에 비호감적인 것은 당연하다.

홍콩의 민주화 운동은 중국 '일국양제'에 대한 홍콩 토착화 세력에 기반한 홍콩의 가치관과 체제를 유지하려는 운동이라고 할 수 있다. 이는 자유와 평등을 기초로 홍콩사람을 위주로 한 홍콩에 대한 요구로 일국양제의 주체인 중국 정부에 대한 요구라고 볼 수 있다. 또한, 영국의 홍콩시민에서 중국의 특별행정구 공민이 된 홍콩 거주민들의 애향(愛香, 홍콩사랑) 운동이라 볼 수 있다. 이를 중국정치로 본다면, 이는 중국의 '일국양제' 체제를 통해 홍콩, 마카오 그리고 타이완을 통일하려는 중국의 통일정책에 타이완, 미국을 포함한 민주와 자유의 공동의 가치관을 갖는 세력들의 사회주의 중국의 영향력 확대 방지 운동이라 볼 수 있다. 이를 경제적인 측면에서 본다면, 홍콩 토착민들이 과거보다 악화된 자신들의 경제문화 환경을 변화시켜 자신들의 생활환경을 보호받으려는 시민운동으로 보인다. 혹은 사회주의 가치관에 기초한 억압되는 환경을 과거와 같이 비록 정치적 참여는 한계가 있지만, 경제활동의 자유와 언론자유가 보장되고 법으로 인권이 보장되는 사회를 향한 몸부림으로 볼 수 있다.

　국제정치적으로 본다면, 미·중갈등이 격화되고 있는 상황에서 홍콩이라는 국제적 창구는 중국 사회주의 시장경제와 '일국양제'의 시험대이자 미국이 중국에 영향을 미칠 수 있는 대치점이 된다는 것이다. 미국은 중국에 대해 무역, 관세, 첨단기술, 금융 등에서 중국의 확대 전략을 봉쇄하고 있다. 또한, 인권과 자유라는 문제에서 중국 소수민족문제(신장웨이우얼, 티베트 등)와 언론자유 등으로 중국체제의 변화를 유도하고 있다.

　홍콩에 민주화 운동이 한창 시끄러운 시기에 우한에서 발발한 '코로나19'는 중국 전역뿐만 아니라 홍콩에도 영향을 미치기 시작했다. 즉, 홍콩의 '코로나19' 방역은 홍콩의 시민운동에 막대한 영향을 미치며 홍콩은 천천히 중국의 행정체제 밑에서 중국정치의 영향을 받게 되었다고 할 수 있다. 즉, 홍콩은 방역이라는 문제에서도 중국의 영향을 받게 되면서 홍콩의 문제는 중국의 문제라는 시각이 더욱 강해졌다고 할 수 있다. 또한, 홍콩경제가 중국경제의 영향을 많이 받게 되면서 홍콩은 천천히 중국에 대한 의존도가 방역뿐만이 아니라 경제적인 측면에서도 높아졌다고 볼 수 있다. 홍콩 사회의 변화란 중국과 긴밀한 관계에 있는 홍콩이 사스에서 메르스 그리고 '코로나19' 등의 문제에서도 중국과 연계되며 변화하고 있다는 것이다. 이러한 홍콩과 중국의 일체화는 결국 홍콩의 중국화를 더욱 가속한다고 볼 수 있다.

　중국 본토와 붙어 있는 홍콩의 인구는 740만 명이지만 인구밀도가 매우 높아 코로나19 취약지역으로 꼽힌다. 그리고 매일 전 세계와 중국과의 인적교류도 많은 지역이 국제도시 홍콩이다. 그러나 중국과 연계된 홍콩의 방역 성공은 빠른 국경봉쇄와 이동제한의 결과라고 평가한다. 홍콩은 입국자의 격리도 시행했지만, 과거 범법에 대한 처벌과 벌금제도가 일반화된 사회 분위기를 활용하여 '코로나19' 방역을 위반하면 최고 6개월 징역형과 25,000 홍콩달러(약 390만 원) 벌금형에 처하도록 하면서 방역 행정을 강화해 나갔다.[18]

홍콩은 방역 초기부터 외국인의 입국을 금지하고 항공기나 항만의 환승도 중단했고, 또 지역사회 전파를 막기 위해 강력한 이동제한 카드를 사용했다. 그리고 공무원과 직장인들은 재택근무를 원칙으로 했으며, 가라오케, 마작장, 나이트클럽, 목욕탕, 헬스장, 영화관, 파티장 등 대중이용시설에 제재를 특별히 강화했다. 또한, 식당운영에서 거리 두기와 인원제한 등을 통해 사람으로 비좁은 홍콩의 전염병 전파를 최대한 방지했다.

Ⅳ. 대만과 '코로나19'

1949년 중국에서 타이완섬으로 중화민국 정부가 이전하여 양안(중국과 대만)이 타이완해협을 두고 대립과 교류의 부침을 반복하던 시기 영국의 식민지였던 홍콩과 광둥성의 2003년 사스 사건은 중국과 대만 그리고 홍콩이라는 양안삼지의 교류에 방역의 중요함을 더욱 실감 나게 했다. 중국인들의 인적교류와 물류의 이동이 많은 양안삼지는 국방과 정보의 안보 외에도 전염병의 방역에도 아주 민감한데, 이는 중화인민공화국이라는 중국 본토와 연결된 홍콩 그리고 이 두 지역과 교류가 많은 대만 중국인들에게 사회생활의 안전이 매우 중요시되었기 때문이다. 정부의 행정 효율에 따른 사회 안전은 각 지역 정부의 행정 능력을 평가받는 잣대가 되기에 양안 정부는 이러한 문제를 정치적 문제와 연계하여 아주 중요한 이슈로 생각한다. 특히, 식생활을 포함한 중국인의 생활양식이 중화 문화권이라는 특징 속에 연결되는 양안삼지에서 이제 방역은 국가안보 이상의 사회 안정의 핵심요소로 주목받고 있다.

---

18) 진정한 코로나19 방역 모범국은 대만·홍콩·베트남, 시사저널(2020.04.16), http://www.sisajournal. com/news/articleView.html?idxno=198493

2003년 사스 발발 당시 이는 지역 사회경제에 영향을 미쳐 부동산 가격
도 폭락하는 등 큰 경제적 영향을 미쳤기에 집권 정부에 있어서 방역은
지역 간 경쟁이라는 구도와 행정력 평가라는 의미에서 양안 관계의 중요
한 의제가 되었다고 할 수 있다. 중국 본토를 통치하는 공산당 정부에
있어서도 방역은 인구가 많고 국토가 넓은 국가 통치의 주요 과제로 주목
받았고, 총통선거와 지방 정부 선거에서 집권당의 정치력을 평가받는 타
이완에 있어서도 이 방역은 양안의 경쟁적 구도에서뿐만 아니라 자체 집
권당의 행정력 평가와 정권 유지라는 측면에서 중요한 쟁점이 되고 있다.

미·중 관계의 대립 속에서 양안관계는 대만에 차이잉원 민진당이 집권
하고 미국과의 관계가 호전되면서 양안의 관계는 악화일로로 치닫고 있
다. 이런 시기에 중국발 '코로나19'는 타이완 집권당의 정치력을 평가받는
사건이 되었다고 볼 수 있는데, 서로 인적교류가 많은 대만이 어떤 다른
지역이나 국가보다 우한(武漢)에서 일어나 폐렴 유형의 전염병에 대해
그 심각성을 가장 빠르게 정확하게 인식하고 적절한 대응을 하여 가장
모범적인 '코로나19' 방역 국가가 되었다는 것은 양안관계의 긴밀성을 얘
기하는 것이다.

또한, 반도체 파운드리에서 선두를 달리고 있는 TSMC의 미국과의 과
감한 협력은 '코로나19'의 어려운 경제환경에서도 빠른 경제회복과 더불
어 사회안정에 이바지하고 있는 상태라고 할 수 있다. 또한 대만의 반도체
기술은 중국에서도 탐내며 협력을 원하고 있다는 점에서 타이완이 미국과
협력할 수 있는 공간을 제공하는 보물이라 할 수 있다. 정치·안보적인
미중 갈등 속에서 가속화된 양안 관계의 악화라는 환경에서 타이완은 미
국과의 관계가 상호의존적으로 더욱 심화됨과 동시에 대만 산업의 기둥인
반도체의 탈중국적이며 미국과의 협력을 통한 발전을 통해 자체 경제성장
도 견인하고 있다고 볼 수 있는데, 이는 현재 민진당 정부의 정치적 공적
으로 평가되고 있다.

  이와 같은 대만의 '코로나19' 효율적 방역은 여러 시사점이 있는데, 여기에는 대만의 초기 대응을 꼽을 수 있다. 즉, 대만은 중국 사회의 내부 상황을 꾸준히 모니터링 하면서 '코로나19' 발발과 그 전염병의 심각성을 제대로 인식하고 과거 사스 방역의 경험을 반면교사 하여 발전된 사회 IT 관리기능을 활용하여 과학적이고 체계적이며 효과적인 방역에 성공했다고 할 수 있다. 정부의 강력한 벌금 제도를 기초로 한 행정조치와 주민들의 자발적 협력은 결국 대만에 모범방역이라는 명예를 안겨주었다.

  '코로나19' 발생 초기 대만 정부는 바로 출입국 관리 및 통제 그리고 ICT 기술 활용을 통한 방역을 하였고, 방역 물자 관리 및 지침 위반 규정 강화 등에 초점을 맞춘 '코로나19' 대응조치를 신속히 시행했고 젊은 엘리트 그룹이 창의한 그물망 방역 관리 시스템을 통해 대만 전체의 완전한 방역 전쟁을 치렀다고 할 수 있다. 이는 체계화된 전염병 관리·통제 시스템이 정치적 고려보다 우선된 사회안정에 초점을 둠으로써 결국 정부와 집권당에 더 좋은 정치 평가로 이어지고 있는 것이라 볼 수 있다. 이러한 현상은 상대적으로 중국과의 대립이라는 측면에서도 양안 정치구도에 미치는 영향이 크다고 볼 수 있는데, 타이완의 반도체 기술과 중국과의 교류나 대립에서 자체적인 생명력을 갖는 것은 타이완이 국제사회에서 생존할 수 있는 기회를 갖게되는 것이라 볼 수 있다.

  타이완의 과거 사스의 경험을 통해 재정비한 전염병 통제·관리 시스템은 '코로나19' 확진자 발생에 대한 관리와 통제를 통해 효과적으로 방역을 할 수 있었던 것으로 보인다. 특히, 중국 및 홍콩 및 기타 화교권 지역과 교류가 많은 대만은 '코로나19' 발생 초기 전염병의 유입 및 확산방지를 위해 출입국 통제 관련 조치를 빠르게 시행한 것이 방역의 첫 단추를 잘 끼었다는 평가를 받고 있는 이유이다. 또한, ICT 등 첨단기술을 활용한 정보 공유·관리 시스템을 조기에 구축하여 신속히 운영한 것이 방역에서 전염병의 전파를 방지하는 효과를 보였다고 하는데, 이는 대만의 IT 기술의 수준을 보여주는 바로미터다.

더구나 부족한 방역 물자를 효과적으로 배급하기 위해 관련 수출금지 조치와 마스크 실명제를 조기에 시행함으로써 필수 의료품인 마스크의 원활한 공급과 주민들의 편의를 높인 것도 아주 효과적으로 방역 물자를 관리한 행정으로 평가받고 있다. 또한, 자가 격리 및 자가 검역 규정에 대한 지침 위반자와 방역 물자 투기 관련 처벌 규정을 강화함으로써 주민들이 모두 협력해야만 하는 반 자율적 방식으로 통제한 것도 방역에 필요한 전염병 차단의 효과를 낳았다고 볼 수 있다.

경제적인 측면에서 타이완은 '코로나19' 사태 중·후기에는 민생 안정, 고용 안정, 산업 진흥, 리쇼어링 지원을 통한 기업·사회·산업에 대한 충격 완화와 진흥 발전에 집중해 외부 불확실성과 충격에 대비했다는 것도 경제적 문제까지 고려한 방역이라는 평가를 받고 있다. 현재 이러한 타이완의 방역과 사회관리 능력은 모범적 방역이라는 측면과 사회 전체 안정을 위한 자유주의 체제의 방역이라는 측면에서 국제사회에서 높이 평가하고 있다.

대만에서 2021년 2월 23일 현재 확진자 수는 942명, 격리해지자 수는 893명, 사망자 수는 9명에 그치고 있는데, 이는 국제적으로 기타 지역과 비교하여도 상당히 월등한 방역의 결과라고 볼 수 있다. 그리고 1일 마스크 생산량은 1,000만 장이 넘어서 인구 2,400만 정도의 대만에 충분한 방역용품 공급 체인이 완성된 것이라고 볼 수 있다. 그리고 경제적으로 어려운 시기에 대만은 TSMC의 선전과 기타 기업들의 노력으로 올해 경제성장률이 4.6%가 될 것이라고 예측되고 있다.

대만의 방역과 경제 및 사회 안전이라는 성과는 자유민주주의 체제의 지역에서 어떻게 효율적 행정을 유지하며 경제발전의 동력을 확보할 수 있는지를 보여주는 훌륭한 사례라고 볼 수 있다.

대만은 과거 사스 교훈으로 만든 124개 행동지침에 따라 대처하며 효과적인 방역에 성공했다. 대만은 인구밀도도 높고 인구 2,300만 명 중 85만 명이 중국 본토에 살며 중국 내 대만인 일자리가 400만 개여서 인구 이동량도 많은 상황이라 대만도 홍콩과 같이 방역에 취약하리라 생각했다. 그러나 결과적으로 대만 방역은 세계적인 모범 사례로 꼽히고 있는데, 그 배경엔 사스의 교훈이 있다. 사스가 유행한 2003년 대만에선 응급 시스템이 마비됐고 일부 병원은 부정적인 이미지를 의식해 환자 발생 사실을 숨겨 결국 346명이 감염돼 37명이 사망했던 경험에 근거하여 그 당시 교훈으로 전염병 방지 설명서를 작성했고 이번 방역에 그를 충분히 활용한 것이다. 당시 미국 존스홉킨스의대 박사인 천제렌(陳建仁) 당시 위생복리부 부장(보건복지부 장관·현 부총통)은 2005년 사스 사태를 교훈 삼아 감염병 단계별 124개 행동지침을 마련했다고 한다. 이 지침엔 여행 금지, 방역, 감시 단계, 사회적 거리 두기 등이 포함돼 있다. 또 국민건강보험과 환자의 해외여행 정보를 통합했다. 감염병 의심 환자가 병원에 오면 의료진은 그 환자의 감염 위험지역 여행력을 확인함으로써 조기 발견과 격리가 가능해졌다고 한다.[19]

타이완은 중국에서 코로나19가 발생하자마자 행동지침에 따라 입경 금지부터 시작했다. 입경 금지로 감염병 발생 자체를 막을 수는 없지만, 확산 추세를 늦춰 대규모 감염 사태에 대비할 시간을 벌 수 있다는 것이다. 대만은 1월 진원지인 중국 후베이성에서 오는 입국자를 2주간 자가격리했고, 2월 6일엔 중국의 반발에도 중국발 입국을 전면 금지했다.

---

19) 타이완의 사스 이후 15년 동안 보완하고 준비한 감염병 행동지침 시행을 지휘한 사람은 의사 출신인 천스중(陳時中) 대만 위생복리부 부장이다. 타이베이의대를 졸업한 치과의사로 2017년 2월 취임해 역대 최장수 위생복리부장 기록을 세우고 있다. 대만 외교부에 따르면 대만의 경험을 배우고자 조언과 협력을 구한 나라는 35개국에 이른다. 진정한 코로나19 방역 모범국은 대만·홍콩·베트남, 시사저널(2020.04.16), http://www.sisajournal.com/news/articleView.html?idxno=198493

타이완은 중국과 밀접한 관계에 있으며 상당한 교류가 많은 지역이다. 이러한 이유에서 중국과 대립각에 있는 정부는 효과적으로 방역을 하는 것이 중요하고 그에 대한 만전을 기한 것이 사실이다. 그러나 후기 관리 시스템의 소홀함으로 다시 '코로나19'가 만연되는 것을 보면 방역에는 완전한 것이 없고 꾸준한 방역만이 최선인 것으로 보인다.

V. 결론

연구자가 중국 현지에서 직접 '코로나19' 발발과 관련 언론 보도 및 SNS를 통해 경험한 내용과 주거지 격리 경험 그리고 홍콩과 대만 방문을 통해 본 중국 홍콩과 타이완 정부의 방역내용과 귀국 후 한국에서 체험한 격리와 살펴본 방역내용에 기초하면, 중화권인 중국, 홍콩, 대만의 전염병 방역은 과거 경험을 토대로 비교적 효과적으로 진행된다는 공통점은 있는데, 중화권 방역의 기초는 접촉을 줄여 전염을 방지하는 것을 1차 목적으로 하고, 2차는 치료와 전체적 사회 방역 안전망을 만드는 것에 목적을 둔다는 것을 알 수 있다. 이는 인구가 많고 집단 거주지역이 많은 중국인 사회에 알맞은 방역으로 보인다.

대부분 방역의 기본은 전염을 차단하기 위해 사람들 간의 접촉을 막고 공공위생을 강화하는 것이 중요한 방법으로 나타나는데, 특히 많은 주민이 집단거주하는 중국이나 홍콩 그리고 대만에서의 방역은 전염을 방지하는 것을 최우선 목적으로 하는 것 같다. 특히, 사스나 메르스의 경험이 있는 이들 지역은 방역의 기본을 주민들의 접촉을 막고 격리하는 것을 최우선으로 하는 것으로 보였다. 그리고 정부의 방역 조치에 따르지 않는 경우는 상당한 행정처분과 벌금으로 그 방역 행정을 강화했다고 볼 수 있다.

중국과 연결되고 중국과 교류가 많던 홍콩도 방역에서는 중국지역과 교류 차단을 기본으로 했고, 중국의 정보를 더욱 쉽게 얻는 타이완도 중국과의 교류 차단을 우선으로 하면서 자체방역을 강화하는 방법으로 역내 방역을 강화했으며, 일부 부득이한 교류도 철저한 방역 행정으로 '코로나19'의 전파를 피했다고 할 수 있다. 2003년 연구자가 대만에서 경험한 사스 시기의 방역은 조금 느슨한 점이 있다고 느꼈다면, 타이완의 이번 '코로나19' 방역은 과거의 경험을 기초로 아주 철저한 방역으로 이루어진 것으로 판단된다.

또한, 홍콩도 중국과의 교류를 차단하는 것뿐만 아니라 전 세계 교류를 차단하는 방역을 시행한 것은 과거 사스나 메르스의 방역에 기초한 방역 체계가 만들어졌기 때문으로 보인다. 특히, 타이완의 경우는 차이잉원 민진당 정부가 반중국적 정서를 기반으로 타이완 독립을 주장하기에, '코로나19' 방역에서 중국에 대한 불신과 대만인들에게 대만 정부의 성공적 방역을 선전적으로 홍보한 것도 좋은 효과를 얻는 원인이 되었다고 본다.

개인적 경험에 의하면 중화권의 방역에 비해 한국의 초기 방역은 상대적으로 느슨한 모습으로 느껴졌다. 2020년 2월 17일 중국 선전에서 귀국하여 자가 격리를 기초로 경험한 한국의 방역은 정부의 많은 지원에 비해 방역에 대한 강제성은 중국, 홍콩, 타이완보다 약간 느슨한 모습으로 보였다. 이는 이러한 전염병의 심각성에 대해 한국은 중화권보다 그 체험 경험이 약했기 때문으로 판단된다. 그러나 한국도 방역이 점점 구체화되면서 그 방역이 시스템적으로 자리 잡는 것을 볼 수 있었다. 단지, 방역 기간에 격리하면서 타이완을 오간 사람들과의 인터뷰를 통하여 본 결과는 한국의 비슷한 사회환경의 타이완 방역이 한국보다 더 엄격한 것은 사실로 판단된다. 즉, 중화권 지역의 방역의 행정 강도와 강제성은 한국의 방역 행정보다 상대적으로 강하다고 보는 것이 맞을 것이다.[20]

'코로나19'가 팬데믹으로 만연한지도 근 반년이 넘어간다. 그 사이 미중

관계는 더욱 더 대립으로 치닫고 있는데, 무역, 사이버안보, 과학기술, 인권, 홍콩, 타이완 문제에 이르기까지 미·중 갈등은 점입가경이다. 즉, 트럼프·시진핑 시기 미·중관계는 동아시아에서 미국의 '인도·태평양전략'과 중국의 '일대일로' 전략이 서로 팽팽하게 대립하는 상황이었다. 이러한 문제를 일부는 미국 선거와 관련이 있다고 보기도 하지만, 종합적으로 미국과 중국의 국민의식, 국가 가치관 및 경제와 안보 경쟁에 따른 현실적 국가이익이라는 측면에서 보면 그 대립이 잠시 봉합될 수는 있어도 종식되지 않은 장기전이 될 수도 있다고 볼 수 있다.

'코로나19' 및 기타 문제와 관련하여 한국을 포함한 서구의 시각에서 중국을 보는 시각은 그리 긍정적인 면이 많지 않다. 즉, 중국이 사회주의 국가로 시장경제를 적용하고는 있지만, 체제적으로 권위주의 중앙집권의 공산당 통치를 하며 서구의 가치관인 인권 보장, 언론자유, 법적 평등, 공평한 선거 등을 받아들이지 않고 중국 사회주의제도의 틀에서 사회주의 시장경제(국가자본주의)를 유지하는 일당 통치(독재)를 하고 있다는 것이다. 또한, 중국의 중앙집권적 공산당의 권력(주권)이 국내외 정치인 홍콩, 타이완 문제(양안문제) 뿐만 아니라 주변국 관계에서도 경제력(생산, 소비 등)을 바탕으로 일방적인 측면이 있다는 것이다.

그러나 좌시해서는 안 되는 것이 '코로나19'의 발발과 방역 관련하여 중국은 경제회복이 다른 지역에 비해 빨리 진행되고 있다는 것이다. 이는 중국 지도자의 지도력과 행정력 효율과 연관된 것이라 할 수 있다. 즉,

---

20) 한국에 들어와 방역 기간 타이완을 격리하며 오간 사람들의 인터뷰와 중국과 홍콩에서의 방역 관련 내용을 SNS로 서로 의견을 교환하다 보면, 방역 강화로 정상적인 활동을 조기에 복귀한 곳이 중국이고 효과적 방역으로 기본생활을 유지하고 있는 곳이 타이완이며, 자체적 방역의식과 정부의 행정력이 결합한 방역이 일어나는 곳이 홍콩인 것으로 보인다. 타이완도 방역에 대한 시민의식은 상대적으로 많이 높아졌지만, 시민들의 자체 방역의식은 홍콩이 더욱 높은 것 같다.

중국의 세계의 공장이자 시장으로 세계 경제에서 차지하는 역할이 커진 상태이고, 과학기술과 연결된 첨단산업과 관련된 부분도 정부가 집중적으로 지원하고 상황에서 중국의 많은 고학력의 엘리트와 숙련된 노동자들이 있다는 것도 중국의 장점으로 보인다. 중국의 중앙집권적 행정력은 이번 '코로나19' 방역을 통해 중앙과 지방의 협력적 통제능력, 과학기술과 IT, 인공지능, 빅데이터를 활용한 방역을 포함한 행정 능력이 더욱 발전한 상태라고 할 수 있다. 비교적 낙천적이지만 정부의 강압적 지시에 따르던 인민(시민)들은 현재 스마트폰을 활용하는 생활방역을 하면서 식품이나 상품도 인터넷을 통한 구매와 소비로 그 추세가 바뀌어 나가고 있다. 중국은 '코로나19' 방역을 통해 국가통제능력이 더 향상됐다고 할 수 있다. 게다가 미중 분쟁이 심화하는 상황에서 코로나19에 따라 그나마 중국이 강세였던 인터넷 경제, 증권이나 부동산도 대부분 IT와 연계되는 스마트 시대로 들어서고 있다. 즉, 중국사회의 변화는 정부의 전자정부(공산당의 IT체제)와 시장과 시민사회가 IT 과학기술로 통합되고 있고, 정부는 이러한 빅데이터를 통해 사회의 요구나 발전추세를 가늠하고 있다. 즉, '코로나19' 방역이 중국 정부와 사회의 변화를 이끈 부분도 있다는 것이다.

중국과 대만은 1982년부터 양안삼지(중국, 타이완, 홍콩)을 꾸준히 상주하면서 연구한 지도 40년이 되어 간다. 이 사이 양안관계도 개선되었고 홍콩과 마카오도 중국에 반환되었고, 중국의 경제력과 국력도 상대한 수준으로 올라와 이제는 세계 초강대 패권국 미국과 역내에서 대립하는 모습을 보인다. 최근까지도 홍콩, 중국, 타이완을 교차하여 오가며 느끼게 되는 양안관계와 미·중 관계를 보면, 중국에서 오래 거주하며 중국의 학자나 언론을 계속 접하다 보면 홍콩이나 타이완 문제 그리고 미중갈등도 결국 중국이 손해는 보더라도 미국의 의도대로 되지 않은 것이라는 생각도 하게 된다. 그러나 홍콩이나 타이완에 거주하다 보면, 홍콩의 문제가 반면교사가 되고 타이완의 본토화는 중국이 타이완을 통일하기는 더욱 어려워질 것이며, 미·중갈등에서 미국이 타이완을 포함한 우방과 동맹들을 통해 중국을 꾸준하게 공격하여 중국을 변화시킬 수 있다는 기대도 하게 된다. 즉, 사람이 위치하고 접하는 정보에 따라 미중관계와 양안문제에 대한 각기 다른 시각을 갖게 되기도 한다는 것이다.

| 참고문헌 |

김진호, 「시진핑 시대의 중국 전통 정치사상과 정치문화 연구」, 『중국학논총』, 제57집, 2018.

_____, 「'코로나19' 발병과 방역을 통해 본 중국 국내외 정치:언론 내용을 중심으로」, 『평화학연구』, 제21집 2호, 2020.

_____, 「중국의 일국양제와 홍콩의 민주화: 중화 애국심과 홍콩 본토화」, 『현대중국연구』, 제22집 1호, 2020.

_____, 「시진핑 성장 배경과 정치 리더십?-개인적 성향과 시진핑시대를 중심으로-」, 『한중사회과학연구』, 제18집 3호, 2020.

_____, 「코로나19 팬더믹 환경에서 미·중 갈등과 한반도 국제관계」, 『평화와 종교』, 제10호, 2020.

_____, 「시진핑 시대의 중국 전통 정치사상과 정치문화 연구」, 『중국학논총』, 제57집, 2018.

_____, 「코로나19 전후의 미중관계」, JPI 정책포럼, 제주평화연구원, 2020.

_____, 「코로나19'로 본 중국 국내외 정치」, 인차이나브리프, 인천연구원, 2020.

_____, 「홍콩 보안법 통과(국가안보처 신설)로 본 일국양제의 새로운 해석」, CSF(kiep 중국전문가포럼), 2020.

_____, 「바이든-시진핑 시대의 대만, 미·중 격돌의 첫 전장 되나」, 중앙일보 [차이나인사이트], 2021.03.24.

코로나19 기간 해외 화인사회의
긴급대응관리에 관한 연구
: 화조(華助)센터의 활동을 중심으로

● 선옌칭沈燕淸 ●

Ⅰ. 서론

긴급대응관리란 돌발공공사건에 대응하는 개념이다. 2006년 1월 국무원이 발표한 〈국가돌발공공사건 종합긴급대응방안(國家突發公共事件總體應急預案)〉에서는 돌발공공사건을 다음과 같이 정의하고 있다. "갑작스럽게 발생하여 중대한 인명 피해, 재산 피해, 생태환경파괴, 심각한 사회적 위해를 야기 또는 야기할 수 있어 공공안전을 위협하는 긴급 사건이다."[1] 해외돌발사건이란 "본국 외의 기타 국가 및 지역에서 발생하였으나 본국 인민의 생명과 재산, 국가의 주권, 안보, 권익과 직결되어 적절히 대응하지 않을 경우 해외에 있는 본국 국민의 생명과 재산의 안전, 사건이 발생한 국가와의 외교 관계 나아가 본국의 안정과 조화로운 발전에까지

---

* 이 글은 2020년 12월 국가민족사무위원회 사업인 '코로나19 기간 해외 교민사회의 긴급대응관리에 대한 연구'(2020-GMY-010)의 일부를 수정 보완한 것이다.
** 샤먼대학교 국제관계대학, 인도네시아연구센터 교수.
1) 宗蕓芳,「危機管理 以人爲本─〈國家突發公共事件總體應急預案〉簡介」,『安全』, 第1期, 2006, 59쪽.

영향을 끼칠 수 있는 긴급 사건"이다.[2] 긴급대응관리란 정부 및 기타 공공기관이 돌발공공사건에 대한 사전예방, 사건 발생대응, 사건처리 및 사후관리 과정에서 필요한 긴급대응체계를 구축하여 일련의 조치를 통해 국민의 생명 및 재산을 보호하고 조화롭고 건강한 사회 발전을 촉진하는 활동을 일컫는다.[3]

중국은 이미 '1案3制(대응방안, 체제, 기제, 법제)'를 핵심으로 하는 현대적 긴급대응관리 시스템 구축에 나섰지만, 해외 화인사회의 긴급대응관리체계는 아직 미흡한 것이 현실이다. 현재 전 세계 198개 국가 및 지역에 6,000만 명이 넘는 화교·화인이 살고 있으나 중국의 해외 긴급대응체계가 아직 미흡하여 해외긴급구호 효과는 기대에 못 미치고 있다. 2019년 말부터 2020년 초 사이 갑작스럽게 불어닥친 코로나19 바이러스로 해외 화인사회 긴급대응관리체계의 결함은 더욱 극명하게 드러났다. 코로나19 발생 초기 해외 화교·화인은 경제적 피해뿐 아니라 현지인들에 의한 차별과 배척까지 받았다. 코로나19가 전 세계적으로 확산되면서 해외 화인사회에 대한 차별은 더욱 심각해졌고, 설상가상으로 코로나19를 피해서 또는 치료를 받기 위해 귀국하려는 화교·화인들은 복잡한 절차뿐 아니라 중국 국내 여론의 질타와 따가운 시선에 맞닥뜨려 이러지도 저러지도 못하는 진퇴양난에 빠졌다. 이러한 배경에서 코로나19 기간 해외 화인사회의 긴급대응관리체계에 관해 연구하는 것은 중요한 현실적 의미가 있다.

1. 해외 화조(華助)센터의 설립 및 개수

개혁개방 이후 수많은 중국 국민이 해외로 나가면서 재외국민 안전문

---

2) 盧文剛·黃小珍, 「中國海外突發事件撤僑應急管理研究--以"5·13"越南打砸中資企業事件爲例」, 『東南亞研究』, 第5期, 2014, 80쪽.

3) 「安全主題應急管理」, https://xueqiu.com/3354551909/150268135

제가 대두되었다. 2004년부터 중국은 재외국민 안전사고가 미국에 이어 세계에서 두 번째로 많은 국가가 되었다. 최근 재외국민 영사 보호 사건이 일상화, 집단화 추세를 보이는데, 중국의 영사 보호 업무는 '내부 협력 체계의 유기성 부족, 법률 미비, 영사 인력 부족, 전문기금 등 보호장치 부족으로 새로운 문제에 대응하기가 어려운 실정'이다.[4] 이에 따라 국무원 교무판공실(國務院僑務辦公室)은 해외 화교·화인의 이익을 장기적, 효과적으로 보호하기 위한 시스템 구축을 위해 2014년 9월부터 화교·화인이 10만 이상이고 안전사고가 많은 도시를 대상으로 교민 서비스 기능과 어느 정도 공신력, 영향력을 가진 교민단체 또는 서비스 기관을 선택하여 공익성 비영리 기구를 설립하였는데, 이것이 바로 '해외 화교·화인 호조센터(Overseas Chinese Service Center, OCSC, 약칭 화조센터)'이다. 화조센터의 설립 목적은 기존 교민 지원업무를 기반으로 교민단체 또는 서비스 기관의 자체적 능력과 장점을 충분히 활용한 교민 서비스 플랫폼을 만들어 교민들이 거주국에서 직면한 어려움과 불편을 해소하는 데 있다.[5] 2014년 18개의 화조센터가 설립된 것을 시작으로 2015년 9월 12개, 2016년 9월 15개, 2017년 9월 15개가 추가 설립되어 현재 이미 60개의 화조센터가 운영 중이다. 화조센터는 전 세계적으로 널리 분포되어 있지만 화교·화인이 특히 많은 아시아, 미주, 유럽에 가장 집중되어 있다. 화조센터는 이미 중국 국민의 해외 구호를 위한 새로운 채널로 자리 잡았는데, 특히 코로나19 발생 이후 해외 화인사회의 코로나19 긴급대응관리에 있어 각 지역 화조센터가 중요한 역할을 발휘했다.

---

4) 鐘龍彪, 「保護中國公民海外安全與權益硏究綜述」, 『求知』, 第11期, 2011, 42쪽.

5) 「海外華僑華人們, 有它, 就有家, 就什麼都不怕！」, http://m.haiwainet.cn/middle/232657/2016/0407/content_29809459_2.html

Ⅱ. 코로나19 대응 과정에서 해외 화조센터의 역할

화조센터는 해외 화인사회에서 공신력과 영향력을 지닌 교민단체 또는 기관으로서 해외 화인사회의 코로나19 대응 과정에서 다음과 같은 역할을 발휘했다.

1. 중국에 대한 코로나19 방역 물품 지원

코로나19 이후 전 세계 화교·화인은 조국을 잊지 않고 여러 경로를 통해 방역 물품을 지원하였는데, 그 과정에서 각 지역의 화조센터가 중요한 역할을 하였다. 미주지역의 경우 2020년 1월 26일 미국 솔트레이크시티 화조센터가 모금 활동 공고를 통해 1월 29일까지 기부금 또는 의료물품을 모아서 정식 채널을 통해 우한 관련 부처에 전달할 예정이라며 기부 동참을 호소했다. 모금 활동은 현지 화인단체의 적극적인 호응과 지지를 얻었다.[6] 2월 1일 기준 센터로 약 만 7천 달러 상당의 기부금 및 물품이 모였다.[7] 아프리카에서는 2020년 2월 초 화위엔웨이스(華遠衛士) 탄자니아 지사가 중화상회에 500달러를, 탄자니아 화조센터에 150만 실링을 각각 기부하였고 해당 기부금으로 구입한 방역 물품은 신속하게 중국 국내로 운송되었다.[8] 쑨궈핑(孫國平) 나이지리아 라고스 화조센터 주임은 교민들에게 위챗 그룹대화방을 통한 기부 참여를 호소하였고 많은 화교·화인들의 호응이 일었다. 그 결과 2월 7일 기부금 529만 나이라(약

---

6) 「美國僑居踴躍支持、積極評價中國疫情防控工作」, http://www.taihainet.com/news/txnews/gjnews/sh/2020-01-29/2350462.html

7) 「同舟共濟 共渡難關—美國華僑華人積極支援打贏疫情防控阻擊戰」, https://china.huanqiu.com/article/9CaKrnKpdt3

8) 「抗擊疫情, 馳援祖國, 海外華遠衛士在行動」, http://www.huayuanweishi.com/news/company/2020/0212/531.html

101,730위안)를 중국화문교육기금회(中國華文教育基金會)를 통해 재난 지역에 전달하였다. 쑨궈핑 주임은 "2월 초 현지 교민들이 방역물자 확보를 위해 함께 노력해준 덕분에 2만 6천 장의 마스크를 구입하는데 성공했다"라고 말했다. 하지만 운송 제약이 있는 데다 국제물류도 원활하지 못해 마스크를 중국 국내로 운반하는 것이 문제였다. 다행히 나이지리아 라고스 화조센터와 서아프리카 저우산 연의총회(舟山聯誼總會) 직원들이 동분서주하며 방법을 찾아다닌 끝에 중국행 항공편을 찾아냈고 마스크 2만 6천 장은 2월 19일 순조롭게 저우산에 도착할 수 있었다.9) 2월 말 기준 나이지리아 중국 상업무역기업협회, 화조 기금회, 라고스 화조센터 등 교민단체가 중국중앙통일전선부(中央統戰部), 중국화교연합회(中國僑聯) 및 주 라고스 중국 총영사관을 통해 중국 국내로 보낸 기부금과 물자는 1억 4,700만 나이라(약 279만 위안), 64만 위안, 마스크 81만 장, 방호복 만여 개에 달한다.10)

아시아에서 코로나19가 발생한 후 푸젠성화교상인연합회(福建省僑商會) 상무 부회장이자 한국 한중경제무역총상회 총회장을 맡고 있는 리창주어(李長作) 한국 제주 화조센터 주임은 헤이룽장성의 방역 물품이 부족하다는 소식을 듣자마자 서울에서 적극적으로 물자 확보에 나서 의료용 마스크 9만 장을 구입하였고 인천공항을 통해 신속하게 중국 국내로 운반하였다.11) 비슈케크 화조센터는 중국에서 코로나19가 발생한 후 가장 먼저 우한 지원을 위한 기부 활동을 시행하였는데 6개월 만에 후베이 자선

---

9) 「只要有一個航班飛往中國, 我們就會盡快把口罩運到舟山！」, http://www.zjw3.com/96824-1.html

10) 「支援戰"疫", 尼中資企業僑界在行動」, http://finance.sina.com.cn/stock/relnews/cn/2020-02-27/doc-iimxxstf4687866.shtml

11) 「海外僑胞心系家鄉 疫情防控物資32小時極速抵哈」, https://baijiahao.baidu.com/s?id=1657334939303392886&wfr=spider&for=pc

총회에 80만 위안이 넘는 기부금이 모였다.[12] 2월 20일 필리핀 다바오 화조센터, 진장 동향총회(晉江同鄉總會) 다바오 분회, 중국상회 다바오 지부는 주 다바오 중국 영사관으로 달려가 리린(黎林) 총영사에게 각각 10만 위안, 20만 위안, 200만 페소의 기부금을 전달하였다.[13] 2020년 4월 태국 남부 14개 주 연합구호기관, 화조센터, 화교연합회는 태국 남부 각 주의 화교·화인사회단체와 함께 중국 방역 지원 자선 모금회를 열었고 약 1,000만 바트의 기부금을 모아 우한에 전달했다. 태국 핫야이 화조센터 관할 하에 있는 태국 남부 화교·화인 청년상회의 리다쟝(李大江) 회장은 6만 바트 기부금을 모금하여 태국 송클라 대학병원, 얄라주 센터병원 등의 의료물자 구입을 지원했다.[14]

유럽에서는 코로나19 초기 아일랜드 푸젠(福建) 상회와 더블린 화조센터가 함께 내부 모금 활동을 통해 코로나19 발생 지역을 지원하는 등 사회적 책임 실천에 적극적으로 나섰다. 2월 초까지 아일랜드 푸젠 상회는 14,104유로(약 10만 7천 위안) 규모의 기부금 및 물자를 모금하여 방역에 필요한 의료물자를 구입하였다.[15]

2. 해외에서 고립된 중국 국민 귀국 지원

코로나19가 발생하자 미국, 영국, 프랑스, 오스트레일리아 등 국가는 발

---

12) 「攜手合作守望相助 海外僑團凝聚起強大戰疫力量」, http://k.sina.com.cn/article_ 3057540037_b63e5bc502000qzn0.html

13) 「菲律賓納卯僑胞積極募捐 支援中國抗擊疫情」, http://www.chinaqw.com/hqhr/ 2020/02-20/246375.shtml

14) 「疫情期服務僑胞 泰國華助中心在行動」, https://www.sohu.com/a/384891261_114731? _f=index_pagerecom_2

15) 「一波又一波, 福建商會攜手華助中心 愛心捐贈 同心"抗疫"」, https://xw.qq.com/ cmsid/20200221A03ZVL00

빠르게 출입국 관리를 강화하였다. 그 후 코로나19가 확산되면서 많은 국가가 뒤를 이어 유사한 조치를 취했고 이로 인해 수많은 중국 국민이 해외에서 발이 묶이자 이들의 귀국 지원 문제가 중요한 화두로 떠올랐다. 그 과정에서 화조센터는 또 한 번 중요한 역할을 발휘하였다. 2020년 3월 중순 코로나19가 확산되면서 필리핀 정부는 락 다운을 선포했고 마닐라-진장(晋江)간 항로는 중단되었다. 그나마 마닐라-샤먼(廈門) 항공편이 있었으나 매주 한 차례밖에 운행되지 않아 항공권 구하기가 하늘의 별 따기였고 가격도 천정부지로 치솟았다. 필리핀 화상연합총회/마닐라 화조센터는 필리핀에 체류 중인 교민들의 고충을 인식하고 신속하게 중국 추엔저우(泉州)와 진장(晋江) 지도층에게 알려 관련 정부 부처에 사정을 전달해달라고 요청했다. 동시에 뤄강(羅剛) 주 필리핀 중국 대사관 참사겸 총영사와도 논의를 진행하여 모두 적극적으로 문제 해결에 나서겠다는 답을 얻었다.16) 3월 말 태국 핫야이 화조센터는 주 송클라 중국 총영사관, 정부 관련 부처, 태국 남부 14개 주 각 지역 교민사회와 적극 협력을 시행하여 산하에 있는 푸켓, 코사무이, 코리뻬, 끄라비, 뜨랑, 수라타니(세계적인 관광지) 6개 연락사무소와 함께 코로나19 기간 태국 남부 교민들과의 연락 기능과 현지 체류 중국 관광객에 대한 지원업무를 실시했다.17)

3월 16일 탄자니아에서 첫 번째 코로나19 확진자가 발생하면서 항공편이 중단되고 의료물자가 부족해지자 화인사회 전체가 불안에 휩싸였다. 탄자니아 화조센터의 자원봉사자인 이즈링(易志凌)은 대사관과 주진펑(朱金峰) 주임의 지침 하에 매일같이 화조센터 공식계정을 통해 코로나19 소식을 전했고, 동시에 방역 조치 홍보, 방역 대응방안을 올리며 탄자니아

16) 「回國更容易了？中國這一城市或復航菲律賓」, https://xw.qq.com/cmsid/20200810A0EIX000
17) 「疫情期服務僑胞 泰國華助中心在行動」, https://www.sohu.com/a/384891261_114731?_f=index_pagerecom_2

에 있는 화인들의 불안감을 해소해주었다. 또 자원봉사자 및 교민들과 함께 힘을 합쳐 중국 국내에서 방역물자를 긴급 확보했을 뿐 아니라 화교·화인 환자 지원, 체류 화인 비자발급 지원, 기부금 모금 활동 등을 통해 어려움에 처한 이들을 적극 도왔다. 6월 8일에는 탄자니아 화인 2명이 에티오피아 항공을 통해 중국으로 귀국하는 도중에 에티오피아에서 환승을 하다가 정당한 사유 없이 탑승을 거부당한 일이 발생했다. 에티오피아 공항에서 발목이 잡힌 두 화인은 언제 코로나19에 감염될지 모르는 상황에 처해 있었는데, 이때 화조센터는 이즈링과 자원봉사자를 파견하였고 에티오피아 항공회사와의 논쟁 끝에 귀국 항공편을 안배할 수 있었다. 여러 사람의 지원으로 에티오피아 항공은 결국 잘못을 인정했고 호텔을 안배하여 두 화인 모두 귀국 항공편을 기다릴 수 있도록 조치하였다.[18]

3. 중국 코로나19 극복을 위한 홍보와 응원

2020년 2월 15일 파리 화조센터는 중국의 코로나19 극복을 응원하는 영상을 공개했다. 2월 17일에는 캐나다 몬트리올 화조센터에서도 응원 영상을 올리며 중국 코로나19가 빨리 종식되기를 기원했다. 더블린 화조센터는 아일랜드 화인·화교들과 함께 코로나19 극복 감동 스토리 영상 〈비바람을 함께 헤치며(風雨與共)〉를 만들어 방역 전선에 있는 의료진들과 우한 그리고 조국을 응원했다. 동시에 이를 중국 교민망 웨이보, 중국 교민망 위챗 공식 플랫폼, 주 아일랜드 중국 대사관 위챗 공식 플랫폼, 아일랜드 화인 소셜플랫폼 등 주요 플랫폼에 공유했다.[19] 2월 말 순귀

---

18) 「海外戰疫記：待春來, 桃花開, 山川無恙, 且把家歸)」, https://new.qq.com/rain/a/20200619A0HED800

19) 「一波又一波, 福建商會攜手華助中心 愛心捐贈 同心"抗疫"」, https://new.qq.com/omn/20200221/20200221A03ZVL00.html?Pc

핑 나이지리아 라고스 화조센터 주임은 화인사회에 다음과 같은 메시지를 전했다.

> "코로나19 발생 후 모든 중국인은 하나가 되어 바이러스 확산을 막기 위해 총력을 기울이고 있다. 코로나19에 중국만큼 빠르게 대응한 국가는 세계적으로 찾아보기가 어려울 것이다. 일선 직원 모두가 코로나를 막기 위해 방역에 참여하면서 우리는 매우 촘촘한 '방역망'을 구축했다. 해외에 있는 우리 화교들은 조국이 반드시 코로나19와의 전쟁에서 승리하고 조기에 치료제를 개발할 수 있을 것이라 믿는다." "이번 코로나19와의 전쟁에서 우리 조국은 온 국민이 하나 되어 승리를 얻어낼 것이고 결국 태양을 가렸던 먹구름을 몰아내어 가장 찬란한 미소로 아름다운 봄꽃을 맞이할 것이다!"[20]

2020년 5월 초 미네소타 화싱(華星) 예술단 단원들은 코로나 극복을 위한 희망의 노래 〈봄날은 우리 곁에(春天與我們同在)〉를 만들었고, 글로벌 화인 온라인 콘서트 '사랑의 울림 하나 되어(大愛有聲, 四海同心)'에 참가하여 동포들의 코로나19 극복에 응원과 격려를 보냈다.[21] 2020년 8월에는 주 나고야 중국 총영사관의 지원으로 나고야 화조센터, 장빈(張濱) 이호 연주단, 수련 무용예술학교, 간사이 중국어 신문이 일본 중부 6개 현에 있는 30여 개 교민단체와 함께 제작한 다큐멘터리 〈코로나 극복, 몸은 떨어져 있어도 마음은 함께(風月同天·攜手抗疫)〉가 완성되었다. 이 다큐멘터리는 일본 중부 교민사회와 일본 우호 인사, 우호 단체 등이 서로를 돕고 방역물자를 기부한 감동적인 이야기를 담고 있는 작품으로

20) 「"只要有一個航班飛往中國, 我們就會盡快把口罩運到舟山！"」, http://www.zjw3.com/96824-1.html
21) 「海外僑團凝聚起強大戰疫力量」, http://moment.rednet.cn/pc/content/2020/05/06/7168992.html

재일교민단체의 조직력, 응집력, 단결력 그리고 수많은 교민의 애국·애향 정신을 잘 보여주어 현지에서 호평을 받았다.22) 2021년 춘절, 라고스 (Lagos) 화조센터는 신년축하사를 발표하며 이렇게 전했다.

> "2020년은 매우 특수한 해였다. 시진핑 주석을 중심으로 하는 당 중앙의 견고한 지도하에 온 국민이 한 마음되어 엄격하고 전방위적인 방역 조치를 시행하며 코로나19와 싸우는 인민 전쟁을 벌였으며 그 과정에서 중대한 방역 성과를 얻었다." "2021년은 중국 공산당 창립 100주년이 되는 해이자 중국 14차 5개년 계획과 전면적 사회주의 현대화 국가 건설이 새로운 여정을 시작하는 해이다. 그 어떤 힘도 우리 위대한 조국의 지위는 흔들 수 없을 것이고, 그 어떤 힘도 중국 인민과 중화민족의 미래를 향한 발걸음을 막을 수 없을 것이다."23)

4. 코로나19 오명과 정치화 반대

이번 코로나19는 예측하기 어려운 세계적인 공중 보건 위기이다. 중국은 이번 갑작스러운 바이러스 공격에 가장 먼저 타격을 입었다. 하지만 중국 정부는 생명지상(生命至上) 이념을 내걸고 가장 먼저 '락 다운', 전국민 격리 등 조치를 통해 바이러스 확산을 억제했다. 이러한 조치는 국제사회에 코로나19 대응을 위한 시간을 벌어준 동시에 중요한 경험을 제공하여 국제사회의 높은 평가와 찬사를 받았다. 하지만 미국을 대표로 하는 일부 국가들은 언론을 이용해 중국의 방역 활동을 비난하고 자국민들의 반중국 정서를 선동하여 중국에게 코로나 오명을 씌웠고 나아가 이를 정치화시켜 해외 화교·화인들이 이중고에 시달리게 만들었다. 이에 대해

---

22) 「日本中部僑團聯手拍攝抗疫紀錄片　留下感人瞬間」, https://baijiahao.baidu.com/ s?id=16749870928193331201&wfr=spider&for=pc

23) 「拉各斯華助中心2021年新春賀辭」, https://www.52hrtt.com/za/n/w/info/S1611918390243

각 화조센터는 대대적인 반격에 나섰는데, 2020년 2월 초 왕허싱(王何興) 칠레 화조센터 주임은 María Luis Cordero 박사가 TV 프로그램 〈Mentiras Verdaderas〉에서 중국발 소포에 코로나19 바이러스가 있을 수 있다고 한 발언에 대해 중국에 대한 차별적 표현이라며 비판했다. Cordero 박사는 La Red 방송사의 고정 게스트로 "중국발 소포에도 바이러스가 있을 수 있는가?"라는 사회자의 질문에 이렇게 답했다. "왜 아니겠는가? 아이가 받은 소포 때문에 아버지 생일 파티에 박쥐를 먹게 될지 누가 알겠는가?" 그는 또 이렇게 덧붙였다. "우리 위선자가 되지 말자. 만약 내가 칠레 공공 보건부처 책임자라면 중국에서 오는 모든 상품이 위험하다고 여러분에게 말해줄 것이다." 사건 발생 후 왕허싱 주임은 현지 언론과의 인터뷰에서 해당 발언을 비판하였으며 Cordero 박사의 발언은 '사실과 거리가 멀며' 중국에 대한 차별적 표현이라고 말했다.24)

미국에서는 코로나19 발생 후 일부 미국 정치가와 언론이 '중국 바이러스' 등과 같은 차별적 표현을 사용했으며 근거 없는 '바이러스 근원론'을 떠들었다. 중국에게 코로나 오명을 씌우고 미국 국민을 오도하며 전 사회에 인종 차별적 언행을 조장한 것이다. 위에타오원(樂桃文) 미국 솔트레이크시티 화조센터 이사장 겸 웨버 주립대학 전임 교수는 코로나19를 빌미로 중국을 모함하는 것은 자국 갈등의 화살을 다른 곳으로 돌리고 코로나19 대응의 무능함을 감추려는 미국 정부의 비열한 수단에 불과하다며 공개적으로 비난했다.

"미국 정부는 중대한 시기에 정책적 오류를 저질러 코로나19 확산을 야기했음에도 불구하고 잘못을 인정하기는커녕 오히려 '책임을 중국에 전가'하고 있다." 위에 교수는 덧붙여서 "모욕적 언행이나 폭력적 공격 등

24) 「智利華助中心主任王何興譴責對來自中國包裹也帶來病毒的言論」, https://www.brasilcn.com/article/article_41287.html

눈에 보이는 차별 외에 미국 사회에 보이지 않는 중국인에 대한 차별 역
시 간과해선 안 된다"라고 지적했다.[25]

Ⅲ. 대륙별 해외 화조(華助)센터의 활동과 역할

1. 중국 교민사회와 현지 방역에 대한 지원

중국 국내의 코로나19 상황이 점차 안정화되는 것과 달리 전 세계에서
코로나19가 계속 확산되자 해외 화조센터는 교민사회 및 현지 방역 일선
에 직접 참여하는 것으로 지원 방향을 전환하였다.

(1) 아시아 지역

① 키르기스스탄

키르기스스탄에서 확진자가 발생한 후, 비슈케크 화조센터는 키르기스
스탄 화교·화인의 건강과 안전뿐만 아니라 현지 방역 지원에도 힘썼다.
2월 4일부터 3월 중순 사이 일부 교민들이 키르기스스탄으로 돌아오기
시작했다. 현지 정부 규정에 따르면 키르기스스탄으로 돌아오는 교민은
14일간 강제격리를 해야 하는데 현지 시설 여건의 한계로 격리된 수백
명의 교민이 교차 감염 위험에 처했다. 이에 양차이핑(楊彩平) 센터 주임
은 동료들과 함께 위험을 무릅쓰고 격리시설에 들어가 교민들의 불편사항
을 직접 들었다. 그 후 키르기스스탄 격리시설 담당자와의 여러 차례에
걸친 소통 끝에 센터는 매주 두 차례 격리 교민들에게 생활 물품과 식품을
전달할 수 있도록 허가를 받았다. 센터의 노력으로 3월 14일 교민 630명이

25) 「政客汙名化中國助長種族歧視 在美華人學者呼籲勇敢說"不"」, https://news.ifeng.
com/c/v002qH--bzmerrQEzuAQ3laKNPjT7Q5lRIFYhI82azmnJYfw_

단 한 명의 감염자도 없이 무사히 격리시설에서 나올 수 있었다.[26] 이 외에도 센터는 3월 말까지 키르기스스탄에 30만 위안의 방역 물품을 기부했다.[27] 4월 15일 오후에는 키르기스스탄 내 전체 중국인의 이름으로 180만 솜(SOM)의 방역물자(식품, 방호복, 방역 덧신 등)를 키르기스스탄 방역 총지휘부에 기부했다.[28] 7월 3일 키르기스스탄 코로나19 확진자 수가 6,000명을 넘어서자 센터는 중국 국내에 도움을 요청했다. 루치웅(盧瓊) 저장(浙江) 원저우시(溫州市) 화교 연합 상무위원 겸 원저우시 유학생 연합회 회장은 도움 요청을 받고 곧 코로나19 방지 관련 강의 영상 시리즈와 자료를 해당 화조센터에 보냈으며, 동시에 코로나19 치료 경험이 풍부한 장시엔가오(蔣賢高) 원저우시 코로나19 치료 전문가그룹 부팀장 겸 원저우시 센터병원 부원장과 장화이친(張懷勤) 원저우 허핑국제병원(和平國際醫院) 원장 고문 겸 내과 주임에게 연락을 취하여 함께 구호 활동에 참여하도록 했다.[29] 7월 중순 키르기스스탄 누적 확진자는 12,500명, 사망자는 170명에 달했다. 키르기스스탄의 경제발전수준과 의료 보건 여건의 제한으로 교민 환자는 대부분 입원 치료가 불가능했기 때문에 비슈

---

26) 「海外僑團凝聚起強大戰疫力量(僑界關註)」, http://www.chinaql.org/n1/2020/0501/c419650-31695513.html

27) 「紹興籍海外僑胞堅守住在國抗疫 致謝家鄉僑聯馳援解難」, http://www.zytzb.gov.cn/qwxw/340337.jhtml

28) 「攜手合作守望相助 海外僑團凝聚起強大戰疫力量」, http://k.sina.com.cn/article_3057540037_b63e5bc502000qzn0.html

29) 「來自吉爾吉斯斯坦的感謝信：感謝祖國親人沒忘記我們」, http://www.zytzb.gov.cn/qwxw/337672.jhtml, 두 전문가는 7월 4일 온라인 진료를 시작했고 키르기스스탄 감염환자들에게 1대1 진료상담을 제공하였다. 7월 7일 저녁 원저우시 유학생 연합회는 다시 한번 장시엔가오 교수를 초빙하여 '키르기스스탄 의학 궁금증 해소를 위한 토크 콘서트'를 개최하였다. 행사는 위챗 그룹대화방에서 오디오 콘퍼런스 형식으로 진행되었다. 교민 진료와 의료 약품 안배 외에도 원저우시 유학생 연합회는 2,000포의 중약(한약)을 준비하여 키르기스스탄 화조센터를 통해 교민에게 전달하였다.

케크 화조센터에서는 이들을 돕기 위해 동분서주했다.[30]

② 태국

3월 31일 오전 기준 태국의 누적 확진자 수는 1,651명에 달했다. 태국 핫야이 화조센터는 태국 남부 교민들에게 해외교민을 대상으로 한 '알리 헬스, 징둥 헬스, 바이두 헬스, 위 닥터 온라인 클리닉' 등 앱을 소개하여 교민들이 활용할 수 있도록 했다. 동시에 저장캉징병원(浙江康靜醫院)의 후베이 지원 의료팀 '따뜻한 사람들(溫暖者)' 등과 협력하여 기관 이사 및 화교·화인을 위한 그룹대화방을 만들고 건강 상담 서비스를 제공했다. '따뜻한 사람들(溫暖者)'은 왕핑원(王平文) 화조센터 고급의료고문 겸 중국 저장캉징병원 노조위원장이 이끄는 중국 비공공 의료기관협회 저장캉징병원 소속 의료팀이다. 또한 센터는 오랜 파트너였던 태국 남부의료센터 송클라 대학병원, 얄라주 센터병원, 끄라비 국제병원과 한층 더 협력을 강화하여 코로나19 기간 화교·화인에 대한 의료 서비스를 제공했다.[31]

② 라오스

4월에는 라오스 비엔티안 화조센터의 구호 대원 1,628명이 라오스 찬타

---

30) 「紹興籍海外僑胞堅守住在國抗疫 致謝家鄕僑聯馳援解難」, http://www.zytzb.gov.
cn/qwxw/340337.jhtml, 그 과정에서 화인(華人) 의사의 제안에 따라 센터는 '건강한
사람들은 중약으로 예방할 수 있도록 하기, 경증환자가 신속하게 치료받을 수 있게
하기, 쑥 소독법 보급하기' 등을 통해 교민 방역을 지원했다. 또한, 센터는 중앙아시아
신장상회(新疆商會)를 도와 키르기스스탄 정부와 현지 병원에 각각 산소 호흡기 30대
와 10대를 기부했다. 7~8월 센터는 다시 현지 병원, 경찰국 등에 산소 호흡기, 마스크,
보호경 등 방역 물품을 기부했다.

31) 「疫情期服務僑胞 泰國華助中心在行動」, https://www.sohu.com/a/384891261_1147
31?_f=index_pagerecom_2

불리현과 주변 지역에 대한 소독작업을 진행했는데 이때 구호 대원들은 방역 정보도 함께 적극적으로 홍보했다. 찬타불리와 라오스 영진선당(永珍善堂) 화조센터의 협조하에 화조센터는 해당 현 및 주변 지역에 대한 소독작업을 진행함으로써 바이러스 전파와 교차 감염을 막는 등 코로나19 확산방지에 최선을 다했다.[32]

③ 나고야

4월 15일 정싱(鄭興) 나고야 화조센터 주임은 주 나고야 중국 총영사관으로 차를 몰고 와 중국에서 기부해 온 마스크 상자를 하나하나씩 차량으로 옮겨 실었다. 해당 마스크는 먼저 아이치 화교 총회, 나고야 화조센터, 중부 일본 화교·화인 경영대학원 동문회, 수련 무용 예술 학교 등 교민단체로 운반된 후 교민과 현지인들에게 배포되었다. 마스크 전달 외에도 나고야 화조센터는 30여 개의 현지 교민단체와 함께 일본에 있는 교민들의 어려움을 해소하기 위해 노력했다. 정싱 주임은 화조센터에 도움을 요청하는 교민들의 전화가 거의 매일 온다고 말했다. 하지만 이러한 문제들을 교민단체 위챗 그룹대화방에 공유하면 모두가 함께 상의하여 빠르게 해결 방안을 찾아냈다. 코로나19 기간 나고야 화조센터의 지휘하에 일본 중부 지역 30여 개 교민단체와 기업도 함께 힘을 합하여 코로나 극복에 힘썼다.[33] 2020년 11월 16일 주 만달레이 중국 총영사관은 만달레이 화조센터에 방역 물품을 지원하였는데 천천(陳辰) 총영사와 리지창(李繼昌) 만달

---

32) 「老撾萬象華助中心開展城市消毒工作」, https://baijiahao.baidu.com/s?id=16639164
83234889709&wfr=spider&for=pc

33) 「海外僑團凝聚起強大戰疫力量(僑界關註)」, http://www.chinaql.org/n1/2020/0501/
c419650-31695513.html, 일본에서 코로나19가 확산하자 나고야 화조센터는 관련 부처
와 함께 논의한 끝에 원래 우한에 보낼 예정이었던 2차 방역 물품을 일본에 기부하기로
했다. 이 방역 물품은 나고야 화조센터와 30여 개 교민단체의 교민 600여 명이 함께
기부금을 모아 구입한 것이었다.

레이 화조센터 주임, 리주칭(李祖淸) 부주임이 증정식에 참석하였다. 천 총영사는 만달레이 화조센터의 활동을 높이 평가하며 총영사관을 적극 지원해 미얀마 방역에 도움을 준 센터에 감사를 표했다.[34]

(2) 유럽지역

① 스웨덴

2월 1일 왕젠룽(王建榮) 스웨덴 스톡홀름 화조센터 주임은 스웨덴 화교·화인, 중국기업, 유학생, 학자 및 스웨덴에 거주하는 모든 중국인을 대상으로 다음과 같은 내용의 안내 메시지를 보냈다.[35] 4월 30일 센터는 위챗 그룹대화방에 다시 한 번 최신소식을 올렸다.

> "현재 스웨덴의 코로나19는 심각한 상황이나 스웨덴 사람들은 마스크를 착용하지 않는 등 코로나19 방역에 크게 주의를 기울이지 않고 있다. 이러한 상황에서 교민들은 언제든 감염될 가능성이 있으므로 스스로 안전에 만전을 기하고 방역 조치를 강화해야 한다. 따라서 외출 시 마스크 착용, 손 자주 씻기, 자주 통풍시키기, 모임 갖지 않기, 같이 식사하지 않기, 나들이 자제하기를 당부드린다."[36]

---

34) 「駐曼德勒總領館向曼德勒華助中心捐贈防疫物資」, http://newyork.fmprc.gov.cn/web/zwbd_673032/jghd_673046/t1832698.shtml

35) 「斯德哥爾摩華助中心建議：註意衛生 少去聚會」, http://www.chinaqw.com/huazhu/2020/02-02/244631.shtml, "코로나19가 확산되는 상황에서 스톡홀름 화조센터를 대표하여 현지 교민분들에게 방역 수칙을 안내해 드린다. 코로나19 고위험 지역에서 스웨덴으로 귀국하는 개인과 가족은 바이러스 교차 감염 방지를 위해 집에서 2주간 자가격리를 한다. 손은 자주 씻고 창문을 자주 열어 개인위생에 주의한다. 친구 또는 가족 모임은 자제하고 입맞춤이나 포옹 등 신체 접촉은 피한다. 외출 전후에는 소독제, 알코올로 물건 표면을 닦는다. 기침이나 발열 증상이 있을 때는 스웨덴 의료 상담 핫라인에 연락한다."

36) 「瑞典斯德哥爾摩華助中心在疫情 高峰期向僑胞們發出簡報」, http://www.cmeds.se

4월 11일 구이총요우(桂從友) 주 스웨덴 중국 대사는 코로나19 방역을 위해 스웨덴 교민사회 주요 대표들과 온라인으로 만남을 가졌다. 회의에는 스톡홀름 화조센터, 스웨덴 화인총회 등 29개 스웨덴 교민단체 및 중국어 미디어 담당자가 참가하였다. 참가 대표들은 각 기관에서 교민들과 시행한 상호지원 및 방역 사업과 성공적 경험을 공유했다.[37] 5월 3일 스웨덴 중국-유럽 국제문화교육 상업무역발전협회는 스톡홀름의 중심에 있는 세르겔 광장에서 스웨덴 대사관과 화조센터에서 모은 3,000여 개의 마스크를 회원들에게 나누어 주었다. 동시에 카롤린스카 의과대학 연구소의 후리푸(胡立夫) 교수 연구팀이 기증한 린셰핑 대학교 연구팀 개발 제품 '폐렴 자가진단 스트립'도 함께 배포하였다. 중국 베이징, 상하이, 장시(江西), 하이난(海南) 등 지역의 교민 관련 부처에서도 스톡홀름 화조센터를 통해 현지 교민들에게 방역물자를 전달하였다. 센터의 왕젠룽(王建榮) 주임, 지잔여우(季展有) 상무 부주임, 왕용안(王永安) 부주임, 샤하이룽(夏海龍) 부주임 등은 적극적으로 관련 기관과 연락을 취해 지원의 손길을 모아 큰 호응을 얻었다.[38] 6월 6일 스톡홀름 화조센터는 주 스웨덴 중국 대사관의 요청에 따라 센터회의소에서 스웨덴 현지 교민들에게 주 스웨덴

/bohrb/portal.php?mod=view&aid=10072

37) 「中國駐瑞典大使就新冠肺炎疫情防控視頻連線旅瑞僑領」, https://k.sina.com.cn/article_5137261048_1323461f802000qky4.html?from=news&subch=onews

38) 「萬眾一心, 共克艱難」, http://www.cmeds.se/bohrb/portal.php?mod=view&aid=10213 5월 1일부터 3일까지 화조센터는 총 6만 2천 개의 마스크를 배포하며 스웨덴 화교·화인 및 가정에 도움을 주었다. 지잔여우 센터 상무 부주임은 이렇게 말했다. "조국과 해외 중국 대사관의 정책을 충실히 이행하고 적극적, 효과적인 조치를 통해 교민들의 어려움을 해소함으로써 교민사회의 안정, 따뜻한 온기, 단결을 유지하는 것은 우리 화조센터가 당연히 이행해야 할 책무이다." 또한 "화조센터는 해외교민들의 과학적 방역을 지원하고 중국의 코로나 극복, 해외교민의 코로나 극복, 국제 코로나 대응 협력에 관한 이야기를 널리 알릴 책임이 있으며, 중국이 국제 방역 협력을 통해 세계 코로나 방어전을 펼칠 수 있도록 새로운 공헌을 해야 한다"라고 덧붙였다.

중국 대사관과 중화해외연의회(中華海外聯誼會)로부터 받은 방역물자를 다시 한번 나누어 주었는데 당일 하루 만에 4만여 개의 마스크 등 방역물자를 배포하였다.[39)]

② 포르투갈

4월 5일 류량지(劉良倚) 장시성 중의원(江西省中醫院) 부원장, 우젠광(伍建光) 심혈관과 주임, 란즈훼이(蘭智慧) 호흡 및 중증 의학과 주임 의사는 포르투갈－중국 경제문화촉진협회와 포르투갈 화조센터의 초청을 받아 위챗 그룹대화방에서 열린 웹 강좌 '중국 포르투갈 강좌'에 참여했다. 3명의 전문가는 '중의약과 코로나19 방역'을 주제로 한 강의를 통해 포르투갈 현지 교민과 유학생들에게 코로나19 방역 지식과 중의약이 코로나19 방역에서 어떠한 역할을 하는지 설명해주었다. 강좌가 끝난 후 이어진 교민들과 유학생들의 질문에 대해서도 그룹 단체방을 통해 궁금증을 해소해주었다.[40)]

③ 이탈리아

2020년 3월 이탈리아에서 코로나19가 폭발적으로 확산되자 밀라노 화조센터는 4차례에 걸쳐 뉴스 미디어 플랫폼을 통해 교민들에게 '안내, 공고'를 발표하여 교민사회의 안정을 꾀하고 방역 지식을 보급했다. 동시에 저우젠황(周建煌) 집행 주임은 밀라노 교민사회와 긴밀히 협력하며 방역 지원 사업을 진행했다.[41)] 밀라노 화조센터는 중국 국내에서 보내온 마스

39) 「斯德哥爾摩華助中心向旅瑞同胞發放防疫物資」, https://baijiahao.baidu.com/s?id
   =1668929360159221479&wfr=spider&for=pc

40) 「江西省中醫專家為旅葡同胞作新冠肺炎疫情知識講座」, http://jx.sina.com.cn/
   news/b/2020-04-06/detail-iimxxsth3845388.shtml

41) 「紀實：向米蘭華社中的逆行者致敬！」, http://news.dhtv.cn/202004/00099791.html,

크, 소독제, 장갑, 중약 등 물자를 운송, 배포하는 업무를 담당했는데, 이미 교민들에게 50만 개가 넘는 마스크를 전달하였다.[42] 4월 초 밀라노 화교·화인공상회와 밀라노 화조센터가 밀라노 방역 지원 모금 활동을 시작하자 밀라노 교민들은 적극적으로 호응하며 제2의 고향인 밀라노시 방역 지원을 위해 200위안을 기꺼이 기부했다. 모금 활동에는 3,162명에 달하는 교민들이 동참하였고 30만 개의 외과용 마스크를 구입하여 밀라노시 의료기관에 전달하였다. 4월 10일에는 밀라노시 정부에서 기부전달식이 열렸다.[43] 3월 저장(浙江)에서는 이탈리아 코로나19 대응 지원을 위해 중국 방역 의료전문가팀을 파견하였다. 그러자 밀라노 원청(文成) 동향회, 밀라노 화교·화인 청년연합회, 밀라노 화조센터 등 원저우 출신 교민단체 대표들도 의료전문가팀 후방지원을 위해 합류하였다.[44] 2020년 하반기 전 세계적으로 코로나19가 심각해졌고 이탈리아도 예외가 아니었다. 화교·화인 '온라인 야전병원'도 한동안 사용이 뜸해졌다가 10월 10일부터는 거의 매일 십여 명의 교민이 게시판에 도움을 청하는 글을 올렸다.[45] 후에

3월 20일에는 밀라노 화조센터가 지원하는 밀라노 교민단체가 '온라인 야전병원'을 만들었는데, 그 후 환자들이 연이어 등록하면서 센터 업무량이 갑자기 급증했다. 저우 젠황 집행 주임은 감염 위험에도 불구하고 매일 사무실로 나와 방역물자를 발송하였고, 자원봉사자를 배치하여 코로나 예방을 위한 중약을 하나하나 환자에게 우편 배송 또는 전달하며 후방 '총지휘자' 역할을 톡톡히 했다.

42) 「"我們攜手共度難關！"海外僑胞留守住在國互助抗"疫"」, http://www.zytzb.gov.cn/qwxw/328798.jhtml

43) 「3162名僑胞向市米蘭市政府捐贈30萬個口罩抗擊疫情(名單大全)」, https://www.sohu.com/a/387052334_100020074

44) 「溫籍僑胞爭做赴意抗疫專家組"後勤員"」, http://news.66wz.com/system/2020/03/25/105251791.shtml

45) 10월 15일에는 '온라인 야전병원'에 다음과 같은 글이 올라왔다. "저는 중국 유학생입니다. 원래 이번 주에 귀국하려고 살던 집에서도 이미 나왔는데 갑자기 확진자 통보를 받았습니다. 어떻게 해야 하나요? 도움을 주실 수 있을까요?" 주진량(朱金亮) 밀라노 화교·화인 상공회의소 사무총장은 즉시 답변을 보내 일단 호텔로 가서 격리할 것을

이탈리아 코로나19가 빠르게 재확산되면서 화교·화인, 중국 유학생 확진
자가 100여 명으로 늘어났으며 중증환자도 적지 않은 비율을 차지했다.
특히 1차 유행과 달리 이번에는 무증상 교민 감염자가 많았고 교민사회에
서 집단감염도 여러 차례 발생했다.[46] 로마 화조센터의 황즈샤오(黃智曉)
집행 주임에 따르면 로마에서 코로나19가 재확산되면서 화교·화인 감염
자가 6명 나왔는데 모두 현지인과의 접촉이 많은 서비스 업계 종사자들
즉 식당 종업원, 상점 판매원, 미용/이발사 등이었다. 이에 로마에 있는
20여 개 화인단체는 현지 정부를 도와 화인사회 방역을 잘 이행하기 위해
'코로나19 긴급대응 지원센터'를 설치하여 화인들에게 통역, 핵산검사예
약, 의료기관정보통합, 약품 및 생활 물품 전달 등 서비스를 제공했다.[47]

④ 프랑스

3월 16일 파리 화조센터, 프랑스 93 화인 안전 및 융합위원회, 프랑스
아름다운 도시 연합상회, 프랑스 아시아 레스토랑 연합총회 4개 기관은

당부했고, 연화청온캡슐 두 상자를 보냈다. 그 후 유학생의 상황은 점차 안정을 되찾았다.

46) 이러한 상황에서 주진량 사무총장과 저우젠황 주임은 매일같이 사무실을 지키며 '온
라인 야전병원' 게시글에서 눈을 떼지 않았다. 두 사람은 코로나로 인해 도움을 청하는
교민들의 문제를 해결해주었고, 약이나 진료가 필요한 경우에는 중약을 전달하거나
중국 의사에게 온라인 진료를 받을 수 있도록 했다. 밀라노시 또는 주변 지역 교민이
중약을 필요로 할 때는 확진자이든 의심 환자이든 상관없이 모두 약을 제공했다. 피렌
체 등 밀라노에서 멀리 떨어진 도시 같은 경우에는 택배로 배송했다.

47) 「海外戰"疫" : 意大利疫情反彈 華僑華人齊心再戰疫」, https://baijiahao.baidu.com
/s?id=1681140808873772580&wfr=spider&for=pc
또 진료와 약에 대한 문의가 늘어남에 따라 이탈리아 중의약 학회는 로마 화조센터의
지휘하에 '온라인 상담 클리닉'을 열었다. 이탈리아 각지에서 온 36명의 화인 중의사들
은 전화 또는 위챗을 통해 무료로 화교·화인에게 진료 및 상담 서비스를 제공했다.
화인 중의사인 마커보(馬可波)는 스캔하면 자신의 온라인 클리닉으로 들어올 수 있는
QR코드를 만들어 위챗 모멘트와 그룹대화방에 올렸는데, 10월 이후 거의 매일 10~20
여 명이 이곳에서 상담을 받고 있다.

주 프랑스 중국 대사관 영사 교무처(僑務處)의 위탁을 받고 현지 화교
·화인에게 FFP2 의료 방호용 마스크 6,000개를 무료 배포하였다. 파리
화조센터는 중국 대사관에서 보내온 의료용 마스크를 프랑스 푸저우 10읍
동향회(福州十邑同鄕會), 프랑스 산둥 동향회(山東同鄕會) 등 교민단체
를 통해 마스크를 필요로 하는 교민들에게 배포하였다. 또한, 교민들에게
'마스크 착용, 손 자주 씻기, 외출 자제'로 함께 힘을 모아 코로나19를 이
겨내자고 호소했다.48)

⑤ 스페인

같은 날 저우젠훙(周建虹) 스페인 바르셀로나 화조센터 주임은 상담
전화를 받았는데, 화인 청년 양(楊)씨가 코로나19로 인해 일이 끊기고 소
득이 없어서 생활고를 겪고 있다는 내용이었다. 저우젠훙 주임은 즉각 친
구에게 연락하여 양씨에게 필요한 돈과 식품을 전달하였다. 센터는 코로
나19 발생 초기에 긴급대응팀을 만들어 구호 핫라인을 개통한 동시에 교
민들에게 방역 지식 홍보, 무료 마스크 배포 등 활동을 진행했다. 6월 2일
오전 센터는 카탈루냐 지방에 거주하는 화교·화인들에게 코로나19 예방
중의약을 현장에서 무료로 배포했는데 센터에 있던 약과 다른 협회에서
기증한 중약 330여 개가 2시간 만에 모두 바닥났다.49)

---

48) 「關愛僑胞共同抗擊疫情 中國駐法國使館派發醫用口罩」, http://www.zytzb.gov.cn /qwxw/328473.jhtml

49) 「疫情期間-巴塞羅那華助中心"關愛、幫扶"當地華僑」, http://www.ouhua.info/20 20/0607/30317.html, 6월 5일 왕다윈(王大雲) 센터 상무이사(바르셀로나 원청 동향회 회장)는 산타콜로마에 거주하는 화교 쉬리펀(徐麗芬)의 전화를 받았다. 남동생 쉬칭 하이(徐青海)가 2020년 6월 3일 아침 자신의 집에서 갑작스럽게 사망하여 도움이 필요하다는 내용이었다. 6월 6일 오전 저우젠훙 센터 주임(바르셀로나 칭티엔 동향회 회장), 진하오(金浩) 집행주임(스페인 화교상회 회장), 쉬샹훙(徐向宏) 주임(바르셀로 나 중화총상회 회장), 왕다윈 센터 이사회 상무이사(바르셀로나 원청 동향회 회장)

(3) 미주지역

① 미국

2020년 3월부터 미국 솔트레이크시티 화조센터는 주(州) 방역 사업을 다양한 방식으로 지원해왔다. 일례로 3월 18일 유타주 의회 관련 인사가 화조센터에 긴급 연락을 취해 코로나 대응을 위해 클로로퀸과 하이드록시 클로로퀸이 급히 필요한데 중국에서 구입하고 싶다는 메시지를 전해왔을 때 센터는 즉시 주미 중국 대사관에 연락을 취하였고, 대사관에서는 신속히 담당자를 지정하여 협조하도록 조처했다. 센터와 대사관은 최대한 빨리 유타주를 지원하고자 3일 동안 촌각을 다투며 유타주와 국내 관련 문제들을 조율했다. 유타주의 코로나19 상황이 심각해지면서 한밍산(韓明山) 센터 부주임 겸 다중그룹(大中集團) 회장은 유타 적십자회, 로이시 경찰국, 샌디시 경찰국, 웨스트 조던시 경찰국에 각각 2,000개의 마스크를 기부했고 솔트레이크시티 지역 의료센터에는 50개의 방호복을 기부했다.[50] 2020년 3~4월 센터는 중국 교민들에게 상담 플랫폼을 추천하여 의심 증상이 생겼을 때 신속히 상담 받을 수 있도록 했다. 그뿐만 아니라 현지 중국 마트와 긴밀하게 소통하여 화교·화인들에게 마스크 입고 정보

일행은 쉬칭하이의 누나 쉬리펀이 있는 산타콜로마 집에 방문하여 위로와 함께 기부금 1,800유로를 전달했다.

50) 「美國鹽湖城華助中心積極支援當地抗"疫"」, http://www.chinaqw.com/136/2020/0329/922.html?f=qbapp, 이 외에도 그는 유타주 의료기관의 의료용 마스크 구매를 위해 5,000달러를 기부하였다. 린좡지(林壯基) 센터 부이사장 역시 사재를 털어 현지 의료기관의 의료용 물자 구매를 위해 6,000달러를 기부하였다. 수관청(蘇冠城) 센터 사무실 주임 겸 차이나타운 마트 사장은 3월 12일 브리검영 대학교 중국 학생회에 일회용 방호 장갑 3,000개를 기부한 후 3월 21일에 다시 마스크 1,350개를 기부했다. 3월 23에는 현지 FMC 병원에 KN95 마스크 500장을 기부했고 3월 29일 다시 한 번 사재를 털어 현지 의료기관의 의료용 물자 구매를 위해 6,000달러를 기부하였다. 센터 이사회의 다른 구성원들 역시 기부금과 물자 기부에 적극 나섰으며 여러 채널을 통해 유타주 방역 지원을 위해 힘썼다.

를 신속하게 통지했다. 센터 담당자는 '중국 국내의 코로나 대응 경험을 기반으로 유타주 교민들은 코로나19 문제에 대해 이미 잘 인지하고 있으며 센터는 앞으로도 방역 관련 업무를 적극적으로 진행할 것'이라고 말했다.[51] 3월 27일 미국 미네소타주 화교·화인사회단체연합회(미네소타주 화연회)는 미네소타 중국 학생·학자 연합회와 함께 '사랑 지킴이, 한마음 코로나 극복(愛心守護, 同心抗疫)' 지원조직을 마련하여 미네소타주 화교·화인들에게 '사랑 지킴이(愛心守護人)'에 동참하여 현지의 어려운 동포와 중국 유학생들에게 필요한 도움을 줄 것을 호소했다. 동시에 '사랑지킴이 그룹대화방'을 만들어 도움을 제공하기 위한 중요한 플랫폼으로 활용했다. 코로나19 발생 후 미네소타주 화연회는 교민들과 함께 연대하여 적극적으로 방역에 힘썼다.[52]

② 아르헨티나

4월 17일 방역 최전방에서 일하는 '백의의 천사, 치안경찰, 교통경찰'들에 대한 경의를 표하기 위해 주지청(朱繼成), 가오하오(高浩), 우진시엔(吳錦

---

51) 「中國駐外使領館加強領事保護工作 海外華僑華人積極行動抗擊疫情 "攜手努力, 打好疫情防控全球阻擊戰"(患難見真情 共同抗疫情)」, http://zonghe.lyd.com.cn/system/2020/04/06/031645340.shtml

52) 「海外僑團凝聚起強大戰疫力量」, http://moment.rednet.cn/pc/content/2020/05/06/7168992.html, 옌빙원(顏炳文) 미네소타주 화연회 회장은 이렇게 말했다. "우리는 기존에 미네소타 화조센터, 미네소타 화교중문학교, 위차이중문학교(育才中文學校), 화샤중문학교(華夏中文學校), 미네소타주 중미 친목연합회, 베이징 동향회, 미중 예술 연합회 등 17개의 영향력 있는 사회단체 회원을 보유하고 있었다. 그러나 코로나19 대응을 위해 교민 간 협력 필요성이 커지면서 새로운 교민단체들이 추가로 가입을 하게 되었고 방역의 힘도 한층 더 커졌다." 코로나19가 미국에서 확산되자 미네소타주 화연회는 발 빠르게 방역 전선에 뛰어들었다. 먼저 비영리병원 '공동가정 의약진료소'에 기부금과 물자를 기부하여 형편이 어려운 환자들을 지원했다. 또 미네소타주 중미상회와 함께 미네소타 대학의 '하이드록시 클로로퀸 임상시험' 사업에 참여하였고 코로나 치료 약품 개발도 지원했다. 이 외에 양로원과 경찰에 마스크를 제공하기도 했다.

賢), 뤄웨이수(羅偉書), 치우리펀(邱麗芬) 등 교민 대표들은 파나마 화인공
상총회와 파나마 화조센터를 대표하여 '파나마 교민사회(La Comunidad
China en Panama)'라는 이름으로 현지 교통부에 마스크 5,000장을 기부
했다.[53] 2020년 6월 아르헨티나 코로나19 상황이 악화되자 아르헨티나
화조센터는 아르헨티나 교민들에게 감염 방지를 위해 60세 이상 또는 기
저질환이 있는 사람은 외출이나 마트 근무를 자제해달라고 안내하였다.
옌샹싱(嚴祥興) 센터 주임은 "기침, 발열, 코막힘, 콧물, 인후통, 설사, 나
른함 등 코로나19 증상으로 검사가 필요한 교민들은 지역 상회에 연락을
취해달라. 동향회나 각 업계협회 등 교민단체가 이를 합산 통계한 후 아르
헨티나 교민방역위원회 긴급조정팀에 전달하면 긴급조정팀에서 검사 시
간과 장소를 안배해줄 것이다"라는 안내문을 공고했다.[54] 2020년 10월
아르헨티나 일일 코로나 신규 확진자가 연일 15,000명 이상에 이르면서
상황이 나날이 악화되었다.[55] 이러한 방역지침은 각 마트가 방역과 영업

---

53) 「巴拿馬華人工商總會和巴拿馬華助中心向交通局捐贈物資」, https://www.brasilcn.
com/article/article_49159.html

54) 「通知：華助中心友情提醒, 有基礎疾病的同胞盡量不要出門」, http://www.argchina.
com/html/show-27734.html

55) 「華助中心發布"新冠肺炎流行期間超市的衛生防護"18條」, https://www.argchina.
com/league/show-576.html, 중요한 방역 시기였던 만큼 아르헨티나 화조센터는 '코로
나19 유행 기간 마트 방역지침 18조'(마트업은 아르헨티나 화교·화인들의 주요 종사
업계임)를 발표하였는데 내용은 다음과 같다. "① 각 마트는 마트 책임자를 제1책
임자로 하는 긴급대응체계를 구축하고, 마트 근로자에 대해 방역교육 및 방역 긴급대
응 모의훈련을 실시한다. ② 각 마트는 비상구역을 설정하여 의심환자가 나왔을 경우
곧바로 해당 구역에서 임시 격리한 후 기타 관련 규정에 따라 절차를 진행한다. ③각
마트는 방역 홍보를 실시한다. ④ 각 마트는 건강모니터링을 강화하여 직원과 고객의
체온 및 건강코드가 정상일 경우만 입장할 수 있도록 한다. 상황에 따라 전 직원에
대한 핵산검사도 실시한다. ⑤ 마트 직원은 근무 시 반드시 마스크를 착용하며 고객은
마트 진입 시 반드시 마스크를 착용한다. ⑥ 마트 근무자는 반드시 개인 손 위생을
철저히 한다. ⑦ 마트 내에서 관계자들은 1m 이상의 거리두기를 유지하여 사람 간

을 동시에 차질 없이 진행하는 데 중요한 역할을 하였다. 2020년 11월 8일 센터는 아르헨티나 교민들을 대상으로 방역 마스크 기부 행사를 진행하여 총 4만 장의 방역 마스크를 배포했다.[56] 11월 15일 오후 센터 북부 지부에서는 아르헨티나 북부 투쿠만시에 방역물자를 배포하여 현지 교민들의 방역을 지원했다. 쫭융장(莊永章) 센터 지부 주임은 "코로나19 발생 이후 옌샹싱 아르헨티나 화조센터 주임은 줄곧 북부 각 주의 코로나19 발병 상황을 예의주시했으며 최근 북부 누적 확진자 수가 최고기록을 경신하자 즉각적으로 방호 마스크 2만 장을 보내와 북부 센터 지부의 방역을 지원해주었다"고 전했다.[57] 2020년 12월 아르헨티나 화조센터는 현지

밀집을 방지한다. ⑧ 마트 내 거래 시간을 축소시켜 불필요한 대기시간을 줄인다. 여건이 되는 경우 온라인 소비 플랫폼을 이용하여 '비대면 배송'을 실시한다. ⑨ 마트 주요 근무자(계산원, 판매원, 상품관리직원, 청소부, 경비원 등)에 대한 방역을 강화한다. ⑩ 각 마트는 통풍을 자주 시행한다. 중앙 공조기 통풍시스템 설비 부품은 매주 세척, 소독 또는 교체한다. ⑪ 마트 내부 손 세척 시설이 정상적으로 작동하도록 운영한다. 알코올 손 소독제를 비치하고 여건이 가능하면 자동 센서 소독기를 설치한다. ⑫ 냉동식품에 대한 관리를 강화한다. 제품 반입 관리를 철저히 하며, 수입상품의 경우 검역증명서와 해당 배치(batch) 제품에 대한 핵산검사보고서를 확인한다. ⑬ 핵심 구역 위생을 강화한다. ⑭ 물체 표면에 대한 청소, 소독을 강화하고 기록한다. 고객 유동량에 따라 소독 횟수를 늘린다. ⑮ 마트 직원 근무복을 소독 관리한다. ⑯ 마트 청소도구를 소독 관리한다. ⑰ 마트 쓰레기통을 소독 관리한다. ⑱ 마트 쓰레기는 적절히 처리한다. 쓰레기 임시 보관 구역 주변은 매일 1회 이상 소독하며 청결하게 유지한다."

56) 「阿根廷華人網：阿根廷華助中心向旅阿僑胞發防疫物資」, https://www.chinaqw. com/hqhr/2020/11-09/275504.shtml

57) 「助力僑胞抗疫 阿根廷華助中心北部分中心發放防疫物資」, http://ar.fjsen.com/2020-11/16/content_30543547.htm
이 외에도 센터 지부는 연화청온캡슐 420상자, 청폐배독탕 1,400개, 마스크 5만 장을 구입하여 각 주, 시 교민들에게 나누어 발송하였다. 줘주순(卓主順) 센터 지부 집행 주임은 "우리 북부 센터 지부는 긴급 구호 지원 사업에 최선을 다할 것이며 교민들과 함께 힘을 모아 '도움, 사랑, 융합, 보답(幫扶關愛, 融入回饋)'이라는 화조센터의 설립 취지를 실천하여 북부 각 도시 교민들이 어려움에서 벗어날 수 있도록 도울 것이다"라고 말했다.

중국인들에게 방역을 강화하여 코로나19 재확산에 대비해야 한다는 안내
문을 보냈는데 주요 내용은 다음과 같다.

> "① 경각심을 늦추지 않고 철저한 방역을 실시한다. 자신과 타인의 건
> 강을 지키기 위해 '3密'을 피한다. ② 불필요한 외출과 여행을 하지 않는
> 다. 모임 활동을 피하고 불필요한 외출 및 여행은 자제한다. ③ 의심 증상
> 이 있거나 확진자와 밀접 접촉했을 때에는 외출하지 않고 재빨리 소재지
> 병원에 연락하여 지침에 따라 검사를 받는다. 확진 판정을 받으면 치료에
> 적극 협조하고 소재지 방역 조치를 준수한다."[58]

2021년 2월 1일 아르헨티나 화조센터와 아르헨티나 화인 방역자원봉사
단체는 주 아르헨티나 중국 대사관의 위탁을 받고 부에노스아이레스 차이
나타운에서 방역 '춘절키트'를 나누어주었다. 그 전에도 코르도바와 로사
리오 센터 지부에서 현지 교민들에게 대사관 '춘절키트'를 여러 차례 배포
한 바 있다. 이번에는 '춘절키트' 1,000개를 준비하였는데, 안에는 방호
마스크, 장갑, 물티슈, 소독제, 연화청온캡슐이 들어있었다.[59]

③ 브라질

3월 13일 브라질 보건부는 상파울루와 리우에서 코로나19 지역사회 감
염이 이미 발생했음을 확인한 후, 전염병 경보 단계를 3단계인 '긴급 상황'
으로 상향 조정하였다. 이에 브라질에서 전국적 영향력을 지닌 교민단체
이자 상파울루 화조센터를 맡고 있는 브라질 화인협회도 나날이 심각해지
는 코로나19 대응을 위해 행동에 나섰다. 화인협회는 안내 공지를 통해

---

58) 「華助中心提醒在阿中國公民務必加強疫情防護和安全防範」, http://52hrtt.com/
   ar/n/w/info/A1605687352544
59) 「新年特殊禮物：駐阿使館向當地僑胞發放"春節包"」, http://www.chinaql.org/n1/
   2021/0201/c431600-32019127.html

브라질 전체 교민들에게 불필요한 이동과 사람들이 밀집하는 장소에 가는 것을 자제하고 정부의 방역 조치에 협조하여 집에 머물며 개인 방역을 철저히 할 것을 당부하였다. 브라질 화인협회는 브라질 교민 대표들의 모임으로 브라질 각 교민단체의 주요 대표들이 모두 협회에 소속되어 있다. 게다가 현지에는 중국의 각 성(省), 시(市), 현(縣), 향(鄕)뿐 아니라 행정촌 출신까지 모두 동향회 조직을 갖추고 있어 모두가 크고 작은 위챗 단체 대화방을 만들었다. 이러한 채널을 통해 모든 브라질 교민들에게 빠짐없이 정보를 전달하고 교민들도 문제가 생겼을 때 신속하게 화인협회에 연락할 수 있었기 때문에 화인협회는 교민사회 방역에 있어 매우 중요한 역할을 했다.[60]

(4) 아프리카 지역

① 남아프리카공화국

중국에서 코로나19가 발생한 후 남아프리카공화국 화인경민 협력센터(華人警民合作中心, 화조센터)는 '2不 1要(중국 귀국 전이면 귀국하지 않기, 이미 귀국한 경우 잠시 남아공으로 돌아오지 않기, 남아공에 온 교민은 자가격리하기)'를 위챗 정보 및 공지사항으로 만들어 교민들에게 전달했다. 3월 5일부터 남아공 확진자가 급증함에 따라 화인경민협력센터는

---

60) 브라질 화인협회는 교민들의 코로나19 방역을 위해 다음과 같은 조치를 했다. 먼저 우한 코로나 대응 일선 전문가와 브라질 병원 의사들이 경험을 교류할 기회를 만들었다. 또 중국 국내 성, 시 병원들과 연계하여 교민들에게 무료 온라인 진료 서비스를 제공했으며, 확진 또는 의심환자 교민들이 진료, 검사를 받을 수 있도록 병원을 안배해 주기도 했다. 이 외에도 협회는 45만 헤알의 기부금으로 중국에서 마스크 등 방역물품을 구입하여 상파울루 교민뿐 아니라 현지 정부 기관과 상파울루 소재 병원에도 기부하였다. 중국 국내의 성, 시 정부와 기업들 또한 브라질 화인협회를 통해 브라질 교민들에게 물품을 기부하였는데 여기에는 마스크 등 방호 물품뿐 아니라 연화청온, 감초차 등 코로나19 예방치료 효과가 입증된 중약도 포함되었다.

신속하게 행동에 나섰다. 먼저 안내 공지를 통해 교민들에게 남아공 코로나19 상황을 예의 주시하고 현지 법규를 준수하며 개인 방역을 철저히 해달라고 당부했다. 또한 화인 점포는 임시 휴업하고 자가 격리할 것, 정상 영업을 하는 점포는 비접촉 체온계를 구비하고 전 직원을 위한 마스크를 구입할 것 등을 안내했다. 3월 27일부터 남아공은 21일간 전국적인 락 다운을 시행했고 여러 금지령도 잇따라 발표했다.61)

② 탄자니아

2019년 9월 주 탄자니아 중국 대사관과 화조센터의 호소 하에 해외 보안기업인 화위엔웨이스(華遠衛士) 탄자니아 지사는 응급구조 차량을 구입한 바 있는데, 각종 긴급의료설비와 약품을 모두 갖추고 있어 이번 방역 활동에서 매우 중요한 역할을 발휘했다. 해당 차량은 긴급 의료 사태 발생 시 동원되어 신속하고 효과적으로 환자를 구조하며 탄자니아에 있는 중국 국민의 생명과 안전을 지켰다.62) 2020년 4월 말 탄자니아에 있는 화인

---

61) 「海外僑團凝聚起強大戰疫力量(僑界關註)」, http://www.chinaql.org/n1/2020/0501/c419650-31695513.html, 락 다운 기간 동안 현지 교민들의 안전과 일상생활을 보장하기 위해 요하네스버그에 있는 화인경민협력센터 본부는 센터 사무실과 차이나타운에 20명 이상의 무장경비를 24시간 배치하여 현지에서 어려움에 직면한 교민, 유학생, 중국기업을 지원했다. 동시에 남아공 각 주, 시에 분포된 기타 12개의 화인경민협력센터 역시 해당 지역 교민 지원에 힘썼다. 오갈 곳 없는 차이나타운 교민을 위해 가족과 연락을 취해주었으며 채소, 과일 등 식품을 지정 배송하는 농장 교민을 위해 통행증을 발급하고 생활이 어려운 교민에게는 약품 및 생활용품을 배송해 주었다. 화인경민협력센터는 남아프리카공화국 현지 방역을 위해서도 힘을 아끼지 않았다. 마스크와 식품 확보에 총력을 다했고 이를 현지 경찰국과 빈곤 가정에 전달하였다. 또 중국 국내의 교민 관련 부처와 남아공의 기타 교민단체가 화인경민협력센터에 기부한 마스크도 모두 경찰국과 군대에 전달하였다. 화인경민협력센터의 지휘하에 남아공에 있는 교민들도 적극적으로 도움의 손길을 내밀었다. 예컨대 많은 교민들이 자신의 마스크를 현지 경찰과 의료진, 환경위생근무자에게 양보하였고 농장을 운영하는 교민의 경우 배송 채소를 평소 2/3 가격으로 제공했다.

중 처음으로 확진자가 발생했다. 탄자니아에 있는 화교·화인 건강과 안전
을 위해 탄자니아 화조센터는 주 탄자니아 중국 대사관의 지원으로 중국
국내에서 연화청온캡슐을 구입하였고 5월 9일 연화청온캡슐 총 1,200상자
를 1차로 배포하여 현지 교민들의 불안감을 해소해주었다.[63] 6월 말 중국
국내 코로나19 상황이 안정화되는 것과 달리 해외에서는 확산이 계속되자
중국치공당중앙위원회(中國致公黨中央委員會)는 탄자니아 화조센터에
방호복 2,000개, 마스크 2만 장, 의료용 장갑 만 개, 일반 방호 장갑 만
개를 기부하여 탄자니아 교민들의 코로나19 극복에 큰 도움을 주었다.[64]

③ 보츠와나

2020년 7월 7일 보츠와나 화교·화인 총상회와 가보로네 화조센터는
'보츠와나 코로나19 대응 기금'에 기부를 했는데 당시 보츠와나 부통령이
기부전달식에 참석하여 감사를 표했다. 후중원(胡中文) 보츠와나 화교·
화인 총상회 회장 겸 가보로네 화조센터 주임은 이미 40만 달러의 기부금
을 모았으며 이번에 그중 일부를 보츠와나 코로나19 대응 기금에 기부하
였고 남은 기부금은 각종 물자 구입 또는 현금으로 다른 기관을 지원하는
데 사용할 예정이라고 밝혔다.[65] 순궈핑 나이지리아 라고스 화조센터 주

---

62) 「抗擊疫情, 馳援祖國, 海外華遠衛士在行動」, http://www.huayuanweishi.com/news/
company/2020/0212/531.html, 2020년 초 주 탄자니아 중국 대사관의 왕커(王克) 대사
와 쉬천(徐晨) 공사 참사관의 지휘하에 해당 지사는 화조센터를 전력으로 도와 코로나
19 기간 탄자니아에 온 화교·화인들을 대상으로 체온 측정, 코로나19 선별 작업을
시행했으며 코로나19 선별검사소의 방호 장비 비치, 현장소독 등에 대한 기준을 마련
하기도 했다. 또한 감독·검사시스템을 동시 가동하고 일일 순찰, 일일 통보, 일일
브리핑 제도를 시행하여 검사 및 통제 효과를 높였다.

63) 「坦桑尼亞華助中心為在坦華人華僑發放連花清瘟膠囊」, http://k.sina.com.cn/article_
1655444627_62ac1493020017h1o.html?from=local

64) 「抗疫同心感恩有你---中國致公黨中央委員會誌願僑胞抗擊疫情」, http://www.
qiaowang.org/m/view.php?aid=13124

임은 나이지리아 화교·화인들에게 개인 방역 강화, 방역 및 격리 지침 실천, 불필요한 외출 자제 등 철저한 방역을 이행해달라고 당부하였다. 또 라고스 화조센터, 각 교민단체, 중국계 기업들은 방역 지식의 홍보와 교육 등 코로나 대응을 강화하기 위해 나이지리아 공동 방역 그룹대화방을 만들었다. 이 외에도 센터는 호텔 객실을 격리시설로 제공하여 나이지리아에 방문한 화인의 생활 안정을 지원했다.[66)]

Ⅳ. 화조센터가 직면한 문제와 소결

1. 코로나19 대응 중 해외 화조센터가 직면한 문제

상술한 바와 같이 화조센터는 코로나19 기간 해외 화인사회의 긴급대응에 매우 중요한 역할을 했다. 이제 화조센터의 이러한 역할을 어떻게 시스템화, 일상화할 것인가가 앞으로 중국 관련 부처가 고민해야 할 문제이다. 특히 주목해야 할 것이 최근 서양 언론에서 '중국위협론'이 지속적으로 제기되고 있는 상황에서 화조센터가 국무원 교무판공실에서 지정 및 자금지원을 하는 데다 소재국 중국 대사관 및 영사관과 긴밀한 협력을 하다 보니 센터를 '다른 시각으로 해석하는' 언론이 생겼고 결국 이것이 화조센터의 사업 전개에도 부정적인 영향을 끼치고 있다는 점이다. 일례로 남아프리카공화국 현지 언론에서는 화인경민협력센터(화조센터)를 '중국 경찰국'이라 부르기도 했다. 자칭 'EFF 지지자'라는 사람은 트위터 계

---

65) 「博茨瓦納副總統感謝當地華僑華人助力抗疫」, https://www.sohu.com/a/406416053_114731?_trans_=000014_bdss_dkmgkyhd

66) 「胸懷大愛, 拉各斯有個華助中心」, http://epaper.comnews.cn/xpaper/news/267/3410/17108-1.shtml

정에 5개의 글을 연달아 올리며 '중국 경찰국'을 폐쇄해야 한다고 주장했다. 또 "중국이 남아공에 '소중국'을 건설하는 것을 용인하면 우리 조국은 어떻게 지킬 것인가?"라고 말했다.[67] 2018년 3월 중국 공산당 중앙위원회는 〈당과 국가기관의 개혁 심화 방안(深化黨和國家機構改革方案)〉을 발표하며 교무판공실을 중앙통전부(中央統戰部)에 편입시켰다. 교무판공실이라는 단일 기관을 없앤 것인데, 이는 또 한 번 서양의 일부 언론을 '당황'하게 했다. 8월 6일 『뉴욕타임스』는 '중국이 화교와 화인의 경계를 점차 모호하게 만들고 있다'라는 글을 실었다. 8월 26일 구미 국가의 일부 언론은 미국 국회의 '미·중 경제 및 안전 심사 위원회' 보고서 내용을 보도하였는데, 여기에서는 '중공의 통일전선 전략은 각종 방법을 동원하여 해외 화인사회, 외국 정부, 기타 참여자에 영향력을 행사하여 베이징 우선 정책을 지원하게 하는 활동이다'라고 말하고 있다.[68] 물론 이러한 내용은 서양 사회에 잔류하는 인종차별, 중국 사회주의제도에 대한 적대감과 배척 그리고 '중국위협론' 등에서 야기된 중국 교무 정책에 대한 억측이자 트집 잡기이다. 하지만 이는 결국 화조센터의 향후 발전에 부정적 영향을 끼칠 수밖에 없다.

이 외에 해외화조센터는 대부분 예산과 인력 부족 문제에 시달리고 있다. 2005년 중국 재정부가 외교부에 '영사 보호 전문경비' 항목을 마련하긴 했지만 고정된 예산보충시스템이 없다 보니 2015년 말 기준으로 경비는 고작 3,000만 위안밖에 되지 않았다.[69] 이에 비교해 영국은 2014~2015년 재외국민 경비지출이 5,400만 파운드,[70] 같은 기간 오스트레일리아 영

---

67) 「中国在南非建警察局？外媒都看不下去了」, https://news.sina.com.cn/o/2018-11-13/doc-ihmutuea9856029.shtml

68) 朱維群, 「描黑中國僑務工作, 用心何在」, 『环球时报』, 2018.8.30.

69) 夏莉萍, 「中國領事保護需求與外交投入的矛盾及解決方式」, 『国际政治研究』, 2016. 第4期 참고.

사 서비스(여권 업무 제외) 경비 예산은 8,957만 7천 호주 달러였다.[71] 하지만 중국의 경우 2016년 외교부 총예산 93억 5천만 위안 중 영사관리 업무 경비가 7,320만 위안에 그쳤다.[72] 이처럼 예산이 부족하다 보니 해외 부처, 대사관 및 영사관의 화조센터에 대한 자금지원은 제한적일 수밖에 없고 결국 센터 운영은 현지 교민단체나 교민 대표들의 모금과 활동에 의존할 수밖에 없는 실정이다. 코로나19가 여전히 세계적으로 확산되고 있는 상황에서 이러한 실정은 화조센터의 관련 사업 추진에 부정적 영향을 줄 것이 분명하다.

그뿐만 아니라 인력 부족 역시 해외화조센터가 해결해야 할 중요한 문제이다. 상근 인력이든 단기 자원봉사자이든 인력 부족 자체는 화조센터 서비스 수준 제고와 사업 확대를 제약하는 요소이다. 탄티엔싱(譚天星) 국무원 교무판공실 부주임은 인력 부족과 인력의 자질 부족이 화조센터의 발전을 저해하고 있다고 말한 바 있다.[73] 장잉룽 지난(暨南)대학교 교수는 유능한 봉사자나 지원자를 채용할 수 있는가는 화조센터 업무 효과와 직결되는 문제라고 말했다.[74] 사실 화조센터는 운영을 시작한 지 이제 6년 밖에 되지 않았다. 때문에 아직 화조센터에 대해서 잘 모르는 교민이나 현지인들이 많다. 이에 따라 각 화조센터는 홍보사업을 더 강화하여 더 많은 사람에게 화조센터를 알리고 신뢰감을 높여 그들이 화조센터의 일원

70) "Foreign and Commonwealth Office, Annual Report and Accounts: 2014-2015", https://www.gov.uk/government/publications/foreign-and-commonwealth-office-annual-report-and-accounts-2014-to-2015, June 29, 2015.

71) Australian Department of Foreign Affairs and Trade, *Department of Foreign Affairs and Trade Annual Report*: 2014-2015, p. 258, http://dfat.gov.au/about-us/publications/corporate/annual-reports/annual-report-2014-2015/dfat-annual-report-2014-15.pdf, 2015.10.14.

72) 崔守軍,「中國海外安保體系建構芻議」,『国际展望』, 第3期, 2017, 82쪽.

73) 「華助中心」: 為僑服務一直在路上」,『人民日報』(海外版), 2018.1.17.

74) 「解難事、做好事、辦實事 "華助中心"溫暖華人心)」,『人民日報』(海外版), 2019.07.01.

으로 참여해 함께 사업을 도울 수 있도록 해야 할 것이다.

2. 소결

시진핑 국가주석은 일찍이 1990년대 '대교무(大僑務)' 구상을 제시했다. 즉 화교·화인에 대한 업무를 잘 이행하기 위해서는 업무 능력, 내용, 대상, 범위, 방식 등 부분에 있어 '대교무'로의 전환이 필요하다고 강조하며 각 분야의 자원과 힘을 통합하여 화교·화인 업무를 잘 이행할 것을 요구했다. 또 코로나19 발생 후 시진핑 주석은 프랑스 마크롱 대통령에게 코로나19 상황에 대한 위문을 전하며 처음으로 '인류보건 건강공동체 구축'이라는 인류 미래와 직결된 중요한 구상을 제시하였다. 화교·화인은 '일대일로' 건설의 적극적 참여자로서 '인류보건 건강공동체'를 구축하는 데도 중요한 역할을 발휘할 것이다. 전 세계적으로 코로나19 상황이 나날이 심각해지고 있다. 중국이 해외안전시스템을 구축하는 과정에서 해외교민의 자원과 네트워크를 장점으로 활용하고 해외교민단체가 '안전의 지렛대' 역할을 발휘하도록 한다면 화교·화인들의 합법적 권익을 효과적으로 보호할 수 있을 뿐 아니라 해외 화인사회의 공공보건위기 대응 능력도 제고시킬 수 있을 것이다.[75] 화조센터는 영향력과 공신력을 가진 교민단체를 기반으로 설립되었다. 우리는 해외화조센터의 능력을 한층 더 강화하여 이들이 해외 교민사회의 코로나19 극복에 대체 불가한 역할을 발휘할 수 있도록 해야 한다.

---

75) 崔守軍, 「中國海外安保體系建構芻議」, 『国际展望』, 第3期, 2017, 96-97쪽.

| 참고문헌 |

宗芸芳, 「危機管理 以人爲本─〈國家突發公共事件總體應急預案〉簡介」, 『安全』, 第1期, 2006.

盧文剛・黃小珍, 「中國海外突發事件撤僑應急管理研究--以"5・13"越南打砸中資企業事件爲例」, 『東南亞研究』, 第5期, 2014.

鍾龍彪, 「保護中國公民海外安全與權益研究綜述」, 『求知』, 第11期, 2011.

夏莉萍, 「中國領事保護需求與外交投入的矛盾及解決方式」, 『國際政治研究』, 第4期, 2016.

崔守軍, 「中國海外安保體系建構芻議」, 『國際展望』, 第3期, 2017.

朱維羣, 「描黑中國僑務工作, 用心何在」, 『環球時報』, 2018.08.30.

"華助中心": 爲僑服務一直在路上, 『人民日報』(海外版), 2018.01.17.

解難事・做好事・辦實事 "華助中心"溫暖華人心, 『人民日報』(海外版), 2019.07.1.

"Foreign and Commonwealth Office, Annual Report and Accounts: 2014-2015", https://www.gov.uk/government/publications/foreign-and-commonwealth-office-annual-report-and-accounts-2014-to-2015, 2015.06.29.

Australian Department of Foreign Affairs and Trade, Department of Foreign Affairs and Trade Annual Report: 2014-2015, p.258, http://dfat.gov.au/about-us/publications/corporate/ annual-reports/annual-report-2014-2015/dfat-annual-report-2014-15.pdf, 2015.10.14.

포스트 코로나 시대 말레이시아 경제가
직면한 충격과 기회
: 중소기업 화상을 사례를 중심으로

● 러우야투 婁雅圖 ●

Ⅰ. 들어가는 말

2020년 코로나19가 전 세계를 강타했다. 확진자는 연일 신기록을 경신하며 각국 국민을 고통으로 몰아넣었고 세계 경제에는 '일시 정지' 버튼이 눌러졌다. 아시아의 중요한 경제 국가인 말레이시아도 예외는 아니었다. 정부가 방역에 최선을 다하고는 있지만 코로나19로 인해 경제는 여전히 낙관하기 어려운 상황이다. 첫째, 코로나19 펜데믹 이후 각국 코로나 확산이 복잡한 양상으로 발전하고 정치, 경제 전반에 걸쳐 불확실성이 극도로 커지면서 투자 심리 위축과 투자 지속성에 대한 신뢰 하락을 일으켰다. 동시에 외수불황은 말레이시아 대외무역과 주식 금융 및 자본시장을 한층 더 요동치게 했다. 둘째, 코로나19 확산을 효과적으로 통제하기 위해 말레이시아 정부는 국가 실정을 고려하여 MCO 2020 Malaysia movement control order, '行動管制令(이동제한명령)' 또는 약칭 '行管令' 즉, '이동제한명령'을 발표했다. 이후 이동제한명령이 여러 차례 연장되면서 국민

---

* 말레이시아 말라야대학 정치학과 박사과정.

의 이동과 교통 운송은 심각한 제약을 받았고 소비와 생산이 동시에 급감해 국가 경제 운영에 부담을 가중시켰다. 코로나19 확산 저지에 총력을 기울이는 과정에서 대규모 기업 활동의 단계적 중단은 불가피한 현상이었다. 이는 말레이시아 국가 경제에 직접적 피해를 가져왔고 특히 말레이시아 경제에서 중요한 버팀목 역할을 하고 있던 중소기업들이 직격타를 입으면서 수많은 기업이 파산에 이르렀다. 말레이시아 재무부의 최신 통계에 따르면 말레이시아 국내 기업 중 중소기업은 70%를 차지하고 있다. 말레이시아 민족 중 유한회사 지분을 가장 많이 소유하고 있는 집단이 중국계이며, 이들 화상(華商) 자본의 90%가 바로 중소기업 자본이다. 중소기업은 국가 경제 구조 조정, 경제 모델 전환에 있어 그 지위와 역할이 나날이 중요해지고 있다. 유연성을 강점으로 하는 중소기업은 시장 혁신을 촉진하는 동시에 많은 일자리를 만들어내기 때문에 국민 일자리 창출의 중요한 매개체라 할 수 있다. 하지만 중소기업은 리스크 대응 능력이 떨어져 갑작스럽게 발생하는 위기에 매우 취약하다. 실제로 이동제한명령이 발표된 후 말레이시아 전국 60% 이상의 중소기업이 수익 제로를 기록했고 자금 여력 상 3개월 이상 버티기 어려운 상황이었다. 이러한 이유로 중소기업은 코로나19 경제 위기 속에서 훨씬 더 쉽게 타격을 받을 수밖에 없었다. 하지만 말레이시아는 경제 발달 수준, 국가 발전의 장기적 호전세, 강력한 경제 회생력 등으로 볼 때 여전히 성장 잠재력을 가지고 있는 나라이다. 아직은 정책 대응에 여유가 있는데다가 정부의 강력한 위기 대응 능력, 세계를 선도하는 의료수준, 높은 코로나 치료율을 보여주고 있기 때문에 코로나19로 인한 경제 충격과 중소기업의 생존 위기를 적절히 완화할 수 있을 것이다. 본고에서는 코로나19 발생 이후 중소기업이 직면한 거대한 도전과 생존 기회 그리고 충격의 규모와 경로를 중점적으로 연구해보고 적절한 대응책을 제시하고자 한다.

Ⅱ. 거시적으로 살펴본 코로나19 충격 속 말레이시아 내외부 경제

화상 중소기업은 말레이시아 국가 경제발전에 의존해서 성장해왔다. 말레이시아 중앙은행이 최근 발표한 경제보고서에 따르면 2020년 1~3월 말레이시아 GDP는 795억 달러로 2019년에 비해 0.7% 증가했다. 만약 코로나19 영향이 없었다면 3.9%~4.2% 성장률을 기록했을 것이다.[1] 데이터 분석에 따르면 말레이시아 GDP 성장률을 끌어내린 주요 요인은 수출량의 급감인데 2020년 1~3월 GDP 성장률을 4.7% 하락시켰다.[2] 빅데이터 분석에 따르면 GDP를 상승시키는 주요 방법은 개인소비와 정부소비를 늘리는 것이다. 정부가 가장 먼저 경기부양책과 개인소비 활성화 정책을 내놓은 것도 바로 이 때문이다. 본문에서는 세계적 배경과 말레이시아 국내적 배경이라는 2가지 측면으로 나누어 코로나19가 말레이시아 경제에 가져온 충격을 구체적으로 살펴보겠다.

1. 국제적 배경

말레이시아는 전형적인 수출 주도형 국가로서 대외 경제의존도가 매우 높다. 이 때문에 안정적인 외부환경은 말레이시아 내부 경제 발전에 매우 중요한 역할을 한다. 이번 코로나19 펜데믹은 전 세계 경제 침체와 대규모 금융시장 불안을 야기했다. 이러한 대외적 충격은 나비효과를 일으켜 말레이시아 국내 경제에도 커다란 영향을 주었다.

---

1) 今年首季馬來西亞經濟增0.7%, 中國新聞網, https://baijiahao.baidu.com/s?id=16665 74441900807537, 2020.05.13.

2) 絲綢之路國際合作工作委員會, 馬來西亞, http://www.sric.org.cn/A/?C-1-318.Html, 2020.10.16.

(1) 국가 핵심 경제 모델에 대한 위협

글로벌 공급체인 붕괴는 국가 핵심 경제 모델에 대한 위협을 가져왔다. 말레이시아는 세계 각국에 대량의 반제품을 공급한다. 주요 수출품은 팜유·저가 팜나무 제품과 전기·전자제품인데 총 수출액에서 각각 6.5%와 35%를 차지하고 있다. 말레이시아는 수출 주도형 국가이기 때문에 수출입에 대한 경제의존도가 매우 높다. 2019년을 기준으로 했을 때 전체 123.09% 중 수출의존도가 65.34%, 수입의존도는 57.75%를 차지했다. 하지만 중국을 제외한 말레이시아의 주요 무역 파트너인 미국, 싱가포르, EU 등은3) 아직도 코로나19 악재에서 벗어나지 못하고 있다. 나날이 악화되는 코로나로 이들 국가 모두 경제활동 재개에 어려움을 겪고 있어 수입 규모도 줄어들었다. 3월 말레이시아 수출은 전년 동기대비 4.69% 감소했으며 그 중 대미수출은 전년 동기대비 6.1% 감소했다. 대부분의 선진국이 거리두기 중심의 방역 조치를 채택하고 있어 수입 규모의 대폭 하락이 이어졌다. 이 때문에 반제품 수출의존도가 높은 말레이시아에서는 수많은 가공업체가 문을 닫았고 실업률은 급증하여 기업과 국민경제 부담이 한층 가중되었다.

(2) 금융시장의 극심한 변동이 일으킨 주가 하락

세계 최대 경제 대국인 미국의 연이은 서킷브레이커 발동으로 세계 주식시장은 폭락을 거듭했다. 여러 가지 시장 현상이 세계 투자 시장의 불안 심리를 가중시켰고 말레이시아 주식시장 역시 큰 타격을 받았다. 2월 말 말레이시아 주가가 15% 폭락한 것이 대표적인 사건이다. 그 후 말레이시아 증권관리감독위원회와 말레이시아 증권거래소는 현지시각 24일 공매도 금지령을 긴급 발표했고 이는 6월 30일까지 연장 시행되었다. 이러한 조치의 목표는 코로나19로 인한 세계적 불확실성과 변동성이 가져올 잠재적 리스크를 줄이고 말레이시아 자본시장의 안정을 꾀하는 것에 있다. 한편 미국 등 자본 대국은 이미 자산 매입 확대, 무제한 양적 완화 정책 등 경기부양책을 내놓았고 이는 전 세계 경제 시장의 불안 심리를 어느 정도 해소해 준 동시에 유동성 공급을 촉진했다. 이러한 국내외적 대응 노력으로 말레이시아 금융시장도 일시적이나마 안정을 되찾았다.

2. 말레이시아 국내적 배경

코로나19는 국민에게 바이러스 위협뿐 아니라 정부 방역 조치로 인한 고통도 가져왔다. 말레이시아는 2020년 3월 18일 사상 초유의 강력한 MCO를 실시함으로써 국내 코로나19 확산을 효과적으로 억제할 수 있었지만 심각한 경기 침체는 막을 수 없었다. 사람들은 집에 머무를 수밖에 없었고 기업은 조업을 멈출 수밖에 없었다. 거의 모든 경제 주체의 활동이 중단되었고 모든 가정에는 엄격한 외출 인원 제한이 적용되었다. 한 여론 조사에 따르면 프리랜서 응답자 중 절반이 일거리가 없다고 답했으며, 소득이 90% 감소했다는 응답자도 30%가 넘었다. 이동제한명령을 실시하는 동안 경제활동이 중단되면서 국가 경제 역시 제대로 운영되지 않았다. 기업은 오더가 들어오지 않았고 공장은 생산 원자재를 구할 수 없었으며 레스토랑은 휴업해야 했다. 그야말로 모든 경제활동이 멈춰섰다. 관련 기업 근로자들은 소득이 감소하거나 불안정해졌고 실업자로 전락하기도 했다.

(1) 서비스업에 닥친 한파

MCO가 수차례 연장되면서 가뜩이나 어려운 말레이시아 국내 항공, 관광, 요식업 등 서비스업의 고통은 배가 되었다. 데이터에 따르면 화폐 유통 속도가 가장 빠른 요식업의 경우 MCO 실시 기간 주문량이 급감하였는데 일부 지역은 감소폭이 95%에 달했다. 말레이시아 경제의 핵심인 관광업은 말레이시아에 400만 개가 넘는 일자리를 창출하며 GNP의 15% 이상을 차지하고 있었다. 하지만 MCO 실시 초기 관광객의 항공편 취소가 잇따랐다. 말레이시아 항공산업 관련 보고서에 따르면 2020년 1분기에만 아태지역을 목적지로 하는 항공편 예매가 전년 동기대비 거의 100% 감소한 것으로 나타나 관광객 수가 수직 하락했음을 알 수 있다. 2003년 사스가 발생했을 때 중국발 관광객 수만 17.42% 감소하였는데도 당해 말레이시아 관광업 손실이 40억 링깃에 달했다. 이번 코로나19의 경우 사스 보다 한층 더 사나운 기세로 전 세계 관광객의 급감을 야기한 만큼 관광업의 타격이 어느 정도 일지 충분히 예측할 수 있다. 말레이시아는 이미 '국가봉쇄' 조치를 통해 모든 해외 입국을 금지했다. 아시아 개발은행은 말레이시아 관광업 손실이 2.3~57억 링깃에 달할 것으로 내다보고 있다.

(2) 개인소비 침체

잠재적 실업 한파, 불확실한 경제 전망, 주민 기대 소득 및 지출 능력의 하락은 국민 소비패턴에 변화를 일으킬 것이고 이는 결국 소매유통업에 커다란 충격을 가져올 것이다. 아시아 개발은행의 2003년 사스 관측보고서를 보면 소매판매액 증가율이 매 분기 약 3%씩 하락했다. 코로나19의 경우 발생 기간이 길고 파급범위가 광범위하다는 특성상 악영향이 더 클 것으로 보고 있다. 말레이시아 자동차 업계 역시 이동제한명령, 소비자 신뢰 하락 등 요인의 영향으로 2020년 1분기 자동차 누적 판매량이 전년 동기대비 25% 하락하여 10만 6,428대를 기록했으며 4월 판매량은 거의 제로에 가까웠다.[4] 2020년은 말레이시아 자동차 업계에 험난한 해로 기록될 것이다.

Ⅲ. 코로나19가 화상 중소기업에 가져온 충격의 경로와 규모

1. 국내외 위협으로 이중고에 직면한 경제 환경

전 세계적인 여행금지령과 국내 정부의 강력한 이동제한으로 말레이시아 경제는 국내외적인 위협에 직면하게 되었고 국가 5대 산업은 모두 마이너스 성장을 기록했다. 특히 관광업은 말레이시아 정부가 주도하는 산업으로 말레이시아의 국가 핵심 산업이자 가장 강력한 경제 성장동력이다. 관광수입은 말레이시아 GNP의 15.2%를 차지하며 국내에 23.5%의 일자리를 창출했다. 2018년 기준 말레이시아를 찾은 관광객은 2억 명, 관광수입은 2,000억 링깃에 달해 연간 총수익 3위를 차지했다. 본래 2020년 초 마하티르 전 총리는 다섯 번째 말레이시아 방문의 해를 맞이하여 '해외 관광객 3,000만 명 유치 및 관광수입 1,000억 링깃 달성' 계획을 실행할 예정이었다. 국내외적 악재가 계속되는 상황에서 3월 18일 낸시 슈크리 말레이시아 관광예술문화부 장관은 성명 발표를 통해 정부가 방문의 해 행사를 취소하면서 말레이시아 관광업과 관련 중소기업이 더욱더 커다란 타격을 입었다고 말했다. 여기에 2020년 한 해 동안 거의 지속된 이동제한명령과 반복되는 국내 코로나19 유행까지 더해져 국가 핵심산업인 관광업의 고통은 한층 더 가중되었다. 올해 1~6월 말레이시아 관광업 손실은 이미 450억 링깃에 달했고 2020년 말 기준으로는 1,000억 링깃을 넘어섰다.

도·소매업, 요식업, 숙박업, 운송 창고업, 상업 서비스 등 관련 업종도

---

4) 受疫情影響,馬來西亞4月份汽車銷量幾近為零, 新浪財經, https://baijiahao.baidu.com/s?id=1665367405638191455, 2020.04.30.

불황을 피해갈 수 없었다. 서비스업은 말레이시아 GDP 중 58.1%를 차지하는 업종이다. 그러나 2020년의 특수한 상황으로 인해 서비스업 총생산액은 올 하반기 1% 축소될 것으로 보인다. 제조업은 MCO 실시로 인해 2020년 상반기 거의 모든 생산이 중단되었고 공급사슬 역시 끊겨 상반기에만 8.8%가 축소되었다. 농업 부문을 보면 팜유 재배와 고무 재배업은 코로나19 발생 전에 이미 가뭄으로 인해 생산량이 줄어든 상황이었다. 여기에 코로나까지 겹치면서 생산량은 더 줄어 상반기에만 총생산액이 3.9% 감소하였고 연간으로는 1.2% 감소할 것으로 보인다. 전 세계적인 락 다운 정책과 관광 및 운송 활동의 감소로 광업 수요도 급감했다. 광업 총생산액은 올해 상반기에만 11% 감소하였으며 연간으로는 7.8% 감소할 것으로 보인다. 2020년 기준 광업의 GDP 비중은 6.9%이다. 건축업은 이동제한명령 기간 공사가 전면 중단되면서 상반기에만 총생산액이 25.9% 줄었다. 하반기에도 감소 규모가 11.8%로 높은 수준을 유지할 것이며 연간 감소 규모는 18.7%가 될 것으로 내다보고 있다.[5] 장기간의 산업 공백은 해당 산업의 실적도 끌어내리고 있다.

(1) 정부 지원 부족과 차별적 대우

최근 말레이시아 정부는 자금조달, 직원교육, 컨설팅 서비스, 해외시장 개척, 세제 등 분야에서 여러 지원 정책을 내놓아 중소기업들의 자금 부담을 덜어주고 있다. 하지만 정책 시행 과정에서 화상 중소기업은 동등한 대우를 받지 못하는 등 인종차별이 심심치 않게 발생했다. 말레이시아는 중소기업을 대상으로 자금 대출, 기술 서비스, 비즈니스 플랜 자문을 제공하는 중소기업은행을 설립하고 신청 조건을 갖춘 중소기업에 27가지 대출

5) 馬來西亞五大領域, e南洋商報, 2020.11.10.

서비스를 제공하고 있다. 하지만 화상 기업이 실제로 신청 가능한 항목은 창업기금, 글로벌기금, 구매기금, 체인기금, 전문기금 5가지 밖에 없다. 중소기업은행은 5년간 1,230억 링깃의 자금을 조성하였으나 이 중 화상 중소기업에 돌아간 대출 규모는 526개 기업, 5억 5400만 링깃에 불과했다.

① 중소 소비재 기업

코로나로 직접적 타격을 입은 소비 하락은 단기간 내에 회복되기 어려울 것으로 보인다.

가장 먼저 피해를 입은 중소 소비재 기업은 생존 자체가 어려워졌다. 이미 주지하듯 가장 효과적인 방역 조치는 엄격한 거리두기 실시이다. 사람들의 이동과 모임을 줄이면 바이러스 전파를 효과적으로 막을 수 있기 때문이다. 하지만 기존 소비는 대부분 오프라인 매장을 통해 이루어졌기 때문에 국민의 외출에 대한 의존도가 높다. 이러한 상황에서 고강도 거리두기로 오프라인 소비가 단절되면서 주민 소비, 기업 생산 활동, 상품 판매가 모두 불가능해졌다. GDP 성장은 국민의 자발적 소비를 기반으로 하는데, 그중 상품과 서비스는 각각 50% 정도의 비중을 차지하고 있다. 이번 코로나19 발생 후 요식업, 문화 활동, 숙박, 장단기 여행 등 서비스 제공을 주요 사업으로 하는 중소기업은 당분간 영업 중단으로 자금 유동성 위기를 맞아 생존이 더 어려워질 것이다.

② 중소 무역업체

먼저 말레이시아 내부적으로는 정부의 강력한 거리두기, 락 다운, 기업 조업 중단 등 코로나19 방역 조치로 인해 노동력 부족, 물류 중단이 야기되면서 중소 무역업체의 주문량, 생산 및 공급 능력이 모두 크게 줄었다. 외부적으로는 코로나 펜데믹 이후 각국이 해외 유입 바이러스 차단에 나서면서 많은 국가 및 지역이 '국경봉쇄', '항공운항중단' 조치를 취했다.

그 결과 각국의 대외 무역 활동은 급감하거나 정체되었고 글로벌 산업체인은 일부가 아예 단절되는 등 정상적인 작동이 불가능해졌다. 이 때문에 중소 무역업체는 주문량이 거의 사라진 상태다.

(2) 생산과 판매 분야의 제한

출산율 하락과 해외 이민 증가로 최근 말레이시아의 중국계 인구는 지속적인 감소세를 보여 전체 인구에서의 비중도 하락하고 있다. 이에 따라 화상이 주도하고 있는 중소기업의 생산과 사업 분야도 크게 축소되고 있다.

말레이시아 국내 중국계 민족의 기원을 거슬러 올라가 보면 명청 시대에 이미 기록을 찾아볼 수 있다. 이들의 조상은 대부분 중국 푸젠(福建), 광둥(廣東), 광시(廣西), 하이난(海南) 등지에서 온 사람들로 먼 길을 따라 말레이시아까지 이주해 와 수 세대에 걸친 피나는 노력 끝에 현지에 뿌리내렸다. 말레이시아의 중국계 인구는 약 700만으로 말레이족에 이어 두 번째로 많다. 말레이시아 국가 통계국 데이터에 따르면 일찍이 1950년대 중국계 민족 비중은 말레이시아 전체 인구의 40%를 차지했으나(말레이시아 설립 후 편입된 싱가포르인, 사바인, 사라왁인은 미포함) 2000년대에 들어선 후 24.6%로 감소했다. 만약 지금과 같은 이민 증가세가 계속될 경우 2030년 말레이시아 중국계 인구 비율은 20% 미만으로 떨어질 것이다.[6]

(3) 높은 세금으로 인한 경영 부담

코로나19로 시장이 불안해지면서 안 그래도 높은 세금을 부담하고 있

---

6) 馬來西亞人口年齡結構圖, 世界銀行(華經産業研究院), https://m.huaon.com/detail
   /634037.html, 2020-01-16.

던 화상들은 살기가 더 버거워졌다. 말레이시아에서는 20% 정도밖에 되지 않는 중국계 인구가 전체 80% 세금을 부담하고 있다. 그럼에도 불구하고 말레이시아에는 중국계에 허용하지 않는 직업군이 많은 등 중국인에 대한 제약이 매우 많다. 예컨대 말레이시아 정부 부처에는 중국계가 거의 없다. 때문에 대부분의 현지 중국계 민족은 상업에 종사할 수밖에 없었고 말레이시아에 부를 창출하게 되었다. 많은 부가 중국계에게 집중된 것은 사실이지만 그만큼 이들은 매우 높은 세금 부담을 져야 한다. 하지만 이 과정에서 수많은 저소득층 중국계 인구까지도 높은 세 부담을 지게 되어 어려움이 커지고 있다.

Ⅳ. 말레이시아 정부의 대처 및 코로나19 시대 화상의 발전 기회

이동제한명령이 지속되는 상황에서 중소기업을 운영하는 화상들이 발전하기 위해서는 말레이시아 국내와 해외에서 기회를 찾는 수밖에 없다. 하지만 국내의 경우 이동제한명령으로 인해 소비력과 구매력의 단기적 회복이 어려운 상황이다. 또 정부 지원은 제한적인 데다가 그나마도 지원 신청을 하려면 오랜 시간과 복잡한 절차를 거쳐야 한다. 해외의 경우 구미 지역과 같이 경제가 비교적 발달한 지역은 코로나19 확산이 아직도 반복되고 있고 확진자는 연일 최고 기록을 경신하고 있다. 또 생산력과 경제가 언제 회복될지도 여전히 불투명한 상태이다. 하지만 중국은 코로나19 방역에 성공을 거두며 이미 생산 및 일상이 회복되었고 경제 성장률 역시 안정적으로 상승하고 있다. 따라서 말레이시아 화상 중소기업에게 중국은 최적의 투자대상이라 할 수 있다.

여기에서는 말레이시아 중소기업 화상에 주목하여 이들이 중국과 말

레이시아 국내에서 어떻게 발전 기회를 찾아야 할지 간단히 살펴보고자
한다.

코로나19로 인한 무역 급감은 중소기업의 정상적 운영과 생존에 엄청
난 도전을 가져다주었다. 하지만 코로나19로 글로벌 산업 사슬 분업이 재
조정되고 그 과정에서 중소기업이 국내 코로나19 조기 통제의 이점을 제
대로 활용한다면 새로운 산업 사슬에서 우위를 점할 수 있다. 또 말레이시
아 화상이 중국의 '일대일로' 전략과 '중국 - 아세안' 자유무역지대라는 지
리적 장점을 잘 활용한다면 그 '순풍'을 타고 말레이시아 화상 중소기업의
디지털 경제를 발전시킬 수 있을 것이다.

1. 말레이시아 정부와 중앙은행의 경기부양책

코로나19로 인한 경제 위기 대응을 위해 말레이시아 정부와 중앙은행
은 적극적 재정정책과 안정적 통화정책을 시행하여 두 요인의 상호작용을
통한 효과의 극대화를 꾀하고 있다. 먼저 정부는 경기 쇠퇴를 막기 위해
확대재정정책을 채택하여 대규모 국채를 발행하고 국민과 기업에 대한
재정지원을 확대하였다. 또 대대적 감세, 대출금 상환 연장 등의 경제 정
책을 폈다. 중앙은행도 정부 정책에 발맞추어 통화 완화 정책을 시행하여
예금금리를 인하하고 화폐 유통을 촉진했다. 즉 소비를 늘려 총수요량을
확대함으로써 소비 활성화와 기업 생존을 동시에 실현하고, 이를 통해 높
은 실업률과 경기폭락이 정치, 경제적 혼란으로 이어지는 것을 막겠다는
것이다. 또 정부는 거시경제 역주기 조절 정책을 통해 중소기업에 대한
지원을 더 강화하고 시장 심리 안정, 중소기업 부담 경감, 중소기업 활력
촉진을 실현해 중소기업의 코로나19 영향을 최소화하고자 노력하고 있다.
현 상황을 점검해보면 먼저 경제 하방압력과 코로나19의 반복 확산으로
수많은 기업이 타격을 입었고 재정지출은 늘어났다. 또 방역 기간 대부분

기업의 활동이 중단되면서 경영 효율은 떨어졌고 조세 수입은 감소했다. 이 두 가지 요인이 동시에 작용하면서 정부 부처 특히 레버리지 비율이 높은 지방정부의 경우 재정의 지속가능성이 약해질 것이다. 따라서 실정에 따라 재정 수익/지출 규모 및 구조를 적절히 조정하는 동시에 재정 적자율을 늘려 오프라인 기업 특히 중소기업에 대한 재정지원을 확대해야 한다. 또한 단계적인 감세 정책을 통해 기업의 부담을 완화해 주어야 한다. 구조적 측면에서는 중소기업에 집중된 감세 정책을 펴고 정부의 특별 자금을 잘 활용해야 한다. 중소기업은 리스크 대응 능력이 취약하므로 감세 정책을 기반으로 한 맞춤형 정책 지원을 확대해야 하는데, 특히 소비, 서비스, 무역 등 코로나19로 막대한 피해를 입은 중소기업에 대해서는 더 강력한 정책 지원을 제공해야 한다.

코로나19 초기 마하티르 전 총리는 '2020년 경제진흥방안' 실시를 발표했다. 이는 양질의 투자와 민생을 지원하는 200억 링깃 규모의 부양책으로 구체적인 실시 세칙을 보면 '조건에 부합하는 기업과 관련 취업자에게 보조금 지원, 고액 쿠폰과 감세 혜택 제공, 문화 예술 홍보 강화, 여행업과 요식업 경기 회복 추진' 등 조치가 포함되어 있다. 3월 말레이시아 정부는 2,500억 링깃 규모의 추가 경기부양책을 내놓았다. 새로운 경기부양책에는 기존의 진흥방안을 기반으로 하여 1,000억 링깃의 기업자금, 1,280억 링깃의 민생복지자금, 20억 링깃의 국가경제안정자금이 추가되었다. 무히딘 야신 총리는 이번 경제부양책으로 전 국민, 특히 소외계층에게 혜택이 돌아가도록 할 것이라고 말했다. 동시에 정부는 코로나19 확산 저지를 최우선 순위에 두고 보건부 예산을 확대하여 필요한 의료용품 및 의료설비를 구입하고 코로나19 방역에 참여한 모든 의료진, 경찰, 군인 등에게 지원금을 지급할 것이라고 했다. 이는 말레이시아 GDP의 18%에 달하는 역대 최대 규모의 경기부양책이다.

말레이시아 중앙은행은 코로나19로 인한 충격에 대응하기 위해 올해 여러 차례 OPR[7] 인하를 단행했다. 3월 3일 2.75%에서 2.5%로 인하한 것에 이어 5월 5일 다시 50bp를 인하하면서 기준금리는 2%까지 떨어져 2009년 2월 이후 단일 최대 하락폭을 기록했다. 그만큼 기업은 낮은 금리로 자금조달이 가능해졌다. 중앙은행은 이번 OPR 인하가 한층 완화된 통화환경을 제공함으로써 경제 성장과 물가 안정을 실현하는 데에 그 목적이 있으며, 앞으로 국내 경제와 인플레이션 전망의 리스크 항상성을 계속 예의 주시하겠다고 밝혔다.

코로나19와 외부환경 그리고 개인소비는 말레이시아 경제에 직접적인 영향을 주고 있다. 말레이시아의 경제발전을 위해서는 외부환경과 코로나19의 안정화가 필수적이다. 하지만 세계 수요 감소와 금융시장의 불안 그리고 정부 방역 조치가 경제의 발목을 잡고 있다. 말레이시아의 향후 경제 시나리오 전망을 보면 다음과 같은 3가지로 압축할 수 있는데 이는 3가지 가설을 기반으로 하고 있다. (1) 최상의 시나리오로 국내외 코로나 상황이 개선되고 국내 확진자도 감소한다는 가설이다. 국내외 환경의 불확실성이 제거되면서 말레이시아는 점진적으로 경제를 개방하고 기업도 조업을 재개한다. 국민은 방역보호구를 착용하면서 일반적 사회적 거리를 유지하는 등 새로운 일상에 적응하고 지속해서 이를 이행한다. 국민경제는 빠르면 3분기에 정상 회복하고 코로나19로 인한 영향은 최소화된다. (2) 다소 비관적인 시나리오로 필요한 방역 조치가 제대로 이행되지 않아 확진자는 계속 늘어나고 MCO도 계속 연장된다는 가설이다. 모든 경제활동은 정상 회복이 어려워지고 이는 악순환이 되어 회복세에 있던 경제에도 큰 타격을 입힌다. 이제는 전보다 훨씬 더 많은 시간을 쏟아야만 국가 경제 개방과 일상 회복이 가능해진다. 경제는 빠르면 2021년 1분기 회복 궤도에 오른다. 한편 사람들은 이미 두 차례에 걸쳐 MCO를 겪었기 때문에 일상

---

7) Overnight Policy Rate, 콜금리

방역 조치에 훨씬 익숙해진다. (3) 최악의 시나리오로 MCO와 제한적인 MCO가 장기간 유지되고 확진자가 지속적으로 늘어난다는 가설이다. 국내 실업률은 더욱 상승하고 개인소비는 큰 폭으로 하락한다. 경제는 정상적으로 운영되지 않고 기업은 자금줄이 끊겨 피해를 입거나 심지어 파산에 이르는데 기업 파산은 다시 실업률 증가로 이어져 악순환이 계속되면서 경제는 여러 분기 동안 계속 정체한다. 말레이시아의 향후 경제 전망에 대한 일반적인 시각은 2, 3번 시나리오에 무게를 두고 있다. 하지만 확실한 것은 앞으로 수개월 동안 경제는 계속 위축 양상을 보일 거라는 점이다. 기업은 시장 개방에 신중해질 것이고 미래 일자리와 가처분 소득에 대한 국민 신뢰가 하락하면서 개인소비도 더욱 신중해질 것이다. 현재 가장 큰 희망은 확진자 수 감소와 백신 접종 확대 후의 집단면역이다. 이것이 현실화되어 기업과 국민의 경제발전에 대한 신뢰가 증대되고 소비가 확대되어 경제가 원활히 운영되어야만 국제투자도 점차 늘어나고 국민경제가 회복될 것이다.

2. 화상의 '일대일로' 프로젝트 활용

화상 중소기업 네트워크는 해외 화상들이 시장, 상품, 활동영역, 공동이익을 기반으로 형성한 네트워크로 '일대일로' 프로젝트 참여 시 화상들이 활용할 수 있는 중요한 플랫폼이다.

글로벌 화상 네트워크 구축은 화상의 경제력 확대와 비즈니스 성공에 유리한 환경을 제공한다. 실제로 화상 중소기업 네트워크는 낮은 거래비용, 많은 거래량, 글로벌 네트워크 연결, P2P 결제 등의 장점으로 중소기업의 경쟁력을 높여주었다. 이번 사상 초유의 코로나19 사태 앞에서 많은 선진국이 자국의 경제 성장률 하락을 막기 위해 가장 먼저 선택한 것이 바로 무역보호주의였다. 게다가 경제 프레임이 새롭게 재편되면서 전통적 무역장벽만으로는 자국 기업을 효과적으로 보호하기 어렵게 되자 새로운 무역장벽이 생겨나기 시작했다. 현재 무역장벽은 세계 경제 발전을 저해하는 중요한 요인으로 작용하고 있다. 그러나 '일대일로' 정책을 통해 여러 국가를 위한 무역 네트워크를 구축한다면 경제적 약세에 있는 중소기업과 관련 기업가들이 잠재적 무역 위기와 투자 장벽 때문에 입는 피해를 어느 정도 줄일 수 있을 것이다. 또한 기업의 사업영역, 시장, 자원 등 관련 기업의 기본정보를 네트워크를 통해 국경에 상관없이 편리하게 공유하게 되면 운영비용 절감이 가능해져 최적의 비즈니스 조합을 만들어낼 수 있다.

중국의 '일대일로'는 이러한 모든 프로세스 진행함에 가장 중요한 매개체이자 21세기 중국이 세계에 내놓은 가장 중요한 국제 공공재로서 개방성, 포용성을 특징으로 한다. 역사적으로 고대 실크로드와 유라시아 상업권은 무역과 이민을 동반하며 형성 및 발전하였다. 또 화상의 경제활동이 고대 실크로드를 따라 이루어지면서 인접 국가의 경제발전이 촉진되었다. 이로 볼 때 화상들이 오늘날 '일대일로' 건설에 적극적으로 참여하는 것은 과거 역사의 재현이라 할 수 있다.

화상이 상업에 종사한 역사는 매우 유구하다. 오랜 시간 동안 상업에 종사한 화상은 견고한 기반과 풍부한 정치적, 상업적 자원을 일구었다. 이들은 말레이시아와 중국 문화에 모두 익숙하고 말레이시아 정서뿐 아니라 다민족 생활의 풍습에 대해서도 매우 잘 알고 있다.[8] 게다가 강력한 경제력과 산업 우위를 점하고 있어 '일대일로' 추진을 위한 다국적 협력과정에서 유연한 소통자이자 조율자 역할을 할 수 있다.

첫째, 화상을 주체로 하는 중소기업 네트워크는 '일대일로' 프로젝트 협

---

8) 鄭文標, 「海外華商與一帶一路協同發展」, 『中國社會科學報』, 2020.01.16, 4쪽.

력의 교량으로서 두 가지 역할을 할 수 있다. 첫째는 본국과 해외 국가 간의 협력을 촉진하는 역할이다. 화상은 기존의 사업 네트워크를 이용하여 중국기업의 '현지 진출'을 도울 수 있고 프로젝트를 신속하게 진행시켜 양국 간 협력을 가속화시킬 수 있다. 둘째는 각 지역 이익 집단 간의 조율자 역할이다. '일대일로' 건설은 '공동 협의, 공동 건설'을 원칙으로 하고 있다. 화상은 프로젝트에 직접 참여할 수 있을 뿐 아니라 현지 기업단체와의 교류 협력 과정에서 조율자 역할을 하여 더 많은 본국 기업의 투자를 이끌어낼 수 있다.

둘째, 화상은 '일대일로' 사업을 진행하는 중요한 인력자원으로서 싱크 탱크 역할을 할 수 있다. 이는 말레이시아 화상이 특수한 언어적 강점을 가지고 있기 때문이다. 이들은 독특한 역사적 배경을 가진 데다가 다민족 사회에서 성장하였기 때문에 여러 가지 언어를 구사한다. 즉 탁월한 언어적 소통능력을 가졌을 뿐 아니라 중국과 말레이시아 문화에 모두 능통하다는 점은 말레이시아 화상이 가진 매우 중요한 장점이다. 게다가 대부분의 화상은 높은 교육 수준을 가지고 있어 '일대일로' 참여는 이들에게 더 좋은 일자리와 창업 기회를 창출할 것이다. '일대일로' 건설과 관리에 인접 국가 화상들이 직접 참여하여 양자 간 교류를 촉진하는 것은 말레이시아 사회 발전에 중요한 공헌을 하게 될 것이다.

셋째, 화상이 가진 인적 네트워크는 '일대일로' 개념의 전파에 유리한 여론 환경을 마련해준다. 화상은 '일대일로'를 전파하는 목표이자 주체이다. 해외 화상들은 '일대일로 구상'을 이해, 공감하는 인접 국가들에 대해서는 '일대일로' 정책에 참여할 수 있도록 촉진제 역할을 하고, '일대일로'를 잘 이해하지 못하거나 반대하는 지역 집단들에 대해서는 화상의 인적 네트워크를 활용하여 현지 언론 및 지역기업과의 소통 및 협력을 강화함으로써 좋은 여론 환경을 마련할 수 있다.

말레이시아 화상 중소기업은 말레이시아 '일대일로' 프로젝트의 중요한 협력 파트너이기도 하다. 먼저 현지 산업 사슬에 깊은 뿌리를 내리고 있는 화상은 정치, 경제적 장벽을 낮출 수 있기 때문에 일대일로 프로젝트를 현지 산업 사슬과 순조롭게 연계시켜 현지 수요 구조에 안착시킬 수 있다.

둘째, '일대일로' 화상 중소기업 연맹을 발전시킨다. 사업영역이 유사한 기업 간의 지역을 초월한 협력은 경제 상호보완성과 발전잠재력 상호 제고라는 '일대일로' 취지에 부합하며 국제산업표준 및 기업의 초국가적 발전에도 도움을 준다. 예컨대 화상은 '실크로드' 관광노선 개발을 중개하고 관광자원의 이익을 공동 개발, 공유할 수 있다. 또 럭셔리 크루즈 여행과 결합시켜 완전한 브랜드 사슬을 만들고 더 나아가 말레이시아 관광을 중심으로 세계와 중국 실크로드를 연결하는 관광 경제회랑을 구축할 수 있다.

셋째, 시범 플랫폼을 구축한다. 중국기업이 사업에 참여하는 과정, 규모, 효과를 보여주는 동시에 새로운 프로젝트의 도입 및 홍보와도 연계시켜 시범 효과를 일으킨다면 더 많은 비즈니스 고객을 유치할 수 있을 것이다.

넷째, 세분화된 화상 중소 비즈니스 매칭 센터를 설립하고 회원을 위한 싱크탱크 플랫폼을 만들어 최신 정보를 실시간 공유하는 정보서비스 플랫폼으로 활용한다. 투자이념, 무역거래, 원산지 직접 판매 등 다양한 시각에서 P2P 컨설팅 및 지원 서비스를 제공하여 투자 의향이 있는 사람들에게 양질의 매칭 서비스를 제공하고 관련 사업 리스크 평가도 진행한다. 또 프로젝트별 맞춤형 마케팅 전략을 제공하여 중소기업의 사업과 관리를 업그레이드시키고 지속 가능한 발전이 가능하도록 한다.

다섯째, 본국과 중국에 '일대일로' 참여 기업 최신 정보 공유를 적극 신청한다. 업종 카테고리, 기업 소재지에 따라 관련 기업의 기본정보를 통합하여 중소기업에게 서비스를 제공할 수 있는 글로벌데이터플랫폼을 구축한다. 이를 기반으로 '일대일로' 프로젝트와 본국 기업 정보를 연결하면 프로젝트가 생겼을 때 매칭되는 기업을 빠르게 찾을 수 있을 뿐 아니라 각 화상 기업 간, 화상 기업과 중국 기업 간의 연결도 촉진할 수 있다. 이 외에 화상 인재 데이터베이스를 구축하여 각국 화상 인재 간의 교류를 촉진할 수 있다. 나아가 화상 기업 간 정보교류를 통해 글로벌 화상 네트워크 협력 플랫폼을 구축하면 전 세계 화상이 조화롭게 발전할 수 있을 것이다.

3. 자체적 능력 제고로 위기 대응

먼저 중소기업은 위기 대응 능력 제고에 적극적으로 나서야 한다. 코로나19는 중소기업에게 생존 위기를 가져왔지만 동시에 그 안에는 변혁의 기회가 숨어있다. 따라서 불가항력적 위기 속에서 적극적으로 대응 능력을 길러 위기를 기회로 바꿀 수 있어야 한다.

또 중소기업은 직원, 고객, 공급업체, 정부 등과 함께 '공동체'를 결성하여 소통, 조율, 이해를 강화함으로써 코로나19에 공동 대응할 수 있다.

둘째, 화상 중소기업은 '비우기'를 통해 핵심 경쟁력을 유지해야 한다. 중소기업은 위기에 직면했을 때 운영비용 최소화, 합리적 투자계획 실시 등의 '비우기' 전략을 적극 활용하여 기업의 정상적 자금 운용과 핵심 인력팀의 혁신력 및 경쟁력을 확보해야 한다.

셋째, 중소기업은 혁신과 관련 사업 확장을 통해 기업의 지속 가능한 발전능력을 향상시켜야 한다. 코로나19 이후 각 산업의 자동화, 정보화, 스마트화, 온라인화 전환이 가속화될 것이다. 중소기업은 이러한 발전 흐름에 적극 참여하여 사전 포석을 함으로써 지속 가능한 발전능력을 제고해야 한다.

마지막으로 중소기업은 정책 지원을 적극 활용해야 한다. 중소기업 경영자는 기업의 실질적 어려움과 정부 정책을 적극 연계시켜 기업에게 필요한 정책적 지원을 적시에 활용해야 한다. 또 정책에 대한 피드백을 제공하여 정부 정책의 유효성 제고에 도움을 줘야 할 것이다.

V. 결론

코로나19가 전 세계를 뒤바꾸어 놓았다. 분명한 것은 중국이 코로나 극복과 생산 및 일상 회복에 있어 풍부한 경험을 가지고 있다는 점이다. 중국은 전 세계에 코로나 극복 경험과 성과를 보여주었고, 이는 세계 각국이 포스트 코로나 시대에 생산과 일상의 질서를 재확립하고 경제를 회복하는데 참고할 수 있는 소중한 경험이 되고 있다. 아시아 경제 강국인 말레이시아는 코로나19를 아직 낙관할 수 없는 상황이며 심지어 악화되는 경향까지 보이고 있다. 중국이 경제를 회복하고 있는 것과 달리 말레이시아 국가 경제는 재앙이라 불릴 만큼 심각한 위기에 처해있다. 그중 가장 큰 타격을 받은 것은 다름 아닌 말레이시아 세원의 80%를 차지하고 있는 화상들이다. 현재 말레이시아 중소기업 화상들이 직면한 어려움이 무엇인지 연구하는 것은 아직 코로나19에서 벗어나지 못한 각 국가의 중소기업들이 '자구책'을 마련하는 데도 도움이 될 것이다. 중국의 '일대일로'는 현재 어려움에 놓인 중소기업이 경쟁력을 회복할 수 있는 중요한 기회이며, 나아가 그 파급효과로서 동남아 각국 화상 기업의 회복도 촉진할 수 있을 것이다.

| 참고문헌 |

今年首季馬來西亞經濟增0.7%, 中國新聞網, https://baijiahao.baidu.com/s?id=
  1666574441900807537, 2020.05.13.

絲綢之路國際合作工作委員會, 馬來西亞, http://www.sric.org.cn/A/?C-1-318.
  Html, 2020.10.16.

中華人民共和國商務部, 馬來西亞槪況, 宏觀經濟, 2019.5.21.

受疫情影響,馬來西亞4月份汽車銷量幾近爲零, 新浪財經, https://baijiahao.baidu.
  com/s?id=1665367405638191455, 2020.0430.

馬來西亞五大領域, e南洋商報, 2020.11.10.

馬來西亞人口年齡結構圖, 世界銀行(華經産業硏究院), https://m.huaon.com/
  detail/634037.html, 2020.01.16.

鄭文標, 「海外華商與一帶一路協同發展」, 『中國社會科學報』, 2020.01.16.

盧光盛・王子奇, 「後疫情時代中國與東盟合作的前景與挑戰」, 『當代世界』,
  2020.08.

저자소개

김주아

베이징어언대학에서 『漢語 "來/去" 和韓國語 "ota/kada" 的句法, 語義對比研究(중국어 '來·去'와 한국어 '오다·가다'의 통사 및 의미론적 비교연구)』로 응용언어학 박사학위를 받았다. 현재 국민대학교 중국인문사회연구소 HK연구교수로 재직 중이다. 연구 관심 분야는 중국어학과 중국문화 및 화교·화인 사회이다. 주요 논문으로는 「화인 민족공동체의 형성과 발전 - 동남아시아 화인사단(社團)을 중심으로」(2018), 「말레이시아 화인기업(華商)의 네트워크 활용 실태 조사」(2019), 「싱가포르 화인의 다문화 수용성 조사」(2019), 「중일 번역문화와 번역어의 탄생 과정」(2020), 「말레이시아 화문교육에서 지식인의 역할」(2021) 등이 있다. 역서로는 『지혜 - 바다에서 배우는 경영이야기』가 있다.

김진호

단국대학교 중어중문학과를 졸업하고 대만, 홍콩, 마카오, 중국 북경에서 공부하였다. 석사는 홍콩 주해대학 문사연구소에서 「홍콩근현대사의 변화」로 대만교육부 학위를 취득하였고, 마카오 동아대학교 경영대학원을 수료하고 북경대학교 국제관계학원에서 「동북아 국제관계의 변화와 신한국외교」로 박사학위를 취득하였다. 졸업후 대만국립정치대학 국제관계연구중심에서 방문학자로 연구활동을 했으며, LG건설 대만법인장을 거쳐 단국대학교 교수로 재직하고 있다. 중국 역사와 문화 및 한반도 관련 동북아 국제정치와 중국 정치경제를 주로 연구하고 있으며, 홍콩 《아주주간》특약기자와 국내 언론인으로 동시에 활동하고 있다. KBS 《슈퍼 차이나》의 제작에 자문으로 참여하였고, 중국, 홍콩 그리고 대만의 EBS 《세계테마기행》에 나레이터로 참가하였다.

러우야투裵雅圖

1986년 중국 헤이룽쟝성(黑龍江省) 치치하얼(齊齊哈爾)에서 태어났다. 중국 윈난대학교(雲南大學) 대학 비즈니스 영어학과를 졸업하고 둥베이임업대학교(東北林業大學)에서 법학 석사를 취득했다. 주요 연구분야는 마르크스주의의 중국화와 지역 경제이며, 현재 말라야 대학교(University of Malaya) 박사 과정 중에 있다. 중국 및 해외 주요 간행물에 게재된 논문으로 「omrade Chen Yun's macro-economic decision theory in-depth investigation and study the masses and Its Contemporary Enlightenment "China Economist"」, 「The challenges faced by low carbon economic and social development and strategy analysis "Market Modernization Magazine"」, 「Researches

On The Necessity And Countermeasures Of College Education To Conduct Ecological Civilization」,「해외 화상과 일대일로 건설(海外華商與"一帶一路"的建設)」,「말레이시아 화상과 화인사회의 역할(論馬來西亞華商和華社的角色)」등이 있다.

멍후이푸孟惠普

후난대학교(湖南大學) 신문방송학과를 졸업한 후, 2019년부터 현재까지 상하이 사회과학원 신문연구소 미디어학과 석사 과정에 재학 중이다. 석사 과정 기간 뉴미디어연구, 시청각미디어연구, 뉴스 실무 연구, 미디어학 고전이론, 매스미디어 관리 연구 등 과정을 이수하였으며, 지도교수와 함께 다수의 연구 과제에 참여한 바 있다. 주요 관심 분야는 미디어 융합과 뉴미디어에 관한 연구이다.

박철현

서울대학교 동양사학과를 졸업하고, 서울대학교 국제대학원에서 중국지역연구로 문학석사학위를 받고, 중국 선양(瀋陽) 테시구(鐵西區) 공간변화와 노동자 계급의식의 관계에 대한 연구로 중국 런민(人民)대학 사회학과에서 박사학위를 받았다. 현재 국민대학교 중국인문사회연구소 HK연구교수로 재직중이다. 관심분야는 중국 동베이(東北) 지역의 공간생산과 지방정부의 역할, 국유기업 노동자, 도시, 둥베이 지역의 "역사적 사회주의", 만주국, 동아시아 근대국가 등이다. 논문으로는 「關於改革期階級意識與空間一文化硏究: 瀋陽市鐵西區國有企業勞動者的事例」(박사학위 논문, 2012), 「중국 개혁기 공간생산 지식의 내용과 지형: 선양시(瀋陽市) 테시구(鐵西區) 노후공업기지의 개조를 중심으로」(중소연구, 2013), 「중국 사구모델의 비교분석: 상하이와 선양의 사례 – 사회정치적 조건과 국가 기획을 중심으로」(중국학연구, 2014), 「중국 개혁기 공장체제 연구를 위한 시론(試論): 동북 선양(瀋陽)과 동남 선전(深圳)의 역사적 비교」(한국학연구, 2015) 등이 있고, 역서로는『중국 정책변화와 전문가 참여(공역)』(학고방, 2014), 공저로『다롄연구: 초국적 이동과 지배, 교류의 유산을 찾아서』(진인진, 2016),『특구: 국가의 영토성과 동아시아의 예외공간』(알트, 2017), 편저서로『도시로 읽는 현대중국 1, 2』(역사비평사, 2017)이 있다.

서상민

고려대학교 정치외교학과를 졸업하고 고려대학교 대학원에서 중국정치로 석·박사학위를 취득하였다. 동아시아연구원(EAI) 중국연구센타 부소장을 거쳐 현재 국민대학교 중국인문사회연구소 HK연구교수로 재직 중이다. 주요 관심 연구영역은 중국정치과정 중 권력관계, 정치엘리트, 관료제와 관료정치 그리고 외교안보 분야 정책결정과정

분석 등과 관련된 주제들이며, 최근에는 사회연결망분석(SNA) 방법을 활용한 중국의 정책지식과 정책행위자 네트워크 분석하고 관련 데이터를 구축하여 중국의 정치사회 구조와 행위자 간 다양한 다이나믹스를 추적하고 분석하고 있다. 주요 논문으로는 「중국 외교엘리트 네트워크 분석: 후진타오와 시진핑 시기 비교」(2017), 「"발전국가" 성립과정에서 중국의 산업정책결정과정 분석」(2016), 「시진핑 시기 중앙영도소조의 연결망분석과 집단지도체제」(2015), 「상하이지역 경제엘리트 연결망분석」(2014) 등이 있으며, 저서로는 『얘들아 이젠 중국이야』(2016, 공저), 『동아시아공동체 논의 현황과 전망』(2009, 공저) 등이 있다.

선옌칭沈燕淸

현재 샤먼대학교 남양연구원(廈門大學南洋研究院) 교수로 재직하고 있다. 역사학 박사를 취득했으며 대만의 둥하이대학교(東海大學), 싱가포르 국립대학교, 말레이시아 뉴에라(New Era) 대학교, 네덜란드 라이덴 대학교 등에서 방문연구를 진행했다. 주요 저서로는 『네덜란드 – 인도네시아 식민 정부의 아편 조세정책과 자바 화인 사회에 대한 영향(荷印殖民政府鴉片稅收政策及其對爪哇華人社會的影響)』(샤먼대학교 출판사, 2013), 『바타비아 화인사회 구조 연구: 미간행 공관 기록물을 기반으로(巴達維亞華人社會結構研究一基於未刊公館檔案)』(중국사회과학출판사, 2020)가 있다. 『세계민족(世界民族)』, 『화교화인 역사연구(華僑華人歷史研究)』, 『동남아연구(東南亞研究)』, 『남양문제연구(南洋問題研究)』, 『대만연구집간(臺灣研究集刊)』 등 간행물에 60여 편의 논문을 발표한 바 있다. 이 외에 국가사회과학기금 연구 프로젝트 '미간행 공관기록을 기반으로 한 인도네시아 화인사회 구조 연구(2015)', 교육부 일반 연구 프로젝트 '동남아 화인 징세청부제에 대한 연구: 싱가포르 – 말레이시아 지역과 인도네시아를 사례로(2012)' 등 5개의 연구 프로젝트를 진행했다.

왕웨이王蔚

중국청년정치대학교(中國青年政治學院)를 졸업하고 베이징사범대학교(北京師範大學)에서 문학 박사 학위를 받았다. 현재 상하이 사회과학원 신문연구소 뉴미디어연구센터 주임 겸 부연구원으로 재직 중이며, 중국 응용신문전파연구위원회(中國應用新聞傳播研究委員會) 상무이사를 맡고 있다. 미국 위스콘신 대학교 매디슨 캠퍼스와 홍콩시립대학교 방문학자를 역임했다. 국가 철학 및 사회과학기금 지원 프로젝트 1건과 성부급(省部級) 위탁 연구 프로젝트 수 건을 진행한 바 있으며, 저서 1권과 학술논문 20여 편을 발표했다. 상하이 철학 및 사회과학 우수성과상, 전국 우수 신문방송학 논문상을 수상한 바 있으며, 주요 연구 분야는 뉴미디어 보도, 미디어의 전환이다. 현재 상하이 사회과학원 석사 지도 교수를 맡고 있으며 석사 과정 '뉴미디어 보도 연구'를 개설했다.

윤경우

국민대학교 중어중문학과를 졸업하고, 미국 템플대학교(Temple University)에서 정치학 석·박사학위를 취득했다. 중국의 수도경제무역대학(首都經濟貿易大學) 경제학과와 연변대학(延邊大學) 경제학과에서 외국인 교수로 강의했으며, 울산대학교 동아시아연구센터 연구교수를 거쳐, 현재 국민대학교의 중국학부 교수와 중국인문사회연구소 소장으로 재직 중이다. 중국의 정부와 기업 간 관계, 중국의 공식적·비공식적 권력 구조, 중국의 기업문화, 중국의 한류 수용양상, 중국의 사이버 민족주의 등을 연구했다. 최근에는 주로 중국의 4차 산업혁명과 디지털 전환, 중국의 보건의료 산업, 한반도와 중국의 관계 등을 연구하고 있다. 주요 논문으로는 「중국의 글로벌 가치사슬 역할 변화: 미·중 무역전쟁과 코로나19 사태의 영향을 중심으로」(2021), 「코로나19로 촉진된 글로벌 대변혁과 중국의 디지털 전환 가속화」(2020), 「'Two States-Two Systems' on the Korean Peninsula with Security Guarantees from U.S. and China」(2019), 「중국의 애국주의 교육과 사이버민족주의」(2012), 「중국의 한류 수용양상: 선택적 수용, 저항 그리고 변용 및 주변화」(2009), 「한중일 3국 기업문화의 유사성과 차이성 비교」(2006), 「The Change in the Informal-Personal Nature of Chinese Leadership Politics: Transition from Hierarchical Politics to Coalition Politics」(2001) 등이 있다. 공저로는 『사회과학도를 위한 중국학 강의』(2015), 『중국 권력엘리트와 한중교류 네트워크 분석 및 DB화』(2014), 『한류포에버: 세계는 한류스타일』(2012), 『한류포에버: 한류의 현주소와 경제적 효과분석』(2008), 『한중일 기업문화를 말한다』(2005), 『한중일 3국 가족의 의사소통 구조 비교』(2004) 등이 있다.

윤종석

서울대학교 동양사학과를 졸업하고, 서울대학교 사회학과 대학원에서 석, 박사를 마치고, 현재 서울대학교 아시아연구소 HK연구교수이다. 관심분야는 중국 농민공, 이주와 시민권, 산업과 노동, 도시와 복지, 개발의 정치경제 등이다. 논문으로는 「중국 농민공의 개발공헌 지위와 복지 수급: 광동성 사례의 분석과 함의」(박사학위 논문, 2019), 「'선전의 꿈'과 발전담론의 전환: 2000년대 사회적 논쟁을 통해 본 선전 경제특구의 새로운 위상정립」(현대중국연구, 2015), 「현대성과 모델의 지식정치: 중국 선양(瀋陽) 톄시구(鐵西區) 개조의 공간적 재현과 기억의 재구성」(공저, 현대중국연구, 2014), 「중국 사회 거버넌스(治理) 확산 속 동북지역 사구건설의 진화: 노후사구(老舊

社區)의 모범화」(공저, 중소연구, 2017),「중국 전기자동차 산업발전과 전망: 중국 정부의 산업육성정책 평가를 중심으로」(공저, 현대중국연구, 2017), "The Local State and Mingong Citizenship: Local Welfare as Developmental Contributory Rights" (2020, Citizenship Studies) 등이 있고, 공저로 『특구: 국가의 영토성과 동아시아의 예외공간』(알트, 2017), 『민간중국』(책과함께, 2020)이 있다.

이광수

중국인민대학에서 중국정치 전공으로 박사학위를 취득한 이후, 숭실대, 국민대에서 동아시아 관계와 중국정치에 대해서 강의해오고 있다. 국민대학교 중국인문사회연구소에서 HK연구교수로 재직하면서 중국과 대만의 정치체제와 상호관계에 대해서 연구하고 있다. 연구 성과로 「양안의 민족주의 정서 고양과 양안관계」(2017), 「대만의 인정투쟁 연구: 정당의 통독 입장 변화를 중심으로」(2017), 「대만TV시사토론프로그램의 정치편향성 연구」(2019), 「양안 문화교육교류의 특징과 양안관계에 미치는 영향」(2020), 「중국의 일국양제와 대안모델에 대한 고찰」(2020) 등이 있으며, 역서로는 『중국정책결정: 지도자, 구조, 기제, 과정』(2018) 등이 있다.

국민대학교 중국인문사회연구소 총서 ● 12권

중국의 코로나19 대응과 신新지식

초판 인쇄 2021년 6월 15일
초판 발행 2021년 6월 25일

공 저 자 | 김주아 · 김진호 · 러우야투 · 멍후이푸 · 박철현
　　　　　서상민 · 선옌칭 · 왕웨이 · 윤경우 · 윤종석 · 이광수
펴 낸 이 | 하운근
펴 낸 곳 | 學古房

주　　　소 | 경기도 고양시 덕양구 통일로 140 삼송테크노밸리 A동 B224
전　　　화 | (02)353-9908 편집부 (02)356-9903
팩　　　스 | (02)6959-8234
홈페이지 | www.hakgobang.co.kr
전자우편 | hakgobang@naver.com, hakgobang@chol.com
등록번호 | 제311-1994-000001호

ISBN 979-11-6586-383-8 94300
　　　978-89-6071-406-9 (세트)

값 : 27,000원

■ 파본은 교환해 드립니다.